Humberto Ávila

CONTRIBUIÇÕES E IMPOSTO SOBRE A RENDA
Estudos e Pareceres

CONTRIBUIÇÕES E IMPOSTO SOBRE A RENDA
Estudos e Pareceres
© Humberto Ávila

ISBN 978-85-392-0312-3

Direitos reservados desta edição por
MALHEIROS EDITORES LTDA.
Rua Paes de Araújo, 29, conjunto 171
CEP 04531-940 – São Paulo – SP
Tel.: (11) 3078-7205 – Fax: (11) 3168-5495
URL: www.malheiroseditores.com.br
e-mail: malheiroseditores@terra.com.br

Composição
PC Editorial Ltda.

Capa
Criação: Vânia Lúcia Amato
Arte: PC Editorial Ltda.

Impresso no Brasil
Printed in Brazil
10.2015

APRESENTAÇÃO

É com enorme alegria que apresento aos leitores este livro contendo estudos e pareceres inéditos sobre contribuições e imposto sobre a renda – dois temas que se situam entre os mais importantes do direito tributário atual, em face das constantes e complexas modificações legislativas que estes tributos vêm sofrendo nos últimos anos.

Na primeira parte são apresentados estudos e pareceres sobre questões cruciais envolvendo contribuições, como: a inclusão do ICMS na base do PIS/COFINS, inclusive com a análise do voto proferido pelo eminente Min. Gilmar Mendes no último julgamento sobre a matéria; o conteúdo e a extensão do princípio da não cumulatividade das contribuições sociais sobre a receita, com ênfase sobre o conceito de insumos; o conceito constitucional de faturamento, antes da mudança constitucional, relativamente a determinadas atividades a respeito das quais o Supremo Tribunal Federal ainda não se pronunciou – entre outros assuntos.

Nesses estudos e pareceres são, portanto, enfrentados temas que pendem de pronunciamento pelo Supremo Tribunal Federal. Daí ser sua publicação um importante meio para a ampliação e aprofundamento da sua discussão.

Na segunda parte são apresentados estudos e pareceres sobre questões essenciais envolvendo o imposto sobre a renda, como: a inaplicabilidade da limitação legal para dedutibilidade, no âmbito do IRPJ, das despesas com programas de repactuação de previdência complementar; a inexistência de acréscimo patrimonial na cessão onerosa de prejuízos fiscais; a ausência de fundamento para incidência tributária no caso de incorporação de ações e desmutualização – entre outros temas.

Nesses estudos e pareceres também são, por conseguinte, investigadas questões que atormentam os operadores do direito tributário e que, se não chegaram ao Poder Judiciário, em breve deverão ser por ele solucionadas. Por essa razão, é importante dar publicidade a eles para, com ela, fomentar e aprofundar seu debate.

Estes textos visam a concretizar a forma por meio da qual penso deva ser o direito tributário investigado: com base na teoria, mas orientado para a prática. Aos leitores que me honram com a sua atenção, apresento desde já o meu agradecimento pelas críticas e sugestões.

SUMÁRIO

Apresentação 3

PARTE 1 – CONTRIBUIÇÕES

A Inconstitucionalidade da Inclusão do ICMS na Base de Cálculo do PIS/COFINS 9

A Inclusão do ICMS na Base de Cálculo do PIS/COFINS: Análise Crítica do Posicionamento do Min. Gilmar Mendes no RE 240.785 34

A Não Cumulatividade das Contribuições sobre a Receita e o Conceito de Insumo sob a Perspectiva Constitucional 63

A Tributação das Receitas Decorrentes de Aluguéis pelas Contribuições Sociais Incidentes sobre o Faturamento [Parecer] 91

Não Cumulatividade e Direito de Crédito nas Contribuições Sociais sobre o PIS e a COFINS [Parecer] 121

Exame de Constitucionalidade do Sistema Monofásico de Apuração de Contribuições Sociais [Parecer] 136

CPMF e a Transferência de Administração de Planos de Previdência Privada Complementar [Parecer] 149

CIDE-Combustíveis e o Regime Monofásico de Incidência: Impossibilidade de Repasse do Ônus Econômico em Virtude de Decisão Judicial Posteriormente Revogada [Parecer] 168

Contribuição do Produtor Rural Pessoa Física sobre a Receita Bruta Proveniente da Comercialização da sua Produção e a Lei n. 10.256/2001 [Parecer] 191

PARTE 2 – *IMPOSTO SOBRE A RENDA*

IRPJ e as Despesas com Programas de Repactuação de Previdência Complementar: Inaplicabilidade da Limitação Legal para Dedutibilidade [Parecer] 211

Cessão Onerosa de Prejuízos Fiscais, Permuta e Inexistência de Acréscimo Patrimonial [Parecer] 226

IRPJ e o Contrato de Permuta sob a Perspectiva do Planejamento Tributário [Parecer] 241

Incorporação de Ações e a Ausência de Fundamento para Incidência Tributária [Parecer] 283

Parte 1
CONTRIBUIÇÕES

A INCONSTITUCIONALIDADE DA INCLUSÃO DO ICMS NA BASE DE CÁLCULO DO PIS/COFINS

Introdução – 1. Interpretação desconforme à Constituição: 1.1 Conflito com a base de financiamento – 1.2 Conflito com a origem do financiamento – 1.3 Conflito com o critério de financiamento – 1.4 Conflito com a finalidade do financiamento. 2. Inadequação da utilização do "argumentum a contrario". 3. Proibição de modulação de efeitos. 4. A verdade sobre a suposta "quebra" do Estado – Conclusões.

1. INTRODUÇÃO

O Supremo Tribunal Federal reconheceu, em 2008, a repercussão geral do RE 574.406, interposto contra acórdão proferido pelo Tribunal Regional Federal da 4ª Região que reconheceu a constitucionalidade da inclusão do ICMS na base de cálculo das contribuições para o PIS e a COFINS.[1] Este recurso extraordinário sustenta que a interpretação conferida pelo acórdão recorrido viola a tipologia do tributo, tal como prevista no art. 195, I, "b", da Constituição. Tal discussão de mérito encontra-se, ainda hoje, pendente de julgamento final pelo Supremo Tribunal Federal.

Nesse cenário, o presente artigo tem a intenção de discutir os fundamentos apresentados neste recurso extraordinário para demonstrar, ao final, o equívoco da decisão tomada pelo Tribunal Regional Federal da 4ª Região em virtude da inconstitucionalidade da inclusão do ICMS na base de cálculo das contribuições para o PIS e a COFINS.

Para tanto, é fundamental iniciar com a sumarização, ainda que breve, dos fundamentos apresentados pela decisão recorrida. Esta foi fundamentada, em primeiro lugar, no método interpretativo intitulado

---

1. "Reconhecida a repercussão geral da questão constitucional relativa à inclusão do ICMS na base de cálculo da COFINS e da contribuição ao PIS. Pendência de julgamento no Plenário do Supremo Tribunal Federal do RE n. 240.785" (STF, Tribunal Pleno, RE 574.706, rela. Min. Carmen Lúcia, j. 24.4.2008).

argumentum a contrario: ao excluir somente os valores recebidos a título de IPI, o legislador teria incluído os valores recebidos em razão da incidência do ICMS na base de cálculo das contribuições. A referida interpretação é baseada, em segundo lugar, no conceito de faturamento supostamente previsto na Constituição: de acordo com a jurisprudência do Supremo Tribunal Federal, a noção de faturamento englobaria a soma das receitas operacionais da empresa, o que incluiria os valores recebidos para o pagamento dos custos de produção, como seriam aqueles recolhidos a título de ICMS. Esses são, pois, os fundamentos que suportaram a interpretação no sentido da inclusão do ICMS na base de cálculo das contribuições sobre o faturamento ou receita.

É preciso, contudo, desde já referir que o Plenário do Supremo Tribunal Federal reconheceu, em julgamento finalizado no dia 8.10.2014, no RE 240.785, a inconstitucionalidade desta interpretação, por contrariar o conceito constitucional de faturamento já consolidado na jurisprudência do próprio Tribunal, nos termos do voto do Ministro-Relator, Marco Aurélio.[2] Neste artigo, portanto, defende-se que é este entendimento que deve prevalecer no julgamento do RE 574.406.

1. INTERPRETAÇÃO DESCONFORME À CONSTITUIÇÃO

1.1 Conflito com a base de financiamento

Se existe algo a ser exaltado sobre a jurisprudência do Supremo Tribunal Federal é o fato de ela até hoje – com os aplausos e para a segurança jurídica de todos os operadores do Direito – ter vitoriosamente resistido a toda e qualquer investida do poder para *ampliar* as hipóteses de incidência das regras de competência.

Essa aplaudida recusa de submissão ao poder estatal se deve a uma jurisprudência firme e categórica no sentido de que os termos ou expressões empregados pela Constituição possuem *núcleos de significado* que jamais podem ser desprezados pelo legislador tributário.

Exatamente assim fez a Corte quando examinou o significado de termos como "mercadoria", "salário" e "faturamento", entre tantos outros casos que praticamente a marcaram como um autêntico guardião da Constituição e da sua força normativa. E tanto a Corte exerceu este triunfantemente papel, fixando limites à tributação com base no sentido mínimo inarredável dos termos e expressões constitucionais, que a Cons-

2. STF, Tribunal Pleno, RE 240.785, rel. Min. Marco Aurélio, j. 8.10.2014.

tituição teve de ser modificada numerosas vezes, como atestam as emendas constitucionais que alteraram, exatamente, os termos ou expressões cujo significado a Corte havia reconhecido como limites instransponíveis para o legislador, como ocorreu com os termos "mercadoria", "salário" e "faturamento".

Pois foi no bojo desta jurisprudência reativa que o Supremo Tribunal Federal definiu e consolidou o entendimento de que o conceito de faturamento conota o resultado da venda de mercadorias ou da prestação de serviços e da venda de mercadorias e prestação de serviços.[3] E foi precisamente com base nessa jurisprudência que a Corte fixou o conceito de faturamento ou de receita como espécies de ingresso *definitivo* no patrimônio do contribuinte.

Este, aliás, o entendimento defendido pelo Min. Marco Aurélio no julgamento de questão idêntica no RE 240.785:

> A base de cálculo da COFINS não pode extravasar, desse modo, sob o ângulo do faturamento, o valor do negócio, ou seja, a parcela percebida com a operação mercantil ou similar. O conceito de faturamento diz com *riqueza própria*, quantia que tem ingresso nos cofres de quem procede à venda de mercadorias ou à prestação dos serviços, implicando, por isso mesmo, o envolvimento de noções próprias ao que se entende como receita bruta. Descabe assentar que os contribuintes da COFINS faturam, em si, o ICMS. O valor deste revela, isto, sim, *um desembolso a beneficiar a entidade de direito público que tem a competência para cobrá-lo*.[4] [Grifos meus]

Este voto, que se tornou vencedor no referido julgamento, não deixa dúvidas de que o Supremo Tribunal Federal reconhece a obrigatoriedade de que os valores incluídos na base de cálculo das contribuições inciden-

---

3. Sobre o tema, v.: STF, Tribunal Pleno, RE 150.755, rel. para o acórdão Min. Sepúlveda Pertence, *DJU* 20.8.1993; STF, Tribunal Pleno, ADC 1, rel. Min. Moreira Alves, *DJU* 16.6.1995; STF, Tribunal Pleno, RE 346.084, rel. Min. Ilmar Galvão, *DJU* 1.9.2006; STF, 1ª Turma, AgR no RE 738.757, rel. Min. Luiz Fux, *DJU* 17.9.2014; STF, 1ª Turma, AgR no RE 548.422, rel. Min. Roberto Barroso, *DJU* 6.5.2014; STF, 2ª Turma, AgR no RE 816.363, rel. Min. Ricardo Lewandowski, *DJU* 15.8.2014.

Tal conceito é reiterado também pelo Superior Tribunal de Justiça: Superior Tribunal de Justiça, 2ª Turma, AgR no REsp 786.612, rel. Min. Mauro Campbell Marques, *DJe* 24.10.2013; Superior Tribunal de Justiça, 2ª Turma, REsp 635.986, rela. Min. Eliana Calmon, *DJe* 25.9.2008; Superior Tribunal de Justiça, 2ª Turma, REsp 1.081.747, rela. Min. Eliana Calmon, *DJU* 29.10.2009.

4. STF, Tribunal Pleno, RE 240.785, voto do Ministro-Relator, Marco Aurélio, j. 8.10.2014.

tes sobre o faturamento ou a receita envolvam "riqueza própria" para que se entendam como adequados à dicção constitucional. A obrigatoriedade de que a receita bruta seja definida como o "ingresso financeiro que se integra no patrimônio na condição de elemento novo e positivo, sem reservas ou condições",[5] é reiterada na jurisprudência desta egrégia Corte. Sendo assim, evidente que os valores correspondentes ao ICMS, vinculados a um "ônus fiscal", por não corresponderem ao produto da venda de bens e da prestação de serviços resultantes das atividades operacionais da empresa que se integram ao seu patrimônio, não se enquadram no conceito de receita ou de faturamento.

Nesse contexto, é preciso ainda destacar a falta de competência do intérprete ou do aplicador da norma tributária para a ampliação dos conceitos determinados nas regras de competência. Ao delimitar o poder de tributar, de um lado, por meio de regras que descrevem os aspectos materiais das hipóteses de incidência e, de outro lado, por meio da técnica da divisão de competências em ordinárias e residuais, a Constituição fez uma escolha clara.[6] É dizer: a instituição de regras estabelece âmbitos de competência muito diversos daqueles porventura existentes no caso da instituição de princípios: a Constituição preestabeleceu o meio a ser adotado pelo Poder Legislativo, afastando outros meios que porventura poderiam ser adotados caso houvesse optado por apenas estabelecer princípios em matéria de competência tributária.

Assim, as regras de competência já se tornam uma razão para a decisão, independentemente de outros meios que poderiam ser considerados. E, como as regras usam termos ou expressões que já sofreram processos anteriores de conotação, elas incorporam conceitos que não podem ser desprezados pelo intérprete, nem mesmo com base em determinados princípios constitucionais, de que é exemplo o princípio da solidariedade social. Esta é jurisprudência consolidada do Supremo Tribunal Federal: em todos os casos anteriores já julgados pela Corte sempre se tentou ampliar os conceitos constitucionais com base em princípios gerais, como o da solidariedade social, e a Corte nunca permitiu essa ampliação. Nunca. E decidiu reiteradamente dessa forma por entender que a Constituição não contém "marcas de tinta sem significação alguma".[7] Ao contrário,

---

5. STF, Tribunal Pleno, RE 606.107, voto da Ministra-Relatora, Rosa Weber, j. 22.5.2013.

6. Ávila, Humberto, "Limites à tributação com base na solidariedade social", in Greco, Marco Aurélio, e Godoi, Marciano Seabra (coords.), *Solidariedade Social e Tributação*, São Paulo, Dialética, 2005, p. 69.

7. Ibidem, p. 77.

sempre entendeu que a Constituição, se fosse interpretada de outra forma mais flexível, deixaria de ser realidade normativa ativa e ordenadora, para se tornar passiva e ordenada, porque se inverteria o eixo normativo do constitucionalismo para o legalismo e o poder constituído passaria a ser o próprio poder constituinte.[8]

Por isso mesmo, a Corte, a cada novo julgamento, tem insistido na sua vocação histórica de limitar o poder, pois, como acentua o Min. Celso de Mello, "o exercício do poder de tributar deve submeter-se aos modelos jurídicos estabelecidos pela Constituição Federal, que fixa limites à atuação do Estado".[9] Desconsiderar os sentidos mínimos impostos pela Constituição é, direta e concretamente, desrespeitar o disposto no texto constitucional.

Para o caso em pauta interessa apenas isto: havendo jurisprudência consolidada no sentido de que faturamento ou receita são expressões que quantificam o resultado das atividades econômicas dos contribuintes, abrangendo aquilo que se agrega definitivamente ao seu patrimônio, qualquer ingresso que não seja nem resultado dessas atividades nem se agregue de modo definitivo ao referido patrimônio jamais poderá ser incluído no conceito de receita ou faturamento. Assim a jurisprudência do Supremo Tribunal Federal.

1.2 Conflito com a origem do financiamento

A Emenda Constitucional 20/1998 ampliou a base de financiamento para "a receita ou o faturamento" ao modificar o inciso I do art. 195. O *caput* desse artigo, contudo, permaneceu o mesmo: a seguridade social será financiada mediante recursos provenientes de contribuições do empregador, da empresa, do trabalhador e do importador.

A Constituição utilizou, como se pode facilmente perceber pela leitura dos seus dispositivos pertinentes, o critério subjetivo no que se refere às origens dos recursos. Para a Constituição importa quem paga – se o empregador, a empresa, o trabalhador ou o importador. No caso em pauta, a seguridade social será financiada com recursos provenientes de contribuições sociais *da empresa*. Assim, a União não pode instituir contribuições sociais sobre qualquer base nem com qualquer origem. Absolutamente: a Constituição autoriza a União a instituir contribuições

---

8. Ibidem, p. 79.
9. STF, Tribunal Pleno, RE 240.785, voto do Min. Celso de Mello, j. 8.10.2014.

sobre determinada base (a receita ou o faturamento) proveniente de determinada origem (da empresa).

Tal conclusão, advinda do texto constitucional vigente, é reforçada pela análise do sistema legal que a Constituição visou a constitucionalizar. A Lei Complementar n. 7/1970, existente antes do advento da nova ordem constitucional, previa o financiamento do PIS com base num fundo de participação composto de duas parcelas, uma delas "com recursos *próprios* da empresa, calculados com base no faturamento". Foi precisamente esse sistema que a Constituição de 1988 incorporou ao seu texto quando passou a mencionar "recursos provenientes de contribuições sociais *da empresa*". Assim, se a seguridade social será financiada com recursos provenientes de contribuições sociais *da empresa*, ela – com a vênia para a trivialidade – não poderá ser financiada por contribuições incidentes sobre recursos *dos Estados*. Para a Constituição – reitere-se – importa *de quem* são os recursos sobre os quais incidirão as contribuições. E, no caso em questão, eles devem ser *da empresa*. Nada mais claro. Daí o reconhecimento do Min. Marco Aurélio, ao julgar o tema, no sentido de que apenas "riquezas próprias" podem ser incluídas como origem das contribuições para o PIS e a COFINS, sendo que o ICMS "revela, isto, sim, um desembolso a beneficiar a entidade de direito público que tem a competência para cobrá-lo".[10]

Ora, admitir que a seguridade social possa ser financiada por contribuições incidentes sobre recursos *dos Estados* leva à interpretação do inciso I sem conexão com o *caput*, que ele visa a explicitar, e da alínea "b" sem vinculação com o inciso que ela pretende especificar. A única interpretação sistematicamente correta dos dispositivos constitucionais antes referidos é, em vez disso, no sentido de que a seguridade social será financiada por meio de contribuições que incidirão sobre os recursos *da empresa*. Entender diferentemente – com a permissão para a metáfora – é arrancar a cabeça do corpo e os membros do tronco. Em outras palavras: é decapitar e mutilar a Constituição.

Pois bem, a interpretação conferida pelo acórdão recorrido no sentido de que o ICMS está incluído na base de cálculo das contribuições sobre a receita pretende exatamente isso: decapitar e mutilar a Constituição. Ora, se a seguridade social será financiada com recursos provenientes de contribuições *das empresas*, obviamente não poderá ser financiada por

10. STF, Tribunal Pleno, RE 240.785, voto do Ministro-Relator, Marco Aurélio, j. 8.10.2014.

contribuições incidentes sobre recursos *dos Estados*. E o ICMS – não há como não admitir – corresponde, precisamente, a recursos *dos Estados*, jamais *das empresas*.

A origem dos recursos sobre os quais incidirão as contribuições, já esclarecida pelo *caput* do art. 195, fica reforçada quando são analisados os parágrafos inseridos pelas Emendas Constitucionais ns. 20/1998, 42/2003 e 47/2005: as contribuições sociais poderão ter alíquotas ou bases de cálculo diferenciadas em razão *da atividade econômica*; e a lei definirá os setores *de atividade econômica* para os quais as contribuições incidentes sobre a receita ou faturamento serão não cumulativas:

> § 9º. As contribuições sociais previstas no inciso I do *caput* deste artigo poderão ter alíquotas ou bases de cálculo diferenciadas, em razão da *atividade econômica*, da utilização intensiva de mão de obra, do porte *da empresa* ou da condição estrutural do mercado de trabalho.
>
> (...).
>
> § 12. A lei definirá os setores de *atividade econômica* para os quais as contribuições incidentes na forma dos incisos I, "b", e IV do *caput* serão não cumulativas.

Sendo assim, o substrato da receita ou do faturamento é a *atividade econômica* geradora desses resultados. E quem exerce a atividade econômica é a *empresa*, não o *Estado*, de modo que quem obtém receita ou faturamento também é a *empresa*, não o *Estado*. Em outras palavras: isso significa que o fato gerador das contribuições sociais em comento não é um fato consistente numa *atividade estatal*, mas um fato decorrente de um comportamento do *particular*. A receita ou o faturamento, em resumo, são montantes decorrentes da *atividade econômica* da *empresa*. Essa constatação trivial revela algo da mais absoluta importância, normalmente esquecido: o fato gerador das contribuições não é a receita ou o faturamento. A receita ou o faturamento é a sua base de cálculo. O seu fato gerador corresponde às *operações ou atividades econômicas das empresas* das quais decorra a obtenção do faturamento ou da receita.

Tanto é assim que se o fato gerador das contribuições fosse "emitir faturas" bastaria à empresa vender à vista e não emitir nenhuma fatura. Exatamente assim decidiu o Supremo Tribunal Federal: faturamento não pode ser definido como "emitir fatura", mas como o produto da venda de bens e da prestação de serviços resultantes das operações ou atividades econômicas das empresas. A receita ou o faturamento, expresso pela Constituição, é a medida econômica do fato gerador, mas não o fato gerador propriamente dito, pressuposto pela Constituição. Este, o fato gerador, corresponde ao conjunto de operações ou atividades econômicas do qual se origina a receita ou o faturamento.

Tudo quanto se disse até aqui serve para demonstrar que a origem dos recursos que compõem a base de cálculo das contribuições sociais em comento deve corresponder às operações mercantis ou atividades econômicas geradoras da receita ou do faturamento. As palavras de Ataliba e Giardino, escritas há mais de duas décadas, são absolutamente atuais:

> Assim, para haver "faturamento" é indispensável que se tenham realizado operações mercantis, ou vendido produtos, ou prestado serviços, ou realizado operações similares. Sobre tais operações é que, no caso, recairá a incidência. Estas, teoricamente, *as materialidades das hipóteses de incidência cuja quantificação pode expressar-se no faturamento*.[11] [*Grifos meus*]

Mas, se o fato gerador das contribuições corresponde às operações ou atividades econômicas das empresas geradoras da receita ou do faturamento, é evidente que os valores recolhidos em razão da incidência do ICMS não podem compor a sua base de cálculo, por dois motivos. De um lado, porque os valores recebidos a título de ICMS apenas *transitam provisoriamente* pelos cofres da empresa, sem ingressar definitivamente no seu patrimônio. Esses valores não são recursos *da empresa*, mas *dos Estados*, aos quais serão encaminhados. Entender diferente é confundir *receita* com *ingresso*. E "receita transitória" é contradição em termos, verdadeiro oximoro, como o "fogo frio" a que fazia referência Camões.

De outro lado, porque os valores correspondentes ao ICMS não representam o valor das *operações ou atividades econômicas das empresas*, mas apenas o valor do tributo que surge com a venda de mercadorias. Por isso, a interpretação conferida pelo acórdão recorrido equivale a equiparar o valor representativo da atividade econômica com o valor qualificativo do tributo que recai sobre ela. É confundir resultado econômico de atividade particular com obrigação tributária que incide sobre ele, violando flagrantemente a Constituição.

1.3 Conflito com o critério de financiamento

A União, contudo, além de não poder instituir as contribuições sociais sobre qualquer base e com qualquer origem, como já demonstrado,

---

11. Ataliba, Geraldo, e Giardino, Cléber, "PIS – Exclusão do ICMS de sua base de cálculo", *RDTributário* 35/156, São Paulo, Ed. RT, 1986.

também não pode instituí-las de *qualquer modo*. Ela só pode instituir as mencionadas contribuições do modo determinado pela Constituição, que inicia o capítulo destinado à seguridade social estabelecendo princípios gerais, da seguinte forma:

> Art. 194. A seguridade social compreende um conjunto integrado de ações de iniciativa dos Poderes Públicos e da sociedade, destinadas a assegurar os direitos relativos à saúde, à previdência e à assistência social.
>
> Parágrafo único. Compete ao Poder Público, nos termos da lei, organizar a seguridade social, com base nos seguintes objetivos: (...); V – *equidade* na forma de participação no custeio; (...).

Ao contrário de outras Constituições, que estabelecem o objeto mas sem definir o modo como ele será implantado, a Constituição de 1988 instituiu o critério que deve orientar a forma de participação no custeio da seguridade social, qual seja: *a equidade*. Embora amplo, o conceito de equidade pode ser definido como um juízo relacional entre sujeitos apto a garantir o respeito ao indivíduo por meio do equilíbrio, da igualdade e da proporção. Nesse sentido, a equidade envolve um juízo com:

> atenção à igualdade de tratamento, à ponderada distribuição de ônus e sacrifícios, ao sentimento de humanidade, ao respeito à pessoa e às coisas dos outros ou de pertença comum, ao bom-senso comum ressurgido da experiência e a um sentimento de justiça e de imparcialidade, traduzido em um espírito geral de moderação e de genérica compreensão civilizada.[12]

No que diz respeito à igualdade de tratamento, a equidade inclui atenção ao princípio da "igualdade relativa, que saiba comensurar as avaliações ao valor relacional do indivíduo e ao teor das circunstâncias sobre as quais versam, senão também à peculiaridade inerente à personalidade e ao papel situacional dos sujeitos".[13] O juízo equitativo, em outras palavras, envolve a atribuição de um valor distintivo à pessoa humana nos seus aspectos particulares. Mas, se o juízo equitativo abrange a atribuição de um valor distintivo às particularidades do indivíduo e às suas circunstâncias, garantir equidade na forma de participação no custeio da seguridade social significa fazer com que os contribuintes participem *igualitariamente* de acordo com a sua *individualidade*.

12. Chiodi, Giulio, *Equità – La Regola Constitutiva del Diritto*, Torino, Giappichelli, 2000, p. 39.
13. Ibidem, p. 51.

Desse modo, as contribuições sociais só poderão incidir sobre elementos que manifestem a *individualidade* dos seus contribuintes. As bases sobre as quais elas recaem devem estar vinculadas a *elementos próprios*, nunca *alheios*. É precisamente aqui que aparece com nitidez a iniquidade da interpretação conferida pelo acórdão recorrido: ao defender que as contribuições sobre a receita deverão incidir sobre os valores cobrados a título de ICMS, se está sustentando que elas deverão incidir sobre *elementos estranhos à individualidade dos seus contribuintes*.

De fato, o ICMS é um imposto indireto destinado aos Estados e que surge em razão da venda de mercadorias. Os valores recebidos pela empresa a título de ICMS para serem repassados aos Estados não representam remuneração pela prestação de qualquer tipo de *operações ou atividades econômicas das empresas*. Por isso, aceitar que as contribuições sobre a receita incidam sobre os valores cobrados a título de ICMS é necessariamente admitir tratamento desigual: contribuintes que se encontram na mesma situação em relação à União serão obrigados a pagar contribuições sociais com valores diferentes unicamente porque submetidos a uma tributação estadual distinta. Dois exemplos são suficientes para demonstrá-lo.

Imaginem-se dois contribuintes exatamente iguais que vendam a mesma mercadoria mas se situem em Estados diferentes: o contribuinte "A", situado no Estado "X", é tributado com alíquota de 12% de ICMS; o contribuinte "B", situado no Estado "Y", é isento. Embora exercendo a mesma atividade econômica, representada por idêntica receita, os dois contribuintes pagarão as contribuições sociais para o financiamento da seguridade social de forma absolutamente diferente única e exclusivamente porque, embora iguais, estão situados em Estados diversos. Isso significa que a inclusão do ICMS na base de cálculo das contribuições sobre a receita leva à diferenciação entre os contribuintes com base na *localização*.

Concebam-se, agora, dois contribuintes situados no mesmo Estado que detenham a mesma capacidade exteriorizada por idêntico faturamento mas que vendam mercadorias apenas similares: o contribuinte "A" vende peras e é tributado com alíquota de 12% de ICMS; o contribuinte "B" vende maçãs e é isento. Embora exercendo a mesma atividade econômica, representada por idêntica receita, os dois contribuintes pagarão as contribuições sociais para o financiamento da seguridade social de forma absolutamente diferente única e exclusivamente porque, conquanto apresentem o mesmo faturamento, um vende maçãs, e o outro peras. Isso quer dizer que a inclusão do ICMS na base de cálculo das contribuições sobre a receita também leva à diferenciação entre as empresas com base no tipo de *produto vendido*.

Estes exemplos, aos quais outros poderiam ser somados, evidenciam que a inclusão do ICMS na base de cálculo das contribuições sociais sobre a receita cria um tratamento desigual entre contribuintes com base em critérios impertinentes para a materialidade das contribuições. E isso ocorre porque os contribuintes são relacionados com base num elemento que lhes é *totalmente estranho*: os contribuintes não pagam mais porque as suas *operações ou atividades econômicas* originam um faturamento maior, mas simplesmente porque as mercadorias vendidas se submetem – veja-se o absurdo – a uma *tributação estadual* maior!

O princípio da igualdade, porém, não admite esse tipo de tratamento. Esse princípio pressupõe a relação entre dois sujeitos com base em uma medida de comparação que serve a um fim. Haverá violação à igualdade sempre que inexistir uma relação de razoabilidade entre a medida de comparação e o fim que justifica a sua utilização.[14]

Assim, quando os sujeitos são comparados não em razão do financiamento de despesas públicas, mas em razão da promoção de determinados estados de coisas, como a proteção do meio ambiente ou o desenvolvimento de uma região (fins externos), a medida de comparação não envolve elementos residentes nos próprios sujeitos, mas fora deles, como o grau de poluição ou a localização. A medida de comparação, nesse caso, deve servir de meio para a promoção do fim.

No entanto, quando os sujeitos são comparados em razão do financiamento de despesas públicas (fim interno), a medida de comparação deve necessariamente envolver elementos residentes nos próprios sujeitos, como a sua capacidade econômica ou a sua individualidade. A medida de comparação, nessa hipótese, deve corresponder ao fim que ampara sua utilização.[15]

No caso ora em discussão, as contribuições sociais sobre a receita são cobradas para financiar a seguridade social, como instrumento de realização da justiça social. Nesse caso, o princípio da igualdade exige que os sujeitos sejam tratados de acordo com elementos residentes *neles próprios*, ainda mais quando o critério de diferenciação deve ser a equi-

14. Ávila, Humberto, *Teoria da Igualdade Tributária*, 3ª ed., São Paulo, Malheiros Editores, 2015, pp. 45 e ss.
15. Ávila, Humberto, *Sistema Constitucional Tributário*, 5ª ed., São Paulo, Saraiva, 2012, p. 143.

dade, que obriga que a medida justa de comparação resida nas próprias pessoas que são comparadas.[16]

A doutrina, a esse respeito, além de antiga, é bastante clara no sentido de que a igualdade de tratamento exige que as pessoas sejam comparadas com base em elementos residentes nelas próprias:

> Juízos de justiça, como Aristóteles já havia demonstrado, remontam a um juízo sobre a dignidade das respectivas pessoas. O conceito de dignidade nesse sentido é um conceito formal, já que ele não contém nenhuma afirmação sobre qual é a justa medida de dignidade. De outro lado, porém, ele indicia que os juízos de dignidade e com isso também os juízos de justiça devem ter alguma relação em sentido forte com as pessoas, cujo tratamento é colocado em questão: eles devem concretizar uma propriedade que seja relevante para o respectivo tratamento. Se se deseja tratar duas pessoas de maneira justa, a igualdade ou desigualdade de tratamento deve legitimar-se nas igualdades ou diferenças que existem entre elas ou que residam nelas próprias.[17]

Para o caso em análise, isso significa que a inclusão do ICMS na base de cálculo das contribuições sobre a receita faz com que os contribuintes sejam tratados com base em elementos que lhes são *alheios* ou *estranhos*: eles não irão contribuir mais ou menos para o custeio da seguridade social em razão de o faturamento oriundo das suas atividades econômicas ser maior ou menor, mas em virtude da variação de um elemento que lhes é externo: o montante pago a título de imposto sobre a venda de mercadorias a um Estado. A tributação em favor da seguridade social não será feita em razão da individualidade das atividades econômicas reveladas pelo seu faturamento ou da sua receita, mas em decorrência da tributação destinada a outro ente federado.

Tal forma de financiamento da seguridade social não poderia revelar maior iniquidade. Com efeito, quanto mais o contribuinte pagar para o Estado pela venda de mercadoria, mais ele irá contribuir para o financiamento da seguridade social. Ora, a iniquidade é manifesta: o critério de participação no custeio da seguridade social, segundo este entendimento, não residiria na atividade econômica *dos contribuintes*, mas na quantidade de recursos aportados a determinado ente federado em razão de *outra* relação jurídico-tributária.

16. Huster, Stephan, *Rechte und Ziele – Zur Dogmatik des allgemeinen Gleichheitssatzes*, Berlin, Duncker und Humblodt, 1993, p. 166.
17. Ibidem, pp. 209-210.

Este critério de distinção, além de iníquo, é contrário ao ideal de igualdade, pois ele indiretamente diferencia os contribuintes, com a finalidade de financiar a seguridade social, com base em elementos que lhes são estranhos, como a localização, o tipo de mercadoria vendida ou o modo de tributação. O princípio da igualdade, todavia, só admite que os contribuintes sejam diferenciados com base em elementos racionais, concretos e baseados na natureza das coisas.[18]

1.4 Conflito com a finalidade do financiamento

A mencionada iniquidade cresce em dimensão quando se verifica que o pressuposto do financiamento é a solidariedade social e a sua finalidade é a promoção da justiça social, como se verifica no texto constitucional:

> Art. 193. A ordem social tem como base o primado do trabalho, e como objetivo o bem-estar e a *justiça* sociais.

A solidariedade social consiste em uma espécie de corresponsabilidade de todos pelo desamparo de alguns. Ela se qualifica como uma comunidade de sacrifícios e, por isso, de cooperação dos indivíduos em favor de grupos ou da coletividade.[19] Porém, se o pressuposto do financiamento da seguridade social é a solidariedade social, e esta traduz a corresponsabilidade de todos no seu custeio, está claro que os contribuintes só poderão ser responsáveis com base em elemento que resulte das suas *próprias atividades* e que lhes *pertença*, nunca com base em algo que não resulte das suas próprias atividades ou que não lhes pertença. Ninguém pode ser responsável pela parte que cabe a outro, como ocorre com a imputação de responsabilidade social com base noutros elementos que não o próprio resultado das suas atividades econômicas.

A justiça social, ao seu turno, exige a correção de desigualdades sociais por meio da proteção da dignidade humana, da redistribuição equânime de ônus e de sacrifícios, da proteção do trabalho e da promoção da seguridade social.[20]

No entanto, se a finalidade última do financiamento da seguridade social é a promoção da justiça social, e esta pressupõe a redistribuição

---

18. Ávila, Humberto, *Teoria da Igualdade Tributária*, 3ª ed., São Paulo, Malheiros Editores, 2015, p. 47.
19. Lewine, F. J., "Solidarité", in Arnaud, André Jean (org.), *Dictionnaire Encyclopédique de Théorie et de Sociologie du Droit*, 2ª ed., Paris, LGDJ, 1993, p. 574.
20. Badura, Peter, *Staatsrecht*, München, Beck, 1986, p. 196.

equânime de ônus e de sacrifícios, é evidente que os contribuintes só poderão ser onerados em razão das suas *próprias atividades*, nunca em virtude de elementos que lhes são estranhos. Não se promove justiça social com base na divisão iníqua de responsabilidades, como ocorre com a distribuição do ônus do financiamento da seguridade social sem relação com o resultado da atividade econômica dos próprios contribuintes.

Todas as considerações anteriores demonstram que a Constituição só admite determinada base de financiamento da seguridade social (a receita ou o faturamento), com determinada origem (da empresa), com base em determinado critério (a equidade) e para promover determinado fim (a justiça social). A conjugação desses elementos afasta a inclusão do ICMS na base de cálculo das contribuições sociais, pois o ICMS não é receita da empresa, e a sua incidência sobre os valores cobrados a esse título promove flagrante iniquidade.

2. INADEQUAÇÃO DA UTILIZAÇÃO DO "ARGUMENTUM A CONTRARIO"

O acórdão recorrido declarou constitucional a interpretação no sentido de que, se o legislador retirou da base de cálculo das contribuições sociais "só" as vendas canceladas, o IPI e o ICMS cobrado em substituição tributária, então, outros montantes, como os cobrados a título de ICMS, devem ser nela incluídos. Ocorre que a interpretação *a contrario*, defendida pela União neste caso, não pode ser aceita. Isso porque esta técnica de interpretação só pode ser admitida quando compatível com a teleologia da lei. Assim Larenz:

> É evidente que essa conclusão só é justificada quando a regra legal contém expressamente, ou no mínimo segundo o sentido, a palavra "apenas", aqui inserida entre aspas, isto é, se a limitação da consequência normativa *R* for desejada claramente pelo legislador precisamente para a *A* ou é obrigatória em razão da teleologia da lei.[21]

A aceitação ou não do *argumentum a contrario* não é uma questão de lógica, mas de valoração. Como destaca Larenz, a decisão por um ou por outro método não é de nenhum modo, como poderia uma análise superficial fazer transparecer, "decorrente de um capricho subjetivo do

---

21. Larenz, Karl, *Methodenlehre der Rechtswissenschaft*, 3ª ed., Berlin, Springer, 1995, p. 209.

respectivo julgador, mas algo a ser feito de modo prudente com os meios do pensamento orientado a valores, o pensamento teleológico".[22]

Ora, os valores estabelecidos pela Constituição para o financiamento da seguridade social são a solidariedade, a equidade e a justiça. A inclusão do ICMS na base de cálculo das contribuições sociais não apenas colide com a base de financiamento eleita (a receita ou o faturamento) e com a origem pressuposta (atividade econômica da empresa), mas também com os valores da solidariedade, da equidade e da justiça, que devem necessariamente orientar a sua instituição. Sendo assim, é inaplicável o *argumentum a contrario*, como esclarece Wank:

> A conclusão invertida é a irmã da analogia. Ela significa: se a lei queria solucionar apenas este caso em determinado sentido, então, outros casos não devem ser regulados do mesmo modo. O decisivo é sempre saber se de acordo com outros critérios de interpretação (como: história do surgimento da lei ou seu fim normativo) se pode retirar da regulação um "só". Sendo esse o caso, intervém a conclusão invertida, noutro caso é possível a analogia.[23]

Nesse caso, o argumento pela inversa não pode ser aceito, pois a finalidade da lei e os valores que lhe são constitucionalmente sobrejacentes não permitem retirar da regulação um "só". É preciso destacar que o fato de o IPI ser cobrado por técnica legislativa distinta da aplicada ao ICMS não tem importância jurídica alguma para o caso ora discutido: os dois tributos dizem respeito a valores que são de titularidade do Estado, não dos contribuintes, não tendo qualquer vinculação com a individualidade manifestada pela sua receita ou seu faturamento.

Excluir da base de cálculo das contribuições aquilo que é cobrado a título de IPI mas não aquilo que advém do ICMS apenas porque a técnica de cobrança desses tributos é diferente é inverter a ordem das coisas, interpretando a Constituição com base na legislação, e não a legislação com base na Constituição. É simplesmente interpretar o ordenamento jurídico de cabeça para baixo.

Todas as considerações feitas até o presente momento demonstram que a interpretação adotada no acórdão recorrido, no sentido de incluir na base de cálculo das contribuições sociais sobre a receita o ICMS, é totalmente equivocada, na medida em que ela: (i) promove uma leitura

---

22. Ibidem, p. 210.
23. Wank, Rolf, *Die Auslegung von Gesetzen*, 3ª ed., Köln, Carl Heymanns, 2005, p. 125.

parcial da Constituição; (ii) fundamenta-se em meros fragmentos normativos que regem a matéria; (iii) desconsidera os princípios que devem orientar a interpretação da regra de competência, especialmente os que fixam o critério (a equidade), o pressuposto (a solidariedade social) e a finalidade do financiamento da seguridade social (a justiça social); e (iv) confunde o fato gerador das mencionadas contribuições (prática de atividades econômicas pela empresa) com a sua base de cálculo (a receita ou o faturamento).

Ora, rigorosamente analisando, o fato gerador das contribuições sociais não é a receita ou o faturamento, mas as atividades econômicas das empresas que produzem esses resultados. Segundo a Constituição, a tributação dessas atividades deve ser feita de modo a medir a individualidade das empresas, de modo algum podendo ser baseada em elementos que lhes são externos. Admitir o contrário importa violar a base de cálculo prevista pela Constituição (a receita ou faturamento das empresas) e o critério de repartição do ônus de financiamento da seguridade social (a equidade).

Em face de todo o exposto, resta claro que, de acordo com a Constituição, os dispositivos legais das Leis ns. 9.718/1998, 10.637/2002 e 10.833/2003, quando excluíram da base de cálculo das contribuições sobre a receita os valores correspondentes às vendas canceladas, ao IPI e ao ICMS na modalidade de substituição tributária não podem ser interpretados como tendo *incluído* os valores recolhidos a título de ICMS. Como esses valores não correspondem ao conceito de receita ou faturamento da empresa, o silêncio do referido dispositivo não tem o efeito positivo que lhe pretende atribuir a União, pelo simples e singelo motivo de que o legislador não precisaria logicamente *excluir* algo que *não está incluído* na base de cálculo das contribuições sociais.

3. Proibição de modulação de efeitos

Por fim, é preciso, ainda, destacar a proibição de que sejam atribuídos efeitos apenas prospectivos à decisão caso seja reconhecida a inconstitucionalidade da inclusão do ICMS na base de cálculo das contribuições. Este pedido foi feito pela União na ADC 18, cujo tema é análogo ao ora discutido, e pode vir a ser novamente formulado no recurso extraordinário aqui discutido.

O argumento da União é no sentido de que existiriam razões de segurança jurídica para a adoção de efeitos apenas prospectivos neste caso, tendo em vista a jurisprudência consolidada no âmbito do Superior Tribunal de Justiça, não do Supremo Tribunal Federal, em favor da inclusão dos valores cobrados a título de ICMS na base de cálculo das contribuições sociais sobre a receita.

O argumento subjacente, portanto, é o de que a União teria confiado na constitucionalidade da inclusão do imposto na base de cálculo das contribuições em razão das decisões do Superior Tribunal de Justiça, e não poderia ser agora frustrada com uma decisão em sentido contrário sem que houvesse violação ao princípio da proteção da confiança, ínsito ao princípio da segurança jurídica. Não é o caso, contudo, de adoção de efeitos prospectivos. Isso porque esses efeitos só podem ser acolhidos quando a decisão provocar grave insegurança jurídica.

A segurança jurídica pode ser entendida de dois modos: em sentido objetivo, como exigência de inteligibilidade, de confiabilidade e de previsibilidade do ordenamento jurídico (princípio da segurança jurídica); e em sentido subjetivo, como proteção de expectativas legitimamente constituídas em favor de algum sujeito (princípio da proteção da confiança).

No caso ora em discussão, a declaração de inconstitucionalidade da inclusão do ICMS na base de cálculo das contribuições não provoca insegurança jurídica em nenhum dos dois sentidos.

Ela não causa insegurança jurídica em sentido objetivo, porque isso só ocorreria se a própria credibilidade do sistema jurídico como um todo estivesse correndo risco. Isso, evidentemente, não sucederá com uma decisão que declare a inconstitucionalidade de determinada interpretação que conduza à inclusão de um elemento na base de cálculo de um tributo. Trata-se de uma decisão isolada, que afetará um número determinado de pessoas – aquelas que estiverem discutindo em juízo a questão ou aquelas que pagaram a maior nos últimos cinco anos e não foram, com isso, atingidas pela decadência. Errôneo supor que tal decisão afetará a credibilidade do sistema jurídico brasileiro – de modo algum. As instituições jurídicas não serão negativamente afetadas. Ao contrário, é precisamente a modulação que causaria forte abalo em suas estruturas, pela manutenção de efeitos de atos manifestamente inconstitucionais.

A decisão pela inconstitucionalidade da inclusão do ICMS na base de cálculo das contribuições também não irá causar insegurança jurídica em sentido subjetivo.

O princípio da proteção da confiança impede que os sujeitos que tenham exercido seus direitos fundamentais com suporte em determinado fundamento normativo sejam depois prejudicados pela sua brusca e drástica modificação. Daí se dizer que esse princípio, aplicável aos portadores de direitos fundamentais, requer a presença dos seguintes requisitos: (a) uma base digna de confiança; (b) o exercício concreto da confiança; (c) a relação de causalidade entre o exercício da confiança e a base da confiança; (d) a mudança imprevista e negativa da base de confiança. Esses requisitos, no entanto, não estão presentes no caso desta ação.

Em primeiro lugar, porque não há exercício concreto de direitos fundamentais, mas mero exercício do poder de tributar. A União é pessoa política de Direito interno, que deve exercer sua competência nos estreitos limites previstos pela Constituição. Ela não exerce direitos fundamentais de liberdade. Não pode ela exercer competência ilegítima e pretender depois se beneficiar com a sua própria conduta anterior. Lembre-se que foi a própria União que instituiu as mencionadas contribuições sociais.

Também não estão presentes os requisitos de aplicação do princípio da proteção da confiança, em segundo lugar, porque não há base digna de confiança. A suposta base de confiança da União são as decisões antigas do Superior Tribunal de Justiça.

Essas decisões, porém, não servem de suporte para a expectativa de cobrança das contribuições sociais, por duas razões principais.

De um lado, porque o Superior Tribunal de Justiça não é competente para julgar matéria constitucional, como é o caso discutido nesta ação. Esta matéria está reservada pela Constituição ao Supremo Tribunal Federal. É notório. Desse modo, a União desde o início tinha conhecimento de que as referidas decisões poderiam ser modificadas pelo Supremo Tribunal Federal. Não se pode confiar naquilo que não é – por razões de competência – digno de confiança. Não se protege qualquer confiança, só a legítima.

De outro lado, porque as decisões do Superior Tribunal de Justiça, que originaram a sua Súmula 68, têm como base decisões do extinto TFR, cujo fundamento é a ordem constitucional *anterior*. Com efeito, o Incidente de Uniformização de Jurisprudência na AC 123.073, que originou a Súmula 258 do TFR, foi julgado em 14.6.1988 – portanto, em período anterior à vigência da Constituição atual, sabidamente promulgada em outubro/1988. Ora, não se pode confiar naquilo que não é – por razões temporais – digno de confiança. Repita-se: não se protege qualquer confiança, só a legítima.

Igualmente não se verificam os elementos necessários à aplicação do princípio da proteção da confiança, em terceiro lugar, porque não há qualquer demonstração de exercício concreto da confiança por parte da União, nem relação de causalidade entre o exercício da confiança e a base da confiança. A União limita-se a afirmar, na sua petição, que teria planejado suas atividades com base na receita advinda da inclusão do ICMS na base de cálculo das contribuições, sem qualquer tipo de prova nesse sentido.

Em quarto lugar, não se aplica o princípio da proteção da confiança porque não há mudança, muito menos repentina. Aqui o elemento fundamental.

Não há *mudança*, porque nenhuma decisão do Plenário do Supremo Tribunal Federal existe sobre a inclusão do ICMS na base de cálculo das contribuições sociais sobre a receita na nova ordem constitucional. Nenhuma. O que há é uma decisão sobre a constitucionalidade da inclusão do ICMS na sua própria base de cálculo, reconhecida com base no argumento de que, se não fosse assim, não se observaria o princípio da não cumulatividade. Sobre o tema aqui discutido há o entendimento consolidado desde 2006 no âmbito desta Suprema Corte no sentido da inconstitucionalidade da tributação do ICMS pelas contribuições para o PIS e COFINS (RE 240.785, entendimento referendado recentemente pelo Plenário na sessão de 8.9.2014). Ora, não há mudança quando o único entendimento firmado é precisamente contrário ao que se diz supostamente consolidado.

Muito menos há mudança *repentina*. De um lado, porque os contribuintes nunca aceitaram a inclusão do ICMS na base de cálculo das contribuições. Há processos que tramitam há anos com a finalidade de afastar esse imposto da base de cálculo das contribuições sobre a receita. Uma decisão negativa do Supremo Tribunal Federal nesta ação de modo algum poderá surpreender a União – ela já sabe há muito tempo que a causa poderia ter um desfecho negativo. E não há surpresa quando o resultado poderia ser previsto.

De outro lado, porque o RE 240.785 encerrou-se com um *quorum* de sete votos a dois contra a inclusão do ICMS na base de cálculo das contribuições sociais sobre a receita. Além disso, a União sabe que o processo acima referido poderia ter um desfecho desfavorável desde 1992, quando ele se iniciou. E desde 2006 já sabia que o *quorum* apontava em sentido contrário à sua tese. Mais: a União sabe que desde 1998, quando o processo chegou ao Supremo Tribunal Federal, poderia ocorrer um final negativo. Pior ainda: a União sabe que desde 2006, quando ocorreu a votação com *quorum* de seis a um, esse resultado contrário, mais do que possível, é *provável*, quando não, mesmo, *certo*. Ora, não há surpresa quando o resultado é esperado.

A União simplesmente pretende fazer crer que haveria jurisprudência consolidada sobre o assunto, cuja mudança levaria à quebra de suas expectativas legítimas. A verdade, porém, é bem outra. A verdade é que a União sabe desde 1992 que a matéria estava sendo discutida e que poderia ter um desfecho desfavorável, e no mínimo desde 2006 tem conhecimento claro e concreto de que o resultado lhe seria certamente desfavorável. Se ela planejou suas atividades com base na expectativa de julgamento favorável, planejou-as mal, e sob sua inteira responsabilidade. Se ela sabia que havia discussões, é porque sabia que podia perder. E, se sabia que podia perder, não pode, agora, alegar quebra de expectativa. A quebra de expectativa pressupõe o desconhecimento prévio. É óbvio. Sendo assim, não pode a União, agora, pretender ficar com a receita que sabidamente não seria sua, sob a alegação de violação do princípio da segurança jurídica. Claro que não.

Ora, o princípio da segurança jurídica não protege o enriquecimento ilícito da União, muito menos o enriquecimento que se sabia de antemão poderia não se confirmar. Entender de modo contrário é baratear esse princípio fundamental, incentivando o descumprimento futuro da Constituição pelos Poderes que a deveriam cumprir.

Por fim, é preciso dizer que a perda de arrecadação com a declaração de inconstitucionalidade da inclusão do ICMS na base de cálculo das contribuições não é fundamento para a manutenção dos efeitos pretéritos de lei inconstitucional. O fundamento é a segurança jurídica, não a segurança orçamentária. Fosse a perda da arrecadação fundamento para manter efeitos de leis inconstitucionais, quanto mais gravosa fosse a lei, e maior fosse a arrecadação dela resultante, maior seria a chance de ela ser mantida. Quanto mais inconstitucional ela fosse, mais chance teria de ser declarada... constitucional! Seria a institucionalização do princípio do quanto pior, melhor. Um escândalo – é isso que propõe a União ao defender que deve ficar com os supostos 60 bilhões (como sustentado na ação declaratória) ou 250 bilhões (como curiosamente aumentado neste recurso extraordinário) arrancados dos contribuintes sem autorização da Constituição.

Além de tudo o que foi dito, é preciso insistir no fato de que a aplicação da modulação de efeitos pelo Supremo Tribunal Federal está sujeita a outros requisitos.[24] Primeiro, o caso deve ser excepcional, no sentido de que haja dificuldade de repetitividade no futuro. Isso ocorre porque

---

24. Ávila, Humberto, *Teoria da Segurança Jurídica*, 3ª ed., São Paulo, Malheiros Editores, 2014, pp. 580-584.

toda manutenção de efeitos passados de leis inconstitucionais envolve um "contrassentido", na medida em que a transgressão constitucional, ainda que indiretamente, passa a ser incentivada. Exatamente por isso que a atribuição de efeitos prospectivos só pode ser feita em casos excepcionais, de difícil repetitividade no futuro. A inclusão de parcela indevida na base de cálculo de um tributo, em desrespeito à regra de competência constitucional, no entanto, não atende ao primeiro requisito, uma vez que se trata de caso de fácil repetição no futuro, sendo, inclusive, recorrente na própria jurisprudência desta Suprema Corte. A aceitação da modulação eventualmente proposta pela União, esta, sim, é que provocará a insegurança jurídica, pelo incentivo à transgressão das regras de competência.

Segundo, a aplicação da modulação de efeitos depende da inconstitucionalidade manifesta do ato impugnado. Isso significa dizer que a modulação de efeitos só pode ser adotada "nos casos em que a legitimidade era plausível, isto é, quando o destinatário da regra não podia nem devia saber da inconstitucionalidade do seu comportamento".[25] E isso, como demonstrado, não ocorreu: há muito tempo – repita-se: muito tempo – a União sabe do questionamento e sabe do seu provável desfecho desfavorável.

Terceiro, a aplicação da modulação de efeitos deve ter como finalidades (i) a restauração do "estado de constitucionalidade, (ii) a proteção direta dos direitos fundamentais e (iii) evitar grave ameaça à segurança jurídica.[26] Também estes requisitos vinculados à finalidade não estão presentes neste caso. Isso porque trata-se de violação de regra de competência que consiste no exercício do poder de tributar fora do âmbito material constitucionalmente permitido, e, nesse caso, a declaração de nulidade já restabelece o estado de constitucionalidade. Ao declarar a inconstitucionalidade, nada fica faltando para que a eficácia da Constituição seja integralmente preservada.

A verdade é que a manutenção de eficácia de tributos inconstitucionais, além de permitir a cobrança de tributos sem lei, mas por decisão judicial, termina por suspender temporariamente a eficácia dos direitos fundamentais de liberdade, de propriedade e de proteção judicial.[27]

Por fim, reitera-se: o princípio da segurança jurídica não protege o enriquecimento ilícito da União, muito menos o enriquecimento que se sabia de antemão poderia não se confirmar. É preciso, assim, repetir que

25. Ibidem, p. 583.
26. Ibidem, pp. 584-591.
27. Ibidem, p. 590.

a perda de arrecadação com a declaração de inconstitucionalidade da inclusão do ICMS na base de cálculo das contribuições não é fundamento para a manutenção dos efeitos pretéritos de lei inconstitucional: "prejuízos financeiros decorrentes da cobrança de tributos inconstitucionais não se enquadram, portanto, no conceito de segurança jurídica tal como está posta na Constituição Federal/1988".[28]

4. *A VERDADE SOBRE A SUPOSTA "QUEBRA" DO ESTADO*

A União Federal argumenta que a declaração de inconstitucionalidade com efeitos *ex tunc* causará a "quebra" do Estado, em virtude do "rombo" que a obrigação de restituir 250 bilhões aos contribuintes irá causar às finanças públicas. Ao fazê-lo, busca forçar o Supremo Tribunal Federal a necessariamente atribuir efeitos prospectivos à decisão de inconstitucionalidade com base na pretensa insegurança jurídica que o tradicional efeito retroativo da decisão iria supostamente provocar. Tal argumento, recorrentemente empregado quando uma causa tributária está prestes a ser perdida, é manifestamente improcedente, e por várias razões.

Em primeiro lugar, não há um "rombo" de 250 bilhões no patrimônio público, mas no patrimônio dos cidadãos-contribuintes. Se o Tribunal decidir pela inconstitucionalidade da inclusão do imposto na base de cálculo das contribuições é porque o tributo foi instituído à revelia da Constituição, com exercício ilegítimo do poder. E, se esse for o caso, não se pode falar em prejuízo *para o Estado* que cobrou o que não podia, mas em prejuízo *para os cidadãos*, que pagaram o que não deviam. O argumento do "rombo" envolve, pois, uma manifesta inversão: o expropriador fica com o produto da expropriação sob a alegação de que terá prejuízo se for obrigado a devolvê-lo ao expropriado.

Em segundo lugar, não há uma relação necessária entre a declaração de inconstitucionalidade com efeitos *ex tunc* e o dever de devolução total e imediata do montante indevidamente arrecadado. Não há dever de devolução *total* porque a discussão é antiga, remontando ao ano de 1992 e somente beneficiando os contribuintes que têm ações em tramitação e abrangendo os pagamentos que não foram alcançados pelo prazo decadencial de cinco anos. Isso quer dizer que, embora o número de contribuintes prejudicados seja extenso, o número de contribuintes aptos a postular a devolução é bastante restrito.

28. Ávila, Humberto, *Teoria da Segurança Jurídica*, 3ª ed., São Paulo, Malheiros Editores, 2014, p. 589.

E não há dever de devolução *imediata*, porque a restituição de tributos pagos indevidamente se submete ao longo parcelamento dos precatórios e à longa tramitação de pedidos de compensação. Isso significa que, conquanto o valor a ser devolvido possa ser alto, o período e os procedimentos indispensáveis à sua restituição tornam-no bastante suave. O argumento da "devolução total e imediata" abrange, por conseguinte, outra evidente inversão: os valores expropriados não deverão ser devolvidos de um dia para o outro, mas de maneira lenta e programada.

Em terceiro lugar, porque, se há questões relacionadas à segurança jurídica, estas suportam a decisão com efeitos retroativos, e não prospectivos. Como dito, segurança jurídica não equivale à segurança financeira. Segurança jurídica diz com a manutenção da *ordem jurídica*, não com a manutenção de *dinheiro expropriado*. Diz respeito ao *Direito*; não ao *dinheiro*. Mas, se assim é, não são os efeitos retroativos que irão restringir a segurança jurídica; são os efeitos prospectivos que o farão.

Com efeito, os contribuintes que questionaram desde 1992 a inclusão do imposto na base de cálculo das contribuições sobre a receita o fizeram precisamente pela confiança que depositaram na ordem jurídica: por acreditarem que as palavras da Constituição têm e devem ter algum sentido e que o conceito de "receita", sempre definido como ingresso definitivo e não meramente transitório, não poderia ser arbitrariamente ampliado; por acreditarem que as regras constitucionais devem ser obedecidas e que a regra de competência para instituir contribuições sobre a receita não poderia ser olimpicamente descumprida; por acreditarem que a Constituição é a norma suprema de um ordenamento e que as leis tributárias não a poderiam flagrantemente infringir; e por acreditarem que a Constituição tem força normativa e que a sua violação seria efetivamente sancionada pelo seu guardião, o Egrégio Supremo Tribunal Federal. O argumento da "insegurança jurídica" inclui, portanto, mais uma inversão: o que causa insegurança jurídica são os efeitos prospectivos, pela quebra da credibilidade dos cidadãos-contribuintes na força normativa do Direito, isto é, na força normativa dos conceitos constitucionais, das regras constitucionais e da própria Constituição.

Conclusões

Todo o exposto permite alcançar uma conclusão bastante singela: ao focar nas supostas consequências financeiras de uma eventual decisão de inconstitucionalidade, supostamente catastróficas, a União produz uma monetarização da segurança jurídica, na medida em que transforma elevados valores de natureza *axiológica* em valores de natureza meramente *pecuniária*. E, ao fazê-lo, tira do foco a principal consequência que será fatalmente produzida, essa, sim, verdadeiramente catastrófica e da qual decorrem outras ainda mais nefastas: o estímulo à usurpação futura de competências tributárias, pela manutenção com os entes tributantes do montante cobrado indevidamente. Esse estímulo, por sua vez, provocará inimaginável perda da força normativa da Constituição, dos seus conceitos, das suas regras, eliminando o caráter coativo do Direito e uma das suas principais funções: a função de limitar o poder estatal.

É por essas razões que o caso ora debatido está longe de ser apenas mais um caso tributário, entre tantos que o Supremo Tribunal Federal é obrigado a julgar. Este caso, em vez disso, talvez seja o caso mais importante da história da Corte. Isso porque por meio dele não se está apenas decidindo se os contribuintes devem, ou não, pagar um tributo e se o Estado deve, ou não, restituí-lo. Está-se, na verdade, decidindo se o texto constitucional tem significado, se as regras precisam ser obedecidas, se a Constituição se sobrepõe às leis, se a Constituição tem força normativa e se quem a viola é punido ou premiado.

Mas, se o Direito é historicamente definido como um ordenamento imperativo, cuja finalidade é garantir a ordem e reprimir a sua violação, bem como promover valores fundamentais do cidadão, então, ao decidir este caso o Supremo Tribunal Federal está, no fundo, decidindo se há Direito no Brasil. Isso porque, como pontificou Siches, "poderá haver Direito injusto ou falho, mas nunca inseguro, pois a ausência de segurança nega a essência mesma do jurídico".[29]

O verdadeiro problema, portanto, não é a suposta "quebra" do Estado pelo "rombo" financeiro que a restituição do tributo pago indevidamente irá provocar; o verdadeiro problema é a quebra da confiança na efetividade do Direito que a manutenção do tributo pago indevidamente com o Estado irá produzir. Esta a verdadeira quebra que a história irá para sempre guardar: a quebra do Estado de Direito. Afinal, "somente a confiança na continuidade das instituições estatais e na vinculação das regras cria a base para o desenvolvimento da liberdade humana".[30]

29. Siches, L. Recaséns, *Filosofía del Derecho*, México, Porrúa, 1959, p. 224.
30. Birk, Dieter, "Kontinuitätsgewähr und Vertrauensschutz", in Pezzer, Heinz-Jürgen (org.), *Vertrauensschutz im Steuerrecht, Deutsche Steuerjuristische Gesellschaft*, vol. 27, Köln, Otto Schmidt, 2004, p. 11.

Bibliografia

ATALIBA, Geraldo, e GIARDINO, Cléber. "PIS – Exclusão do ICMS de sua base de cálculo". *RDTributário* 35/151-162. São Paulo, Ed. RT, 1986.

ÁVILA, Humberto. "Limites à tributação com base na solidariedade social". In: GRECO, Marco Aurélio, e GODOI, Marciano Seabra (coords). *Solidariedade Social e Tributação*. São Paulo, Dialética, 2005 (pp. 68-88).

_____. *Sistema Constitucional Tributário*. 5ª ed. São Paulo, Saraiva, 2012.

_____. *Teoria da Igualdade Tributária*. 3ª ed. São Paulo, Malheiros Editores, 2015.

_____. *Teoria da Segurança Jurídica*. 3ª ed. São Paulo, Malheiros Editores, 2014.

BADURA, Peter. *Staatsrecht*. München, Beck, 1986.

BIRK, Dieter. "Kontinuitätsgewähr und Vertrauensschutz". In: PEZZER, Heinz-Jürgen (org). *Vertrauensschutz im Steuerrecht. Deutsche Steuerjuristische Gesellschaft*. vol. 27. Köln, Otto Schmidt, 2004.

CHIODI, Giulio. *Equità – La Regola Costitutiva del Diritto*. Torino, Giappichelli, 2000.

HUSTER, Stephan. *Rechte und Ziele – Zur Dogmatik des allgemeinen Gleichheitssatzes*. Berlin, Duncker und Humblodt, 1993.

LARENZ, Karl. *Methodenlehre der Rechtswissenschaft*. 3ª ed. Berlin, Springer, 1995.

LEWINE, F. J. "Solidarité". In: ARNAUD, André Jean (org.). *Dictionnaire Encyclopédique de Théorie et de Sociologie du Droit*. 2ª ed. Paris, LGDJ, 1993.

SICHES, L. Recaséns. *Filosofía del Derecho*. México, Porrúa, 1959.

WANK, Rolf. *Die Auslegung von Gesetzen*. 3ª ed. Köln, Carl Heymanns, 2005.

A INCLUSÃO DO ICMS NA BASE DE CÁLCULO DO PIS/COFINS: ANÁLISE CRÍTICA DO POSICIONAMENTO DO MIN. GILMAR MENDES NO RE 240.785

Introdução – 1. As decisões citadas não servem de precedentes. 2. As contribuições sobre a receita não são tributos reais. 3. Os contribuintes não postulam a exclusão do ICMS. 4. O valor do ICMS não integra o patrimônio dos contribuintes. 5. A não incidência das contribuições sobre o ICMS não as transforma em tributos sobre o resultado líquido. 6. A não incidência das contribuições sobre o ICMS não viola os fundamentos do Estado Fiscal – Conclusões.

Introdução

No julgamento do RE 240.785, o Plenário do Supremo Tribunal Federal decidiu pela não incidência das contribuições sociais para o PIS e COFINS sobre os valores recolhidos pelos contribuintes a título de ICMS.[1] Como o referido recurso é anterior à sistemática da repercussão geral, toda a atenção é agora dirigida ao RE 574.706, que possui repercussão geral e está na iminência de ser julgado.[2] Conquanto o julgamento do RE 240.785 tenha sido concluído, nele o eminente Min. Gilmar Mendes proferiu notável voto-vista que chamou a atenção tanto dos demais Ministros quanto da comunidade jurídica em geral pela sua extensão, profundidade e erudição.[3]

1. STF, Tribunal Pleno, RE 240.785, rel. Min. Marco Aurélio, j. 8.10.2014.

2. "Reconhecida a repercussão geral da questão constitucional relativa à inclusão do ICMS na base de cálculo da COFINS e da contribuição ao PIS – Pendência de julgamento no Plenário do Supremo Tribunal Federal do RE n. 240.785" (STF, Tribunal Pleno, RE 574.706, rela. Min. Carmen Lúcia, j. 24.4.2008).

3. O voto foi publicado na forma de artigo em: Mendes, Gilmar Ferreira, "O Supremo Tribunal Federal e a exclusão do ICMS da base de cálculo da COFINS", in Lembo, Cláudio (coord.), *Juiz Constitucional – Estado e Poder no Século XXI*, São Paulo, Ed. RT, 2015, pp. 205-251.

Neste voto, o eminente Ministro, abrindo divergência relativamente à maioria que se formou no Tribunal, defendeu a incidência das contribuições sociais para o PIS e COFINS sobre os valores recolhidos pelos contribuintes a título de ICMS, com base em fundamentos que podem ser assim sintetizados:

(a) O Tribunal já teria decidido que as contribuições para o PIS e COFINS poderiam incidir sobre todos os valores recebidos pelos contribuintes nas decisões em que definiu o conceito de faturamento como o produto da venda de mercadorias e da prestação de serviços.

(b) O Tribunal também já teria admitido a incidência de um tributo sobre outro quando permitiu a incidência do ICMS sobre ele mesmo, entendimento que poderia ser aplicado ao caso da incidência destas contribuições sobre os valores recolhidos a título de ICMS.

(c) As contribuições sobre a receita deveriam ser caracterizadas como tributos reais, e não como pessoais, por não exigirem a observância de circunstâncias pessoais, de que seriam exemplos os custos e os tributos incidentes nas operações praticadas pelos contribuintes.

(d) No recurso julgado, os contribuintes estariam postulando a exclusão do ICMS da base de cálculo das contribuições sobre a receita sem que houvesse uma imunidade ou uma previsão legal específica.

(e) Os valores recolhidos a título de ICMS, como qualquer custo, integrariam o patrimônio dos contribuintes, que poderiam dispor deles como quisessem até terem de repassá-los aos Estados.

(f) A exclusão do ICMS da base de cálculo das contribuições sobre a receita transformaria essas contribuições em tributos sobre o resultado líquido, como são o imposto sobre a renda e a contribuição social sobre o lucro líquido.

(g) A exclusão dos valores recolhidos pelos contribuintes a título de ICMS da base de cálculo das contribuições para o PIS e COFINS redundaria em expressivas perdas de receitas para a manutenção da seguridade social, além de provocar a ruptura do próprio sistema tributário, em razão de um suposto efeito multiplicador de demandas com a finalidade de excluir todos e quaisquer custos das bases de cálculos de todos e quaisquer tributos.[4]

Como o Tribunal está prestes a iniciar um novo julgamento sobre a mesma matéria no RE 574.706, sob a persuasiva influência deste notável voto-vista, é imprescindível examinar, passo a passo e com absoluta

---

4. STF, voto-vista do Min. Gilmar Mendes no RE 240.785, Tribunal Pleno, rel. Min. Marco Aurélio, j. 8.10.2014.

minúcia, a consistência e a coerência dos seus fundamentos. Tudo isso, é claro, com o respeito e a deferência que os votos desse eminente Ministro sempre merecem. É este o objeto do presente artigo.

1. As decisões citadas não servem de precedentes

Segundo o respeitável voto-vista, o Tribunal, nas decisões em que fixou o conceito de faturamento, já teria definido que as contribuições para o PIS e COFINS poderiam incidir sobre todos os valores recebidos pelos contribuintes.[5] Com a devida vênia, estas decisões versaram sobre questão diversa da debatida neste recurso, e, por essa razão, não podem funcionar como precedentes para o caso a ser julgado. É o que se passa a demonstrar.

No RE 150.755 o Tribunal decidiu se a expressão "receita bruta", então empregada pelo legislador, tinha um conceito assimilável ao de "faturamento", na medida em que a Constituição, naquele momento, só permitia a incidência de contribuições sobre o "faturamento". A decisão do Tribunal foi no sentido de que o legislador, embora tivesse empregado a expressão "receita bruta", tinha lhe atribuído conceito de "faturamento", e, por isso, atuado no âmbito permitido pela Constituição. O voto do então Ministro Ilmar Galvão bem ilustra a decisão:

> (...) o Decreto-lei n. 2.397/1997, que alterou o Decreto-lei n. 1.940/1982, em seu art. 22, já havia conceituado a receita bruta do art. 1º, § 1º, do mencionado diploma legal como a "receita bruta das vendas de mercadorias e de mercadorias e serviços", *conceito, esse, que coincide com o de faturamento*, que, para efeitos fiscais, foi sempre entendido como o produto de todas as vendas, e não apenas das vendas acompanhadas de faturas (...).[6]

Nesse caso, portanto, o Tribunal decidiu que a base de cálculo prevista na lei como "a receita bruta das vendas de mercadorias e de mercadorias e serviços", apesar de erroneamente denominada de "receita bruta", na verdade conotava o conceito de "faturamento", que era a base de cálculo então prevista pela Constituição.

Essa constatação revela, porém, que o Tribunal não decidiu os contornos do conceito de "receita", muito menos examinou a diferença entre "receita" e "ingresso". O que ele fez foi apenas definir o conceito

---

5. STF, voto-vista do Min. Gilmar Mendes no RE 240.785, Tribunal Pleno, rel. Min. Marco Aurélio, j. 8.10/2014.

6. STF, voto do Min. Ilmar Galvão no RE 150.755, Tribunal Pleno, j. 18.11.1992.

de "faturamento". Com a permissão para usar uma metáfora, o Tribunal apenas decidiu a relação entre dois círculos concêntricos: um maior (receita) e outro menor (faturamento). Ao fazê-lo, constatou que o legislador tinha usado o "nome" do maior (receita), mas com o "conteúdo" do menor (faturamento), atuando, por conseguinte, dentro da área permitida pela Constituição. Dito de modo mais simples: o legislador tinha empregado a palavra errada com o significado certo. Em suma, o Tribunal decidiu tão somente o problema da *assimilação* do conceito efetivamente usado pelo legislador ao conceito previsto pela Constituição, apesar da denominação imprópria.

Isso significa – repita-se – que o Tribunal não examinou nem os exatos contornos do círculo maior (receita), nem os elementos eventualmente situados fora dele e que comporiam um círculo ainda maior (ingressos). Se assim é, porém, a decisão proferida no RE 150.755 não pode servir de precedente para a decisão a ser tomada neste recurso.

O mesmo ocorreu no julgamento da ADC 1.[7] Nessa ação o Tribunal também decidiu se a expressão "receita bruta", então empregada pelo legislador, tinha um conceito assimilável ao de "faturamento", igualmente porque a Constituição então só permitia a instituição de contribuições incidentes sobre o "faturamento". Tanto o Tribunal decidiu a mesma questão, que o voto do Min. Moreira Alves repetiu voto proferido pelo Min. Ilmar Galvão no RE 150.755, enfatizando que:

> (...) como bem assinalou o eminente Min. Ilmar Galvão no voto que proferiu no RE n. 150.764, ao acentuar que o conceito de receita bruta das vendas de mercadorias e mercadorias e serviços *"coincide com o de faturamento (...)"*.[8] [*Grifos meus*]

Desse modo, e continuando a empregar a metáfora antes mencionada, o Tribunal verificou que o legislador tinha usado o "nome" do maior (receita) mas com o "conteúdo" do menor (faturamento), atuando, por conseguinte, dentro da área permitida pela Constituição. De novo o Tribunal não examinou nem os exatos contornos do círculo maior (receita), nem os elementos eventualmente situados fora dele e que comporiam um círculo ainda maior (ingressos). Por essa razão, a decisão proferida na ADC 1, pela mesma razão antes enunciada, também não pode servir de precedente para este recurso.

---

7. STF, Tribunal Pleno, ADC 1, rel. Min. Moreira Alves, j. 1.12.1993.

8. STF, voto do Ministro-Relator, Moreira Alves, na ADC 1, Tribunal Pleno, j. 1.12.1993.

Nos RE 346.084, 357.950, 358.273 e 390.840, todos de relatoria do Min. Marco Aurélio, o Tribunal decidiu uma questão sutilmente diversa daquela versada nas decisões antes referidas: como a Lei n. 9.718/1998 havia empregado o termo "faturamento", mas com o conteúdo de "receita bruta", era preciso verificar se a Constituição permitia essa tributação.[9] A decisão do Tribunal foi no sentido de que ela não a permitia. A ementa do acórdão bem representa a mencionada decisão:

> É inconstitucional o § 1º do art. 3º da Lei n. 9.718/1998, *no que ampliou o conceito de receita bruta* para envolver a totalidade das receitas auferidas pelas pessoas jurídicas, independentemente da atividade por elas desenvolvidas e da classificação contábil adotada.[10] [*Grifos meus*]

Nesse caso, por conseguinte, o Tribunal decidiu que a base de cálculo prevista na lei como a "totalidade das receitas auferidas pela pessoa jurídica", apesar de erroneamente denominada de "faturamento", na verdade equivalia ao conceito de "receita", base de cálculo então não prevista pela Constituição.

Essa constatação demonstra, no entanto, que neste caso o Tribunal também não decidiu os contornos do conceito de "receita", muito menos examinou a diferença entre "receita" e "ingressos". O que ele fez foi novamente definir o conceito de "faturamento", mas de modo *invertido* aos casos até então decididos. Seguindo no emprego da mesma metáfora, o Tribunal constatou que o legislador tinha usado o "nome" do menor (faturamento) mas com o "conteúdo" do maior (receita), atuando fora da área permitida pela Constituição.

Em palavras mais singelas: se nos casos anteriores o legislador tinha empregado a palavra errada com o significado certo, o que foi suficiente para manter a constitucionalidade da lei, neste ele tinha feito o oposto, isto é, empregado a palavra certa com o significado errado, o que bastou para provocar a sua inconstitucionalidade. Foi por essa razão que o Tribunal, em vez de decidir pela *assimilação* dos conceitos, como até então tinha feito, decidiu pela *extrapolação* do conceito previsto pela Constituição.

---

9. STF, Tribunal Pleno, RE 346.084, rel. Min. Ilmar Galvão, rel. para o acórdão Min. Marco Aurélio, j. 9.11.2005; Tribunal Pleno, RE 357.950, rel. Min. Marco Aurélio, j. 9.11.2005; Tribunal Pleno, RE 358.273, rel. Min. Marco Aurélio, j. 9.11.2005; Tribunal Pleno, RE 390.840, rel. Min. Marco Aurélio, j. 9.11.005.

10. STF, Tribunal Pleno, RE 346.084, rel. Min. Ilmar Galvão, rel. para o acórdão Min. Marco Aurélio, j. 9.11.2005.

O que importa para o caso aqui em discussão é que o Tribunal, também nesses recursos, não examinou nem os exatos contornos do círculo maior (receita), nem os elementos eventualmente situados fora dele e que comporiam um círculo ainda maior (ingressos). Ele continuou a examinar elementos situados *entre* o círculo menor (faturamento) e o imediatamente maior (receita). Mas, se assim é, então, as decisões proferidas nos RE 346.084, 357.950, 358.273 e 390.840 também não podem servir de precedentes para o recurso aqui examinado.

O que fica cristalino, em razão da análise feita acima, é que o caso a ser julgado pelo Supremo Tribunal Federal é diverso dos antes mencionados: enquanto nos casos já julgados o Tribunal sempre examinou elementos que ficavam *dentro* do conceito de "receita", mas eventualmente fora do conceito de "faturamento", no caso a ser julgado ele deverá examinar elementos que, segundo os recorrentes, ficam *fora* do conceito de "receita", mas eventualmente dentro do conceito de "ingressos". É preciso insistir nisto: nos casos referidos como precedentes no respeitável voto-vista o Tribunal somente examinou elementos que *compunham a receita*, como aluguéis ou aplicações financeiras, mas que não compunham o faturamento, por não resultarem da venda de mercadorias ou da prestação de serviços. O Tribunal não examinou aquilo que *não compunha a receita*, tanto que todos – repita-se: todos – os elementos examinados faziam parte do conceito de receita, mas não de faturamento.

Em face do exposto até aqui, não se pode tratar as decisões proferidas pelo Tribunal e referidas pelo respeitável voto-vista como se fossem precedentes aptos a influir ou vincular o julgamento do tema ora analisado apenas porque mencionaram o termo "receita" ou contêm trechos de votos fazendo-lhe referência. Tal tratamento revela, com a máxima vênia, uma falsa analogia, na medida em que despreza as diferenças essenciais entre os casos que foram decididos e aquele que está por ser decidido. E, ao fazê-lo, trata aquilo que para o caso em pauta são meras decisões (soluções de casos individuais) como se constituíssem uma jurisprudência (conjunto de decisões para casos idênticos ou análogos nos seus elementos essenciais) ou formassem precedentes (decisões formadas por razões necessárias e suficientes para a solução de uma questão para casos idênticos ou semelhantes em aspectos fáticos e jurídicos essenciais).[11]

---

11. Taruffo, Michelle, "Precedente e giurisprudenza", *Rivista Trimestrale di Diritto e Procedura Civile* 2007, Milano, Giuffrè, p. 711; Gorla, Gino, "Precedente giudiziale", in *Enciclopedia Giuridica Treccani*, Roma, Treccani, 1990, p. 10; Cross, Ruppert, e Harris, J. W., *Precedent in English Law* (1961), 4ª ed., Oxford, Oxford University Press, 1991, p. 43.

De acordo com o mesmo voto-vista, o Tribunal também já teria admitido a incidência de um tributo sobre outro quando permitiu a incidência do ICMS sobre ele mesmo no caso conhecido como "ICMS por dentro".[12] A partir dessa decisão, o referido voto faz uma ilação no sentido de que, tendo o Tribunal decidido que um tributo pode incidir sobre outro, implicitamente teria decidido que qualquer tributo, como as contribuições sobre a receita, poderia incidir sobre qualquer outro, como o ICMS.

Tal compreensão, com a máxima reverência, não procede. Isso porque o caso do "ICMS por dentro" é diferente, em *elementos essenciais*, do caso do "PIS/COFINS sobre o ICMS", como comprova a comparação feita com base nos seguintes critérios.

Regra de competência – Enquanto o caso do "ICMS por dentro" examinou o fato gerador e a base de cálculo do ICMS, bem como o sentido e o alcance do art. 155 da Constituição, o caso do "PIS/COFINS sobre o ICMS" deverá examinar o fato gerador e a base de cálculo das contribuições sobre a receita bem como o sentido e o alcance do art. 195 da Constituição. Tal distinção é crucial, pois a interpretação de determinado dispositivo constitucional não pode produzir um sentido que possa ser atribuído a outro dispositivo constitucional que apresente diferente redação, esteja inserido em capítulo diverso e esteja sujeito a interpretação com base em critérios diferentes, como será adiante aprofundado.

Ente federado – Enquanto o caso do "ICMS por dentro" diz respeito à incidência de um tributo (ICMS) sobre o *mesmo tributo* (ICMS), instituído e cobrado pela *mesma pessoa política* (Estado), o caso do "PIS/COFINS sobre o ICMS" deverá examinar a incidência de um tributo (PIS/COFINS) instituído por uma pessoa política (União) sobre *outro tributo* (ICMS) cobrado por *outra pessoa política* (Estado). Tal diferença também é essencial, porque, como se terá ocasião de aprofundar, um dos critérios eleitos pela Constituição para financiar a seguridade social é o critério da *equidade*, conforme previsto no inciso V do art. 194. A equidade tem o significado, consolidado tanto no Direito quanto na Filosofia, de tratamento individualizado. A inclusão do ICMS na base de cálculo das contribuições sobre a receita, porém, negligencia esse tratamento individualizado, na medida em que insere na relação entre o contribuinte e a União um elemento proveniente de outra relação jurídica, entre

---

12. STF, Tribunal Pleno, RE 212.209, rel. Min. Marco Aurélio, rel. para o acórdão Min. Nelson Jobim, j. 23.6.1999.

A INCLUSÃO DO ICMS NA BASE DE CÁLCULO DO PIS/COFINS 41

o contribuinte e o Estado, fazendo com que a tributação seja maior ou menor em virtude de elementos estranhos à composição da receita, como a localização da venda e o tipo de mercadoria vendida.

Tributo – O ICMS e as contribuições sobre a receita são tributos distintos em numerosos aspectos, dentre os quais os seguintes:

(a) *Espécie tributária* – enquanto o ICMS é um imposto cuja natureza distintiva é atribuída pelo seu *fato gerador*, e não pela sua finalidade ou pelo destino da sua arrecadação, as contribuições para o PIS e COFINS são contribuições cuja natureza diferenciadora é atribuída precisamente pela sua *finalidade* e pelo *destino da sua arrecadação*.

(b) *Ônus tributário* – enquanto o ICMS é um tributo *indireto*, na medida em que o ônus econômico é repassado ao consumidor, por critérios jurídicos estabelecidos pelo art. 166 do CTN (destaque na nota e transferência do encargo), as contribuições para o PIS e COFINS são tributos *diretos*, por não permitirem a transferência direta e separada do seu ônus econômico a terceiros.

(c) *Objeto tributado* – enquanto o ICMS é um tributo *real*, no sentido específico de tributos que incidem sobre operações envolvendo objetos, porque incide sobre a venda de um bem (mercadoria), as contribuições para o PIS e COFINS são tributos *pessoais*, na acepção de tributos que incidem sobre grandezas auferidas por alguém, porque incidem sobre um elemento individual e unipessoal (receita).

(d) *Ciclo econômico envolvido* – enquanto o ICMS é um tributo *plurifásico*, na medida em que incide sobre as várias fases do ciclo de venda da mercadoria do produtor ou industrial até o consumidor final, as contribuições para o PIS e COFINS são tributos *monofásicos*, na medida em que incidem individualmente e de modo unipessoal uma única vez.

(e) *Base de cálculo prevista* – enquanto o ICMS tem como base de cálculo *o valor da operação de circulação de mercadoria*, as contribuições para o PIS e COFINS têm como base de cálculo *a receita da empresa*.

(f) *Princípios aplicáveis* – enquanto o ICMS se submete aos princípios da *essencialidade da mercadoria* (art. 155, § 2º, III) e da *não cumulatividade* (art. 155, § 2º, I), entendida esta como envolvendo apenas créditos físicos, porque vinculados às operações de venda das mercadorias do produtor ou industrial até o consumidor final, as contribuições para o PIS e COFINS se submetem aos princípios da *equidade do custeio* (art. 194, V) e da *não cumulatividade* (art. 195, § 12), entendida esta de modo vinculado à geração da receita e não à venda de bens, como ocorre com o ICMS e o IPI.

O que resulta evidente relativamente à comparação entre o ICMS e as contribuições para o PIS e COFINS é que o simples fato de este Egrégio Tribunal ter decidido que o ICMS pode incidir sobre ele mesmo não serve de precedente para decidir se as contribuições para o PIS e COFINS podem incidir sobre o valor do ICMS. E isso pela singela razão de que uma decisão no sentido de que um tributo (ICMS), baseado em uma regra específica de competência (art. 155), instituído por um ente federado (Estado), com determinadas caraterísticas (imposto, indireto, real, plurifásico, incidente sobre o valor das operações de venda de mercadoria e submetido aos princípios da essencialidade e não cumulatividade vinculada à venda de um bem), pode incidir sobre ele mesmo (ICMS/ICMS) não pode servir de precedente para que o Tribunal decida se outros tributos (PIS-COFINS), baseados em outras regras de competência (arts. 195 e 240), instituídos por outro ente federado (União), com outras caraterísticas (contribuições, diretas, pessoais, monofásicas, incidentes sobre a receita das empresas e submetidas aos princípios da equidade e da não cumulatividade vinculada à geração de receita), podem incidir sobre outro tributo (PIS/COFINS-ICMS).

Em face dessas considerações, igualmente não se pode tratar a decisão proferida pelo Tribunal, apenas porque tratou da inclusão de um tributo na base de cálculo dele próprio, como precedente para sustentar a incidência de tributos diversos sobre outro tributo. Tal compreensão revela, com a máxima vênia, uma vez mais, uma equivocada analogia, na medida em que desconsidera diferenças essenciais entre o caso que foi decidido e o que está por ser decidido. E, ao fazê-lo, trata uma decisão como se fora precedente, deixando de examinar as decisões com base nos fatos dos casos em que foram proferidas.[13]

2. AS CONTRIBUIÇÕES SOBRE A RECEITA NÃO SÃO TRIBUTOS REAIS

Consoante o voto-vista, as contribuições sobre a receita deveriam ser caracterizadas como tributos reais, e não como pessoais. Os tributos reais seriam aqueles tributos que não exigem a observância de circunstâncias pessoais. A classificação das contribuições sobre a receita como tributos reais demonstraria que elementos pessoais, como o destino das quantias

---

13. Cross, Ruppert, e Harris, J. W., *Precedent in English Law* (1961), 4ª ed., Oxford, Oxford University Press, 1991, p. 43: "judgments must be read in the light of the facts of the cases in which they are delivered".

recebidas, não poderiam ser considerados.[14] Sobre esta classificação, oriunda da doutrina estrangeira, é preciso tecer algumas considerações.

Em primeiro lugar, é indispensável realçar que a questão que precisa ser respondida neste recurso é justamente a de saber se o conceito de "receita" permite considerar o destino das quantias recebidas ou não, dentre as quais o valor recebido a título de ICMS. Em outras palavras: o que o Tribunal precisa decidir é exatamente se o conceito de "receita" engloba qualquer entrada (ingressos) ou somente as entradas que se incorporam definitivamente ao patrimônio dos contribuintes (receita).

Ora, como é a consideração do destino das entradas – se para o patrimônio próprio ou para o de terceiro – que permite o enquadramento do tributo na classe dos tributos reais, conforme a classificação referida, então, a pergunta que precisa ser respondida é justamente a de saber se as contribuições sobre a receita podem ser qualificadas como tributos reais ou pessoais. Sendo assim, o enquadramento inicial das contribuições sobre a receita na classe dos tributos reais envolve um argumento circular, isto é, usa uma proposição como premissa em um argumento que pretende suportar a mesma proposição.

Com efeito, no argumento ora analisado, como os tributos reais são definidos como aqueles que não permitem a consideração do destino das entradas, a pressuposição de que as contribuições sobre a receita são tributos reais (aqueles tributos que não permitem a consideração do destino das entradas) porque elas não permitem a consideração do destino das entradas equivale a afirmar (a) que as elas não permitem a consideração do destino das entradas porque não permitem a consideração do destino das entradas ou (b) que elas são tributos reais porque são tributos reais. Como se vê, a conclusão do argumento é mera paráfrase da premissa. Tal tipo de argumento, contudo, e com o máximo respeito, é inválido, na medida em que pressupõe como demonstrado exatamente o que precisaria ser demonstrado: que as contribuições não permitem a consideração do destino das entradas.

Em outras palavras: o que se está a discutir nestes autos é exatamente a questão de saber se o conceito de receita envolve entradas transitórias (ingressos), que não se incorporam ao patrimônio dos contribuintes, ou apenas ingressos definitivos, que se incorporam a esse patrimônio (receitas). A classificação das contribuições sobre a receita como tributos reais ou pessoais é algo que resultará da decisão; não algo que a antecede.

14. STF, voto-vista do Min. Gilmar Mendes no RE 240.785, Tribunal Pleno, rel. Min. Marco Aurélio, j. 8.10.2014.

Em segundo lugar, é essencial enfatizar que a classificação usada no notável voto-vista, com todo o respeito, não é de todo compatível com o sistema tributário brasileiro. A doutrina alemã usa a distinção entre impostos pessoais (*Personal- oder Subjektsteuer*) – aqueles que levam em conta características pessoais para a determinação da tributação – e impostos reais (*Real- oder Objektsteuer*) – aqueles que estão desvinculados de tais características. No entanto, o conceito de imposto real se aplica *apenas* a dois impostos de competência municipal: o imposto sobre a propriedade (*Grundsteuer*) e o imposto sobre atividades comerciais (*Gewerbesteuer*).[15] E, mesmo assim, tal concepção é alvo de severas críticas, no sentido que "a distinção entre impostos pessoais e reais é apenas parcialmente apropriada para a sistematização do direito tributário".[16] Isso se deve ao fato de que muitas vezes as espécies tributárias apresentam características mistas. Alguns exemplos oriundos do sistema brasileiro podem comprová-lo: de um lado, o imposto sobre a propriedade territorial urbana-IPTU, que, segundo essa classificação, seria um tributo real, pode envolver a consideração de aspectos pessoais, como é o caso da isenção em razão da idade ou aposentaria; de outro lado, o imposto de renda, que, segundo essa classificação, seria um tributo pessoal, pode não envolver a consideração de aspectos pessoais, como é o caso da tributação exclusiva na fonte.[17]

Mas talvez o caso mais emblemático seja o do imposto de transmissão *causa mortis* e doação-ITCD. Inicialmente este Egrégio Tribunal tratava-o como um tributo real, declarando a inconstitucionalidade de alíquotas progressivas que consideravam a capacidade presumida do contribuinte por meio do montante a ser partilhado ou doado.[18] O mesmo Tribunal, contudo, alterou este entendimento ao imprimir natureza pessoal ao referido imposto e permitir a progressividade das alíquotas com base na capacidade contributiva.[19] Tal mudança de entendimento

15. Tipke, Klaus, e Lang, Joachim, *Steuerrecht*, 21ª ed., Köln, Otto Schmidt, 2013, § 7, Rn. 2 1, p. 236; Birk, Dieter, *Steuerrecht*, 13ª ed., Heidelberg, C. F. Müller, 2010, § 1, Rn. 75, p. 22; Kruse, Heinrich Wilhelm, *Lehrbuch des Steuerrechts*, München, Beck, 1991, § 3, Nr. III, p. 77; Schmölders, Günther, *Allgemeine Steuerlehre*, Berlin, Duncker und Humblot, 1965, p. 79.

16. Tipke, Klaus, e Lang, Joachim, *Steuerrecht*, 21ª ed., Köln, Otto Schmidt, 2013, § 7, Rn. 2 1, p. 236.

17. Schoueri, Luís Eduardo, *Direito Tributário*, 3ª ed., São Paulo, Saraiva, 2013, p. 155.

18. STF, Tribunal Pleno, RE 234.105, rel. Min. Carlos Velloso, j. 8.4.1999.

19. STF, Tribunal Pleno, RE 562.045, rel. Min. Ricardo Lewandowsky, j. 1.2.2008.

evidencia tanto a fragilidade das classificações doutrinárias quanto a sua necessária vinculação aos princípios constitucionais de determinado ordenamento jurídico.

Em terceiro lugar, a classificação das contribuições sobre a receita como tributos reais desconsidera os critérios eleitos pela própria Constituição para custear a seguridade social. Com efeito, segundo o inciso V do art. 194 da Constituição, compete ao Poder Público, nos termos da lei, organizar a seguridade social, com base em alguns objetivos, dentre os quais a "equidade na forma de participação no custeio". A equidade envolve a atribuição de um valor distintivo às particularidades do indivíduo e às suas circunstâncias.[20] Sendo assim, garantir equidade na forma de participação no custeio da seguridade social significa fazer com que os contribuintes a financiem de acordo com a sua *individualidade*.

Mas, se as contribuições sociais só poderão incidir sobre elementos que manifestem a individualidade dos seus contribuintes, então, elas não podem ser classificadas como tributos reais. É precisamente o contrário: se o custeio da seguridade social deve ser pautado pela equidade, e esta pressupõe a consideração de aspectos individuais, então, as contribuições devem ser classificadas como tributos pessoais. Ao defender que as contribuições sobre a receita deverão incidir sobre os valores cobrados a título de ICMS se está sustentando que elas deverão incidir sobre *elementos estranhos à individualidade dos seus contribuintes*, em manifesta violação ao critério constitucionalmente eleito para definir o custeio da seguridade social – a equidade.

A mesma Constituição também estabelece, nos arts. 193 e 195, a solidariedade e a promoção da justiça social como fundamentos da ordem social. A solidariedade social envolve o dever de cooperação dos indivíduos em favor de grupos ou da coletividade.[21] Mas, se a solidariedade social traduz a corresponsabilidade de todos no custeio da seguridade social e esta corresponsabilidade só pode ser feita com o patrimônio próprio, e não com o patrimônio alheio, a consideração de aspectos individuais é uma imposição da solidariedade social, razão pela qual as contribuições devem ser classificadas como tributos pessoais.

Por esses motivos, a classificação mencionada no respeitável voto--vista é criticada não apenas pela doutrina estrangeira como também pela

---

20. Chiodi, Giulio, *Equità – La Regola Costitutiva del Diritto*, Torino, Giappichelli, 2000, pp. 39 e 51.

21. Lewine, F. J., "Solidarité", in Arnaud, André Jean (org.), *Dictionnaire Encyclopédique de Théorie et de Sociologie du Droit*, 2ª ed., Paris, LGDJ, 1993, p. 574.

nacional – e há bastante tempo.²² Dessa forma, a referida classificação, ainda mais com base na doutrina estrangeira que trata de outro sistema, não pode ser simplesmente utilizada como razão de decidir para um caso diferente.

O mais importante, todavia, é que, ao se defender que as contribuições sobre a receita deverão incidir sobre os valores cobrados a título de ICMS se está sustentando que elas deverão incidir sobre o patrimônio alheio, em manifesta violação ao critério de equidade e às finalidades de solidariedade e de justiça social postos pela Constituição brasileira.

3. *OS CONTRIBUINTES NÃO POSTULAM A EXCLUSÃO DO ICMS*

De acordo com o respeitável voto-vista, os contribuintes estariam postulando a exclusão do ICMS da base de cálculo das contribuições sobre a receita sem que houvesse uma imunidade ou uma previsão legal específica. Assim o mencionado voto: "em se tratando de tributos reais, como a COFINS, a *exclusão de qualquer fato que componha seu objeto* – na espécie, o produto da operação – deve ser expressamente prevista, seja por meio de imunidade (...); seja por meio de isenção (...)"²³ [*grifos meus*]. Mais adiante, o mesmo voto assim é enunciado: "portanto, montante *subtraído* do resultado das operações, a qualquer título, é exceção à base de cálculo e depende de previsão legal".²⁴

O argumento da exclusão, à primeira vista persuasivo, na verdade inverte a questão a ser decidida no âmbito do recurso extraordinário ora discutido.

De fato, o que os contribuintes postulam, e o que já foi, inclusive, decidido por este Egrégio Tribunal no RE 240.785, é a *não incidência* das contribuições sobre a receita sobre o montante recebido a título de ICMS, em razão de esse montante não poder ser enquadrado na base de cálculo prevista pela Constituição: receita das empresas.²⁵ Em outras palavras: o que se postula é não incluir na base de cálculo legal do tributo elemento *não previsto* pela base de cálculo constitucional do tributo. Em linguagem

---

22. Nogueira, Ruy Barbosa, *Curso de Direito Tributário*, 10ª ed., São Paulo, Saraiva, 1990, p. 162.
23. STF, voto-vista do Min. Gilmar Mendes no RE 240.785, Tribunal Pleno, rel. Min. Marco Aurélio, j. 8.10.2014.
24. STF, voto-vista do Min. Gilmar Mendes no RE 240.785, Tribunal Pleno, rel. Min. Marco Aurélio, j. 8.10.2014.
25. STF, Tribunal Pleno, RE 240.785, rel. Min. Marco Aurélio, j. 8.10.2014.

mais simples: não se pretende *tirar* o que está *incluído* na base de cálculo, mas *não colocar* o que nela *não está incluído*.

Tal constatação é de vital importância, pois torna totalmente prejudicadas as alegações no sentido de que só se poderia *excluir* um elemento da base de cálculo do tributo se houvesse uma imunidade ou uma previsão legal de isenção ou exclusão da base de cálculo. O argumento de que só se pode excluir por imunidade ou previsão legal elemento que compõe a base de calculo é verdadeiro, mas naturalmente só se aplica aos elementos que estão contidos na base de cálculo, e não aos elementos que nela não se enquadram, pois não há sentido em se pretender *excluir* o que *não está incluído*. Por isso mesmo que não há necessidade de imunidade para excluir pessoas, fatos ou situações que *não* estejam no âmbito do poder de tributar atribuído pelas regras de competência; não há necessidade de isenção para promover a exclusão de elemento que não consta da hipótese de incidência da regra legal de tributação; nem há necessidade de previsão legal para permitir exclusão de elemento que não esteja incluído na base de cálculo constitucional do tributo.

Tanto é assim, que o Supremo Tribunal Federal já decidiu pela não inclusão de vários elementos nas bases de cálculo constitucionalmente previstas sem que houvesse imunidade ou previsão legal de exclusão: declarou a inconstitucionalidade da incidência da contribuição sobre a folha de salário sobre o montante pago aos trabalhadores autônomos, por entender que o conceito de salário na ocasião *não o incluía*, mesmo não havendo imunidade nem exclusão legal mandando excluí-lo;[26] declarou a inconstitucionalidade da incidência da contribuição sobre o faturamento sobre os valores recebidos a título de aluguéis e juros, por entender que o conceito de faturamento na época *não os incluía*, mesmo não havendo imunidade nem exclusão legal mandando excluí-los;[27] declarou a inconstitucionalidade da incidência do imposto sobre circulação de mercadorias na importação de bens para uso próprio, por entender que o conceito de mercadoria *não a incluía*, mesmo não havendo imunidade nem exclusão legal mandando excluí-la[28] – e assim por diante. Ora, se para não incluir algum fator na base de cálculo de um tributo fosse necessária uma imunidade ou uma exclusão legal, estes casos simplesmente não poderiam ter sido decididos desta forma pelo Supremo Tribunal Federal.

26. STF, Tribunal Pleno, RE 166.772, rel. Min. Marco Aurélio, j. 19.5.1994.
27. STF, Tribunal Pleno, RE 346.084, rel. Min. Marco Aurélio, j. 9.11.2005.
28. STF, 1ª Turma, RE 203.075, rel. para o acórdão Min. Maurício Corrêa, j. 5.8.1998.

Novamente, aqui, o argumento de que os contribuintes pretenderiam *excluir* um elemento da base de cálculo sem imunidade ou previsão legal envolve um argumento circular: como é a fixação da extensão do conceito de receita que conota os elementos que dela passam a fazer parte, então, a pergunta que precisa ser respondida é justamente a de saber se o montante recebido a título de ICMS está incluído no conceito de receita ou não. Sendo assim, porém, a afirmação de que é preciso uma imunidade ou exclusão legal para afastar o ICMS da incidência das contribuições envolve uma argumentação circular, pois pressupõe exatamente o que precisaria ser demonstrado, isto é, que o ICMS está incluído na base de cálculo das contribuições e, por essa razão, precisava de uma imunidade ou de uma previsão legal para poder ser validamente excluído. Mas é exatamente essa questão que está sendo discutida: se o ICMS pode, ou não, ser incluído na base de cálculo das contribuições sobre a receita.

A circularidade do argumento fica evidente quando se verifica, com a máxima vênia, o modo como ele foi concebido. A afirmação, com grifos meus, de que "a *exclusão* de qualquer fator *que componha seu objeto* (...) deve ser expressamente prevista" pressupõe exatamente que o fator já componha o seu objeto e, por isso, precise ser dele excluído.[29] Mas, sendo exatamente isso que está em discussão e precisa ser provado neste recurso, a afirmação envolve uma petição de princípio, na medida em que pressupõe como provado justamente o que precisaria ser provado – que o ICMS compõe a base de cálculo das contribuições sobre a receita.

Do mesmo modo, a afirmação de que "o montante *subtraído do resultado das operações* (...) é exceção à base de cálculo e depende de previsão legal" presume justamente que o montante faz parte do resultado das operações e compõe a base de cálculo, e, por essa razão, precisa ser dela subtraído.[30] Mas, sendo precisamente essa a questão que está em discussão e que precisa ser decidida no recurso, a referida afirmação também envolve irrecusável circularidade, na medida em que pressupõe como provado aquilo mesmo que precisaria ser provado – que o ICMS compõe a base de cálculo das contribuições sobre a receita.

Desse modo, fica claro que a alegação de que os contribuintes postulariam a exclusão do ICMS da base de cálculo das contribuições sem imunidade ou previsão legal envolve uma petição de princípio: toma

---

29. STF, voto-vista do Min. Gilmar Mendes no RE 240.785, Tribunal Pleno, rel. Min. Marco Aurélio, j. 8.10.2014.

30. STF, voto-vista do Min. Gilmar Mendes no RE 240.785, Tribunal Pleno, rel. Min. Marco Aurélio, j. 8.10.2014.

como decidida a questão mesma que o Egrégio Tribunal terá de decidir, qual seja, a inclusão do ICMS no conceito de receita, invertendo toda a argumentação.

Tanto os contribuintes não postulam a exclusão de valores sem imunidade ou previsão legal, que o Poder Judiciário já decidiu pela não incidência das contribuições sobre a receita sobre o montante recebido pelos contribuintes a título de subvenções e incentivos fiscais,[31] de indenizações[32] e de transferência de créditos tributários de terceiros.[33] Em todos esses casos – repita-se – não se estava pretendendo excluir o que estava incluído, mas apenas *declarar a não incidência* das referidas contribuições sobre montantes que simplesmente não se enquadram na base de cálculo prevista pela Constituição – sem imunidade nem previsão legal.

4. O *VALOR DO ICMS NÃO INTEGRA O PATRIMÔNIO DOS CONTRIBUINTES*

Consoante o respeitável voto-vista, os valores recolhidos a título de ICMS, como qualquer outro custo, integrariam o patrimônio dos contribuintes, que poderiam dispor deles como quisessem até terem de repassá-los aos Estados. Conforme o referido voto, "o montante relativo ao ICMS incorpora-se ao preço, de forma que é pago pelo comprador e é recebido pelo vendedor ou prestador de serviço, *ingressando em seu domínio*, em consequência da respectiva operação" (grifos meus). Mais adiante o mesmo voto afirma que "o ICMS não é recolhido automaticamente com a ocorrência da operação, mas é recebido pelo vendedor, *que o integra ao seu caixa, ao seu patrimônio*, e apenas ao término do período de apuração entrega ao Estado Federado, depois de considerada a compensação de créditos" (grifos meus).[34]

31. Superior Tribunal de Justiça, 1ª Turma, REsp 1.025.833, rel. Min. Francisco Falcão, j. 6.11.2008; Superior Tribunal de Justiça, 2ª Turma, AgR no REsp 1.229.134, rel. Min. Humberto Martins, j. 26.4.2011; TRF-4ª Região, 1ª Turma, ACi 2005.72.01.005368-6, rel. Des. federal Vilson Darós, j. 3.12.2008.

32. TRF-4ª Região, 2ª Turma, Apelação e Reexame Necessário 2007.70.00.018353-0, rela. Desa. federal Luciane Amaral Corrêa Münch, j. 20.10.2009; TRF-3ª Região, 6ª Turma, Apelação em MS 2004.61.05.008403-9, rel. Des. federal Lazarano Neto, j. 5.3.2009.

33. Superior Tribunal de Justiça, 1ª Turma, AgR no REsp 1.318.196, rel. Min. Arnaldo Esteves Lima, j. 16.8.2012; Superior Tribunal de Justiça, 2ª Turma, AgR no REsp 509.246-PR, rel. Min. Herman Benjamin, j. 18.6.2014.

34. STF, voto-vista do Min. Gilmar Mendes no RE 240.785, Tribunal Pleno, rel. Min. Marco Aurélio, j. 8.10.2014.

Tais afirmações, com a máxima vênia, precisam ser reconsideradas. Em primeiro lugar, não se afigura correto afirmar que o montante relativo ao ICMS ingressa no domínio do contribuinte, porque este não tem liberdade para fazer o que quiser com o montante arrecadado. Bem ao contrário: como se trata de obrigação pecuniária compulsória, instituída em lei, o contribuinte não tem liberdade alguma para decidir para quem paga, quanto paga, quando paga e como paga, na medida em que a própria lei estabelece para quem, quanto, quando e como pagar. Exatamente por isso que o montante recolhido a título de ICMS não se equipara aos demais custos, como aluguéis e salários. Como estes não decorrem de obrigações legais, mas contratuais, com relação a eles o contribuinte tem liberdade para decidir se os suporta ou não, e em que medida, em que momento e de que modo o faz.

Também não se afigura acertado sustentar, em segundo lugar, que o montante relativo ao ICMS passa a integrar o patrimônio do contribuinte, porque este tem a obrigação legal de repassá-lo para o Estado. Foi exatamente por não constituir o montante arrecadado a título de ICMS riqueza própria do contribuinte que o Plenário deste Egrégio Tribunal decidiu no RE 240.785, por expressiva maioria de sete a dois, que ele não integra a base de cálculo das contribuições sobre a receita, tendo sido vencidos os Mins. Eros Grau e Gilmar Mendes.[35] O voto vencedor, do Min. Marco Aurélio, é elucidativo neste sentido:

> O conceito de faturamento diz com *riqueza própria*, quantia que tem ingresso nos cofres de quem procede à venda de mercadorias ou à prestação dos serviços, implicando, por isso mesmo, o envolvimento de noções próprias ao que se entende como receita bruta. Descabe assentar que os contribuintes da COFINS faturam, em si, o ICMS. O valor deste revela, isto, sim, *um desembolso a beneficiar a entidade de direito público que tem a competência para cobrá-lo*.[36] [*Grifos meus*]

Lembre-se que a obrigatoriedade de que a receita bruta seja definida como o "ingresso financeiro que se integra no patrimônio na condição de elemento novo e positivo, sem reservas ou condições", é reiterada na jurisprudência do Supremo Tribunal Federal.[37] É evidente, portanto, que

---

35. STF, Tribunal Pleno, RE 240.785, rel. Min. Marco Aurélio, j. 8.10.2014.
36. STF, voto do Ministro-Relator, Marco Aurélio, no RE 240.785, Tribunal Pleno, j. 8.10.2014.
37. STF, voto da Ministra-Relatora, Rosa Weber, no RE 606.107, Tribunal Pleno, j. 22.5.2013.

os valores correspondentes ao ICMS não se integram ao patrimônio dos contribuintes. O próprio voto do eminente Min. Gilmar Mendes, noutra passagem, admite expressamente que o valor recebido a título de ICMS é "transferido *apenas temporariamente* ao contribuinte (...)"[38] (grifos meus). É justamente porque ele é transferido apenas temporariamente ao contribuinte, sem ressalva ou condição, que ele não integra o patrimônio do contribuinte.

Não por outro motivo o referido voto-vista, com a máxima vênia, cai em contradição ao afirmar que o ICMS "é recebido pelo vendedor, *que o integra ao seu caixa, ao seu patrimônio, e apenas ao término do período de apuração entrega ao Estado federado*, depois de considerada a compensação de créditos"[39] (grifos meus). Ora, se o montante recebido a título de ICMS integra o patrimônio do contribuinte, então, ele não é posteriormente entregue ao Estado Federado; e, se ele é posteriormente entregue ao Estado Federado, então, ele não integra o patrimônio do contribuinte.

As considerações anteriores demonstram ser incorreta a afirmação de que o montante recolhido a título de ICMS, como qualquer outro custo, integraria o patrimônio dos contribuintes.

5. A NÃO INCIDÊNCIA DAS CONTRIBUIÇÕES SOBRE O ICMS NÃO AS TRANSFORMA EM TRIBUTOS SOBRE O RESULTADO LÍQUIDO

De acordo com o respeitável voto-vista, a exclusão do ICMS da base de cálculo das contribuições sobre a receita transformaria essas contribuições em tributos sobre o resultado líquido, como são o imposto sobre a renda e a contribuição social sobre o lucro líquido. Segundo o referido voto, "a exclusão do montante do produto das operações, sem expressa determinação normativa, importa ruptura no sistema da COFINS e aproxima indevidamente a contribuição sobre o faturamento daquela sobre o lucro".[40] O referido voto vai além, equiparando o valor do ICMS a qualquer outro tributo e a qualquer outro custo. A equiparação aos outros tributos consta do seguinte trecho: "se excluída da base de cálculo da COFINS a importância correspondente ao ICMS, por que não retirar o

---

38. STF, voto-vista do Min. Gilmar Mendes no RE 240.785, Tribunal Pleno, rel. Min. Marco Aurélio, j. 8.10.2014.
39. Ibidem.
40. STF, voto-vista do Min. Gilmar Mendes no RE 240.785, Tribunal Pleno, rel. Min. Marco Aurélio, j. 8.10.2014.

valor do ISS, do imposto de renda, do imposto de importação, do imposto de exportação, das taxas de fiscalização, da taxa do IBAMA, do PIS, da CPMF, além da própria COFINS?".[41] A equiparação aos outros custos consta do trecho em que se afirma que, se qualquer custo pudesse ser excluído da base de cálculo, "também as comissões de intermediários, a participação dos empregados, *royalties*, licenças, direitos autorais, seguro, frete, despesas aduaneiras, além de tarifas de crédito, por exemplo, também deveriam ser subtraídos do resultado".[42]

Conquanto impressionem à primeira vista, estes argumentos não resistem, com todo o respeito, a uma análise mais aprofundada, pelos seguintes motivos.

Em primeiro lugar, o ICMS não é idêntico aos outros tributos mencionados, em vários aspectos, dentre os quais os seguintes:

(a) *Natureza* – enquanto o ICMS, da mesma forma que o IPI, conforme disposto no art. 166 do CTN, é um tributo que comporta, por sua natureza jurídica, transferência do respectivo encargo financeiro a terceiro, justamente por serem tributos indiretos sobre o consumo, os demais tributos referidos são suportados pelo contribuinte, não podendo ser juridicamente repassados.

(b) *Titularidade* – enquanto o ICMS, tal qual o IPI é da União, é de titularidade do Estado em que se verifica a saída da mercadoria, porque os valores são recebidos em nome do Estado e desde o início da relação jurídica deverão ser a ele repassados, os demais tributos referidos envolvem o recebimento de valores em nome próprio e somente depois de cálculos internos serão destinados ao ente federado titular da competência impositiva.

(c) *Modo de cobrança* – enquanto o ICMS, assim como o IPI em relação à União, é destacado na nota fiscal por ser desde o início de titularidade do Estado onde é realizada a venda, os demais tributos referidos, precisamente porque suportados pelo contribuinte, não são destacados porque são pagos pelo próprio contribuinte em razão de elementos a serem calculados.

Na verdade, a equiparação entre o ICMS e os demais tributos também envolve uma inadequada comparação, na medida em que desconsidera diferenças essenciais entre eles. Desse modo, o suposto resultado negativo, mencionado pelo referido voto-vista, no sentido de que a decisão pela não incidência das contribuições sobre a receita sobre o montante recebido a título de ICMS provocará a sua não incidência sobre todos os outros tributos, simplesmente não se sustenta. De um lado, porque o

41. Ibidem.
42. Ibidem.

ICMS não se equipara aos demais tributos, como demonstrado. De outro, porque os contribuintes não estão postulando no recurso a não incidência das contribuições sobre os outros tributos, apenas sobre o ICMS.

Em segundo lugar, o ICMS não é idêntico aos demais custos mencionados, em vários aspectos, dentre os quais os seguintes:

(a) *Fundamento* – enquanto o ICMS tem fundamento em lei, na medida em que é a lei que prescreve se algo deve ser pago, quem deve pagar e quanto, quando e como se deve pagar, os demais custos são definidos contratualmente pelos contribuintes, ainda que conforme os limites legais, sendo eles que decidem se vão, ou não, assumi-los e, em caso positivo, em que medida, de que modo e em que momento.

(b) *Princípios* – enquanto a relação jurídica envolvendo o ICMS é regida pelo princípio da legalidade, tanto no seu sentido formal (fundamento em lei) quanto no seu sentido material (previsão em lei), os demais custos, mesmo obedecendo a limites legais, são regidos pelo princípio da autonomia da vontade, na medida em que os seus contornos são definidos em maior extensão pelos contribuintes.

(c) *Conteúdo* – enquanto a relação jurídica envolvendo o ICMS tem todo o seu conteúdo definido em lei, mercê da aplicação do princípio da legalidade na sua feição material, também chamado de princípio da tipicidade da tributação, os demais custos são definidos pelos contribuintes, em razão do já mencionado princípio da autonomia da vontade.

Novamente, a equiparação entre o ICMS e os demais custos envolve uma falsa analogia, na medida em que despreza diferenças essenciais entre eles. Por conseguinte, o suposto resultado negativo, no sentido de que a decisão pela não incidência das contribuições sobre o montante recebido a título de ICMS provocaria a exclusão de todos os custos da sua base de cálculo, igualmente não se sustenta, seja porque o ICMS não se equipara aos demais custos, seja porque os contribuintes não defendem essa pretensão no recurso.

As considerações anteriores demonstram com clareza que o montante recebido a título de ICMS, da mesma forma que o IPI, não se equipara automaticamente nem aos demais tributos, nem aos demais custos, devendo cada um deles ser analisado de acordo com as suas particularidades. Por essa razão, não se pode afirmar que a não incidência das contribuições sobre o ICMS transformaria essas contribuições em tributos sobre o resultado líquido, provocando uma corrida ao Poder Judiciário para excluir todo e qualquer tributo e todo e qualquer custo.

Por fim, é preciso enfatizar que a declaração de não incidência das contribuições sobre a receita sobre o montante recolhido a título de ICMS não as transforma em tributos sobre o resultado líquido. A já mencionada não incidência das referidas contribuições sobre o montante recebido pelos contribuintes a título de subvenções e incentivos fiscais, de indenizações e de transferência de créditos tributários de terceiros, amplamente reconhecida pelo Poder Judiciário, não transformou esses tributos em tributos sobre o resultado líquido. Apenas delimitou a extensão da sua base de cálculo. Nada mais.

6. A NÃO INCIDÊNCIA DAS CONTRIBUIÇÕES SOBRE O *ICMS* NÃO VIOLA OS FUNDAMENTOS DO ESTADO FISCAL

De acordo com o voto-vista, a não incidência das contribuições sociais sobre o montante recebido a título de ICMS produziria consequências indesejáveis, como expressivas perdas de receitas para a manutenção da seguridade social e até mesmo a ruptura do próprio sistema tributário.[43]

Em primeiro lugar, o argumento de que haverá perdas de arrecadação para a União jamais pode ser suficiente para manter a cobrança de tributos instituídos em desconformidade com a Constituição. Fosse isso possível, de nada adiantaria ter regras de competência demarcando os limites do exercício do poder de tributar, nem princípios constitucionais condicionando o seu exercício. Isso porque, por definição, sempre que se declara a inconstitucionalidade de um tributo necessariamente se frustra o intento arrecadatório. Sendo assim, se a redução da arrecadação fosse razão suficiente para manter a cobrança de tributos, mesmo ao arrepio da Constituição, as regras e os princípios constitucionais não teriam função alguma.

Na verdade, o emprego do argumento da perda de arrecadação implica transformar a relação tributária em mera relação de poder, como ocorria nos tempos do Absolutismo, em que ela era qualificada como "relação de poder tributário" (*Abgabengewaltverhältins*). Nessa época, como afirma Ricardo Lobo Torres, "o tributo se definia quase que exclusivamente em função da lei: era a prestação 'que a lei impõe em vista de certas hipóteses determinadas, sem que haja necessidade de qualquer outro título para dar nascimento à obrigação' (Myrbach-Rheinfeld, ob. cit., p. 115). Alguns juristas positivistas chegavam a dizer que 'o dever

---

43. STF, voto-vista do Min. Gilmar Mendes no RE 240.785, Tribunal Pleno, rel. Min. Marco Aurélio, j. 8.10.2014.

geral de o sujeito pagar impostos é uma fórmula destituída de sentido e valor jurídico' (O. Mayer, ob. cit., p. 178)".[44]

Ora, é precisamente essa visão legalista e positivista que o constitucionalismo moderno suplantou, transformando a relação tributária como relação de *poder* em relação *jurídica*, estudando-a a partir do enfoque constitucional. Sustentar que a arrecadação possa legitimar a cobrança de um tributo apesar de ele ter sido instituído fora dos ditames constitucionais é, querendo ou não, sabendo ou não, transformar a relação tributária em uma relação de poder.

O r. voto-vista também afirma que a não incidência das contribuições sobre o valor do ICMS "só provocará a substituição por novas formas de financiamento da seguridade social, eis que o Estado deve, por imposição constitucional, arcar com esses custos".[45] Em outras palavras: o referido voto sustenta que de nada adianta declarar a inconstitucionalidade do tributo, porque a União deverá encontrar outra forma de financiamento da seguridade social. Ora, é exatamente este o ponto: a União deve, sim, encontrar formas de financiamento da seguridade social, mas *dentro* do poder que lhe foi atribuído pela Constituição, não *fora* dele. Foi assim com todos os casos já julgados por este Egrégio Tribunal: depois que o Tribunal declarou a inconstitucionalidade da incidência da contribuição sobre a folha de salário sobre o montante pago aos trabalhadores autônomos, a Constituição foi modificada pela Emenda Constitucional 20/1998; depois que o Tribunal declarou a inconstitucionalidade da incidência da contribuição sobre o faturamento sobre os valores recebidos a título de aluguéis e juros, a Constituição foi modificada pela mesma Emenda Constitucional 20/1998. E, pretendendo aumentar as fontes de financiamento, promoveu-se a inclusão de uma nova forma de financiamento, por meio da introdução de contribuições a serem pagas pelo importador, por meio da mudança promovida pela Emenda Constitucional 42/2003.

Esse, pois, o processo civilizatório consagrado pelo constitucionalismo moderno e pela atribuição de força à Constituição: a instituição de tributos deve se dar por meio de lei, mas a lei deve estar de acordo com a Constituição. E, caso haja perda de arrecadação, novas formas deverão ser buscadas, sempre dentro do âmbito de poder atribuído pela Constituição. Tal concepção está consolidada tanto na doutrina quanto na jurisprudência, notadamente deste Egrégio Tribunal.

44. Torres, Ricardo Lobo, *Curso de Direito Financeiro e Tributário*, 19ª ed., Rio de Janeiro, Renovar, 2013, p. 235.

45. STF, voto-vista do Min. Gilmar Mendes no RE 240.785, Tribunal Pleno, rel. Min. Marco Aurélio, j. 8.10.2014.

A consolidação deste entendimento fica clara quando se analisa, por exemplo, a obra de Barroso. Ela demonstra que, uma vez "sedimentado o caráter normativo das normas constitucionais, o Direito contemporâneo é caracterizado pela passagem da Constituição para o centro do sistema jurídico, onde desfruta não apenas da supremacia formal que sempre teve, mas também de uma supremacia material, axiológica".[46] Dessa forma, prossegue o Professor brasileiro, hoje Ministro do Supremo Tribunal Federal, a "Constituição transforma-se no filtro através do qual se deve ler todo o direito infraconstitucional".[47]

A doutrina estrangeira segue o mesmo sentido. Hesse, por exemplo, defende que a força normativa da Constituição é elemento central para compreender o atual papel do direito constitucional e da realização e concretização dos mandamentos previstos na Constituição. Segundo o referido autor:

> A Constituição jurídica logra converter-se, ela mesma, em força ativa, que se assenta na natureza singular do presente (*individuelle Beschaffenheit der Gegenwart*). Embora a Constituição não possa, por si só, realizar nada, ela pode impor tarefas. A Constituição transforma-se em força ativa se essas tarefas forem efetivamente realizadas, se existir a disposição de orientar a própria conduta segundo a ordem nela estabelecida, se, a despeito de todos os questionamentos e reservas provenientes dos juízos de conveniência, se puder identificar a vontade de concretizar essa ordem. Concluindo, pode-se afirmar que a Constituição converter-se-á em força ativa se fizerem-se presentes na consciência geral – particularmente na consciência dos principais responsáveis pela ordem constitucional – não só a vontade de poder (*Wille zur Macht*), mas também a vontade de Constituição (*Wille zur Verfassung*).[48]

O entendimento de que a lei deve se submeter ao disposto na Constituição também é a marca da jurisprudência do Supremo Tribunal Federal. As palavras do seu eminente Decano bem o ilustram:

> O exercício do poder tributário, pelo Estado, submete-se, por inteiro, aos modelos jurídicos positivados no texto constitucional, que institui, de modo explícito ou implícito, em favor dos contribuintes, decisivas limita-

---

46. Barroso, Luís Roberto, *Curso de Direito Constitucional Contemporâneo*, 4ª ed., São Paulo, Saraiva, 2013, pp. 108-109.

47. Ibidem, p. 109.

48. Hesse, Konrad, *A Força Normativa da Constituição*, trad. de Gilmar Ferreira Mendes, Porto Alegre, safE, 1991, p. 19.

ções à competência estatal para impor e exigir, coativamente, as diversas espécies tributárias existentes (...).[49]

Em segundo lugar, o argumento de que haverá perdas de arrecadação para a União elimina o papel contramajoritário do Supremo Tribunal Federal de controlar o exercício arbitrário do poder pelas maiorias do Congresso Nacional. É verdade que o poder de tributar deve ser exercido por meio de lei aprovada pelo Congresso Nacional. Contudo, também é verdade que esse poder deve ser exercido dentro dos limites traçados pela Constituição. Não sendo assim, o Supremo Tribunal Federal, que tem exercido tão brilhantemente o seu papel de guardião da Constituição e de defesa dos direitos fundamentais dos cidadãos-contribuintes, passará a funcionar como um mero instrumento para chancelar toda e qualquer atuação do Poder Legislativo.

Em terceiro lugar, o argumento de que haverá perdas de arrecadação que irão afetar o Estado Fiscal desconsidera que este tipo de Estado é uma espécie de Estado Constitucional. Como afirma Kirchhof, "o contribuinte entende a tributação como preço da liberdade apenas quando o direito constitucional modera a carga tributária, quando distribui equanimemente os fatos geradores individuais e a carga tributária geral, e quando as arranja de forma compreensível e previsível".[50] Assim, não há que se confundir o tributo como o preço da liberdade com autorização constitucional para a imposição tributária desmedida, em desacordo com as regras constitucionais e com os direitos fundamentais do contribuinte.

Com efeito, deve-se combater a posição de que o Estado Fiscal autoriza e legitima uma restrição aos direitos fundamentais. Pelo contrário. Como afirma Kirchhof, "em suas restrições [*a direitos fundamentais*], o Estado Fiscal não é detentor de direitos fundamentais, é vinculado aos direitos fundamentais" (*somit auch der Steuerstaat bei seinen Eingriffen grundrechtsgebunden, nicht grundrechtsberechtigt ist*).[51] Sacksofsky vai no mesmo sentido ao entender que em relação ao Estado Fiscal "os direitos fundamentais limitam o exercício de uma competência conferida".[52]

49. STF, voto do Min. Celso de Mello no julgamento da ADI 447, Tribunal Pleno, j. 5.6.1991.
50. Kirchhof, Paul, "Die Steuer", in Kirchhof/Isensee, *Handbuch des Staatsrechts*, 3ª ed., t. V, Heidelberg, C. F. Müller, 2007, § 118, Rn. 7, p. 964.
51. Ibidem, p. 990.
52. Sacksofsky, Ute, *Umweltschutz durch nicht steuerliche Abgaben. Zugleich ein Beitrag zur Geltung des Steuerstaatsprinzips*, Tübingen, Mohr Siebeck, 2000, p. 167.

Como afirma Kirchhof, a avidez fiscal do Estado e a necessidade ilimitada de recursos se chocam com os direitos fundamentais do contribuinte. Para combater tal realidade é necessário que os direitos fundamentais se tornem a "medida da legislação tributária".[53]

No mesmo sentido a lição de Vogel ao referir que "um Estado que prejudica a produtividade, que diminui ou aniquila a capacidade da economia, seja pela exagerada regulamentação, seja por meio de tributos excessivos, atua contrariamente aos princípios do Estado Fiscal (*Steuerstaat*). Agindo de tal forma, e tendo como fundamento a fiscalidade estatal (*Steuerstaatlichkeit*), sobre a qual o Estado se apoia, o Estado acaba por corroer a sua própria capacidade".[54] Da mesma forma, Jachmann, Juíza no Tribunal Financeiro Federal alemão, afirma que, "caso se queira um ponto de partida jurídico-objetivo para limitar a carga tributária geral sobre a sociedade, pode-se encontrar um no princípio do Estado Fiscal (*Prinzip der Steuerstaatlichkeit*)".[55]

Igualmente, Birk entende que o "Estado da Lei Fundamental é um Estado Fiscal, ou seja, ele financia suas atividades prioritariamente por meio de impostos".[56] Continua o referido Professor alemão, identificando no conceito de Estado Fiscal os próprios limites da tributação, ao afirmar que "a imposição de impostos deve se orientar segundo o princípio da justiça dos ônus (*Lastengerechtigkeit*), segundo o qual fundamentalmente cada um deve contribuir para a despesa pública segundo a sua capacidade contributiva".[57]

Vê-se, pois, que do princípio do Estado Fiscal decorre uma limitação ao poder estatal tributante, não uma autorização para imposição fiscal. O mesmo ocorre com o suposto dever fundamental de pagar impostos. Nabais, por exemplo, conquanto sustente em geral este dever, traz uma forte crítica ao "agigantamento" e à "dimensão avassaladora" do Estado Fiscal. Este autor reconhece a obrigatoriedade de que o poder tributário seja exercido de acordo com as limitações materiais e formais previstas no texto constitucional, criticando de forma veemente as constantes tentativas de ultrapassar estes limites e desrespeitar as

---

53. Kirchhof, Paul, *Das Gesetz der Hydra*, München, Knaur, 2006, p. 301.
54. Vogel, Klaus. "Der Finanz- und Steuerstaat", in Kirchof/Isensee (orgs.), *Handbuch des Staatsrechts*, 3ª ed. Heidelberg, C. F. Müller, 2012, § 30, Rn. 61, p. 869.
55. Jachmann, Monika, *Verfassungsrechtliche Grenzen der Besteuerung*, Aachen, Shaker, 1996, p. 28.
56. Birk, Dieter, *Steuerrecht*, 13ª ed., Heidelberg, C. F. Müller, § 1, Rn. 70, p. 21.
57. Ibidem, p. 21.

garantias asseguradas aos contribuintes, transformando-as em garantias "sob reserva da lei fiscal":

> Ora, bem se compreende que a amputação do conteúdo material dos mencionados direitos, concretizada em cada imposto, não pode ir ao ponto de os descaracterizar ou desfigurar como direitos fundamentais de conteúdo determinado ou determinável com base nos preceitos constitucionais, o que se verificará não apenas nos casos em que o imposto ataque o próprio núcleo ou conteúdo essencial do direito, mas logo que *ultrapasse os contornos conteudísticos constitucionalmente traçados para o direito fundamental a determinar com base na ponderação constitucional entre os direitos em causa e o dever de pagar impostos.*[58] [*Grifos meus*]

Este ponto é tão relevante para o referido autor, que é destacado como uma de suas teses principais ao final da obra, nos seguintes termos:

> 20.3 (...). Ora, os impostos, enquanto concretas manifestações dum dever fundamental, não podem, mormente pelo seu montante, ir ao ponto de desfigurar esses direitos enquanto direitos de conteúdo determinado ou determinável com base em preceitos constitucionais, *sob pena de os mesmos terem um conteúdo ou âmbito 'sob reserva (ou nos termos) da lei fiscal' e não nos termos da Constituição.*[59] [*Grifos meus*]

Em quarto lugar, o argumento de que haverá perdas de arrecadação para a União desconsidera as verdadeiras perdas que surgirão com a legitimação da cobrança de tributos fora do âmbito de poder atribuído pela Constituição. A principal delas é o estímulo à usurpação futura de competências tributárias, pela manutenção do montante cobrado indevidamente com os entes tributantes. Esse estímulo, por sua vez, provocará inimaginável perda da força normativa da Constituição, dos seus conceitos, das suas regras, eliminando o caráter coativo do Direito e uma das suas principais funções: a função de limitar o poder estatal.

É por essas razões, e como dito noutra oportunidade, que este caso está longe de ser apenas mais um caso tributário, entre tantos que o Supremo Tribunal Federal é obrigado a julgar. Este caso talvez seja o caso mais importante da história do Supremo Tribunal Federal. Isso porque por meio dele não se está apenas decidindo se os contribuintes devem,

---

58. Nabais, José Casalta, *O Dever Fundamental de Pagar Impostos – Contributo para a Compreensão Constitucional do Estado Fiscal Contemporâneo*, Coimbra, Livraria Almedina, 1998, p. 564.

59. Ibidem, p. 692.

ou não, pagar um tributo e se o Estado deve, ou não, restituí-lo. Está-se, na verdade, decidindo se o texto constitucional tem significado, se as regras precisam ser obedecidas, se a Constituição se sobrepõe às leis, se a Constituição tem força normativa e se quem a viola é punido. Mas, se o Direito é historicamente definido como uma ordem imperativa, cuja finalidade é garantir a ordem e reprimir a sua violação e promover valores fundamentais do cidadão, então, ao decidir este caso o Egrégio Supremo Tribunal Federal está, no fundo, decidindo se há Direito no Brasil.

O verdadeiro problema é a perda da confiança na efetividade do Direito que a manutenção do tributo pago indevidamente com o Estado irá produzir. Como já foi dito, esta a verdadeira quebra que a História irá para sempre guardar: a quebra do Estado de Direito. Novamente o recurso às palavras do Decano deste Egrégio Tribunal é essencial:

> A defesa da Constituição não se expõe, nem deve submeter-se, a qualquer juízo de oportunidade ou de conveniência, muito menos a avaliações discricionárias fundadas em razões de pragmatismo governamental. A relação do Poder e de seus agentes, com a Constituição há de ser, necessariamente, Sra. Presidente, uma relação de respeito.[60]

CONCLUSÕES

Todo o exposto permite chegar a algumas conclusões, aqui sumariamente apresentadas. Em primeiro lugar, o Tribunal não decidiu que as contribuições para o PIS e COFINS podem incidir sobre todos os valores recebidos pelos contribuintes nas decisões em que definiu o conceito de faturamento como o produto da venda de mercadorias e da prestação de serviços. Nestas decisões apenas analisou elementos abrangidos pelo conceito de receita, mas não abrangidos pelo conceito de faturamento, sem jamais examinar elementos situados fora do conceito de receita, como é o caso do ICMS a ser examinado neste recurso.

Em segundo lugar, o Tribunal também não admitiu a incidência de todo e qualquer tributo sobre outro quando permitiu a incidência do ICMS sobre ele mesmo. Neste caso, o Tribunal apenas decidiu que um tributo (ICMS), baseado em uma regra específica de competência (art. 155), instituído por um ente federado (Estado), com determinadas caraterísticas (imposto, indireto, real, plurifásico, incidente sobre o valor das operações de venda de mercadoria e submetido aos princípios da essencialidade e

---

60. STF, voto do Min. Celso de Mello no julgamento do RE 346.084, Tribunal Pleno, j. 1.9.2006.

não cumulatividade vinculada à venda de um bem), poderia incidir sobre ele mesmo (ICMS/ICMS). Contudo, o Tribunal nada decidiu sobre se outros tributos (PIS-COFINS), baseados em outras regras de competência (art. 195 e 240), instituídos por outro ente federado (União), com outras caraterísticas (contribuições, diretas, pessoais, monofásicas, incidentes sobre a receita das empresas e submetidas aos princípios da equidade e da não cumulatividade vinculada à geração de receita), poderiam incidir sobre outro tributo (PIS/COFINS-ICMS).

Em terceiro lugar, as contribuições sobre a receita não podem ser caracterizadas como tributos reais, e sim como pessoais, na medida em que o critério de equidade (art. 194, V) e as finalidades de solidariedade e justiça social (art. 193 e 195) exigem a consideração da individualidade e a responsabilidade social com base no próprio patrimônio, elementos, esses, reveladores de circunstâncias pessoais.

Em quarto lugar, no recurso extraordinário que será julgado os contribuintes não estão postulando a exclusão do ICMS da base de cálculo das contribuições sobre a receita sem que haja imunidade ou previsão legal específica; em vez disso, estão apenas pedindo a declaração de que as contribuições sobre a receita não incidem sobre ingressos temporários, como é o caso do ICMS, tendo em vista que a base de cálculo prevista pela Constituição (receita) pressupõe o ingresso definitivo no patrimônio do contribuinte.

Em quinto lugar, os valores recolhidos a título de ICMS não integram o patrimônio dos contribuintes, na medida em que, por se tratar de obrigação pecuniária compulsória instituída em lei, têm o seu destino predeterminado sem qualquer influência do contribuinte.

Em sexto lugar, a não incidência das contribuições sobre a receita sobre o montante recolhido a título de ICMS não transforma essas contribuições em tributos sobre o resultado líquido. Isso porque o ICMS não é idêntico nem a outros tributos, em razão da sua diferente natureza, titularidade e modo de cobrança, nem a outros custos, em virtude dos seus distintos fundamento, princípios e conteúdo.

E, em sétimo lugar, a não incidência das contribuições sobre a receita sobre os valores recolhidos pelos contribuintes a título de ICMS não compromete a manutenção da seguridade social, ou provoca a ruptura do próprio sistema tributário. Pelo contrário, é a incidência sobre um elemento que não se enquadra na base de cálculo prevista pela Constituição que compromete os alicerces do Estado de Direito, pois torna sem sentido o texto constitucional, sem força vinculante as regras de competência, sem superioridade e sem força normativa a própria Constituição.

BIBLIOGRAFIA

BARROSO, Luís Roberto. *Curso de Direito Constitucional Contemporâneo.* 4ª ed. São Paulo, Saraiva, 2013.

BIRK, Dieter. *Steuerrecht.* 13ª ed. Heidelberg, C. F. Müller, 2010.

CHIODI, Giulio. *Equità – La Regola Costitutiva del Diritto.* Torino, Giappichelli, 2000.

CROSS, Ruppert, e HARRIS, J. W. *Precedent in English Law* (1961). 4ª ed. Oxford, Oxford University Press, 1991.

GORLA, Gino. "Precedente giudiziale". In: *Enciclopedia Giuridica Treccani.* Roma: Treccani, 1990.

HESSE, Konrad. *A Força Normativa da Constituição.* Trad. de Gilmar Ferreira Mendes, Porto Alegre, safE, 1991.

JACHMANN, Monika. *Verfassungsrechtliche Grenzen der Besteuerung.* Aachen, Shaker, 1996.

KIRCHHOF, Paul. *Das Gesetz der Hydra.* München, Knaur, 2006.

_____. "Die Steuer". In: KIRCHHOF/ISENSEE (orgs.). *Handbuch des Staatsrechts.* 3ª ed., t. V. Heidelberg, C. F. Müller, 2007.

KRUSE, Heinrich Wilhelm. *Lehrbuch des Steuerrechts.* München, Beck, 1991.

LEWINE, F. J. "Solidarité". In: ARNAUD, André Jean (org.). *Dictionnaire Encyclopédique de Théorie et de Sociologie du Droit.* 2ª ed. Paris, LGDJ, 1993.

NABAIS, José Casalta. *O Dever Fundamental de Pagar Impostos – Contributo para a Compreensão Constitucional do Estado Fiscal Contemporâneo.* Coimbra, Livraria Almedina, 1998.

NOGUEIRA, Ruy Barbosa. *Curso de Direito Tributário.* 10ª ed. São Paulo, Saraiva, 1990.

SACKSOFSKY, Ute. *Umweltschutz durch nicht-steuerliche Abgaben. Zugleich ein Beitrag zur Geltung des Steuerstaatsprinzips.* Tübingen, Mohr Siebeck, 2000.

SCHMÖLDERS, Günther. *Allgemeine Steuerlehre.* Berlin, Duncker und Humblot, 1965.

SCHOUERI, Luís Eduardo. *Direito Tributário.* 3ª ed. São Paulo, Saraiva, 2013.

TARUFFO, Michelle. "Precedente e Giurisprudenza". *Rivista Trimestrale di Diritto e Procedura Civile* 2007. Milano, Giuffrè.

TIPKE, Klaus, e LANG, Joachim. *Steuerrecht.* 21ª ed. Köln, Otto Schmidt, 2013.

TORRES, Ricardo Lobo. *Curso de Direito Financeiro e Tributário.* 19ª ed. Rio de Janeiro, Renovar, 2013.

VOGEL, Klaus. "Der Finanz- und Steuerstaat". In: KIRCHHOF/ISENSEE (orgs.). *Handbuch des Staatsrechts.* 3ª ed. Heidelberg, C. F. Müller, 2012.

A NÃO CUMULATIVIDADE DAS CONTRIBUIÇÕES SOBRE A RECEITA E O CONCEITO DE INSUMO SOB A PERSPECTIVA CONSTITUCIONAL

Introdução – 1. A não cumulatividade das contribuições sociais é uma imposição constitucional. 2. A não cumulatividade não é um benefício fiscal. 3. O conteúdo da não cumulatividade das contribuições: 3.1 A especificidade da não cumulatividade das contribuições – 3.2 O conceito de insumo adequado às contribuições. 4. A coerência na aplicação da não cumulatividade – Conclusões.

INTRODUÇÃO

O Supremo Tribunal Federal está na iminência de julgar o RE 841.979, no qual se discute a conformidade do conceito legal de insumo, previsto nas Leis ns. 10.637/2002, 10.833/2003 e 10.865/2004 e regulamentado pelas Instruções Normativas RFB-247/2002 e 404/2004, com o conceito constitucional de insumo, deduzido da sistemática da não cumulatividade prevista no art. 195, § 12, da Constituição.

A União Federal e a Receita Federal do Brasil, de um lado, sustentam que a não cumulatividade é um benefício fiscal que pode ou não ser concedido pelo legislador. Por consequência, elas alegam que o conceito de insumo deve ser definido pelo próprio legislador, razão pela qual o conceito legal de insumo, restrito aos custos diretamente relacionados com os bens fabricados, produzidos ou comercializados, não padeceria de qualquer inconstitucionalidade.

Os contribuintes, de outro lado, defendem que a não cumulatividade é uma imposição constitucional que deve ser concretizada pelo legislador. Em sua visão, embora o legislador ordinário tenha liberdade para definir os setores para os quais as contribuições sobre a receita e a importação serão não cumulativas e a técnica a ser empregada para sua efetivação, ele *deve* definir os setores abrangidos e *deve* estabelecer um sistema que afaste toda e qualquer cumulação da carga tributária na apuração das contribuições sociais sobre a receita. Em virtude disso, sustenta-se que o conceito de insumo, implicitamente previsto pela Constituição, diz respeito a todo e qualquer custo que direta ou indiretamente impacte a geração de receitas, razão pela qual o conceito legal de insumo, restrito aos custos diretamente relacionados com os bens fabricados, produzidos ou comercializados, padeceria de inconstitucionalidade.

Diante desse cenário, o presente artigo tem a finalidade de responder, primeiro, se a não cumulatividade com relação às contribuições devidas ao PIS e à COFINS é uma imposição constitucional ou um mero benefício fiscal; segundo, se a definição do conceito de insumo no contexto da não cumulatividade relativa às referidas contribuições se identifica ou se equipara ao conceito empregado para fins de não cumulatividade do imposto sobre produtos industrializados-IPI e do imposto sobre circulação de mercadorias e prestação de serviços-ICMS; terceiro, se a definição do conceito de insumo para fins da não cumulatividade das mencionadas contribuições abrange todos os custos, despesas e encargos direta ou indiretamente relacionados à formação de receitas auferidas em razão das atividades empresariais, ou somente os custos diretamente vinculados aos bens produzidos, fabricados ou comercializados; quarto, e por consequência, se são constitucionais as disposições das Leis ns. 10.637/2002, 10.833/2003 e 10.865/04 e das Instruções Normativas RFB ns. 247/02 e 404/04, que definem o conceito de insumo restringindo o seu alcance aos custos diretamente vinculados à produção, fabricação e comercialização de bens.

1. A NÃO CUMULATIVIDADE DAS CONTRIBUIÇÕES SOCIAIS É UMA IMPOSIÇÃO CONSTITUCIONAL

Os princípios tributários são positivados de várias formas pela Constituição. Em primeiro lugar, por meio da *falta de previsão constitucional expressa*: nesse caso, a Constituição não contém disposição alguma sobre determinado princípio. Por decorrência, o legislador ordinário possui liberdade não apenas para adotá-lo (liberdade com relação ao "se"), como liberdade *amplíssima* para configurá-lo (liberdade com relação a "como" e "quanto"). Como, nessa hipótese, a Constituição não positiva o fim a ser promovido, nem o meio destinado a promovê-lo, o legislador *não é* obrigado a incorporá-lo na estruturação do regime jurídico de determinado tributo. Caso decida incorporá-lo a esse regime, poderá fazê-lo com *amplíssima* margem de configuração, respeitadas, naturalmente, outras normas constitucionais que indiretamente possam limitar a sua atuação.

Esse foi o modo adotado pela Constituição para positivar o princípio da não cumulatividade das contribuições sociais até o advento da Emenda Constitucional 42/2003. Antes dessa Emenda, embora a Constituição contivesse, desde a origem, disposições a respeito do princípio da não cumulatividade dos impostos sobre a industrialização de produtos e a circulação de mercadorias, ela nada dizia a respeito da não cumulatividade das contribuições sociais. Desse modo, o legislador tributário tinha liberdade com relação a adotá-lo ou não ("se"), de que forma configurá-lo ("como") e em que medida assegurá-lo ("quanto"), desde que respeitado o limite mínimo para a sua efetividade como princípio legalmente previsto. A adoção da não cumulatividade pela Lei n. 10.637/2002, editada antes da mudança constitucional que introduziu a não cumulatividade em nível constitucional, e pela Lei n. 10.833/2003, promulgada 10 dias após a referida Emenda, foi, por conseguinte, uma opção do legislador, e não a concretização de uma imposição constitucional diretamente aplicável.

Os princípios tributários podem ser positivados, em segundo lugar, mediante *previsão constitucional genérica*: a Constituição simplesmente prevê o princípio, mas sem lhe atribuir qualquer conteúdo específico. Nessa hipótese, embora o legislador ordinário não possua liberdade para adotar ou não o princípio ("se"), ele possui liberdade *ampla* para concretizá-lo de várias formas ("como") e em várias intensidades ("quanto"), desde que acima do mínimo essencial à sua efetividade. Como a Constituição positiva o fim a ser promovido, mas não o meio destinado a promovê-lo, o legislador *é* obrigado a concretizá-lo ao estruturar o regime jurídico de determinado tributo, porém com *ampla* margem de configuração.

Essa foi a forma utilizada pela Constituição para positivar vários princípios tributários. Por exemplo, os princípios da generalidade, da universalidade e da progressividade do imposto sobre a renda estão previstos na Constituição (art. 153, § 2º, I). O legislador, por conseguinte, deverá concretizá-los. A Constituição, no entanto, concede ao legislador uma ampla margem de configuração, pois não delimita diretamente o seu conteúdo, limitando-se a prescrever que o "imposto será informado pelos critérios da generalidade, da universalidade e da progressividade, na forma da lei". Desse modo, conquanto o legislador ordinário *não* possua liberdade para adotar ou não o princípio ("se"), ele possui liberdade para concretizá-lo de várias formas ("como") e com diferentes intensidades, desde que acima do nível indispensável à sua mínima efetividade como princípio constitucionalmente previsto ("quanto").

Os princípios tributários podem ser positivados, em terceiro lugar, por meio de *previsão constitucional específica*: nessa hipótese, a Constituição não apenas prevê o princípio, como predetermina, sob algum aspecto e em alguma medida, o seu próprio conteúdo. Desse modo, legislador ordinário não possui liberdade nem para adotá-lo ("se"), nem para concretizá-lo de *qualquer* forma ("como") ou com *qualquer* intensidade ("quanto"). Como a Constituição positiva o fim a ser promovido, sem qualquer exceção abstrata, e, em alguma medida, também o meio destinado a promovê-lo, o legislador *é* obrigado a concretizá-lo ao estruturar o regime jurídico do tributo, *devendo* fazê-lo com *alguma* margem de configuração e sempre com o propósito de promover o ideal constitucionalmente consagrado.

Essa foi precisamente a forma empregada pela Constituição para normatizar o princípio da não cumulatividade das contribuições sociais. Com efeito, a Constituição, com a redação que lhe deu a Emenda Constitucional 42/2003, assim estabeleceu o "princípio da não cumulatividade das contribuições":

> § 12. A lei definirá os setores de atividade econômica para os quais as contribuições incidentes na forma dos incisos I, "b", e IV do *caput* serão não cumulativas.

Conforme esse dispositivo, cujas partes essenciais são por mim grifadas, "a lei *definirá* os setores" para os quais as contribuições sobre a receita e a importação "*serão* não cumulativas". Embora o dispositivo use a forma indicativa ("a lei *definirá* os setores", "*serão* não cumulativas"), o enunciado normativo é usado com função claramente *prescritiva*, pois visa a *dirigir* a conduta do legislador, em vez de meramente descrevê-la ou prevê-la. Veja-se que o mesmo é feito em vários outros dispositivos constitucionais: no art. 145, § 1º, que prevê que os impostos "terão" caráter pessoal e "serão" graduados segundo a capacidade econômica do contribuinte; nos arts. 153, § 3º, II, e 155, § 2º, I, que preveem que os impostos sobre produtos industrializados e sobre a circulação de mercadorias "serão" não cumulativos, "compensando-se" o que for devido em cada operação com o montante cobrado nas anteriores; no art. 5º, XXXIII, que prevê que as informações de interesse individual ou coletivo "serão" prestadas no prazo da lei, sob pena de responsabilidade. Ao assim fazê-lo, a Constituição naturalmente não está nem fazendo *previsões* sobre a conduta futura do legislador, nem lhe dando *conselhos* a respeito do que seria importante ele fazer. Em vez disso, e com nitidez, a Constituição está *ordenando* que o legislador adote uma medida e promova um ideal. Daí resulta que o importante, portanto, não é a *forma sintática* empregada pelo dispositivo, se indicativa ou imperativa, mas a *função exercida* pelo enunciado nele contido, se prescritiva ou descritiva. Tanto é assim que a forma indicativa pode ser usada para prescrever e a imperativa para descrever. Com efeito, às vezes usa-se a forma indicativa com a nítida função de prescrever, como ocorre, por exemplo, na previsão legal do crime de moeda falsa: o legislador estabelece que quem circula moeda sabidamente falsa "é punido" com detenção. Ao fazê-lo, o legislador naturalmente não está descrevendo a situação concreta em que alguém "é punido"; está, em vez disso, determinando que ele "deve ser" punido caso venha a cometer tal crime. Noutras vezes usa-se a forma imperativa com a clara função de descrever, como sucede, por exemplo, quando os juristas comentam tipos penais afirmando que quem os viola "deve ser" punido. Ao assim proceder os juristas, evidentemente, não estão estatuindo prescrições, como se legisladores fossem; eles estão apenas reconstruindo as prescrições estabelecidas pelo legislador, o que é algo bem diverso. O essencial, por consequência, é o modo como o enunciado é *usado*, se para cumprir uma *função* prescritiva ou descritiva, e não a sua estrutura sintática, se indicativa ou imperativa.[1]

Sendo assim, ao prever que "a lei *definirá* os setores" para os quais as contribuições sobre a receita e a importação "*serão* não cumulativas", a Constituição – que não é um livro de receitas culinárias, nem um livro de romance, mas, sim, o mais importante *diploma normativo* da República Federativa do Brasil – claramente usou o enunciado normativo com uma *função prescritiva*, na medida em que visou a dirigir, influenciar ou modificar a conduta do legislador na atividade de estruturação do regime jurídico das contribuições sociais.

Em razão dessa constatação, só resta, mesmo, concluir preliminarmente que a regra constitucional determina que o legislador *deva* definir os setores para os quais as contribuições *deverão* ser não cumulativas. Isso significa, para o caso ora analisado, que o legislador tem a *obrigação* de definir os setores e de instituir uma sistemática de não cumulatividade para as contribuições sociais, ainda que tenha liberdade para escolher os setores a serem por ela abrangidos.

---

1. Guastini, Riccardo, *La Sintassi del Diritto*, Torino, Giappichelli, 2011, p. 28.

Logo se vê, em vista de tudo quanto se afirmou até aqui, que a liberdade do legislador é bastante restrita com relação à não cumulatividade das contribuições sociais: ela se circunscreve aos *setores* a serem alcançados por ela, mas não alcança nem a própria definição dos setores, nem a instituição da sistemática da não cumulatividade. E isso – repita-se o quanto necessário – pela singela razão de que "a lei *definirá* os setores" para os quais as contribuições sobre a receita e a importação "*serão* não cumulativas". Por conseguinte – e retomando a linguagem anteriormente utilizada –, o legislador ordinário não possui nem liberdade para adotar ou não o princípio da não cumulatividade ("se"), nem liberdade total para concretizá-lo de qualquer forma ("como") ou em qualquer grau ("quanto"): como as contribuições "serão não cumulativas", cabendo à lei definir apenas "os setores" para os quais elas serão assim concebidas, o legislador até possui *alguma* liberdade para escolher *a técnica* de realização da não cumulatividade, se imposto contra imposto ou débito contra débito, por exemplo. Todavia, ele não pode deixar de promover a não cumulatividade para os setores que ele próprio inseriu nessa sistemática, eliminando toda e qualquer cumulação da carga tributária gerada na apuração das contribuições sociais.

Em virtude das considerações precedentes, percebe-se que o § 12 do art. 195 não gera uma mera *regra de competência*, mas uma *regra atribuidora de tarefa legislativa*. Este tipo de regra se diferencia de uma regra de competência por prescrever uma finalidade a ser obrigatoriamente promovida, em vez de simplesmente atribuir uma faculdade, que pode ou não ser exercida, sem que o seu não exercício viole a Constituição. Em outras palavras: as regras definidoras de tarefas impõem *deveres de agir* para promover determinadas finalidades, enquanto as regras de competência conferem *faculdades de agir* para exercer determinados poderes.[2] Como afirmam Weinberger e Weinberger, as "normas desse tipo definem quais finalidades devem ser alcançadas. Elas determinam tarefas, mas não indicam de que forma tais tarefas deverão ser cumpridas".[3] Isso significa, para o caso ora analisado, que o legislador tem o dever de agir para evitar a não cumulatividade das contribuições sociais, embora tenha liberdade para escolher a técnica a ser utilizada para concretizar esse ideal. Isso porque, como aduz Sommermann, "as regras de competência abrem a possibilidade de atuação, enquanto as disposições sobre

---

2. Sommermann, Karl-Peter, *Staatsziele und Staatszielbestimmungen*, Tübingen, Mohr Siebeck, 1997, p. 366.

3. Weinberger, Christiane, e Weinberger, Ota, *Logik, Semantik, Hermeneutik*, München, C. H. Beck, 1979, p. 119.

finalidades estatais constituem obrigações de atuação ou envolvimento do ente competente".[4]

As considerações antecedentes demonstram que as regras atribuidoras de tarefa são radicalmente diferentes das regras de competência. Enquanto as primeiras instituem um dever específico de agir em razão de uma competência já conferida, as segundas estabelecem apenas uma faculdade de agir. A regra de competência prevista no art. 153, VII, da Constituição, por exemplo, confere poder à União para instituir o imposto sobre grandes fortunas. A União tem, portanto, a faculdade de instituir ou não o referido imposto, mas não é obrigada a fazê-lo, nem é obrigada a fazê-lo para promover determinada finalidade. Entretanto, em relação às contribuições ao PIS e à COFINS a Constituição não apenas prevê regras de competência (art. 195, *caput*), autorizando a União a instituir contribuições sociais sobre determinadas bases; ela também a obriga, por meio de uma regra atribuidora de tarefa (§ 12), a delimitar os setores econômicos para os quais as referidas contribuições serão não cumulativas.

Desse modo, há duas normas diferentes a serem consideradas para a solução do caso ora analisado.[5] De um lado, a norma resultante da interpretação do disposto no *caput* do art. 195: uma regra que *atribui competência* à União para instituir contribuições sociais. De outro lado, a norma decorrente da interpretação do disposto no § 12 do mesmo art. 195: uma regra que *delimita o objeto da competência*, vinculando o seu exercício à promoção do ideal de não cumulatividade.[6]

Essas considerações preambulares comprovam que existe, digamos, um "conceito constitucional" de não cumulatividade com relação às contribuições devidas ao PIS e à COFINS: ao contrário de outros princípios, que podem ou não ser adotados e, quando adotados, podem ter o seu conteúdo amplamente configurado pelo legislador ordinário, o princípio da não cumulatividade das contribuições sociais não foi apenas positivado pela Constituição, como teve o seu conteúdo parcialmente definido por ela.

Por consequência, embora o legislador ordinário tenha liberdade para definir os setores para os quais as contribuições sobre a receita e a importação serão não cumulativas e a técnica a ser empregada para sua

---

4. Sommermann, Karl-Peter, *Staatsziele und Staatszielbestimmungen*, Tübingen, Mohr Siebeck, 1997, p. 366.
5. Ávila, Humberto, *Teoria dos Princípios*, 16ª ed., São Paulo, Malheiros Editores, 2015, p. 105.
6. Guastini, Riccardo, *Teoria e Dogmatica delle Fonti*, Milano, Giuffrè, 1998, p. 51.

efetivação, ele *deve* definir os setores abrangidos e *deve* estabelecer um sistema que afaste a cumulação da carga tributária, seja diretamente, pela definição da própria não cumulatividade, seja indiretamente, pela definição dos seus elementos funcionais, como é o caso do conceito de insumo, adiante esmiuçado.

2. *A NÃO CUMULATIVIDADE NÃO É UM BENEFÍCIO FISCAL*

Sendo uma imposição constitucional, a sistemática não cumulativa das contribuições sociais não pode ser considerada uma espécie de favor ou de benefício fiscal. A noção de *favor* envolve um elemento de discricionariedade: ele repousa sobre a livre decisão de quem tem a faculdade de concedê-lo e a liberdade de decidir como e em que medida fazê-lo. Em virtude do seu caráter unilateral, ele é marcado por uma dose de capricho, de arbitrariedade e de bel-prazer.[7] Não por outro motivo que a ideia mesma de favor é contrária à de Estado de Direito, na medida em que este repele a liberalidade, a pessoalidade e o arbítrio.[8]

Sendo assim, a não cumulatividade das contribuições sociais evidentemente não pode ser definida como um favor, e, como tal, ser manipulada pelo legislador e eventualmente totalmente suprimida. Ao contrário, e como visto, ela é uma *imposição constitucional*, na medida em que decorre de disposição constitucional expressa e deve ser obrigatoriamente concretizada, ainda que com alguma margem de configuração com relação à técnica a ser empregada para sua concretização.

A noção de *benefício fiscal* também envolve um elevado grau de discricionariedade, uma vez que a finalidade que o Poder Público visa a promover por meio dela pode ser realizada de vários modos, não necessariamente por meio da configuração do regime jurídico de determinado tributo. Por exemplo, a Constituição estabelece o princípio da redução de desigualdades regionais (art. 3º, III). Este princípio, contudo, pode ser concretizado de várias formas e em vários setores, como é o caso dos incentivos tributários, financeiros, creditícios ou patrimoniais, das políticas públicas gerais ou, mesmo, das ações administrativas específicas. Desse modo, ainda que a Constituição tenha positivado o fim *geral* a ser promovido, não obrigou o legislador ordinário a concretizá-lo especificamente por meio da estruturação do regime jurídico de determinado tributo. Em

---

7. Chevallier, Jacques, "Posface", in Guglielmi, Gilles (org.), *La Faveur et le Droit*, Paris, PUF, 2009, pp. 403-404.

8. Chauvet, Clèment, "Arbitraire et discrétionnaire en droit administratif", in Guglielmi, Gilles (org.), *La Faveur et le Droit*, Paris, PUF, 2009, p. 290.

virtude dessa constatação, pode-se afirmar que o que caracteriza um benefício fiscal é a faculdade que possui o Poder Público de realizá-lo por qualquer meio, sem a obrigatoriedade de fazê-lo por meio da configuração do regime jurídico de um tributo específico.

Feita a caracterização dos benefícios fiscais, vê-se que a sistemática da não cumulatividade não pode ser qualificada como uma de suas espécies: conforme as disposições constitucionais vigentes, uma vez cumprido o dever de definir os setores, o legislador, para dar cumprimento ao mandamento constitucional no sentido de que "a lei *definirá* os setores" para os quais as contribuições sobre a receita e a importação "*serão* não cumulativas", é obrigado a adotar uma sistemática não cumulativa na configuração do regime jurídico das contribuições sociais. Em outras palavras: o legislador não tem a faculdade de instituí-la, nem a liberdade de deixar de concretizá-la por meio da configuração do regime jurídico de determinado tributo – ele é obrigado a fazê-lo, caso decida exercer a sua faculdade de instituir contribuições sociais.

A qualificação da não cumulatividade como um benefício fiscal decorre de vários argumentos que não encontram respaldo na Constituição. Dentre estes, alguns podem ser destacados.

Em primeiro lugar, *o argumento do caráter setorial da não cumulatividade*: de acordo com este argumento, a não cumulatividade deveria ser qualificada como um benefício fiscal porque, se o legislador tem poder para escolher os setores para os quais as contribuições sociais serão não cumulativas, então, ele também teria tanto o poder de deixar de instituí-las quanto o poder de instituí-las para quem bem o desejasse. Por esse motivo – assim segue o raciocínio –, a não cumulatividade poderia ou não ser adotada, e, em razão disso, configuraria um benefício fiscal. Essa compreensão, no entanto, não pode ser aceita.

De um lado, porque a *força normativa* de uma norma nada tem a ver com a sua *generalidade*. A força normativa de uma norma depende da função prescritiva do enunciado a partir do qual ela é reconstruída e da rigidez que lhe é atribuída pelo aplicador quando da sua aplicação. Se a força normativa decorresse da generalidade da norma, os princípios constitucionais setoriais, por exemplo, não teriam força normativa, na medida em que se dirigem apenas a alguns setores, e não a todos. Nessa concepção, a concretização do princípio da proteção do trabalho, por exemplo, por se dirigir apenas a um setor da economia, seria um mero benefício a ser caprichosamente concretizado pelo legislador. A essa conclusão, é claro, não se pode chegar.

De outro lado, porque o argumento de que a força normativa decorre da generalidade da norma padece de um vício lógico, porquanto presume que a generalidade é uma propriedade necessária das normas, quando é uma qualidade meramente contingente delas. A estrutura do raciocínio é esta: "se é geral, então, é norma; como o princípio da não cumulatividade não é geral, então, não é norma". O erro do raciocínio, conhecido como "negação do antecedente", está na pressuposição de que a generalidade é uma propriedade necessária das normas. Fosse isso verdadeiro, então, as normas setoriais e as normas individuais – para dar apenas dois exemplos – não seriam normas! Nessa acepção, o mesmo princípio da proteção do trabalho não seria uma verdadeira norma, a ser obrigatoriamente cumprida, mas um mero conselho, a ser caprichosamente considerado pelo legislador. Também essa concepção, evidentemente, não pode ser aceita.

Em segundo lugar, *o argumento do caráter genérico da não cumulatividade*: esta deveria ser qualificada como um benefício fiscal, porque a Constituição a teria garantido sem especificar o modo como deveria ser concretizada. Por esse motivo – assim se desenvolve o raciocínio –, se ela poderia ser concretizada de qualquer modo, então, poderia ser concretizada de modo nenhum. Essa compreensão também não pode ser admitida.

De um lado, porque sequer é verdade que a Constituição tenha atribuído liberdade total ao legislador para definir os setores e para adotar a sistemática da não cumulatividade. Como visto, a sua liberdade se circunscreve à escolha dos setores para os quais as contribuições sociais serão não cumulativas, mas não alcança nem o *dever* de definir os setores ("a lei *definirá* os setores"), nem o *dever* de instituir um regime irrestrito de não cumulatividade para os referidos setores ("*serão* não cumulativas").

De outro lado, porque a força normativa nada tem a ver com o caráter genérico de uma norma. Ela depende, como dito, da função prescritiva do enunciado a partir do qual ela é reconstruída e da rigidez que lhe é atribuída pelo aplicador quando da sua aplicação, não da estrutura da norma e da margem de configuração que ela proporciona para ser concretizada de modos diversos e alternativos.[9] Se ela decorresse da estrutura da norma e, portanto, do seu caráter genérico, os denominados princípios do Estado de Direito, da separação dos Poderes, da segurança jurídica e da igualdade, por exemplo, por serem normas genéricas e poderem ser concretizadas de modos alternativos e diversos, não teriam força normativa alguma!

---

9. Guastini, Riccardo, *Interpretare e Argomentare*, Milano, Giuffrè, 2011, p. 179.

Seriam meros favores ou benefícios do legislador. A esse resultado, naturalmente, também não se pode chegar.

Em terceiro lugar, *o argumento do caráter principiológico da não cumulatividade*: esta deveria ser caracterizada como um benefício fiscal porque seria garantida por um "mero" princípio constitucional, que, como tal, poderia ou não ser concretizado por uma opção do legislador, a quem caberia decidir pela concretização e dar eventual preferência diante de outros princípios colidentes. Esse entendimento igualmente não pode ser admitido. Ele remonta à noção de princípio como *norma programática*, isto é, como norma que indica um programa que pode ou não ser seguido pelo legislador.

Essa compreensão, todavia, já foi ultrapassada há muito, na medida em que, "sedimentado o caráter normativo das normas constitucionais, o Direito contemporâneo é caracterizado pela passagem da Constituição para o centro do sistema jurídico, onde desfruta não apenas da supremacia formal que sempre teve, mas também de uma supremacia material, axiológica".[10] Nessa nova compreensão, todas as normas constitucionais possuem força normativa, inclusive as tributárias. O atual Decano do Supremo Tribunal Federal bem ilustra esse atual significado das normas constitucionais:

> O exercício do poder tributário, pelo Estado, submete-se, por inteiro, aos modelos jurídicos positivados no texto constitucional, que institui, de modo explícito ou implícito, em favor dos contribuintes, decisivas limitações à competência estatal para impor e exigir, coativamente, as diversas espécies tributárias existentes (...).[11]

Em quarto lugar, *o argumento do caráter parcial da não cumulatividade*: esta deveria ser qualificada como um benefício fiscal porque supostamente não poderia ser aplicada a todas as contribuições referidas pelo dispositivo constitucional. A alegação é a de que, como o dispositivo constitucional faz referência às contribuições incidentes sobre a receita e a importação, mas esta só incide uma vez, no momento da importação, sem se inserir num ciclo econômico com várias etapas em que a carga tributária vai se acumulando, o referido dispositivo só faria sentido – assim o argumento – se a não cumulatividade fosse entendida como não

---

10. Barroso, Luís Roberto, *Curso de Direito Constitucional Contemporâneo*, 4ª ed., São Paulo, Saraiva, 2013, pp. 108-109.
11. STF, voto do Min. Celso de Mello no julgamento da ADI 447, Tribunal Pleno, j. 5.6.1991.

cumulatividade "entre contribuições", isto é, como o direito que o contribuinte teria de descontar o valor pago na importação quando fosse pagar internamente as contribuições sobre a receita. Em decorrência, como só haveria uma não cumulatividade "entre contribuições", qualquer outra forma de não cumulatividade, de que é exemplo a não cumulatividade das contribuições ao PIS e à COFINS, caracterizaria um mero benefício fiscal a ser livremente concedido pelo legislador. Esse entendimento igualmente não merece prosperar.

De um lado, porque o dispositivo constitucional não contém qualquer termo ou expressão que limite a não cumulatividade a um mero direito de descontar o valor de uma contribuição no pagamento de outras. O dispositivo constitucional, em vez disso, estabelece que a lei definirá os setores para os quais as contribuições sobre a receita e a importação serão não cumulativas. Ele sequer fez referência a eventuais exceções, como ocorre no caso do ICMS, em que a Constituição expressamente afastou o direito de crédito no caso de isenção ou não incidência. Sendo assim, o que se pode deduzir do texto constitucional é uma não cumulatividade ampla, que deverá abranger tanto não cumulatividade entre as contribuições sobre a importação e a receita quanto uma não cumulatividade das contribuições sobre a receita. Logo se percebe que uma espécie de não cumulatividade não exclui a outra. Ao contrário, uma pressupõe a outra: ao determinar o ideal de não cumulatividade, de modo pleno e sem limitação alguma, a Constituição buscou afastar *toda* e *qualquer* forma de acúmulo da carga tributária no pagamento das contribuições sociais, tanto a que existiria se o valor pago na importação não pudesse ser deduzido do valor a ser pago internamente quanto a que existiria caso não se pudesse deduzir o valor que vai sendo acumulado nas várias etapas do ciclo econômico interno.

De outro lado, porque o argumento de que a não cumulatividade não se aplica aos dois casos padece de um vício lógico, porquanto presume que aquilo que supostamente não pode valer para uma contribuição (sobre a importação) necessariamente não vale para as outras (sobre a receita). O raciocínio é no sentido de que aquilo que não vale para todos os casos não vale para nenhum. Como a não cumulatividade não poderia valer para contribuição sobre importação, então, também não poderia valer para as contribuições sobre a receita. O erro do raciocínio, conhecido como "erro de composição", está na pressuposição de que aquilo que é verdadeiro para as *partes* também é para o *todo*. Fosse isso correto, as normas defectíveis – isto é, aquelas que admitem exceções concretas que limitam o seu alcance objetivo ou subjetivo –, por exemplo, não seriam normas, simplesmente porque não se aplicam a todos os casos cobertos pela sua hipótese. O princípio da capacidade contributiva, por não se aplicar a alguns impostos reais e a impostos com finalidade extrafiscal, por exemplo, não seria um princípio constitucional vinculante: como ele não seria obrigatório para os impostos reais e com finalidade extrafiscal, então, não seria obrigatório para nenhum imposto! No caso do princípio da capacidade contributiva vale, na verdade, o oposto: sempre que possível os impostos devem ser graduados conforme a capacidade contributiva. O mesmo vale para o princípio da não cumulatividade das contribuições sociais: sempre que possível as contribuições sociais serão não cumulativas, como ocorre no caso das contribuições sobre a receita.

Por todas as razões anteriores, pode-se tanto afirmar que existe um "conceito constitucional" de não cumulatividade com relação às contribuições ao PIS e à COFINS quanto que a sistemática não cumulativa dessas contribuições, na forma como prevista na Constituição, não pode ser qualificada como um favor ou benefício fiscal. Esta sistemática configura, em vez disso, uma verdadeira imposição constitucional. Resta saber qual é o seu conteúdo.

3. O CONTEÚDO DA NÃO CUMULATIVIDADE DAS CONTRIBUIÇÕES

3.1 A especificidade da não cumulatividade das contribuições

A exigência geral de não cumulatividade visa a evitar o acúmulo da carga tributária ao longo do ciclo econômico de produção e de comercialização de bens ou serviços. Com ela impede-se que o tributo incida mais de uma vez sobre uma manifestação de capacidade econômica já tributada anteriormente, mediante o direito de deduzir, na etapa seguinte, aquilo que foi suportado na etapa anterior.

A não cumulatividade, todavia, não é concretizada da mesma forma para todos os tributos, seja porque as *regras* aplicáveis a cada um deles são diferentes, seja porque a sua *natureza* é distinta.

No caso dos impostos sobre a industrialização dos produtos e a circulação das mercadorias, a Constituição determina que eles "serão" não cumulativos, "compensando-se o que for devido em cada operação com o montante cobrado nas anteriores" (arts. 153, § 3º, II, e 155, § 2º, I). Depois de longa evolução jurisprudencial consolidou-se o entendimento de que a técnica usada para promover a não cumulatividade desses tributos é a do "imposto contra imposto": aquilo que incidiu na etapa anterior pode, digamos, ser descontado na fase posterior.

Como os tributos incidem sobre as operações de produção e de comercialização de "bens" (produtos industrializados e mercadorias), chegou-se também à conclusão – cuja correção ora não se discute – no sentido de que a não cumulatividade dependeria de o ônus tributário suportado na fase anterior referir-se diretamente ao bem objeto de várias operações ao longo do ciclo econômico. Assim se consolidou o chamado "crédito físico": somente o imposto que repercute diretamente na produção ou na comercialização do bem pode ser deduzido do imposto a ser pago na operação posterior, e não todo e qualquer imposto que repercutiu indiretamente na produção ou comercialização do bem, como é o caso do imposto incidente sobre a aquisição de máquinas ou sobre os serviços de telefonia e energia elétrica. Esse entendimento pode ser ilustrado pelo voto do eminente Min. Luiz Fux: "O crédito é físico porque decorre do imposto incidente na operação anterior sobre a mercadoria efetivamente empregada no processo de industrialização".[12]

Logo se percebe que tanto a técnica do "imposto contra imposto" quanto a modalidade de "crédito físico" são meras consequências normativas diretas das *regras* específicas aplicáveis e da *natureza* dos tributos. São consequências das regras específicas porque, no caso dos impostos sobre produtos industrializados e sobre a circulação de mercadorias, a Constituição dispôs que eles serão não cumulativos, "compensando-se o que for devido em cada operação com o montante cobrado nas anteriores". A linguagem constitucional vinculou a não cumulatividade às operações de industrialização e comercialização de bens, segundo o entendimento consolidado pela jurisprudência.

E são consequências da natureza dos tributos porque os impostos sobre produtos industrializados e sobre a circulação de mercadorias são tributos indiretos, reais e plurifásicos: *indiretos*, porque o seu ônus econômico é destacado na nota e transferido ao consumidor final; *reais*, porque – e no sentido de que – incidem sobre bens corpóreos, isto é, sobre produtos industrializados e mercadorias vendidas; e *plurifásicos*, porque incidem sobre as várias fases do ciclo de venda da mercadoria do produtor ou industrial até o consumidor final.

O que se quer dizer com as considerações anteriores é que a noção de crédito físico é uma mera *inferência* das regras aplicáveis aos impostos incidentes sobre bens e da natureza dos referidos impostos. Por essa razão é que a jurisprudência – se bem ou mal é algo que não se

---

12. STF, voto do Min. Luiz Fux, relator, no AgR no RE 387.592, 1ª Turma, j. 20.9.2011, fls. 100 do acórdão.

discute aqui – consolidou o entendimento de que o contribuinte só tem direito a crédito do tributo incidente sobre elementos que passaram a ser incorporados ao próprio produto industrializado ou à própria mercadoria comercializada.

Sendo isso verdadeiro, constata-se que a não cumulatividade das contribuições sociais deve ser diversa da aplicável aos impostos incidentes sobre bens, tanto porque as *regras* são diferentes quanto porque a *natureza* das contribuições também é distinta.

No caso das contribuições sociais sobre a receita, a Constituição estabelece que a "a lei *definirá* os setores" para os quais as contribuições sobre a receita e a importação "serão não cumulativas" (art. 195, § 12). O dispositivo constitucional, portanto, não faz referência a operações com bens, como ocorre no caso dos impostos sobre produtos industrializados e sobre circulação de mercadorias. Ele apenas estabelece o ideal de não cumulatividade a ser obrigatoriamente perseguido, sem qualquer tipo de exceção constitucionalmente prevista.

Além disso, as referidas contribuições não incidem sobre operações relativas a "bens" (produtos industrializados e mercadorias); elas incidem sobre o auferimento de receita, sem qualquer referência direta ou indireta a bens.

Evidencia-se, com isso, que tanto a técnica do "imposto contra imposto" quanto a modalidade de "crédito físico", que são consequências normativas diretas das *regras* específicas aplicáveis e da *natureza* dos tributos, não podem ser aplicadas às contribuições sociais. De um lado, porque, no caso das contribuições sociais, a Constituição não dispôs que elas serão não cumulativas, "compensando-se o que for devido em cada operação com o montante cobrado nas anteriores", com exceções expressas para a hipóteses de isenção e não incidência, como previsto no caso do ICMS; ela, em vez disso, dispôs que "a lei *definirá* os setores" para os quais as contribuições sobre a receita e a importação "*serão* não cumulativas", sem qualquer tipo de exceção ao ideal de nao cumulatividade. Nesse caso, a linguagem constitucional não vinculou a não cumulatividade a qualquer tipo de relação com a industrialização e a comercialização de bens.

De outro lado, porque as contribuições sociais, ao contrário dos impostos sobre produtos industrializados e sobre a circulação de mercadorias, são tributos diretos, unipessoais e monofásicos: *diretos*, porque o seu ônus econômico é suportado diretamente pelo contribuinte, sem qualquer técnica jurídica de destaque do ônus e de transferência ao consumidor final; *pessoais*, porque incidem sobre um valor auferido pelo próprio contribuinte em decorrência da sua individualidade; e *monofásicos*, porque incidem de maneira individual e unipessoal sobre cada fase do ciclo econômico.

Sendo assim, porém, não se pode pretender aplicar a técnica do "imposto contra imposto" na modalidade de "crédito físico" para as contribuições sociais sobre a receita. E isso porque a não cumulatividade dos impostos sobre produtos industrializados e sobre a circulação de mercadorias é diferente, em *elementos essenciais*, da não cumulatividade das contribuições para o PIS e a COFINS, como comprova a comparação feita com base nos critérios seguintes.

Regra de competência – Enquanto a não cumulatividade dos impostos sobre produtos industrializados e circulação de mercadorias decorre do sentido e alcance dos arts. 153 e 155 da Constituição, a não cumulatividade das contribuições sobre a receita decorre do sentido e alcance do art. 195 e do seu § 12 da mesma Constituição. Tal distinção é decisiva, pois a interpretação de determinado dispositivo constitucional não pode produzir um sentido que possa ser atribuído a outro dispositivo constitucional que apresente diferente redação, esteja inserido em capítulo diverso e esteja sujeito a interpretação com base em critérios diferentes, como será adiante aprofundado.

Ente federado – Enquanto a não cumulatividade dos impostos sobre produtos industrializados e circulação de mercadorias diz respeito a competências diversas, da União e dos Estados, relativamente a tributos plurifásicos, a não cumulatividade das contribuições sobre a receita diz respeito a uma competência única da União relativamente a um tributo de incidência unipessoal. Tal distinção também é crucial, porque, como se terá ocasião de detalhar, um dos critérios eleitos pela Constituição para financiar a seguridade social é o critério da *equidade*, conforme previsto no inciso V do art. 194. A equidade tem o significado, consolidado tanto no Direito quanto na Filosofia, de tratamento individualizado. A desconsideração dos custos, despesas e encargos de cada contribuinte, individualmente considerado, colide com a exigência de tratamento individualizado prescrito pela Constituição.

Tributo – Os impostos sobre produtos industrializados e circulação de mercadorias e as contribuições sobre a receita são tributos distintos em numerosos aspectos, dentre os quais os seguintes:

(a) *Espécie de tributária* – enquanto o IPI e o ICMS são impostos cuja natureza distintiva é atribuída pelo seu *fato gerador* e não pela sua finalidade ou pelo destino da sua arrecadação, as contribuições para o PIS e COFINS são contribuições cuja natureza diferenciadora é atribuída precisamente pela sua *finalidade* e pelo *destino da sua arrecadação*.

(b) *Ônus tributário* – enquanto o IPI e o ICMS são tributos *indiretos*, na medida em que o ônus econômico é repassado ao consumidor, por critérios jurídicos estabelecidos pelo art. 166 do CTN (destaque na nota e transferência do encargo), as contribuições para o PIS e COFINS são tributos *diretos*, por não permitirem a transferência direta e separada do seu ônus econômico a terceiros.

(c) *Objeto tributado* – enquanto o IPI e o ICMS são tributos *reais*, no sentido específico de tributos que incidem sobre operações envolvendo objetos, porque incidem sobre a venda de bens (produto industrializado ou mercadoria), as contribuições para o PIS e COFINS são tributos *pessoais*, na acepção de tributos que incidem sobre grandezas auferidas por alguém, porque incidem sobre um elemento individual e unipessoal (receita).

(d) *Ciclo econômico envolvido* – enquanto o IPI e o ICMS são tributos *plurifásicos*, na medida em que incidem sobre as várias fases do ciclo de venda da mercadoria do industrial ou do produtor até o consumidor final, as contribuições para o PIS e COFINS são tributos *monofásicos*, na medida em que incidem individualmente e de modo unipessoal uma única vez.

(e) *Base de cálculo prevista* – enquanto o IPI e o ICMS têm como base de cálculo *o valor da operação de industrialização do produto e de circulação de mercadoria*, as contribuições para o PIS e COFINS têm como base de cálculo a *receita da empresa*.

(f) *Exceções previstas* – enquanto no caso do ICMS a Constituição previu exceções expressas para as hipóteses de isenção e não incidência, no caso das contribuições para o PIS e COFINS a Constituição não previu qualquer tipo de exceção ao ideal de não cumulatividade.

(g) *Princípios aplicáveis* – enquanto o IPI e o ICMS se submetem aos princípios da *essencialidade da mercadoria* (art. 153, § 3º, I, e art. 155, § 2º, III) e da *não cumulatividade* (art. 153, § 3º, II, e art. 155, § 2º, I), entendida esta como envolvendo apenas créditos físicos, porque vinculados às operações de venda de bens do produtor ou industrial até o consumidor final, as contribuições para o PIS e COFINS se submetem aos princípios da *equidade do custeio* (art. 194, V) e da *não cumulatividade específica* (art. 195, § 12), entendida esta de modo vinculado à geração da receita, e não à venda de bens, como será logo demonstrado.

O que resulta evidente relativamente à comparação entre os regimes jurídico-positivos da não cumulatividade dos impostos sobre produtos industrializados e circulação de mercadorias e da não cumulatividade das contribuições sobre a receita é que eles apresentam estruturas normativas totalmente diferentes em elementos absolutamente essenciais.

Sendo isso verdadeiro, a noção de "crédito físico", inerente aos impostos indiretos, reais e plurifásicos, simplesmente não pode ser *transposta* às contribuições sociais, caracterizadas como tributos diretos, pessoais e monofásicos. Nesse sentido, a não cumulatividade das contribuições não pode, por exemplo, depender de o ônus tributário suportado na fase anterior referir-se diretamente ao bem tributado na fase posterior, como ocorre com o IPI e o ICMS, pela singela razão de que as contribuições sociais não incidem sobre "bens", mas sobre "receitas" – o que é algo totalmente diferente, como será adiante examinado. Esse entendimento diverso para a não cumulatividade das contribuições sociais já foi enunciado pelo Des. Leandro Paulsen em voto proferido no Tribunal Regional Federal da 4ª Região, do seguinte modo:

> A coerência de um sistema de não cumulatividade de tributo direto sobre a receita exige que se considere o universo de receitas e o universo de despesas necessárias para obtê-las, considerados à luz da finalidade de evitar sobreposição das contribuições e, portanto, de eventuais ônus que a tal título já tenham sido suportados pelas empresas com quem se contratou.
>
> O crédito, em matéria de PIS e COFINS, não é um crédito meramente físico, que pressuponha, como no IPI, a integração do insumo ao produto final ou seu uso ou exaurimento no processo produtivo. A perspectiva é mais ampla, e disso depende a razoabilidade do sistema instituído e, após a Emenda Constitucional 42/2003, o próprio respeito ao critério constitucional.[13]

Por consequência, as decisões judiciais proferidas pelo Egrégio Supremo Tribunal Federal referentes a determinados tributos (IPI e ICMS) instituídos com base em regras específicas de competência (arts. 153 e 155) e por determinados entes federados (Estados e União), com determinadas caraterísticas (impostos, indiretos, reais, plurifásicos, incidente sobre o valor das operações de industrialização de produtos e venda de mercadorias, e submetidos aos princípios da essencialidade e da não cumulatividade vinculada à venda de bens, com exceções previstas pela Constituição), não podem servir de precedentes para que o mesmo Tribunal decida se outros tributos (PIS/COFINS), baseados em outra regras de competência (arts. 195 e 240), instituídos por outro ente federado (União)

---

13. TRF-4ª Região, 1ª Turma, ACi 0000007-25.2010.404.7200, rel. Leandro Paulsen, *DOE* 4.7.2012.

e com outras caraterísticas (contribuições, diretas, pessoais, monofásicas, incidentes sobre a receita das empresas e submetidas aos princípios da equidade e da não cumulatividade vinculada à geração de receita, sem exceções previstas pela Constituição).

Em face dessas considerações, igualmente não se pode tratar as decisões antigas proferidas pelo Supremo Tribunal Federal para os impostos incidentes sobre bens, apenas porque trataram de algo com nomenclatura semelhante ("não cumulatividade"), como *precedentes* para decidir os contornos jurídicos de um princípio para uma relação jurídica completamente diferente. Fazê-lo seria proceder a uma falsa analogia, na medida em que implicaria desprezar diferenças essenciais entre os casos que foram decididos e o que está por ser decidido. Isso levaria a tratar meras decisões, aplicáveis a casos específicos, como se fossem precedentes para casos diversos, fora do contexto em que foram proferidas.[14]

O que resta das considerações precedentes é a conclusão preliminar de que a sistemática da não cumulatividade das contribuições incidentes sobre a receita e o consequente conceito de insumo no seu âmbito *não se identificam nem se equiparam* à sistemática da não cumulatividade dos impostos incidentes sobre bens e o decorrente conceito de insumo no seu âmbito.

A não cumulatividade para as contribuições sobre a receita é ampla, como se demonstrou até aqui. Ela está relacionada à geração de receita, e não à comercialização de um "bem" ou à fabricação de um "produto". Sendo assim, porém, a própria vinculação da não cumulatividade ao conceito de "insumo" – conceito, esse, relacionado à atividade de produção de bens – já parte de um pressuposto equivocado, a saber: o de que a não cumulatividade estaria unicamente vinculada à produção de bens, quando ela está, na verdade, vinculada à geração de receitas.

Nesse sentido, e como será aprofundado adiante, o fato de as leis reguladoras da não cumulatividade se referirem ao conceito de *insumo* já revela um preconceito e uma restrição dos "custos e despesas" que darão direito a crédito, na medida em que se cria uma vinculação da não cumulatividade apenas às atividades de produção, quando ela deve estar vinculada à geração de receitas. Sendo assim, a única forma de manter a constitucionalidade do conceito legal de *insumo* é por meio da atribuição de um sentido amplo a esse conceito, mediante a reconstrução

---

14. Cross, Ruppert, e Harris, J. W., *Precedent in English Law* (1961), 4ª ed., Oxford, Oxford University Press, 1991, p. 43: "judgments must be read in the light of the facts of the cases in which they are delivered".

da sistemática própria da não cumulatividade das contribuições sociais sobre a receita.

3.2 O conceito de insumo adequado às contribuições

Foi visto que a noção de "crédito físico" decorreu da natureza dos impostos sobre produtos industrializados e sobre a circulação de mercadorias: como eles incidem sobre a venda de bens e têm como base de cálculo o seu preço, qualquer acúmulo da carga tributária decorrente de incidências diretamente relacionadas à sua produção e à sua comercialização deve ser afastado por meio da sistemática da não cumulatividade.

Isso significa que a não cumulatividade é uma consequência normativa do fato gerador, da base de cálculo e dos princípios orientadores dos mencionados tributos: como os impostos sobre produtos industrializados e sobre a circulação de mercadorias têm fatos geradores vinculados a bens (industrialização e comercialização de bens), bases de cálculo relativas a bens (preço do produto ou da mercadoria) e se submetem a princípios referentes a esses bens (essencialidade do produto e da mercadoria), a sua não cumulatividade é *fisicamente orientada* (crédito físico).

As contribuições sobre a receita, no entanto, possuem diversos fatos geradores, bases de cálculo e princípios orientadores: como elas têm fatos geradores vinculados a valores recebidos (exercício de atividade empresarial), bases de cálculo referentes às atividades empresariais (faturamento ou receita da empresa) e se submetem a princípios vinculados aos contribuintes (equidade no custeio da seguridade social), então, para seguir na mesma lógica, a sua não cumulatividade deve ser *financeiramente orientada* (crédito em sentido amplo).

Sendo assim, todos os custos, despesas e encargos direta ou indiretamente relacionados à *formação das receitas* auferidas em razão das atividades empresariais devem ser abrangidos na definição do conceito de insumo para fins da não cumulatividade das contribuições ao PIS e à COFINS. Entendimento diverso, no sentido de que somente elementos físicos, como matérias-primas e material de embalagem, podem ser abrangidos no conceito de insumo para efeito da não cumulatividade das contribuições sobre a receita, contraria os fatos geradores, as bases de cálculo e os princípios aplicáveis; e, portanto, a sistemática não cumulativa imposta pela Constituição.

Em primeiro lugar, viola os *fatos geradores* das contribuições sociais porque estes (exercício de atividade empresarial) estão vinculados ao produto da atividade empresarial concernente à venda de bens e à prestação de serviços, não sendo vinculados nem à industrialização de produtos, nem à comercialização de mercadorias.

Em segundo lugar, infringe as *bases de cálculo* das contribuições porque estas (faturamento ou a receita da empresa) estão vinculadas às atividades empresariais, não sendo vinculadas nem à industrialização de produtos, nem à comercialização de mercadorias.

E, em terceiro lugar, contrapõe-se ao *princípio* aplicável às contribuições porque este (equidade no custeio da seguridade social) está vinculado à individualidade das atividades desempenhadas pelos próprios contribuintes, não sendo relacionado nem aos bens produzidos ou comercializados (essencialidade do produto ou da mercadoria), nem presumindo a capacidade contributiva de um terceiro a quem o ônus econômico é juridicamente repassado (consumidor final).

Assim, o conceito de insumo, para dar cumprimento à não cumulatividade das contribuições, há de ser interpretado da maneira *mais ampla possível*, seja porque a natureza das contribuições assim o exige, seja porque a Constituição, ao contrário do que prescreveu com relação ao ICMS, não previu qualquer tipo de limitação ao direito de crédito dos contribuintes. Sendo assim, o conceito de insumo não pode ter qualquer tipo de limitação decorrente da sua vinculação a bens produzidos ou a etapas necessárias à sua produção ou fabricação. O conceito de insumo implicitamente previsto pela Constituição não tem a ver com a produção ou fabricação de bens, mas com a geração de receitas – algo totalmente diferente.

Sendo assim, porém, são inconstitucionais as disposições das Leis ns. 10.637/2002, 10.833/2003 e 10.865/2004 e das Instruções Normativas RFB-247/2002 e 404/2004 a respeito da definição do conceito de insumo para fins de não cumulatividade das contribuições ao PIS e à COFINS, por restringirem as hipóteses de reconhecimento aos créditos físicos na apuração dos valores a serem recolhidos ao Fisco.

A Lei n. 10.637/2002, tanto originalmente quanto com as modificações previstas pela Lei n. 10.865/2004, permitiu descontar da base de cálculo da contribuição ao PIS, entre outros, somente créditos calculados em relação a *bens* adquiridos para revenda (art. 3º, I), *bens e serviços* utilizados como insumo na prestação de serviços e na produção ou fabricação de *bens* ou *produtos* destinados a venda (art. 3º, II), máquinas, equipamentos e outros bens incorporados ao ativo imobilizado, adquiridos ou fabricados para locação a terceiros ou para utilização na produção de *bens* destinados a venda ou na prestação de serviços (art. 3º, VI), bens recebidos em devolução (art. 3º, VIII).

A Lei n. 10.833/2003, tanto originalmente quanto com as modificações previstas pela Lei n. 10.865/2004, seguiu a mesma lógica da legislação aplicável ao PIS e permitiu descontar da base de cálculo da contribuição para a COFINS, entre outros, somente créditos calculados em relação a *bens* adquiridos para revenda (art. 3º, I), bens e serviços utilizados como insumo na prestação de serviços e na produção ou fabricação de bens ou produtos destinados a venda (art. 3º, II), bens recebidos em devolução (art. 3º, VIII).

E as Instruções Normativas RFB-247/2002 e 404/2004, ao regulamentarem as leis antes mencionadas, especificaram ainda mais o conceito restrito de insumo, ao permitir a dedução de créditos vinculados a bens para revenda, bens e serviços utilizados como insumos na fabricação de produtos destinados a venda, ou na prestação de serviços.

Em outras palavras: as Leis ns. 10.637/2002, 10.833/2003 e 10.865/2004 e as Instruções Normativas RFB-247/2002 e 404/2004 utilizaram um *conceito restrito* de insumo tendo em vista uma não cumulatividade *fisicamente orientada*, própria dos impostos sobre produtos industrializados e circulação de mercadorias, e não um *conceito amplo* de insumo tendo em vista uma não cumulatividade *financeiramente orientada*, própria das contribuições sociais sobre a receita. Ao assim proceder, no entanto, esses diplomas normativos violaram a Constituição.

Sustentar que o conceito de insumo para efeito da não cumulatividade das contribuições sociais deve ser entendido de forma restrita, além de violar a Constituição, como já demonstrado, revela uma conduta totalmente contraditória da União. De fato, não pode ela defender, de um lado, um conceito amplo de fato gerador – cuja correção é aqui desconsiderada –, como sendo toda e qualquer entrada decorrente da atividade empresarial, independentemente da sua natureza e destinação, e, de outro, defender uma base de cálculo restrita e um consequente conceito de insumo ainda mais restrito, porquanto limitado apenas à produção e fabricação de bens na última etapa.

Ora, é sabido e consabido que a base de cálculo de um tributo deve refletir o seu fato gerador. Desse modo, não se pode sustentar que o fato gerador de um tributo seja amplo e ao mesmo tempo defender que a sua base de cálculo seja restrita. Tal compreensão, ademais de violar a sistemática não cumulativa constitucionalmente estabelecida para as contribuições, ainda revela conduta manifestamente contraditória do Poder Público, que ofende tanto o princípio da moralidade, que veda condutas desleais e contraditórias, quanto o princípio da segurança jurídica, que proíbe manifestações estatais incompreensíveis, instáveis e imprevisíveis.

Em face das considerações precedentes, pode-se concluir no sentido de que a sistemática de não cumulatividade das contribuições sociais não se identifica nem se equipara à sistemática e ao conceito de insumo empregado para fins de não cumulatividade de IPI e de ICMS. Em razão disso, a definição do conceito de insumo para fins da não cumulatividade das contribuições ao PIS e à COFINS se aplica a todos os custos, despesas e encargos direta ou indiretamente relacionados à formação de receitas auferidas em razão das atividades empresariais, sendo inconstitucional limitar a sua abrangência apenas a elementos físicos relacionados à produção e à fabricação de bens. Sendo assim, porém, são inválidas as disposições das Leis ns. 10.637/2002, 10.833/2003 e 10.865/2004 e das Instruções Normativas RFB-247/2002 e 404/2004, por adotarem um conceito restrito de insumo vinculado a uma não cumulatividade fisicamente orientada, adequada aos impostos sobre produtos industrializados e sobre a circulação de mercadorias, mas não às contribuições sociais.

Não se alegue, por último, que o conceito amplo de "insumo", decorrente do princípio da não cumulatividade, não poderia ser aceito, porque transformaria as contribuições sobre a receita em tributos sobre o resultado líquido, como são o imposto sobre a renda e a contribuição sobre o lucro. Ora, como defendido ao longo deste trabalho, o legislador ordinário tem liberdade para definir os setores para os quais as contribuições sobre a receita e a importação serão não cumulativas e a técnica a ser empregada para sua efetivação. Ocorre que, tendo ele definido os setores abrangidos e estabelecido um sistema que afaste a cumulação da carga tributária, a consequência da sua decisão é forçosamente no sentido de que todos os custos, despesas e encargos direta ou indiretamente relacionados à formação das receitas auferidas em razão das atividades empresariais devem ser abrangidos na definição do conceito de insumo. Sendo assim, é juridicamente irrelevante para a análise da constitucionalidade das contribuições sociais sobre a receita se a decisão do legislador fará com que elas tenham, para alguns setores, um regime contábil similar ao dos tributos sobre o resultado líquido.

4. A COERÊNCIA NA APLICAÇÃO DA NÃO CUMULATIVIDADE

Mesmo que os fundamentos anteriores não fossem verdadeiros e o princípio da não cumulatividade das contribuições sociais não fosse uma imposição constitucional – o que se admite apenas para argumentar –, ainda assim ela teria de ser coerentemente concretizada pelo legislador. Isso se deve ao fato de que, independentemente de a sistemática da não cumulatividade ser ou não uma imposição constitucional, ela terminou sendo instituída pelas Leis ns. 10.637/2002, 10.833/2003 e 10.865/2004. Desse forma, tendo o legislador adotado a não cumulatividade como princípio diretor do regime jurídico das contribuições sociais sobre a receita, não pode concretizá-la pela metade, de forma incoerente e arbitrária, sob pena de violar o princípio constitucional da igualdade. Em palavras bastante singelas, e com a permissão para usar uma metáfora: ainda que o legislador seja livre para rezar, tendo ele se ajoelhado, ele está obrigado a rezar.

Foi precisamente isso o que ocorreu. Veja-se que a Lei n. 10.637/2002 foi instituída com a seguinte ementa: "Dispõe sobre a não cumulatividade na cobrança da contribuição para os Programas de Integração Social (PIS) e de Formação do Patrimônio do Servidor Público (PASEP)". E todos os seus artigos foram configurados de modo a concretizar a sistemática da não cumulatividade para as contribuições sociais. Note-se que o mesmo ocorreu com as Leis ns. 10.833/2003 e 10.865/2004, cujos dispositivos foram estabelecidos para consolidar a sistemática da não cumulatividade das contribuições. Isso tudo sem mencionar o fato de que esses diplomas promoveram um aumento significativo das alíquotas sob a justificativa de que implementariam uma sistemática não cumulativa.

Sendo assim, pouco importa se a não cumulatividade é, ou não, uma imposição constitucional direta. Tendo ela sido estabelecida pelo legislador como princípio diretor do regime jurídico das contribuições, deve, a partir de então, ser concretizada de forma coerente e isenta de contradições, sob pena de o legislador violar o princípio constitucional da igualdade.

O princípio da igualdade pressupõe a relação entre dois sujeitos com base em um critério que serve de instrumento para a concretização de um fim.[15] Haverá tratamento desigual se os sujeitos forem diferenciados com base em um critério que não mantenha relação de razoabilidade com o fim que justifica a sua utilização. Ora, tendo o legislador eleito o fim a ser promovido – evitar a cumulação da carga tributária na sistemática de apuração das contribuições sociais sobre a receita –, o critério de diferenciação entre os contribuintes passou a ser, por consequência, a capacidade

---

15. Ávila, Humberto, *Teoria da Igualdade Tributária*, 3ª ed., São Paulo, Malheiros Editores, 2015, p. 198.

de gerar qualquer acúmulo da carga tributária durante o ciclo econômico. Sendo assim, porém, todo dispositivo legal ou infralegal que provocar o acúmulo da carga tributária não manterá relação de razoabilidade com a finalidade estruturadora da sistemática da não cumulatividade, e, por isso, implicará tratamento desigual injustificado.

Além de exigir uma relação de razoabilidade entre critério e finalidade, o princípio da igualdade obriga o Estado a agir de forma coerente e consequente.[16] Isso porque, quando analisado em sua perspectiva temporal, o princípio da igualdade gera o denominado *dever de coerência*.[17]

Isso significa que o legislador, tendo decidido estabelecer uma sistemática não cumulativa para as contribuições, deve desenvolvê-la de modo coerente e livre de contradições. Mais: ele não poderá afastar-se do fundamento de tal decisão, a não ser que ele próprio possa suficientemente justificar e fundamentar esta mudança de posição. Não sendo assim, haverá violação ao princípio da igualdade, que proíbe distinções irrazoáveis e injustificáveis.

Assim, mesmo que inicialmente o legislador tivesse liberdade para adotar uma sistemática de não cumulatividade para as contribuições, uma vez tendo exercido esta liberdade por meio da escolha de determinado critério de tributação, este deverá servir de base de comparação entre os contribuintes para a configuração de todo o regime legal tributário. Isso porque o dever decorrente da igualdade impõe a consequente implementação dos critérios previamente estabelecidos pelo próprio legislador.[18]

Isso significa dizer que, tendo tomado a decisão de majorar alíquotas em função da nova sistemática não cumulativa, deve o legislador desenvolvê-la e implementá-la às inteiras, de modo consequente e livre de contradições. Mesmo que a Constituição não a determine expressamente, ao ter decidido pela não cumulatividade, o legislador estará violando o mandamento fundamental da igualdade. O legislador, entretanto, não implementou o regime não cumulativo de forma consequente e livre de contradições. Com efeito, após ter decidido pela não cumulatividade, o

---

16. Osterloh, Lerke, "Folgerichtigkeit. Verfassungsrechtliche Rationalitätsanforderungen in der Demokratie", in Bäuerle, Michael (org.), *Demokratie-Perspektiven*, Tübingen, Mohr Siebeck, 2013, p. 433.

17. Ávila, Humberto, *Teoria da Segurança Jurídica*, 3ª ed., São Paulo, Malheiros Editores, 2014, pp. 628 e ss.

18. Ávila, Humberto, "O 'postulado do legislador coerente' e a não cumulatividade das contribuições", in Rocha, Valdir de Oliveira, *Grandes Questões Atuais do Direito Tributário*, 11º vol., São Paulo, Dialética, 2007, p. 177.

legislador não se manteve fiel aos próprios fundamentos que justificaram a sua instituição.

Em primeiro lugar, porque não honrou o critério de distinção eleito. A atual sistemática não cumulativa das contribuições deixa de implementar de forma consistente este regime, uma vez que é desvinculada da capacidade compensatória de créditos anteriores. Em segundo lugar, porque não concretiza a finalidade que o justifica. O atual regime não cumulativo não consegue afastar os efeitos econômicos perversos do acúmulo da carga tributária durante o ciclo econômico.

A conclusão, portanto, é no sentido de que o legislador violou o princípio da igualdade ao não desenvolver e implementar de forma coerente e consequente o regime não cumulativo das contribuições para o PIS e a COFINS, com exceções injustificáveis ao direito de crédito de tudo quanto impacta a geração de receitas.

Conclusões

As considerações precedentes permitem chegar a algumas conclusões, ora sumarizadas. Em primeiro lugar, existe um "conceito constitucional" de não cumulatividade com relação às contribuições ao PIS e à COFINS. Por isso, a sistemática não cumulativa dessas contribuições, na forma em que prevista na Constituição, não pode ser qualificada como um favor ou benefício fiscal; em vez disso, esta sistemática configura uma verdadeira imposição constitucional, que deve, obrigatoriamente, ser concretizada de maneira coerente e isenta de contradições pelo legislador.

Em segundo lugar, a sistemática da não cumulatividade das contribuições incidentes sobre a receita e o consequente conceito de insumo no seu âmbito *não se identificam, nem se equiparam* à sistemática da não cumulatividade dos impostos incidentes sobre bens e o decorrente conceito de insumo no seu âmbito. Isso porque a não cumulatividade é uma consequência normativa do fato gerador, da base de cálculo e dos princípios orientadores dos tributos. E, como os impostos sobre produtos industrializados e sobre a circulação de mercadorias têm fatos geradores vinculados a bens (industrialização e comercialização de bens), bases de cálculo relativas a bens (preço do produto ou da mercadoria) e se submetem a princípios referentes a esses bens (essencialidade do produto e da mercadoria), a sua não cumulatividade é *fisicamente orientada* (crédito físico). As contribuições sobre a receita, no entanto, possuem diversos fatos geradores, bases de cálculo e princípios orientadores. Como elas têm fatos geradores vinculados a valores recebidos (exercício de atividade empresarial), bases de cálculo referentes às atividades empresariais (faturamento ou a receita da empresa) e se submetem a princípios vinculados aos contribuintes (equidade no custeio da seguridade social), então, para seguir na mesma lógica, a sua não cumulatividade deve ser *financeiramente orientada* (crédito em sentido amplo).

Em terceiro lugar, e como decorrência da conclusão anterior, todos os custos, despesas e encargos direta ou indiretamente relacionados à *formação das receitas* auferidas em razão das atividades empresariais devem ser abrangidos na definição do conceito de insumo para fins da não cumulatividade das contribuições ao PIS e à COFINS. Isso porque o conceito de insumo, para dar cumprimento à não cumulatividade das contribuições, há de ser *o mais amplo possível*, seja porque a natureza das contribuições assim o exige, seja porque a Constituição, ao contrário do que prescreveu com relação ao ICMS, não previu qualquer tipo de limitação ao direito de crédito dos contribuintes. Assim, o conceito de insumo não pode ter qualquer tipo de limitação decorrente da sua vinculação a bens produzidos ou a etapas necessárias à sua produção ou fabricação.

Em quarto lugar, as Leis ns. 10.637/2002, 10.833/2003 e 10.865/ 2004 e as Instruções Normativas RFB-247/2002 e 404/2004 utilizaram um *conceito restrito* de insumo tendo em vista uma não cumulatividade *fisicamente orientada*, própria dos impostos sobre produtos industrializados e circulação de mercadorias, e não um *conceito amplo* de insumo, tendo em vista uma não cumulatividade *financeiramente orientada*, própria das contribuições sociais sobre a receita. Por conseguinte, tais disposições são inconstitucionais, por restringirem as hipóteses de reconhecimento aos créditos físicos na apuração dos valores a serem recolhidos ao Fisco.

E, em quinto lugar, mesmo que a não cumulatividade não fosse uma imposição constitucional, ainda assim ela deveria ser garantida plenamente pelo legislador, na medida em que ele próprio elegeu a não cumulatividade como princípio diretor da estruturação do regime jurídico das contribuições sobre a receita, não podendo, sob pena de violar o princípio da igualdade e o correlato dever de coerência, afastar-se, mediante distinções irrazoáveis, do princípio que ele próprio instituiu. Em face de todas essas considerações, o disposto nas Leis ns. 10.637/2002, 10.833/2003 e 10.865/2004 e nas Instruções Normativas RFB-247/2002 e 404/2004 é incompatível com o disposto no art. 195, § 12, e no art. 5º da Constituição.

Bibliografia

ÁVILA, Humberto. "O 'postulado do legislador coerente' e a não cumulatividade das contribuições". In: ROCHA, Valdir de Oliveira (org.). *Grandes Questões Atuais do Direito Tributário*. 11º vol. São Paulo, Dialética, 2007 (pp. 175-183).

_____. *Teoria da Igualdade Tributária*. 3ª ed. São Paulo, Malheiros Editores, 2015.

_____. *Teoria da Segurança Jurídica*. 3ª ed. São Paulo, Malheiros Editores, 2014.

_____. *Teoria dos Princípios*. 16ª ed. São Paulo, Malheiros Editores, 2015.

BARROSO, Luís Roberto. *Curso de Direito Constitucional Contemporâneo*. 4ª ed. São Paulo, Saraiva, 2013.

CHAUVET, Clèment. "Arbitraire et discrétionnaire em droit administratif." In: GUGLIELMI, Gilles (org.). *La Faveur et le Droit*. Paris, PUF, 2009.

CHEVALLIER, Jacques. "Posface". In: GUGLIELMI, Gilles (org.). *La Faveur et le Droit*. Paris, PUF, 2009.

CROSS, Ruppert, e HARRIS, J. W. *Precedent in English Law* (1961). 4ª ed. Oxford, Oxford University Press, 1991.

GUASTINI, Riccardo. *Interpretare e Argomentare*. Milano, Giuffrè, 2011.

_____. *La Sintassi del Diritto*. Torino, Giappichelli, 2011.

_____. *Teoria e Dogmatica delle Fonti*. Milano, Giuffrè, 1998.

OSTERLOH, Lerke. "Folgerichtigkeit. Verfassungsrechtliche Rationalitätsanforderungen in der Demokratie". In: BÄUERLE, Michael (org.). *Demokratie-Perspektiven*. Tübingen, Mohr Siebeck. 2013.

SOMMERMANN, Karl-Peter. *Staatsziele und Staatszielbestimmungen*. Tübingen, Mohr Siebeck, 1997.

WEINBERGER, Christiane, e WEINBERGER, Ota. *Logik, Semantik, Hermeneutik*. München, C. H. Beck, 1979.

A TRIBUTAÇÃO DAS RECEITAS DECORRENTES DE ALUGUÉIS PELAS CONTRIBUIÇÕES SOCIAIS INCIDENTES SOBRE O FATURAMENTO

PARECER

1. A consulta. 2. O parecer: 2.1 O conceito de faturamento – 2.2 A consolidação do conceito pelo Supremo Tribunal Federal – 2.3 A indevida ampliação do conceito de faturamento – 2.4 A indevida inclusão das receitas de aluguéis na base de cálculo do PIS e da COFINS – 2.5 A indevida utilização da igualdade e da solidariedade para extensão do poder tributário – 2.6 O caso concreto: o RE 599.658. 3. Conclusões.

1. A CONSULTA

A Consulente é entidade de classe legalmente constituída para representação de sociedades cujo objeto social envolve a locação de espaços disponíveis a terceiros e, como contrapartida, o recebimento de aluguéis. A discussão travada sobre este tema diz respeito à inclusão das receitas recebidas como aluguéis na base de cálculo das contribuições para o PIS e a COFINS. A controvérsia cinge-se a saber se as receitas decorrentes de locação podem, ou não, ser incluídas na base de cálculo destas contribuições, definida pela Constituição em seu art. 195, I, "b", como o "faturamento", antes da Emenda Constitucional 20/1998. Vale ressaltar que as leis de incidência de ambas as contribuições são anteriores à alteração do texto constitucional, e, por isso, a discussão se restringe única e exclusivamente ao conceito de "faturamento" (Leis ns. 9.715/1998 e 9.718/1998).

Tendo em vista a sua representatividade, a Consulente foi aceita como *amicus curiae* no RE 599.658-SP, em que se discute a incidência das contribuições para o PIS e a COFINS sobre as receitas de aluguéis.[1]

---

1. Constitucional e tributário – Programa de Integração Social/PIS – Contribuição para o Financiamento da Seguridade Social/COFINS – Incidência sobre a

O recurso extraordinário foi interposto contra acórdão proferido pelo Tribunal Regional Federal da 3ª Região em que se decidiu que os valores recebidos a título de aluguel não devem ser incluídos na base de cálculo das contribuições para o PIS e a COFINS desde que esta atividade não faça parte do objeto social da empresa.

Diante deste quadro, honra-me a Consulente com pedido de parecer para saber, primeiro, se existe jurisprudência consolidada no âmbito do Supremo Tribunal Federal sobre o conceito de "faturamento" e, segundo, se as receitas decorrentes de aluguéis devem, ou não, ser incluídas na base de cálculo das contribuições para o PIS e a COFINS.

É o que se passa objetivamente a responder.

2. O PARECER

2.1 O conceito de faturamento

As normas constitucionais atributivas de competência, quando indicam os aspectos materiais das hipóteses de incidência, estabelecem conceitos. E isso pode ser feito de duas formas distintas.[2]

Por um lado, a previsão desses conceitos pode ser feita de modo direto. É o que ocorre quando o texto constitucional já enuncia expressamente as propriedades conotadas pelo conceito que utiliza. Por outro lado, a previsão desses conceitos pode ser feita de modo indireto. É o que acontece quando a Constituição emprega expressões cujas propriedades já eram conotadas em conceitos previstos na legislação infraconstitucional anterior à época da sua promulgação. Nessa segunda hipótese a Constituição opta por incorporar o referido conceito infraconstitucional ao ordenamento constitucional.

A incorporação de conceitos já existentes no plano infraconstitucional confere estabilidade ao ordenamento jurídico, de modo que, como aduz Hart, "um termo geral recebe o mesmo significado não apenas em todas as aplicações de uma determinada regra, mas sempre que aparecer em qualquer regra do sistema jurídico".[3] Além de estabilidade, tal incor-

---

locação de imóveis, inclusive sobre a renda auferida na locação de imóvel próprio – Repercussão geral reconhecida (STF, RE 599.658, rel. Min. Luiz Fux, j. 7.2.2013).

2. Ávila, Humberto, "Contribuição social sobre o faturamento. COFINS. Base de cálculo. Distinção entre receita e faturamento. Jurisprudência do Supremo Tribunal Federal", *Revista Dialética de Direito Tributário* 107/96, São Paulo, Dialética, 2004.

3. Hart, H. L. A., *The Concept of Law*, 3ª ed., Oxford, Oxford University Press, 2012, p. 130.

poração conduz a uma simplificação na aplicação das regras, uma vez que – novamente utilizando as palavras de Hart – "não se exige ou será necessário esforço para interpretar o conceito sob o enfoque dos diferentes temas em discussão em suas diversas ocorrências".[4]

O legislador constituinte, portanto, quando opta por não fixar as propriedades conotadas pelos conceitos que utiliza, termina por incorporar o conceito já existente no âmbito infraconstitucional. É por isso que Dieterich afirma que "a conformação da legislação infraconstitucional em face dos critérios constitucionais acaba por, ao menos em parte, determinar o próprio conteúdo da Constituição".[5] É exatamente este o caso do termo "faturamento", como se passa a demonstrar.

A Constituição estabeleceu o "faturamento" como base de cálculo das contribuições sociais (art. 195, I, "b"). O texto constitucional não fixou o conceito de faturamento, optando, portanto, por incorporar o conceito de "faturamento" já existente na legislação infraconstitucional em vigor ao tempo da elaboração e promulgação da Constituição. Ocorre que, no caso do termo "faturamento", a legislação infraconstitucional previa três conceitos distintos, a saber: (i) o conceito previsto no Código Comercial, vinculado à atividade de emitir fatura (art. 219 do CComercial); (ii) o conceito previsto na Lei das S/As, referente às receitas decorrentes do exercício de atividades típicas (art. 187 da Lei das S/As); e (iii) o conceito previsto no Decreto-lei 2.397/1987, restrito às receitas adquiridas com as vendas de mercadorias e/ou prestação de serviços (art. 22 do Decreto-lei 2.397/1987).

O conceito incorporado pela Constituição foi exatamente este último, ou seja, o conceito de faturamento previsto no Decreto-lei 2.397/1987 e vinculado tão-somente às receitas de venda de mercadorias e/ou prestação de serviços. A incorporação deste conceito, e não daqueles previstos no Código Comercial ou na Lei das S/As, decorre de três fundamentos.

O primeiro fundamento é o da *especificidade*. Dentre os instrumentos normativos citados (Código Comercial, Lei das S/As e Decreto-lei 2.397/1987), o decreto-lei é o único que trata especificamente de matéria de direito tributário. A especificidade pode se dar de duas formas distintas: de um lado, na hipótese de o conceito regular a mesma *espécie tributária*; de outro, na hipótese de o conceito regular a mesma *matéria*

---

4 Ibidem, p. 130.
5. Dieterich, Peter, *Systemgerechtigkeit und Kohärenz*, Berlin, Duncker und Humblot, 2014, p. 262.

tributária. Não havendo conceito interno à espécie tributária, deve-se passar para o conceito presente nas regras de direito tributário. Somente diante da inexistência de conceitos legais tributários é que é facultado ao intérprete constitucional buscar em outros ramos do Direito por conceitos que poderiam ter sido incorporados. A ordem, por consequência, deve ser respeitada: em primeiro lugar, conceitos da própria espécie tributária; em segundo lugar, conceitos de direito tributário; em terceiro, conceitos presentes na legislação de outros ramos. Assim deve ser por razões de previsibilidade: o destinatário das regras de direito tributário espera por conceitos específicos de direito tributário, salvo se houver expressa disposição em contrário.

No presente caso, o conceito do decreto-lei é o conceito específico do direito tributário. Mesmo que não seja específico das contribuições, ainda apresenta maior proximidade com as contribuições do que os demais conceitos de faturamento então vigentes na legislação da época. De fato, o referido decreto-lei altera "a legislação do imposto de renda das pessoas jurídicas e dá outras providências", todas no âmbito tributário. Desta forma, o intérprete constitucional, ao decidir por qual dos conceitos possíveis foi incorporado, deverá optar por aquele mais próximo ao respectivo ramo do Direito ao qual a regra constitucional pertence, sob pena de indiretamente violar o princípio da segurança jurídica, pela falta de previsibilidade que irá instaurar.

Reitera-se: o Decreto-lei 2.397/1987 é instrumento da legislação tributária, emanado especificamente para regular as relações jurídico--tributárias. O Código Comercial, no entanto, regula exclusivamente o âmbito do direito comercial, bem como a Lei das S/As vincula-se especificamente ao direito societário e, neste âmbito, dirige-se apenas a um determinado segmento: o sociedades anônimas. A conclusão é singela: o único dos conceitos infraconstitucionais de faturamento que era específico de direito tributário ao tempo da promulgação da Constituição era o conceito expresso no referido decreto-lei.

Assim, é preciso respeitar o conceito de faturamento existente no âmbito do direito tributário. Segundo Becker, "uma definição, qualquer que seja a lei que a tenha enunciado, deve valer para todo o Direito; salvo se o legislador expressamente limitou, estendeu ou alterou aquela definição ou excluiu sua aplicação num determinado setor do Direito".[6] Não há dúvidas, portanto, de que o termo "faturamento" tinha um conceito

---

6. Becker, Alfredo Augusto, *Teoria Geral do Direito Tributário*, São Paulo, Saraiva, 1963, p. 111.

próprio para o setor de direito tributário, o que acabou levando à sua incorporação pela Constituição.

O segundo fundamento é o da *atualidade*. O conceito de faturamento apresentado pelo decreto-lei não apenas é o mais específico, como é também o mais atual em relação ao texto constitucional. Com efeito, o Código Comercial foi promulgado pela Lei n. 556/1850, a Lei das S/As foi promulgada pela Lei n. 6.404/976, enquanto o Decreto-lei 2.397 foi editado em 1987.

Em face da elaboração do texto constitucional, portanto, o decreto-lei é o instrumento normativo mais atual, uma vez que fora publicado durante a própria Assembleia Constituinte de 1987-1988.[7] Por isso, do ponto de vista cronológico, o conceito de faturamento presente no Decreto-lei 2.397/1987 era o regramento infraconstitucional mais moderno à época das discussões que culminaram no texto do art. 195 da Constituição.

Deve-se atentar, com relação à atualidade dos demais conceitos, que o conceito presente no Código Comercial já se mostrava obsoleto à época da promulgação da Constituição. Com o avanço das relações empresariais e das tecnologias, o conceito elaborado pelo legislador em meados do século XIX se tornou obsoleto a partir do momento em que não se passou mais a emitir faturas, e, nesse sentido, não poderia ser considerado como conceito vigente para fins de incorporação constitucional. O conceito da Lei das S/As, por sua vez, tinha mais de 10 anos, e não prevaleceu no decreto-lei que tratava de matéria específica de direito tributário.

Isso significa dizer que o conceito mais atual existente na legislação infraconstitucional ao tempo da promulgação da Constituição era o conceito do decreto-lei. E este conceito específico e atual de direito tributário impõe uma coerência interpretativa ao intérprete, na medida em que a Constituição não fixou um novo conceito. Como afirma Meßerschmidt, "diferentemente da linguagem coloquial e da linguagem técnica, a linguagem jurídica é dependente, o tanto quanto possível, de uma utilização uniforme da linguagem, em função de seu caráter normativo".[8] Exatamente por isso, "qualquer modificação dificulta o entendimento intersubjetivo dos conceitos utilizados.[9]

O terceiro fundamento é o da *generalidade*. Isso porque o decreto-lei estabelece um conceito de faturamento para fins tributários, sendo

---

7. Art. 1º da EC 26, de 27.11.1985.

8. Meßerschmidt, Klaus, *Gesetzgebungsermessen*, Berlin/Baden-Baden, Berlin Verlag/Nomos, 2000, pp. 235-236.

9. Ibidem, p. 236.

aplicável a todos os contribuintes. De forma contrária, o conceito de faturamento previsto pela Lei das S/As é um conceito setorial, destinado tão-somente às empresas com ações negociáveis – e não a todas as empresas. Em outras palavras: o conceito de faturamento da Lei das S/As é um conceito parcial, que também sob este aspecto não poderia prevalecer para fins de incorporação pela Constituição. Tal conceito não seria aplicável a determinados contribuintes, que, mesmo sendo contribuintes do PIS e da COFINS, não se organizam sob o formato de sociedade anônima.

O fundamento da generalidade impõe a eleição daquele conceito que se aplica a todos os contribuintes das contribuições previstas no art. 195. Assim, entre (i) o conceito aplicável a todos os contribuintes do imposto de renda, como previsto no Decreto-lei 2.397/1987, (ii) o conceito aplicável apenas àqueles que realizavam atos de comércio previstos no Código Comercial e (iii) o conceito aplicável apenas às empresas organizadas sob a forma de sociedade por ações, deve-se optar por aquele mais geral. Isso porque admitir a incorporação de um conceito setorial levaria à necessidade de, pelo menos do ponto de vista argumentativo, usar a analogia para justificar a aplicação de um conceito setorial para todos os contribuintes. E analogia, sabe-se, é proibida no âmbito do direito tributário no que se refere à intepretação de dispositivos relativos às normas de incidência.

Assim, apenas uma regra aplicável a todos os contribuintes poderia ter sido incorporada por uma regra de competência constitucional que se aplica a todos os contribuintes. Houvesse tributos específicos de contribuintes organizados sob a forma de sociedade anônima, não haveria o óbice à incorporação de conceitos aplicáveis a apenas essa forma societária. Não sendo o caso, deve-se optar pelo conceito que se aplica a todos os contribuintes.

Os fundamentos anteriores demonstram por que o conceito incorporado pela Constituição com relação ao conceito de "faturamento" é aquele previsto no Decreto-lei n. 2.397/1987, e não os conceitos do Código Comercial ou da Lei das S/As. Por qualquer dos ângulos por que se analise o tema (especificidade, atualidade ou generalidade), prevalece o conceito de faturamento vinculado tão-somente às receitas decorrentes da venda de mercadorias e/ou da prestação de serviços.

Nesse contexto, Meßerschmidt refere que, "como regra, os conceitos jurídicos são previamente dados, seja porque o legislador os utilizou em um determinado contexto, seja porque a convenção concreta de seu uso foi desenvolvida na jurisprudência e na doutrina".[10] Tanto isso é verdade, que o Supremo Tribunal Federal consolidou exatamente este entendimento ao longo das últimas duas décadas. É o que se passa a demonstrar a partir da consolidação do conceito de faturamento na jurisprudência da egrégia Corte.

2.2 A consolidação do conceito pelo Supremo Tribunal Federal

O conceito de faturamento há muito é objeto de discussão e debate na jurisprudência do Supremo Tribunal Federal. Nos últimos 20 anos o Tribunal determinou e consolidou o entendimento segundo o qual o conceito de faturamento corresponde ao resultado da *venda de mercadorias, da prestação de serviços e da venda de mercadorias e prestação de serviços*, ou seja, o conceito incorporado pela Constituição do Decreto-lei 2.397/1987. A consolidação do termo na jurisprudência da Corte passa pela análise de cinco julgamentos paradigmáticos.

Em primeiro lugar, o termo "faturamento" foi objeto de definição em 1992, no julgamento do RE 150.755, no qual se discutia a constitucionalidade da cobrança da Contribuição para o Fundo de Investimento Social-FINSOCIAL sobre o faturamento das empresas prestadoras de serviços.[11] Naquela ocasião o Tribunal debateu sobre o conteúdo e o alcance do conceito de faturamento e sua conformação ao disposto no art. 195, I, da Constituição.

Nesta decisão, pela primeira vez o Tribunal decidiu se a expressão "receita bruta", empregada pelo legislador, tinha um conceito assimilável ao de "faturamento", na medida em que a Constituição só permitia a incidência de contribuições sobre o "faturamento". A decisão do Tribunal foi no sentido de que o legislador, embora tivesse empregado a expressão "receita bruta", tinha lhe atribuído o conceito de "faturamento" e, por isso, tinha atuado no âmbito permitido pela Constituição. O voto do então Ministro Ilmar Galvão bem ilustra a decisão:

(...) o Decreto-lei n. 2.397/1987, que alterou o Decreto-lei n. 1.940/1982, em seu art. 22, já havia conceituado a receita bruta do art. 1º, § 1º, do mencionado diploma legal como a "receita bruta das vendas de mercadorias e de mercadorias e serviços", *conceito, esse, que coincide*

---

10. Meßerschmidt, Klaus, *Gesetzgebungsermessen*, Berlin/Baden-Baden, Berlin Verlag/Nomos, 2000, p. 235.
11. STF, Tribunal Pleno, RE 150.755, rel. Min. Carlos Velloso, rel. para o acórdão Min. Sepúlveda Pertence, j. 18.11.1992.

com o de faturamento, que, para efeitos fiscais, foi sempre entendido como o produto de todas as vendas, e não apenas das vendas acompanhadas de faturas (...).[12] [*Grifos meus*]

Nesse caso, portanto, o Tribunal decidiu que a base de cálculo prevista na lei como "a receita bruta das vendas de mercadorias e de mercadorias e serviços", apesar de erroneamente denominada de "receita bruta", na verdade conotava o conceito de "faturamento", que era a base de cálculo então prevista pela Constituição. Vale dizer: o legislador ordinário havia usado o rótulo "receita bruta" mas atribuído a ele o conceito de "faturamento" como produto da venda de mercadorias e da prestação de serviços. Não por outro motivo que o Tribunal, ao cotejar o conceito legal com o conceito constitucional, mencionou que somente aquela interpretação de "receita bruta" poderia *conformar-se* ou *equivaler* à noção corrente de faturamento.[13]

Em segundo lugar, a definição do termo "faturamento" foi retomada no julgamento do RE 150.764, que igualmente discutia a contribuição para o FINSOCIAL. Nesse caso também se tratou da aproximação do termo "faturamento" com o termo "receita bruta". O Supremo Tribunal Federal reafirmou que *faturamento* deveria, para efeitos fiscais, ser entendido como o produto de todas as vendas de mercadorias, e não apenas daquelas acompanhadas de faturas.[14] Uma vez mais o Tribunal reconheceu a necessidade de conformação constitucional do conceito de faturamento como sendo aquele empregado para a receita bruta, adotando, para tanto, o conceito já expressamente previsto no Decreto-lei 2.397/1987.

Em ambos os casos o Tribunal definiu o termo "faturamento", diferenciando-o do termo "receita". Com a permissão para usar uma metáfora, o Tribunal decidiu a relação entre dois círculos concêntricos: um maior (receita) e outro menor (faturamento). Ao fazê-lo, constatou que o legislador tinha usado o "nome" do maior (receita) mas com o "conteúdo" do menor (faturamento), atuando, por conseguinte, dentro da área permitida pela Constituição. Dito de modo mais simples: o legislador havia empregado a palavra errada com o significado certo. Por isso, o

---

12. STF, voto do Min. Ilmar Galvão no RE 150.755, Tribunal Pleno, j. 18.11.1992.

13. Ávila, Humberto, "Contribuição social sobre o faturamento. COFINS. Base de cálculo. Distinção entre receita e faturamento. Jurisprudência do Supremo Tribunal Federal", *Revista Dialética de Direito Tributário* 107/103, São Paulo, Dialética, 2004.

14. STF, Tribunal Pleno, RE 150.764, rel. Min. Sepúlveda Pertence, rel. para o acórdão Min. Marco Aurélio, j. 16.12.1992.

Tribunal decidiu o problema da *assimilação* do conceito efetivamente usado pelo legislador ao conceito previsto pela Constituição, apesar da denominação imprópria.

Em terceiro lugar, o mesmo posicionamento acerca do conceito de "faturamento" foi adotado no julgamento da ADC 1, na qual se analisava a constitucionalidade da instituição da COFINS pela Lei Complementar n. 70/1991.[15] Neste acórdão restou assentado, no voto do Ministro-Relator, Moreira Alves, que a Lei Complementar n. 70/1991, ao considerar o *faturamento* como "a receita bruta das vendas de mercadorias, de mercadorias e serviços e de serviços de qualquer natureza, nada mais fez do que lhe dar a conceituação de faturamento para efeitos fiscais".[16]

Sendo assim, também aqui o Tribunal decidiu que a expressão "receita bruta", então empregada pelo legislador, tinha um conceito assimilável ao de "faturamento", igualmente porque a Constituição então só permitia a instituição de contribuições incidentes sobre o "faturamento". Desse modo, e continuando a empregar a metáfora antes mencionada, o Tribunal verificou que o legislador tinha usado o "nome" do maior (receita) mas com o "conteúdo" do menor (faturamento), atuando, por conseguinte, dentro da área permitida pela Constituição. Uma vez mais reiteraram-se as notas características do conceito de faturamento, limitando-o às receitas decorrentes das vendas de mercadorias e/ou prestação de serviços.

Em quarto lugar, a problemática do conceito de "faturamento" foi retomada pelo Supremo Tribunal Federal no paradigmático julgamento do RE 346.084, no qual se discutiu a constitucionalidade da ampliação da base de cálculo da COFINS pelo § 1º do art. 3º da Lei n. 9.718/1998, para abranger a totalidade das receitas auferidas pelos contribuintes.[17]

Nesse caso, o Supremo Tribunal Federal assentou, de uma vez por todas, o conceito de faturamento incorporado pela Constituição. A Corte, adotando posição coerente com as decisões anteriores, decidiu no sentido de compreender as expressões "receita bruta" e "faturamento" como sinônimas, tomando-as como o resultado da venda de mercadorias, da prestação de serviços ou da venda de mercadorias e prestação de serviços. Tal fato restou consignado na própria ementa do julgado:

15. STF, Tribunal Pleno, ADC 1, rel. Min. Moreira Alves, j. 1.12.1993.
16. STF, voto do Ministro-Relator, Moreira Alves, no julgamento da ADC 1, Tribunal Pleno, j. 1.12.1993, fls. 120 do acórdão.
17. STF, Tribunal Pleno, RE 346.084, rel. Min. Ilmar Galvão, rel. para o acórdão Min. Marco Aurélio, j. 9.11.2005.

(...) CONTRIBUIÇÃO SOCIAL – PIS – RECEITA BRUTA – NOÇÃO – INCONSTITUCIONALIDADE DO § 1º DO ART. 3º DA LEI N. 9.718/1998. *A jurisprudência do Supremo, ante a redação do art. 195 da Carta Federal anterior à Emenda Constitucional n. 20/1998, consolidou-se no sentido de tomar as expressões "receita bruta" e "faturamento" como sinônimas, jungindo-as à venda de mercadorias, de serviços ou de mercadorias e serviços.* É inconstitucional o § 1º do art. 3º da Lei n. 9.718/1998 no que ampliou o conceito de receita bruta para envolver a totalidade das receitas auferidas por pessoas jurídicas, independentemente da atividade por elas desenvolvida e da classificação contábil adotada.[18] [*Grifos meus*]

Partindo deste conceito, o Tribunal concluiu pela inconstitucionalidade do § 1º do art. 3º da Lei n. 9.718/1998, na medida em que este ampliava o conceito de receita bruta para envolver a totalidade das receitas auferidas por pessoas jurídicas, independentemente da atividade por elas desenvolvida e da classificação contábil adotada. Nesse caso, por conseguinte, o Tribunal decidiu que a base de cálculo prevista na lei como a "totalidade das receitas auferidas pela pessoa jurídica", apesar de erroneamente denominada de "faturamento", na verdade equivalia ao conceito de "receita", base de cálculo então não prevista pela Constituição.

O que a Corte fez foi novamente fixar o conceito de "faturamento", mas de modo *invertido* aos casos até então decididos. Seguindo no emprego da mesma metáfora, o Tribunal constatou que o legislador tinha usado o "nome" do menor (faturamento) mas com o "conteúdo" do maior (receita), atuando fora da área permitida pela Constituição. Em palavras mais singelas: se nos casos anteriores o legislador havia empregado a palavra errada com o significado certo, o que foi suficiente para manter a constitucionalidade da lei, neste ele havia feito o oposto, isto é, empregado a palavra certa com o significado errado – o que bastou para provocar a sua inconstitucionalidade. Foi por essa razão que o Tribunal, em vez de decidir pela *assimilação* dos conceitos, como até então tinha feito, decidiu pela *extrapolação* do conceito previsto pela Constituição.

Corroborando tal posição tem-se, por exemplo, o voto do Ministro-Relator para o acórdão, Marco Aurélio, onde restou consignado que "tomar-se-ia o faturamento tal como veio a ser explicitado na ADC n. 1-DF, ou seja, a envolver o conceito de receita bruta das vendas de mer-

18. STF, Tribunal Pleno, RE 346.084, rel. Min. Ilmar Galvão, rel. para o acórdão Min. Marco Aurélio, j. 9.11.2005.

cadorias, de mercadorias e serviços, e de serviços".[19] No mesmo sentido o reconhecimento da consolidação do conceito de faturamento feito pelo Min. Eros Grau, nos seguintes termos:

> 06. No caso, *faturamento* terá sido tomado como termo de uma das várias noções que existem – as noções de faturamento – na e com uma de suas significações usuais atualmente. Sabemos de antemão que já não se a toma como atinente ao fato de "emitir faturas". *Nós a tomamos, hoje, em regra, como o resultado econômico das operações empresariais do agente econômico, como "receita bruta das vendas de mercadorias e mercadorias e serviços, de qualquer natureza (art. 22 do Decreto-lei n. 2.397/1987). Esse entendimento foi consagrado no RE n. 150.764, Relator o Min. Ilmar Galvão, e na ADC n. 1*, relator o Min. Moreira Alves.[20] [*Grifos meus*]

Não foi outra a posição adotada pelo Min. Celso de Mello, acompanhando o conceito já definido em julgados anteriores, ao asseverar que "a base de cálculo, que até então achava-se constitucionalmente restrita ao faturamento (...), vale dizer, à receita derivada de bens e/ou prestação de serviços".[21] Da mesma forma, o Min. Sepúlveda Pertence fez referência expressa à sua própria decisão tomada nos autos do RE 150.755, no qual ficara decidida, como acima analisado, a conformação do conceito de faturamento àquele presente no Decreto-lei 2.397/1987, ou seja, como sendo a receita decorrente da venda de mercadorias, da prestação de serviços e da venda de mercadorias e serviços.[22]

É desnecessário alongar as transcrições de votos. Não restam dúvidas de que a Corte fixou que o conceito de "faturamento" do texto constitucional deveria ser conformado ao conceito infraconstitucional já presente na legislação pré-constitucional, como o resultado das receitas decorrentes das vendas de mercadorias e/ou prestação de serviços.

Em quinto lugar, o reconhecimento da existência desta consolidação conceitual acerca do termo "faturamento" pode ser ainda exemplificado pelo recente voto proferido pelo Min. Gilmar Mendes no RE 240.785, em que se discutiu a inclusão do ICMS na base de cálculo das contribuições

---

19. STF, voto do Min. Marco Aurélio no RE 346.084, Tribunal Pleno, j. 9.11.2005, fls. 1.265.
20. STF, voto do Min. Eros Grau no RE 346.084, Tribunal Pleno, j. 9.11.2005, fls. 1.317-1.318.
21. STF, voto do Min. Celso de Mello no RE 346.084, Tribunal Pleno, j. 9.11.2005, fls. 1.282.
22. STF, voto do Min. Sepúlveda Pertence no RE 346.084, Tribunal Pleno, j. 9.11.2005, fls. 1.299-1.301.

para o PIS e a COFINS.[23] Em seu voto, o Min. Gilmar Mendes retoma toda a consolidação do termo "faturamento" na jurisprudência do Supremo Tribunal Federal e indica as seguintes conclusões:

> Esta Corte entendeu que, até a edição da Emenda Constitucional n. 20, em 15.12.1998 (EC 20/1998), *somente as receitas provenientes da venda de mercadorias e prestação de serviços estavam incluídas no conceito de faturamento*, consoante decidido nos julgamentos dos RE n. 346.084-PR, red. para o acórdão Min. Marco Aurélio, *DJU* 1.9.2006; RE n. 357.950-RS; RE n. 358.273-RS; e RE n. 390.840-MG, todos da relatoria do Min. Marco Aurélio.
>
> Na ocasião, o Plenário declarou a inconstitucionalidade do art. 3º, § 1º, da Lei n. 9.718/1999, sob o fundamento de que, *antes da Emenda Constitucional n. 20/1998, a base de cálculo da COFINS limitava-se "ao conceito de receita bruta das vendas de mercadorias, de mercadorias e serviços". Isto é, toda receita decorrente de outras fontes que não a venda de mercadorias e a prestação de serviços não estaria incluída na base de cálculo da COFINS, por exemplo, a **locação de imóveis**, prêmios de seguros etc.*
>
> Assim, nos julgamentos concluídos em 9.11.2005, o Plenário confirmou o entendimento de que *faturamento e receita bruta são sinônimos e que, até a edição da Emenda Constitucional n. 20/1998, limitavam-se ao produto da venda de mercadorias, de serviços ou de mercadorias e serviços*.[24] [Grifos meus]

Não se trata de posicionamento isolado. Pelo contrário. O conceito de "faturamento" tal qual delineado por esta jurisprudência da Corte encontra aplicação reiterada em seus mais recentes julgados.[25] Não há nenhuma dúvida nesse sentido: o Tribunal considerou incorporado o conceito de faturamento como o produto de todas as vendas e prestações

---

23. STF, Tribunal Pleno, RE 240.785, rel. Min. Marco Aurélio, j. 8.10.2014.

24. STF, voto do Min. Gilmar Mendes no RE 240.785, Tribunal Pleno, j. 8.10.2014.

25. V., exemplificativamente: STF, 1ª Turma, AgR no RE 738.757, rel. Min. Luiz Fux, j. 17.9.2014; STF, 1ª Turma, AgR no RE 548.422, rel. Min. Roberto Barroso, j. 6.5.2014; STF, 2ª Turma, AgR no RE 816.363, rel. Min. Ricardo Lewandowski, j. 15.8.2014; STF, 1ª Turma, AgR no RE 684.092, rela. Min. Rosa Weber, j. 21.11.2013; STF, 1ª Turma, AgR no RE 643.823, rel. Min. Dias Toffoli, j. 20.3.2013; STF, 1ª Turma, AgR no AI 817.257, rel. Min. Dias Toffoli, j. 19.12.2012; STF, 1ª Turma, AgR no RE 396.514, rela. Min. Rosa Weber, j. 10.12.2012; STF, 2ª Turma, AgR no RE 683.334, rel. Min. Ricardo Lewandowski, j. 13.8.2012.

de serviço, e nenhum outro.[26] As leis tributárias relativas às contribuições sociais editadas antes da Emenda Constitucional 20/1998, portanto, estão jungidas a esta definição.

2.3 A indevida ampliação do conceito de faturamento

Tendo sido fixado o conceito de "faturamento" na jurisprudência do Supremo Tribunal Federal, é fundamental analisar a tentativa de estender este conceito, que pode ser verificada em alguns casos isolados da Corte. Para tanto, é preciso examinar a posição divergente e minoritária apresentada pelo Min. Cézar Peluso quando do julgamento do RE 346.084.[27]

Segundo o Min. Cézar Peluso, o conceito de faturamento seria equivalente ao resultado de todas as atividades empresariais do contribuinte, e não somente aquelas vinculadas à venda de mercadorias, à prestação de serviços ou venda de mercadorias e serviços. Ao final do seu voto, o Ministro assim consignou:

> Quanto ao *caput* do art. 3º, julgo-o constitucional, para lhe dar interpretação conforme à Constituição, nos termos do julgamento proferido no RE n. 150.755-PE, que *tomou a locução "receita bruta" como sinônimo de faturamento, ou seja, no significado de "receita bruta de venda de mercadoria e de prestação de serviços", adotado pela legislação anterior, e que, a meu juízo, se traduz na soma das receitas oriundas do exercício das atividades empresariais*.[28] [*Grifos meus*]

Da transcrição acima fica claro que o Min. Cézar Peluso adotou uma posição que confronta o próprio conceito constitucional já referendado anteriormente pelo Supremo Tribunal Federal ao declarar que, a seu juízo, o conceito de faturamento deve corresponder à "soma das receitas oriundas do exercício das atividades empresariais". Com efeito, ao fazer tal declaração o Ministro claramente se afastou da posição consolidada e reiterada na jurisprudência da Corte no sentido de que o termo "faturamento" corresponde somente ao resultado da venda de mercadorias, da prestação de serviços e da venda de mercadorias e serviços. Incluir todas

---

26. Ávila, Humberto, "Contribuição social sobre o faturamento. COFINS. Base de cálculo. Distinção entre receita e faturamento. Jurisprudência do STF", *Revista Dialética de Direito Tributário* 107/104, São Paulo, Dialética, 2004.

27. STF, Tribunal Pleno, RE 346.084, rel. Min. Ilmar Galvão, rel. para o acórdão Min. Marco Aurélio, j. 9.11.2005.

28. STF, voto do Min. Cézar Peluso no RE 346.084, Tribunal Pleno, j. 9.11.2005, fls. 1.253.

as receitas oriundas do exercício das atividades empresariais significa, claramente, considerar receitas decorrentes de outras atividades, e não somente àquelas vinculadas à venda de mercadorias e à prestação de serviços.

Tanto é assim, que seu posicionamento gerou discussões ao longo do julgamento. Instado a se manifestar sobre o ponto pelo Min. Marco Aurélio, o Min. Cézar Peluso uma vez mais declarou que estava "esclarecendo o seu pensamento sobre o alcance desse conceito [*faturamento*]".[29] Nesse ponto é importante mencionar que a manifestação sobre o alcance do conceito de faturamento adotado pelo Min. Cézar Peluso neste caso caracteriza verdadeiro *obter dictum*, isto é, razões de decidir que não guardam relação direta com os fundamentos centrais e controversos do caso.[30]

Com efeito, discutia-se no referido recurso se a lei havia ampliado, de forma inconstitucional, o alcance do conceito constitucional de faturamento. Apenas isso. A discussão restringia-se a saber se era constitucional a ampliação da base de cálculo da contribuição pela via legislativa, sem que fosse necessário redefinir os elementos caracterizadores dos conceitos de faturamento e receita bruta, uma vez que sobre tais temas o Tribunal já havia se pronunciado. Sendo assim, as considerações sobre a conformação do conceito e dos elementos que compõem o faturamento são estranhas ao caso, devendo ser consideradas como *obter dicta*. O entendimento manifestado pelo Min. Cézar Peluso com relação ao seu conceito de faturamento representa verdadeira "proposição que não é necessária para a solução do caso concreto"[31] ou que "não é nem necessária nem suficiente para a decisão".[32]

Independentemente desta caracterização, no entanto, a posição adotada pelo Min. Cézar Peluso parte de uma premissa equivocada com relação à jurisprudência consolidada pela Corte. Com efeito, a premissa de seu argumento para a determinação do conceito de faturamento é a decisão do adotada no RE 150.755.[33]

29. STF, voto do Min. Cézar Peluso no RE 346.084, Tribunal Pleno, j. 9.11.2005, fls. 1.255.

30. Schauer, Frederick, *Thinking like a Lawyer*, Cambridge, Harvard University Press, 2009, pp. 181 e ss.

31. Chiassoni, Pierluigi, *La Giurisprudenza Civile. Metodi d'Interpretazione e Tecniche Argomentative*, Milano, Giuffré, 1999, p. 149.

32. Ibidem, p. 149.

33. STF, Tribunal Pleno, RE 150.755, rel. Min. Carlos Velloso, rel. para o acórdão Min. Sepúlveda Pertence, j. 18.11.1992.

Ocorre que neste recurso, conforme já analisado, ficara expressamente decidido que o conceito de faturamento deveria ser conformado àquele presente no Decreto-lei 2.397/1987, compreendendo tão somente a receita da venda de mercadorias e/ou da prestação de serviços. Postura absolutamente distinta daquela adotada pelo Min. Cézar Peluso ao alargar o conceito de faturamento para estendê-lo a todas as receitas decorrentes da atividade típica da empresa, adotando como premissa, portanto, a incorporação do conceito de "faturamento" da Lei das S/As.

Contudo, não foi este o posicionamento que foi consolidado e prevaleceu na Corte ao longo da jurisprudência dos últimos 20 anos. Pelo contrário, como explicitado pelo Min. Gilmar Mendes, o que o Supremo Tribunal Federal entendeu é que "faturamento e receita bruta são sinônimos e que, até a edição da Emenda Constitucional n. 20/1998, limitavam-se ao produto da venda de mercadorias, de serviços ou de mercadorias e serviços".[34]

Isso significa dizer que o posicionamento adotado pelo Min. Cézar Peluso não foi seguido pelos demais Ministros, sendo diametralmente contrário à jurisprudência firmada e consolidada nas últimas décadas pelo Plenário do Supremo Tribunal Federal. Para retomar a metáfora já utilizada, o Tribunal decidiu que dentro do círculo menor (faturamento) só estariam contidas as receitas vinculadas à venda de mercadorias e/ou prestação de serviços, enquanto todas as outras receitas, incluindo aquelas decorrentes das atividades típicas da empresa mas não vinculadas à venda de mercadorias ou à prestação de serviços, fariam parte do círculo maior (receita) mas estariam fora do menor (faturamento). Daí por que o Min. Gilmar Mendes, ao se manifestar sobre a jurisprudência do Supremo Tribunal Federal a respeito do tema, afirmou que "toda receita decorrente de outras fontes que não a venda de mercadorias e prestação de serviços não estaria incluída na base de cálculo da COFINS; por exemplo, a locação de imóveis, prêmios de seguros etc.".[35] Nada mais preciso.

Mas, se assim o é, não há como se afastar o equívoco que vem sendo manifestado em algumas decisões isoladas do Supremo Tribunal Federal no sentido de que, "para fins de definição da base de cálculo para a incidência da contribuição ao PIS e da COFINS, a receita bruta e o faturamento são termos sinônimos e consistem na totalidade das receitas

---

34. STF, voto do Min. Gilmar Mendes no RE 240.785, Tribunal Pleno, j. 8.10.2014.
35. STF, voto do Min. Gilmar Mendes no RE 240.785, Tribunal Pleno, j. 8.10.2014.

auferidas com a venda de mercadorias, de serviços ou de mercadorias e serviços, *ou seja, é a soma das receitas oriundas do exercício das atividades empresariais*".[36]

Essa manifestação parte de uma premissa equivocada de que as receitas auferidas com a venda de mercadorias e serviços seriam um sinônimo de receitas auferidas com o exercício das atividades empresarias. Isso só seria verdade se o objeto social de todas as empresas fosse sempre uma destas atividades (venda de mercadorias e/ou prestação de serviços). Quando, porém, o objeto social prevê outras atividades que não estas, não é possível fazer esta aproximação. Na verdade, estes julgados estão é alterando o conceito de faturamento que teria sido incorporado pela Constituição, para adotar não aquele previsto no Decreto-lei 2.397/1987, mas sim o conceito previsto na Lei das S/As. Não foi este, no entanto, o conceito incorporado pela Constituição e consolidado pela jurisprudência do Supremo Tribunal Federal.

Repita-se: estas decisões, embora mais recentes e setoriais (proferidas a partir de decisões monocráticas ou de Turma), não estão de acordo com a consolidação conceitual do termo "faturamento" na jurisprudência da Corte. Tal entendimento, porém, é isolado, havendo inúmeras decisões recentes do próprio Supremo Tribunal Federal reiterando a jurisprudência consolidada acerca do termo "faturamento". Basta mais um exemplo neste sentido:

> DIREITO TRIBUTÁRIO – COFINS – CONCEITO DE FATURA-MENTO – RESTRIÇÃO ÀS RECEITAS ESTRITAMENTE RELACIO-NADAS À VENDA DE MERCADORIAS E SERVIÇOS. *1. Nos termos da jurisprudência do Supremo Tribunal Federal assentada antes da Emenda Constitucional n. 20/1998, as expressões "receita bruta" e "faturamento" devem ser tidas como sinônimas, de modo que ambas devem se circunscrever aos valores auferidos com venda de mercadorias, de serviços ou de mercadorias e serviços. 2. O acórdão regional adotou conceito amplo de faturamento, sem atentar para a restrição adotada pelo Plenário da Corte em diversos precedentes. 3. Agravo regimental a que se nega provimento.*[37]
> [*Grifos meus*]

De fato, e como demonstrado de forma exaustiva, o conceito de "faturamento" incorporado pela Constituição refere-se à totalidade das

---

36. A título exemplificativo: STF, 2ª Turma, AgR no RE 816.363, rel. Min. Ricardo Lewandowski, j. 5.8.2014.
37. STF, 1ª Turma, AgR no RE 548.422, rel. Min. Roberto Barroso, j. 18.3.2014.

receitas auferidas com a venda de mercadorias e/ou prestação de serviço, *ou seja: não engloba a soma das receitas oriundas do exercício das atividades empresariais não vinculadas à venda de mercadorias e/ou à prestação de serviços*. Neste conceito incorporado pela Constituição é irrelevante determinar qual a atividade típica da empresa e qual é o seu objeto social. Tais características não fazem parte do conceito de "faturamento" adotado, e, nesse sentido, são incapazes de alterar a natureza de uma determinada receita como faturamento ou não.

Em outras palavras: estas decisões que pretendem alargar o conceito de faturamento para incluir todas as receitas oriundas das atividades empresariais, seguindo a linha do posicionamento já demonstrado pelo Min. Cézar Peluso, conquanto respeitáveis, divergem frontalmente da jurisprudência do Colegiado da Corte. É preciso mais uma vez destacar: esta posição não foi acolhida pelo Plenário do Supremo Tribunal Federal em nenhuma das decisões sobre o tema. Sustentá-la, hoje, portanto, envolve a necessária alteração da jurisprudência das últimas duas décadas desta Corte, com os efeitos daí advindos.

Por todas essas razões, não se pode afirmar que o conceito de "faturamento" engloba algo além das receitas decorrentes da venda de mercadorias e/ou serviços. Pretender estender os limites conceituais deste termo, para alcançar outras receitas, ainda que vinculadas ao objeto social da empresa, significa, em suma, desrespeitar o conceito de "faturamento" definido pelo Plenário da Corte, órgão a quem incumbe a interpretação do texto constitucional – nunca é demais referir.

Até aqui estabeleceram-se os fundamentos teóricos do conceito de faturamento incorporado pelo texto constitucional e interpretado de forma consolidada pelo Supremo Tribunal Federal. Tendo sido fixadas estas premissas, passa-se a analisar o mérito da presente discussão, isto é, determinar se as receitas de aluguéis devem, ou não, ser incluídas na base de cálculo das contribuições para o PIS e a COFINS. É o que se passa objetivamente a analisar.

2.4 *A indevida inclusão das receitas de aluguéis na base de cálculo do PIS e da COFINS*

As receitas de aluguéis de imóveis decorrem da celebração de contrato típico de locação, regulado pela Lei n. 8.245/1991. A pergunta aqui apresentada diz respeito a saber se as receitas de aluguéis podem ser consideradas como faturamento, tal qual conceituado pelo texto constitucional e interpretado pelo Supremo Tribunal Federal. Repita-se que a discussão se restringe única e exclusivamente ao conceito de "faturamento", porque as Leis ns. 9.715/1998 e 9.718/1998, que preveem a cobrança das contribuições sociais, são anteriores à alteração da Emenda Constitucional 20/1998, que alterou a base de cálculo destas contribuições.

A alteração posterior da Constituição não expande, de forma automática, a base de cálculo destas contribuições. Conforme o próprio Supremo Tribunal Federal decidiu ao julgar a inconstitucionalidade do art. 3º, § 1º, da Lei n. 9.718/2008, o sistema jurídico brasileiro não contempla a figura da constitucionalidade superveniente.[38] Isso significa dizer que a alteração posterior da Constituição não é capaz de estender a aplicação de leis já editadas ou de convalidá-las. A nova competência permite a edição de novas leis, ou a alteração destas já editadas, mas não é suficiente, por si só, para criar nova hipótese de incidência. Em outras palavras: o que houve foi a extensão da competência para que o legislador editasse novas leis estabelecendo a incidência das contribuições também sobre as receitas, e não a constitucionalização superveniente das leis antes declaradas inconstitucionais, como é o caso examinado neste estudo.

Assim, a discussão específica dos aluguéis, que é o caso ora em debate, restringe-se à questão sobre se as receitas de aluguéis podem ser consideradas como receitas decorrentes da venda de mercadorias e/ou prestação de serviços. A resposta é negativa, por duas razões bastante singelas do ponto de vista conceitual: o contrato de locação não é venda de mercadoria e também não é prestação de serviço.

A locação é o contrato por meio do qual uma das partes se obriga a ceder à outra o uso e gozo de coisa não fungível, mediante remuneração (art. 565 do CC). Tal cessão deve ser remunerada de alguma forma. Quando tal remuneração se dá em dinheiro, está-se diante de aluguel. Nas palavras de Pontes de Miranda, aluguel é "a contraprestação pelo uso ou pelo uso e a fruição do bem".[39] Assim, este contrato típico não corresponde nem ao conceito de mercadoria nem ao conceito de serviço adotados pelo ordenamento jurídico.

De um lado, locação não é venda de mercadoria. A Constituição não traz um conceito de mercadoria, mas também com relação a este termo o Supremo Tribunal Federal exerceu sua competência de intérprete do texto constitucional. Com efeito, ao analisar a instituição do imposto

---

38. STF, Tribunal Pleno RE 346.084, rel. Min. Ilmar Galvão, rel. para o acórdão Min. Marco Aurélio, j. 9.11.2005.

39. Pontes de Miranda, Francisco C., *Tratado de Direito Privado – Parte Especial*, t. XL, Rio de Janeiro, Borsói, 1962, p. 65.

sobre circulação de mercadorias sobre a importação de mercadorias por pessoa física, a Corte decidiu que o conceito de mercadoria seria aquele estabelecido no direito infraconstitucional pré-constitucional, a saber, o conceito de mercadoria previsto no Código Comercial: *coisa móvel que possa ser objeto de comércio por quem exerce mercancia com habitualidade*.[40] O tema foi retomado quando do julgamento do Recurso Extraordinário 176.626, cuja discussão girava em torno da tributação dos *softwares*. Nesse caso, o Tribunal ratificou o entendimento segundo o qual "o conceito de mercadoria efetivamente não inclui os bens incorpóreos, como os direitos em geral: mercadoria é bem corpóreo objeto de atos de comércio ou destinado a sê-lo".[41]

Além disso, as propriedades conotativas do conceito de faturamento referem-se à "venda de mercadoria", o que implica a necessidade de uma operação de transferência de titularidade sobre um bem. Dessa forma, tanto pelo conceito de mercadoria como pelo conceito de operação de venda não há como se sustentar o enquadramento do contrato de locação de imóvel como uma espécie de venda de mercadoria. Primeiro, porque não há mercadoria enquanto coisa móvel sendo usada como objeto de mercancia, mas, sim, direito de uso e gozo sobre um imóvel. Segundo, porque não há transferência de propriedade do imóvel entre locador e locatário.

O aluguel não serve como contraprestação de nenhuma operação de venda, sendo apenas "a contraprestação justa do capital posto à disposição do locatário".[42] O contrato de locação envolve uma obrigação de dar, de pagar, pelo uso ou gozo, e não pela transferência de um bem. Em suma: não há transmissão – temporária ou permanente – da propriedade, mas tão somente a cessão do "direito de uso e gozo de coisa não fungível" mediante retribuição.[43] Não é preciso se alongar mais na consideração de que o contrato de locação de imóvel não pode ser confundido com a venda de uma mercadoria, nem mesmo ser equiparado a esta. São fenômenos distintos, com consequências jurídico-tributárias diferentes.

40. STF, 1ª Turma, RE 203.075, rel. Min. Ilmar Galvão, rel. para o acórdão Min. Maurício Côrrea, j. 5.8.1998.
41. STF, Recurso Extraordinário 176.626, Primeira Turma, Relator Ministro Sepúlveda Pertence, julgado em 10/11/1998.
42. STF, voto do Min. Cordeiro Guerra no RE 79.770, Tribunal Pleno, j. 31.3.1978.
43. V. o art. 565 do CC: "Na locação de coisas, uma das partes se obriga a ceder à outra, por tempo determinado ou não, o uso e gozo de coisa não fungível, mediante certa retribuição".

De outro lado, o contrato de locação também não é uma prestação de serviço. Também nesse caso o Supremo Tribunal Federal definiu o conceito de serviço que foi incorporado pelo texto constitucional. Ao analisar a instituição do imposto sobre serviços relativamente aos contratos de locação, o Plenário do Supremo Tribunal Federal decidiu que o conceito de serviço seria aquele previsto no direito infraconstitucional pré-constitucional, qual seja, o conceito de *obrigação de fazer* previsto no Código Civil: esforço humano empreendido em benefício de outrem.[44]

O caso não poderia ser mais emblemático e ilustrativo para a situação ora analisada: o Plenário do Supremo Tribunal Federal decidiu que aluguéis não podem ser considerados como serviços, porque se caracterizam como uma *obrigação de dar*, e não como uma *obrigação de fazer*. Embora o caso tenha sido discutido sob o ponto de vista da incidência do ISS, a fundamentação desta decisão não deixa nenhuma dúvida: aluguel não é prestação de serviço, tanto do ponto de vista conceitual como do ponto de vista interpretativo, conforme a exegese conferida pela própria Corte Superior. A manifestação do Ministro-Relator, Marco Aurélio, é elucidativa:

> *Em síntese, há de prevalecer a definição de cada instituto, e somente a prestação de serviço, envolvido na via direta o esforço humano, é fato gerador do tributo em comento.* Prevalece a ordem natural das coisas cuja força surge insuplantável; prevalecem as balizas constitucionais e legais, a conferirem segurança às relações Estado-contribuintes; prevalece, alfim, a organicidade do próprio Direito, sem a qual tudo será possível no agasalho de interesses do Estado, embora não enquadráveis como primários.[45]
> [Grifos meus]

Este posicionamento do Supremo Tribunal Federal foi, inclusive, sumulado, do ponto de vista da locação de bens móveis, através da Súmula Vinculante 31: "É inconstitucional a incidência do imposto sobre serviços de qualquer natureza – ISS sobre operações de locação de bens móveis". Não há nenhuma dúvida, portanto, de que aluguel não pode ser considerado como um serviço. A disponibilização de um bem para uso e gozo caracteriza-se como uma obrigação de dar, e, nesse sentido, não envolve qualquer prestação de serviço.

---

44. STF, Tribunal Pleno, RE 116.121, rel. Min. Octávio Gallotti, rel. para o acórdão Min. Marco Aurélio, j. 11.10.2000.
45. STF, voto do Ministro-Relator, Marco Aurélio, no RE 116.121, Tribunal Pleno, j. 11.10.2000.

As considerações anteriores são suficientes para demonstrar por que não se pode falar em inclusão dos valores recebidos a título de aluguéis na base de cálculo das contribuições sociais para o PIS e a COFINS. Na medida em que as leis instituidoras destas contribuições são anteriores à alteração promovida pela Emenda Constitucional 20/1998, a base de cálculo destas contribuições limita-se à fixação conceitual do termo "faturamento". E faturamento, tal qual já amplamente analisado, limita-se às receitas decorrentes da venda de mercadorias e/ou da prestação de serviços. A conclusão, portanto, não poderia ser mais singela: se a receita de aluguel não é receita da venda de mercadoria nem da prestação de serviço, ela está fora do âmbito de incidência constitucionalmente delimitado pela Constituição para estas contribuições.

Nesse contexto, destaca-se, ainda, que o caso em discussão restringe--se às receitas de aluguel. E, por isso, não pode ser comparado ou estendido para outros tipos de receitas. O que importa para este caso é que as receitas decorrentes da locação de imóveis não são receitas da venda de mercadoria, tampouco de prestação de serviço. Sendo assim, os valores recebidos a título de aluguel por empreendedores e administradoras de *shopping centers* estão excluídos da base de cálculo das contribuições para o PIS e a COFINS, por expressa determinação constitucional e em consonância com a jurisprudência pacífica do Supremo Tribunal Federal.

A previsão no contrato social sobre estas atividades em nada altera esta conclusão, porque, como já referido, é absolutamente irrelevante para o conceito de faturamento incorporado. O conceito de faturamento restringe-se às receitas decorrentes das vendas de mercadorias e/ou prestação de serviços, não havendo qualquer menção à atividade típica ou ao contrato social da empresa. Entender em sentido contrário significaria alargar a competência determinada pela Constituição, que incorporou o conceito do Decreto-lei 2.397/1987, e não o da Lei das S/As, e afrontar a própria autoridade do Supremo Tribunal Federal, que consolidou em sua jurisprudência a incorporação deste conceito.

É importante, ainda, referir que não se postula a *exclusão* das receitas decorrentes de aluguéis da base de cálculo das contribuições para o PIS e COFINS. O que se postula, na verdade, é o reconhecimento de que estas receitas estão *fora* do âmbito de incidência destas contribuições. Em outras palavras: o que se postula é *não incluir* na base de cálculo legal desses tributos elemento *não previsto* pela base de cálculo constitucional desses tributos. Não se pretende *tirar* o que está *incluído* na base de cálculo, mas *não inserir* o que nela *não está incluído*.

Tal constatação é de vital importância, pois torna prejudicado um tipo de alegação que é recorrente no âmbito judicial, no sentido de que só se poderia excluir um elemento da base de cálculo do tributo se houvesse uma imunidade ou uma previsão legal de isenção ou exclusão da base de cálculo. O argumento de que só se pode excluir por imunidade ou previsão legal elemento que compõe a base de calculo é verdadeiro, mas naturalmente só se aplica aos elementos que estão contidos na base de cálculo, e não aos elementos que nela não se enquadram, pois não há sentido em se pretender *excluir* o que *não está incluído*.

Por isso mesmo que não há necessidade de imunidade para excluir pessoas, fatos ou situações que *não* estejam no âmbito do poder de tributar atribuído pelas regras de competência; não há necessidade de isenção para promover a exclusão de elemento que não consta da hipótese de incidência da regra legal de tributação; nem há necessidade de previsão legal para permitir exclusão de elemento que não esteja incluído na base de cálculo constitucional do tributo.

Isso significa dizer que não há necessidade de imunidade ou de previsão legal de exclusão dos aluguéis da base de cálculo das contribuições sociais sobre o PIS e a COFINS. E isso ocorre pela singela razão de que não é preciso norma para *excluir* o que, por força do texto constitucional e da interpretação conferida a este pelo Supremo Tribunal Federal, *não está incluído*.

2.5 A indevida utilização da igualdade e da solidariedade para extensão do poder tributário

O presente caso, ao tratar da indevida tributação das empresas que possuem receitas com aluguéis, contrapõe o princípio da igualdade ao princípio da legalidade. Segundo o entendimento da Fazenda Nacional, seria desigual e contrário à solidariedade não tributar as empresas que possuem receitas decorrentes de aluguéis, enquanto tributadas aquelas que possuem receitas decorrentes das vendas de mercadorias e da prestação de serviços. Daí a tentativa de extensão do termo "faturamento" para abranger todas as receitas vinculadas às atividades típicas da empresa, e não somente aquelas de vendas de mercadorias e/ou prestação de serviços.

Embora se reconheça a força política deste argumento, o fato é que também sob esta ótica não prospera a tentativa de extensão do poder tributário da União, em detrimento da Constituição e da lei. Isso porque, conforme já me manifestei em outras ocasiões, não pode haver tributação com base na igualdade, apesar da sua ilegalidade. A Constituição brasileira permite apenas a tributação com base na legalidade, apesar da eventual desigualdade.[46] Com efeito, a medida da liberdade a ser exercida pelo contribuinte no Estado de Direito é definida em lei. É o que dispõe o art. 150, I, da Constituição ao estabelecer a vedação de "exigir ou aumentar tributo sem lei que o estabeleça". É a lei que, ao fixar os elementos essenciais das normas restritivas da liberdade e da propriedade, irá assegurar o *âmbito de liberdade* dentro do qual o contribuinte poderá exercer de maneira protegida os seus direitos fundamentais.[47] Na expressiva formulação de Isensee, "a igualdade se concretiza por meio da legalidade".[48]

Por isso a afirmação de Schön no sentido de que "o cidadão está submetido à vontade do legislador, *mas também somente à vontade do legislador"*. Isso significa dizer que o cidadão deve poder acreditar que a Administração e o Judiciário não irão ultrapassar as hipóteses normativas fixadas em lei. Mais: o cidadão deve poder exercer os atos de disposição da sua liberdade e da sua propriedade com fundamento na base legal que lhe é imposta e da qual tenha conhecimento.[49] Por mais nobres que possam ser as finalidades buscadas, o Poder Judiciário não pode, em detrimento da legalidade, estender a tributação para além dos limites fixados na Constituição e na lei. A legalidade da tributação significa que o Poder Judiciário não pode criar tributo com base em outras finalidades.[50]

Tal constatação ganha ainda mais força no ordenamento jurídico brasileiro. O poder de tributar do Estado no sistema tributário nacional é concedido por meio de regras de competência, e dever ser exercido por meio de lei. Por essa razão, os princípios da igualdade e da solidariedade, embora muito relevantes, não podem ser utilizados nem para *instituir*

---

46. Ávila, Humberto, "Legalidade como mediação entre a liberdade e a igualdade na tributação", in Maneira, Eduardo, e Tôrres, Heleno (coords.), *Direito Tributário e a Constituição – Homenagem ao Professor Sacha Calmon Navarro Coêlho*, São Paulo, Quartier Latin, 2012, p. 393.

47. Ávila, Humberto, "Legalidade como mediação entre a liberdade e a igualdade na tributação", in Maneira, Eduardo, e Tôrres, Heleno (coords.), *Direito Tributário e a Constituição – Homenagem ao Professor Sacha Calmon Navarro Coêlho*, São Paulo, Quartier Latin, 2012, p. 394.

48. Isensee, Josef, *Die typisierende Verwaltung*, Berlin, Duncker und Humblot, 1976, p. 134.

49. Schön, Wolfgang, "Legalität, gestaltungsfreiheit und Belastungsgleichheit als Grundlagen des Steuerrechts", in Ruttermann, Rainer (org.), *Gestaltungsfreiheit und Gestaltungsmissbrauch Im Steuerrecht*, Köln, Otto Schmidt, 2010, pp. 33-35.

50. Tipke, Klaus, *Die Steuerrechtsordnung*, 2ª ed., vol. I, Colonia, Otto Schmidt, 2000, p. 128.

poder *não previsto* em regras de competência ou exercido por meio de lei, nem para *aumentar* poder previsto em regras de competência ou exercido por meio de lei.[51]

Essa conclusão é alcançada pelo próprio princípio da legalidade (que exige lei para *instituir* ou *aumentar* tributo), como também pela estrutura constitucional com relação ao modo como foram positivados os princípios da igualdade e da solidariedade, cuja eficácia não se confunde com a eficácia atribuída ao princípio da legalidade. O poder de tributar não foi atribuído pela Constituição por meio de princípios, mas por meio de regras de competência que fixam a materialidade dos tributos que podem ser instituídos.

As contribuições sociais, portanto, não fogem a esta regra, e exatamente por isso estão adstritas aos termos "faturamento" (para as leis anteriores à Emenda Constitucional 20/1998) ou "receita" (para as leis posteriores à respectiva alteração constitucional). Assim, o próprio modo como os princípios da igualdade e da solidariedade foram positivados afasta a permissão de que a eles sejam atribuídas as mesmas função e eficácia atribuídas ao princípio da legalidade, enquanto instrumento para a instituição do tributo.

De um lado, o princípio da igualdade foi estabelecido como uma limitação ao poder de tributar, e as limitações devem ser interpretadas como instrumentos oponíveis ao Estado, e não como instrumentos do Estado para tributar, conforme já referi em outra ocasião.[52] Por essa razão, Schön afirma que a igualdade é meio de proteção, nunca de tributação, jamais podendo atuar sem a intermediação da lei.[53] Esta constatação também é comprovada pelo fato de que a capacidade contributiva, tal qual estabelecida pela Constituição em seu art. 145, § 1º, é um critério de aplicação do princípio da igualdade e serve para a *graduação* dos impostos, e não para a sua *criação*.[54]

---

51. Ávila, Humberto, "Legalidade como mediação entre a liberdade e a igualdade na tributação", in Maneira, Eduardo, e Tôrres, Heleno (coords.), *Direito Tributário e a Constituição – Homenagem ao Professor Sacha Calmon Navarro Coêlho*, São Paulo, Quartier Latin, 2012, p. 396.

52. Ávila, Humberto, "Planejamento tributário", *RDTributário* 98/71, São Paulo, Malheiros Editores, 2006.

53. Schön, Wolfgang, "Legalität, gestaltungsfreiheit und Belastungsgleichheit als Grundlagen des Steuerrechts", in Ruttermann, Rainer (org.), *Gestaltungsfreiheit und Gestaltungsmissbrauch im Steuerrecht*, Köln, Otto Schmidt, 2010, pp. 36-38.

54. Ávila, Humberto, "Legalidade como mediação entre a liberdade e a igualdade na tributação", in Maneira, Eduardo, e Tôrres, Heleno (coords.), *Direito Tributário*

De outro lado, o princípio da solidariedade social não foi constitucionalmente previsto como instrumento para a criação de tributos, tanto que a Constituição, ao estabelecer as contribuições sociais, previu regras específicas de competência indicando finalidades e fatos geradores determinados. Isso significa que o Estado não pode justificar a tributação com base direta e exclusiva no princípio da solidariedade social, porque não foi este o caminho escolhido pela Constituição ao estabelecer as competências tributárias. Por um lado, a Constituição delimitou o poder de tributar por meio de regras que descrevem os aspectos materiais da hipótese de incidência e, por outro lado, delimitou o poder de tributar por meio da técnica da divisão de competências em ordinárias e residuais. Tal escolha expressa da Constituição afasta a possibilidade de tributação com base na solidariedade, ainda que no âmbito das contribuições sociais.[55]

Essas considerações, conquanto óbvias em determinado sentido, são fundamentais para demonstrar que é indevida a tributação com base em considerações gerais sobre a igualdade ou a solidariedade. A tributação no Brasil só pode ser instituída com base naquilo que foi estabelecido na Constituição e na lei. A Constituição optou, no âmbito tributário, não por um modelo de concreção, mas, sim, por um modelo de previsibilidade. De fato, se forem conjugados os princípios da segurança jurídica, do Estado de Direito, da legalidade, da irretroatividade, da anterioridade etc., verificar-se-á uma opção por um modelo não de concretização *a posteriori*, mas de conhecimento prévio e mínimo das obrigações a que o particular estará sujeito no futuro.[56]

A escolha pela segurança jurídica, portanto, não pode ser desconsiderada pelo intérprete. O próprio Supremo Tribunal Federal vem reconhecendo a prevalência da segurança jurídica frente a eventuais desigualdades, como ocorreu, por exemplo, no recente julgamento do RE 590.809, em que a Corte entendeu que não cabe ação rescisória com base em mudança posterior de jurisprudência, ainda que isso cause violação

---

e a Constituição – Homenagem ao Professor Sacha Calmon Navarro Coêlho, São Paulo, Quartier Latin, 2012, p. 397.

55. Ávila, Humberto, "Limites à tributação com base na solidariedade social", in Greco, Marco Aurélio, e GODOI, Marciano Seabra de (orgs.), *Solidariedade Social e Tributação*, São Paulo, Dialética, 2005, p. 69.

56. Ávila, Humberto, "Eficácia do novo Código Civil na legislação tributária", in Gruppenmacher, Betina (org.), *Direito Tributário e o Novo Código Civil*, São Paulo, Quartier Latin, 2004, p. 78.

à igualdade.⁵⁷ Prevaleceu o entendimento de que a igualdade não serve como justificativa para o afastamento da segurança jurídica, naquele caso, vinculada à existência de trânsito em julgado de determinadas ações. O mesmo entendimento pode ser utilizado para o presente caso, em que se discute exatamente a possibilidade de prevalência da igualdade e da solidariedade frente à divisão constitucional de competências e aos princípios da legalidade e da segurança jurídica.

2.6 O caso concreto: o RE 599.658

As considerações feitas até aqui serviram para demonstrar, primeiro, que o conceito de "faturamento" previsto no texto constitucional foi incorporado da legislação pré-constitucional e infraconstitucional e se refere tão somente às receitas decorrentes das vendas de mercadorias e da prestação de serviços; segundo, que este conceito foi consolidado ao longo da jurisprudência das últimas duas décadas do Plenário do Supremo Tribunal Federal; terceiro, que as receitas decorrentes de aluguéis não podem ser caracterizadas como receitas de venda de mercadoria ou de prestação de serviço, e, por essa razão, estão fora do âmbito de incidência das contribuições sociais sobre o faturamento; e, quarto, que nem mesmo os argumentos da igualdade e da solidariedade podem ser utilizados como fundamento para a extrapolação das competências tributárias fixadas pela Constituição.

Estabelecidas todas estas premissas, fundamentais para o deslinde do caso ora analisado, passa-se a analisar as razões pelas quais deve ser reformada a decisão proferida pelo Tribunal Regional Federal da 3ª Região no âmbito do RE 599.658. Com efeito, é preciso apontar que o acórdão recorrido equivoca-se, por ser contraditório. Ao mesmo tempo em que reconhece a consolidação do conceito de faturamento defendido pela jurisprudência do Supremo Tribunal Federal, aplica um conceito mais alargado, como se verifica na manifestação do Desembargador--Relator, Nery Jr.:

> Neste sentido, interessante mencionar que o produto da locação de bens imóveis não integra, de fato, o faturamento das empresas, a menos que as mesmas tenham como atividade a locação de bens imóveis, perfazendo, assim, a hipótese de incidência do PIS, pois o exercício deste ramo comercial caracterizaria, por consequência, o faturamento.

57. STF, RE 509.809, rel. Min. Marco Aurélio, j. 22.10.2014, *Informativo do STF* divulgado em 22.10.2014.

Desta forma, somente empresas que exerçam atividades de construir, alienar, comprar, alugar ou vender imóveis e intermediar negócios imobiliários devem recolher o tributo, com orientação no disposto no art. 195, inciso I, da Constituição, que não restringe ou afasta de seu âmbito a comercialização de imóveis.

Não bastasse, como já entendeu a Suprema Corte no julgamento sobre a constitucionalidade da Lei n. 9.718/1998 (RE ns. 357.950, 390.840, 358.273 e 346.084), sobre o pretendido alargamento do conceito de faturamento, o dispositivo, qual seja, o art. 3º, se revela inconstitucional, pois define receita bruta como correspondente à totalidade das receitas auferidas pela pessoa jurídica, sendo irrelevante a atividade exercida ou classificação contábil. *Assim, assentou-se pacificamente, ao contrário, que receita bruta ou faturamento é aquela que decorre da venda de mercadorias ou venda de serviços ou mercadorias e serviços,* **exclusivamente***.*

Observa-se que o pretendido alargamento do conceito de faturamento foi afastado, mantendo-se incólume o atual. Logo, merece guarida a pretensão da autora quanto ao descabimento da incidência de PIS sobre a renda auferida de aluguel de bens imóveis próprios.[58] [*Grifos meus*]

A contradição da argumentação é evidente. De um lado, o Relator reconhece que a jurisprudência do Supremo Tribunal Federal pacificou-se no sentido de que faturamento é o que decorre da venda de mercadorias ou venda de serviços ou mercadorias e serviços, *exclusivamente*. E a adoção deste conceito torna irrelevante qualquer consideração sobre o objeto social da empresa. De outro lado, porém, estabelece que as receitas de aluguéis devam ser consideradas como faturamento caso esta atividade se encontre no objeto social da empresa.

Ora, de duas, uma: ou faturamento não é receita decorrente da venda de mercadorias e/ou serviços, e, sim, a receita decorrente das atividades típicas da empresa, ou o fato de esta ser atividade típica da empresa é absolutamente irrelevante, na medida em que aluguel não é receita de venda de mercadoria ou da prestação de serviço. O fato é que não se pode sustentar, ao mesmo tempo, que faturamento é receita de venda de mercadoria e/ou prestação de serviços e que aluguel é faturamento se esta for a atividade típica da empresa. Está-se diante de um *non sequitur*: as premissas não levam à consequência pretendida.

Não há necessidade de se retomar toda a argumentação já analisada, bastando ratificar o fato de que a jurisprudência consolidada pelo Tribunal

---

58. TRF-3ª Região, 3ª Turma, ACi 2005.03.99.028312-0, rel. Des. Nery Jr., j. 9.8.2006.

Pleno do Supremo Tribunal Federal assentou-se no sentido de que faturamento é tão somente (ou *exclusivamente*, como reconhecido pelo próprio acórdão recorrido) a receita decorrente da venda de mercadorias e/ou prestação de serviços. E, se assim o é, receitas decorrentes de aluguéis não estão dentro do campo da incidência das contribuições sociais incidentes sobre o faturamento, independentemente de tal atividade fazer ou não fazer parte do objeto social da empresa. O objeto social, nesse contexto, se torna irrelevante pelo singelo motivo de que a natureza das receitas de aluguel, do ponto de vista conceitual, não pode ser caracterizada como receita de venda de mercadoria, tampouco como receita de prestação de serviço. Nada mais claro.

Assim, ainda que para a empresa recorrente esta discussão seja irrelevante, porque a atividade de locação não faz parte de seu objeto social, é preciso considerar a repercussão geral da decisão a ser proferida pelo Supremo Tribunal Federal para fins de caracterização das receitas de aluguéis como faturamento. Nesse sentido, é necessário enfrentar o tema também do ponto de vista das empresas que, como algumas associadas da Consulente, possuem esta atividade em seu objeto social.

Todas as razões até aqui expostas levam à conclusão de que deve ser reconhecida a inconstitucionalidade da incidência das contribuições para o PIS e a COFINS sobre as receitas decorrentes de aluguéis de imóveis, independentemente de esta ser a atividade típica da empresa, tendo em vista o conceito de faturamento incorporado pela Constituição e consolidado na jurisprudência do Supremo Tribunal Federal.

3. CONCLUSÕES

Todo o exposto permite chegar às seguintes conclusões, aqui sumariamente apresentadas:

(a) A Constituição incorporou em seu art. 195, I, "b", o conceito de faturamento previsto no Decreto-lei 2.397/1987, cuja definição é tão somente a receita decorrente da venda de mercadorias, de serviços ou de mercadorias e serviços.

(b) O Supremo Tribunal Federal consolidou, ao longo de mais de 20 anos de julgados paradigmáticos de seu Plenário, a incorporação deste conceito de faturamento, aplicando-o em uma série de decisões sobre a constitucionalidade ou inconstitucionalidade de normas tributárias, tais como o RE 150.755, o RE 150.764, a ADC 1 e o RE 346.084.

(c) Estabelecido o conceito incorporado pela Constituição e consolidado pela jurisprudência do Supremo Tribunal Federal, não há como se afastar a não incidência das contribuições sociais incidentes sobre o faturamento sobre as receitas decorrentes de aluguéis, porque, de um lado, contrato de locação não se confunde com um contrato de venda de mercadoria e, de outro lado, também não envolve a prestação de qualquer serviço.

(d) Contrato de aluguel de imóvel é uma obrigação de dar, típica e caracterizada pelo uso e gozo de um bem imóvel, tendo como contraprestação o pagamento de uma determinada quantia, afastando-se conceitualmente, portanto, de uma operação de venda de mercadoria ou de prestação de serviço, tal qual exigido para a incidência no âmbito do "faturamento".

(e) Nem mesmo os princípios da igualdade e da solidariedade servem como justificativa para a manutenção de cobrança tributária em desrespeito às regras de competência definidas pelo texto constitucional, isso porque possuem eficácia e funções diferentes daquelas atribuídas às regras de competência e à legalidade, cuja função é exatamente servir de instrumento para a instituição dos tributos, sendo a medida da liberdade e da igualdade na tributação.

(f) As considerações anteriores demonstram por que deve ser declarada a inconstitucionalidade da incidência das contribuições para o PIS e a COFINS sobre as receitas de aluguéis, tendo em vista o necessário respeito ao texto constitucional posto.

(g) Qualquer outro entendimento implicará alteração da jurisprudência consolidada por este Egrégio Supremo Tribunal Federal nos últimos 20 anos, com os graves efeitos daí decorrentes.

Bibliografia

ÁVILA, Humberto. "Contribuição social sobre o faturamento. COFINS. Base de cálculo. Distinção entre receita e faturamento. Jurisprudência do Supremo Tribunal Federal". *Revista Dialética de Direito Tributário* 107/95-109. São Paulo, Dialética, 2004.
_____. "Eficácia do novo Código Civil na legislação tributária". In: GRUPENMACHER, Betina (org.). *Direito Tributário e o Novo Código Civil*. São Paulo, Quartier Latin, 2004 (pp. 61-79).
_____. "Legalidade como mediação entre a liberdade e a igualdade na tributação". In: MANEIRA, Eduardo, e TÔRRES, Heleno (coords.). *Direito Tributário e a Constituição – Homenagem ao Professor Sacha Calmon Navarro Coêlho*. São Paulo, Quartier Latin, 2012 (pp. 393-399).

_____. "Limites à tributação com base na solidariedade social". In: GRECO, Marco Aurélio, e GODOI, Marciano Seabra de (orgs.). *Solidariedade Social e Tributação*. São Paulo, Dialética, 2005 (pp. 68-88).

_____. "Planejamento tributário". *RDTributário* 98/74-85. São Paulo, Malheiros Editores, 2006.

BECKER, Alfredo Augusto. *Teoria Geral do Direito Tributário*. São Paulo, Saraiva, 1963.

CHIASSONI, Pierluigi. *La Giurisprudenza Civile. Metodi d'Interpretazione e Tecniche Argomentative*. Milano, Giuffré, 1999.

DIETERICH, Peter. *Systemgerechtigkeit und Kohärenz*. Berlin, Duncker und Humblot, 2014.

HART, H. L. A. *The Concept of Law*. 3ª ed. Oxford, Oxford University Press, 2012.

ISENSEE, Josef. *Die typisierende Verwaltung*. Berlin, Duncker und Humblot, 1976.

MEßERSCHMIDT, Klaus. *Gesetzgebungsermessen*. Berlin, Baden-Baden, Berlin Verlag/Nomos, 2000.

PONTES DE MIRANDA, Francisco C. *Tratado de Direito Privado – Parte Especial*. T. XL. Rio de Janeiro, Borsói, 1962.

SCHAUER, Frederick. *Thinking like a Lawyer*. Cambridge, Harvard University Press, 2009.

SCHÖN, Wolfgang. "Legalität, gestaltungsfreiheit und Belastungsgleichheit als Grundlagen des Steuerrechts". In: RUTTERMANN, Rainer (org.). *Gestaltungsfreiheit und Gestaltungsmissbrauch im Steuerrecht*. Köln, Otto Schmidt, 2010 (pp. 29-63).

TIPKE, Klaus. *Die Steuerrechtsordnung*. 2ª ed., vol. I. Colonia, Otto Schmidt, 2000.

NÃO CUMULATIVIDADE E DIREITO DE CRÉDITO NAS CONTRIBUIÇÕES SOCIAIS SOBRE O PIS E A COFINS

PARECER

1. A consulta. 2. O parecer: 2.1 A regra geral de incidência e a não cumulatividade das contribuições sociais – 2.2 A exceção: o benefício fiscal concedido aos cerealistas e a sua interpretação – 2.3 O direito de crédito na compra de insumos, independentemente do efetivo recolhimento do tributo – 2.4 O caso da Consulente. 3. Conclusões.

1. A CONSULTA

A Consulente é entidade de classe que representa indústrias de cereais. A matéria-prima da industrialização é adquirida pela indústria de pessoas jurídicas repassadoras. Estes repassadores, por sua vez, consideram-se como cerealistas a fim de aproveitar o benefício fiscal da venda de produtos *in natura* de origem vegetal com suspensão das contribuições para o PIS e a COFINS.

A aplicação deste benefício fiscal na operação anterior impede o aproveitamento integral do crédito de PIS/COFINS nas operações subsequentes, conforme a sistemática da não cumulatividade destas contribuições. Para aplicação deste benefício, no entanto, a própria lei determina que a caracterização como cerealista depende da cumulação das atividades de limpeza, padronização, armazenagem e comercialização da matéria-prima.

Embora realizem a venda e a entrega do produto *in natura*, os cerealistas não exercem as demais atividades exigidas pela legislação para a sua caracterização como cerealistas. Como não preenchem os requisitos legais para a aplicação da venda com suspensão, as operações de venda praticadas pelos repassadores às indústrias sofrem a incidência tributária.

Os repassadores, porém, não vêm recolhendo as contribuições para o PIS e a COFINS, porque se autointitulam como cerealistas.

Diante desse quadro, honra-me a Consulente com pedido de parecer destinado a responder, primeiro, se os repassadores podem ser considerados como cerealistas diante do texto da lei, para fins de aplicação do benefício da venda com suspensão, e, segundo, se existe o direito de crédito integral das indústrias com relação às contribuições para o PIS e a COFINS, caso haja incidência tributária na operação anterior, ainda que não exista o efetivo recolhimento. É o que se passa objetivamente a responder.

2. O PARECER

2.1 A regra geral de incidência e a não cumulatividade das contribuições sociais

O art. 195 da Constituição prevê que a seguridade social será financiada por toda a sociedade, de forma direta e indireta, nos termos da lei, mediante recursos provenientes dos orçamentos da União, dos Estados, do Distrito Federal e dos Municípios, e de determinadas contribuições sociais, como aquelas incidentes sobre a receita e o faturamento da empresa ou do empregador (art. 195, I, "b").

Assim, foi recepcionada pela Constituição de 1988 a contribuição já existente para o Programa de Integração Social-PIS, instituída pela Lei Complementar n. 7/1970 (art. 239, *caput*).[1] Além disso, foi instituída pela Lei Complementar n. 70/1991 a Contribuição Social para Financiamento da Seguridade Social-COFINS, nos seguintes termos:

> Art. 1º. Sem prejuízo da cobrança das contribuições para o Programa de Integração Social (PIS) e para o Programa de Formação do Patrimônio do Servidor Público (PASEP), fica instituída contribuição social para financiamento da seguridade social, nos termos do inciso I do art. 195 da Constituição Federal, devida pelas pessoas jurídicas inclusive as a elas equiparadas pela legislação do imposto de renda, destinadas exclusivamente às despesas com atividades-fins das áreas de saúde, previdência e assistência social.

---

1. "Art. 239. A arrecadação decorrente das contribuições para o Programa de Integração Social, criado pela Lei Complementar n. 7, de 7 de setembro de 1970, e para o Programa de Formação do Patrimônio do Servidor Público, criado pela Lei Complementar n. 8, de 3 de dezembro de 1970, passa, a partir da promulgação desta Constituição, a financiar, nos termos que a lei dispuser, o programa do seguro--desemprego e o abono de que trata o § 3º deste artigo."

Mais tarde, a Lei n. 9.718/1998, em seu art. 2º, explicitou a base de cálculo dessas contribuições, ao asseverar que "as contribuições para o PIS/PASEP e a COFINS, devidas pelas pessoas jurídicas de direito privado, serão calculadas com base no seu faturamento, observadas a legislação vigente e as alterações introduzidas por esta Lei" (art. 2º). O texto constitucional e a legislação vigente, portanto, estabelecem como regra geral a incidência das contribuições para o PIS e a COFINS sobre o faturamento das empresas, que inclui, dentre outros elementos, o valor das vendas realizadas. A regra geral de incidência, porém, está submetida a um regime específico de não cumulatividade, conforme se passa a demonstrar.

O debate jurídico acerca da existência, ou não, de uma imposição constitucional a respeito da não cumulatividade das contribuições é bastante conhecido e desenvolvido no âmbito doutrinário, especialmente a partir da introdução do § 12 ao art. 195 da Constituição por meio da Emenda Constitucional 42/2003, assim redigido:

> Art. 195. A seguridade social será financiada por toda a sociedade, de forma direta e indireta, nos termos da lei, mediante recursos provenientes dos orçamentos da União, dos Estados, do Distrito Federal e dos Municípios, e das seguintes contribuições sociais: [*v. Emenda Constitucional 20/1998*] I – do empregador, da empresa e da entidade a ela equiparada na forma da lei, incidentes sobre: [*redação dada pela Emenda Constitucional 20/1998*] a) a folha de salários e demais rendimentos do trabalho pagos ou creditados, a qualquer título, à pessoa física que lhe preste serviço, mesmo sem vínculo empregatício; [*incluído pela Emenda Constitucional 20/1998*] b) a receita ou o faturamento; [*incluído pela Emenda Constitucional 20/1998*] (...); IV – do importador de bens ou serviços do exterior, ou de quem a lei a ele equiparar. [*Incluído pela Emenda Constitucional 42, de 19.12.2003*]
>
> (...)
>
> § 12. A lei definirá os setores de atividade econômica para os quais as contribuições incidentes na forma dos incisos I, "b", e IV do *caput* serão não cumulativas. [*Incluído pela Emenda Constitucional 42, de 19.12.2003*]

Independentemente deste debate, porém, o legislador infraconstitucional fez uma opção clara, tomando uma decisão fundamental a respeito do regime legal aplicável às contribuições. Com efeito, as Leis ns. 10.337/2002 e 10.833/2003 instituíram o regime não cumulativo para o PIS e a COFINS. O aumento das alíquotas, de 0,65% e 3% para 1,65% e 7,6%, respectivamente, foi justificado pela própria possibilidade de o contribuinte deduzir os créditos embutidos no valor dos bens comprados e no valor dos serviços tomados.

Com isso, o legislador decidiu instituir o regime não cumulativo para as contribuições sociais, adotando-o como *princípio diretivo* e estabelecendo a capacidade compensatória de créditos anteriores como critério de diferenciação entre os contribuintes para afastar o efeito econômico perverso do acúmulo de carga tributária durante o ciclo econômico. Assim, ainda que o legislador tivesse liberdade de configuração a respeito de qual regime adotar, ele fez esta opção, adotando o regime não cumulativo de modo expresso e com uma finalidade inequívoca do novo regime legal.[2] Nesse sentido, o direito de crédito foi assegurado nos seguintes termos:

Lei n. 10.637/2002 (PIS)

Art. 3º. Do valor apurado na forma do art. 2º a pessoa jurídica poderá descontar créditos calculados em relação a: I – bens adquiridos para revenda, exceto em relação às mercadorias e aos produtos referidos: [*redação dada pela Lei n. 10.865/2004*] a) no inciso III do § 3º do art. 1º desta Lei; e [*redação dada pela Lei n. 11.727, de 23.6.2008*] b) nos §§ 1º e 1º-A do art. 2º desta Lei; [*redação dada pela Lei n. 11.787, de 25.9.2008*] *II – bens e serviços, utilizados como insumo na prestação de serviços e na produção ou fabricação de bens ou produtos destinados à venda*, inclusive combustíveis e lubrificantes, exceto em relação ao pagamento de que trata o art. 2º da Lei n. 10.485, de 3 de julho de 2002, devido pelo fabricante ou importador, ao concessionário, pela intermediação ou entrega dos veículos classificados nas Posições 87.03 e 87.04 da TIPI; (...). [*Grifos meus*]

Lei n. 10.833/2003 (COFINS)

Art. 3º. Do valor apurado na forma do art. 2º a pessoa jurídica poderá descontar créditos calculados em relação a: I – bens adquiridos para revenda, exceto em relação às mercadorias e aos produtos referidos: [*redação dada pela Lei n. 10.865/2004*] a) no inciso III do § 3º do art. 1º desta Lei; e [*redação dada pela Lei n. 11.727, de 23.6.2008*] b) nos §§ 1º e 1º-A do art. 2º desta Lei; [*redação dada pela Lei n. 11.787, de 25.9.2008*] *II – bens e serviços, utilizados como insumo na prestação de serviços e na produção ou fabricação de bens ou produtos destinados à venda*, inclusive combustíveis e lubrificantes, exceto em relação ao pagamento de que trata o art. 2º da Lei n. 10.485, de 3 de julho de 2002, devido pelo fabricante ou importador, ao

---

2. Ávila, Humberto, "O 'postulado do legislador coerente' e a não cumulatividade das contribuições", in Rocha, Valdir de Oliveira (coord.), *Grandes Questões Atuais de Direito Tributário*, vol. 11, São Paulo, Dialética, 2007, p. 180.

concessionário, pela intermediação ou entrega dos veículos classificados nas Posições 87.03 e 87.04 da TIPI; (...). [*Grifos meus*]

A *regra geral*, portanto, é a incidência tributária das contribuições para o PIS e a COFINS sobre o valor das vendas realizadas, em um regime não cumulativo. Por essa razão, a operação de compra de insumos para a fabricação de um determinado produto, segundo a regra geral, assegura o direito de crédito para as operações subsequentes.

2.2 A exceção: o benefício fiscal concedido aos cerealistas e a sua interpretação

A mencionada regra geral de incidência das contribuições tem uma exceção expressa com relação aos cerealistas: a venda de produtos *in natura* de origem vegetal é beneficiada com o direito de suspensão da incidência das contribuições para o PIS e a COFINS, conforme dispõem os arts. 8º e 9º da Lei n. 10.925/2004, nos seguintes termos:

> Art. 8º. As pessoas jurídicas, inclusive cooperativas, que produzam mercadorias de origem animal ou vegetal, classificadas nos Capítulos 2, 3, exceto os produtos vivos desse capítulo, e 4, 8 a 12, 15, 16 e 23, e nos Códigos 03.02, 03.03, 03.04, 03.05, 0504.00, 0701.90.00, 0702.00.00, 0706.10.00, 07.08, 0709.90, 07.10, 07.12 a 07.14, exceto os Códigos 0713.33.19, 0713.33.29 e 0713.33.99, 1701.11.00, 1701.99.00, 1702.90.00, 18.01, 18.03, 1804.00.00, 1805.00.00, 20.09, 2101.11.10 e 2209.00.00, todos da NCM, destinadas à alimentação humana ou animal, poderão deduzir da contribuição para o PIS/PASEP e da COFINS, devidas em cada período de apuração, crédito presumido, calculado sobre o valor dos bens referidos no inciso II do *caput* do art. 3º das Leis ns. 10.637, de 30 de dezembro de 2002, e 10.833, de 29 de dezembro de 2003, adquiridos de pessoa física ou recebidos de cooperado pessoa física. [*Redação dada pela Lei n. 11.051/2004*]
>
> § 1º. O disposto no *caput* deste artigo aplica-se também às aquisições efetuadas de: *I – cerealista que exerça cumulativamente as atividades de limpar, padronizar, armazenar e comercializar os produtos* **in natura** *de origem vegetal*, classificados nos Códigos 09.01, 10.01 a 10.08, exceto os dos Códigos 1006.20 e 1006.30, 12.01 e 18.01, todos da NCM; [*redação dada pela Lei n. 11.196, de 21.11.2005*]; (...).
>
> Art. 9º. A incidência da contribuição para o PIS/PASEP e da COFINS fica suspensa no caso de venda: [*redação dada pela Lei n. 11.051/2004*] I – de produtos de que trata o inciso I do § 1º do art. 8º desta Lei, quando

efetuada por pessoas jurídicas referidas no mencionado inciso; [*incluído pela Lei n. 11.051/2004*]; (...).

Para ser aplicada, no entanto, esta regra excepcional impõe determinados requisitos. Segundo o texto legal, cerealistas são as empresas que exerçam, cumulativamente, as atividades de *limpar*, *padronizar*, *armazenar* e *comercializar* os produtos *in natura* de origem vegetal.

Em outras palavras: para que estejam enquadradas no benefício fiscal previsto na mencionada lei, as empresas repassadoras necessariamente precisam *vender* matérias-primas já *limpas* (isto é, peneiradas e lavadas), *padronizadas* (ou seja: classificadas de acordo com seus requisitos de identidade e qualidade, amostragem, modo de apresentação e marcação ou rotulagem) e também devidamente *armazenadas* (nas condições ideais de temperatura e conservação). Caso alguma dessas atividades não seja realizada, não se poderá falar em atuação como cerealista, na medida em que a lei exige a realização *cumulativa* de todas estas atividades para tal enquadramento.

Considerando que a *regra* é a incidência tributária em um regime de não cumulatividade, não há dúvida de que a suspensão da incidência a partir de um benefício fiscal é a *exceção*. Esta constatação conduz a duas conclusões. A primeira é a de que a interpretação da regra excepcional deve ser *restritiva*; a segunda é a de que o ônus de comprovar o fato constitutivo do direito excepcional ao benefício fiscal é de quem alega ser beneficiário deste. Se não, vejamos.

A análise do dispositivo geral de incidência com o dispositivo excepcional de suspensão leva à conclusão de que a regra é a incidência das contribuições sociais para o PIS e COFINS nas vendas de produtos *in natura* de origem vegetal para indústrias, salvo se for comprovado que os vendedores se enquadram na categoria de cerealistas, preenchendo de forma cumulativa os requisitos legais. É isto que determina a lei. E, em nome do princípio da legalidade e da separação dos Poderes, é exatamente esta regra que precisa ser aplicada.

O benefício da suspensão da incidência protege interesses individuais de uma determinada categoria, opondo-se ao interesse da coletividade previsto na regra geral.[3] Em outras palavras: a exceção a uma regra geral constitui, no caso específico ora analisado, um privilégio. E este privilégio depende de manifestação expressa do legislador, porque im-

---

3. Lebeau, Martin, *De l'Interprétation Stricte des Lois – Essai de Méthodologie*, Paris, Defrénois, 2012, p. 134.

plica uma forma de mutilar parte da hipótese da regra geral. Exatamente por isto, não pode o juiz estender privilégios a pessoas que não foram abrangidas pelo legislador.[4] Aliás, o próprio CTN determina a interpretação restritiva para benefícios fiscais, conforme o art. 111, I:

> Art. 111. Interpreta-se literalmente a legislação tributária que disponha sobre: I – suspensão ou exclusão do crédito tributário; (...).

Da mesma forma, o Superior Tribunal de Justiça também é firme em defender a proibição de "interpretação ampliativa" do benefício da suspensão previsto para os cerealistas na Lei n. 10.925/2004, como se verifica no seguinte:

> TRIBUTÁRIO – EMPRESA ADQUIRENTE DE PRODUTO ESTRANGEIRO PROVENIENTE DO MERCOSUL – PIS-IMPORTAÇÃO E COFINS-IMPORTAÇÃO – ART. 5º, I, DA LEI N. 10.865/2004 – SUSPENSÃO DA INCIDÊNCIA – ARTS. 8º E 9º DA LEI N. 10.925/2004 – IMPOSSIBILIDADE. 1. Conjugando-se os arts. 8º, § 1º, I, e 9º, I, da Lei n. 10.925/2004, infere-se que o legislador concedeu a suspensão da incidência de PIS e COFINS nas vendas de produtos *in natura* de origem vegetal, classificados sob determinados códigos, efetuadas por empresa cerealista que exerça cumulativamente as atividades de limpeza, padronização, armazenamento e comercialização destes bens. (...). *O benefício da suspensão tributária dirige-se única e exclusivamente às empresas cerealistas que vendem os produtos in natura de origem vegetal e a Cooperativa insurgente que atuou como adquirente do trigo proveniente da República do Uruguai, sendo manifestamente **descabida a amplitude interpretativa** almejada pelo recorrente*, o qual busca simplesmente gozar, na condição de comprador, de norma elaborada com o fito de favorecer tão somente as cerealistas vendedoras. 4. Recurso especial não provido (STJ, 2ª Turma, REsp 1.107.691-PR, rel. Min. Castro Meira, j. 7.5.2009) [*Grifos meus*].

Tendo isso em vista, fica claro que caberá aos possíveis beneficiados a prova do seu direito excepcional com relação à não incidência. Noutro dizer: a regra geral impõe o direito de crédito na operação subsequente, sendo a suspensão da incidência e a consequente vedação do crédito excepcionais. Por essa razão, o cumprimento dos requisitos legais do direito à suspensão é fato constitutivo e excepcional, cabendo sua prova cabal, no caso, aos repassadores. É isto que determina o art. 333 do CPC [*de 1973*]:

4. Ibidem, p. 56.

Art. 333. O ônus da prova incumbe: I – ao autor, quanto ao fato constitutivo do seu direito; (...).

Desse modo, o ônus de provar o enquadramento na regra excepcional é do possível beneficiário. Nesse sentido decisão do Superior Tribunal de Justiça:

> TRIBUTÁRIO – REPETIÇÃO DE INDÉBITO – IMPOSTO DE RENDA – PARCELAS INDENIZATÓRIAS – FÉRIAS, ABONO-ASSIDUIDADE E LICENÇA-PRÊMIO – NÃO INCIDÊNCIA – FATO CONSTITUTIVO E EXTINTIVO – ÔNUS DA PROVA – DISSÍDIO JURISPRUDENCIAL CARACTERIZADO. O recorrente tinha o ônus de provar que houve a retenção do imposto de renda na fonte, incidente sobre suas férias, abono-assiduidade e licença-prêmio – fato constitutivo de seu direito –, e isso comprovou, mediante a juntada dos documentos pertinentes. (...) *"Em suma, quem tem o ônus da ação tem o de afirmar e provar os fatos que servem de fundamento à relação jurídica litigiosa; quem tem o ônus da exceção tem o de afirmar e provar os fatos que servem de fundamento a ela. Assim, ao autor cumprirá sempre provar os fatos constitutivos, ao réu os impeditivos, extintivos ou modificativos"* (Moacyr Amaral Santos, *Comentários ao Código de Processo Civil*, IV vol., arts. 332 a 475, 2ª ed., 1977, Forense, p. 33). Realizado o necessário cotejo analítico, restou adequadamente apresentada a divergência, havendo demonstração suficiente das circunstâncias identificadoras da divergência entre o caso confrontado, vindo em desacordo com o que já está pacificado na jurisprudência desta egrégia Corte – Precedentes – Recurso especial conhecido e provido – Decisão por unanimidade. (STJ, 2ª Turma, REsp 313.048-DF, rel. Min. Franciulli Netto, j. 20.9.2001) [*Grifos meus*].

Cabe os repassadores, portanto, o ônus de provar que realizam todo este processo de *limpeza*, *padronização* e *armazenamento*, de forma cumulativa, antes da venda das matérias-primas. De antemão, no entanto, é possível destacar que os repassadores não possuem condições objetivas – de estrutura, de tecnologia e de profissionais habilitados – para a realização, de forma cumulativa, destas atividades. Tanto é assim, que são as próprias indústrias compradoras que realizam estas atividades após a compra dos produtos *in natura*.

De qualquer forma, cabe aos repassadores, enquanto possíveis beneficiários deste direito excepcional, comprovar seu enquadramento estrito nos critérios da lei. Seja porque a prova de fato constitutivo de direito cabe a quem o alega, seja porque se deve provar o anormal, não o normal.⁵ Portanto, não havendo prova do preenchimento dos requisitos legais para a fruição do benefício fiscal e sendo restritiva a interpretação sobre tais cláusulas, devem incidir as contribuições para o PIS e a COFINS nas vendas realizadas pelos repassadores, em respeito ao princípio da legalidade.

Caso as indústrias vierem a ser autuadas pela Receita Federal, caberá a elas demonstrar, por todos os meios de prova admitidos em Direito, que a prova do direito excepcional à suspensão cabe aos repassadores, pelas razões expostas acima. Tal conclusão não se altera pelo fato de os repassadores eventualmente enviarem as mercadorias às indústrias com o código fiscal de suspensão. Primeiro, porque a condição de contribuinte ou responsável decorre da lei, cabendo à autoridade fiscal, segundo o art. 142 do CTN, verificar a ocorrência do fato gerador, sem que o contribuinte possa alterar esta situação por sua mera vontade. Segundo, porque, de acordo com o art. 123 do mesmo Código, convenções particulares não podem alterar a sujeição passiva da obrigação tributária.

Desse modo, ainda que as indústrias recebam as mercadorias acompanhadas de documentos fiscais emitidos pelos repassadores com a indicação de suspensão, elas poderão usufruir do crédito no caso de os repassadores não exercerem de forma cumulativa as atividades exigidas por lei para a existência do direito à suspensão, como demonstrado acima.

Para aumentar as suas chances de êxito no caso de eventual conflito, as indústrias, ao receberem as mercadorias com o código de suspensão, deveriam comunicar formalmente os repassadores de que discordam das informações contidas nos documentos a respeito da suspensão. Embora a falta dessa comunicação não altere as conclusões anteriores, pelos motivos já expostos no parágrafo precedente, no sentido de que as manifestações dos particulares não alteram os efeitos legais relativos à sujeição passiva, a aceitação do referido documento certamente cria uma dificuldade adicional para a comprovação do direito ao creditamento pelas indústrias.

2.3 O direito de crédito na compra de insumos, independentemente do efetivo recolhimento do tributo

No caso ora analisado, ainda que não tenham provado o direito excepcional ao benefício, os repassadores se autointitulam como cerealistas

---

5. Taruffo, Michele, "La valutazione delle prove", in *La Prova nel Processo Civile*, idem (org.), Milano, Giuffrè, 2012, p. 226.

a fim de aproveitar a regra excepcional da venda com suspensão das contribuições sociais. Não obstante este fato, as indústrias que adquirem os produtos *in natura*, como insumos para a fabricação de suas mercadorias, têm direito ao crédito, uma vez que este decorre da lei, e não do efetivo recolhimento do tributo.

Este direito de crédito é garantido pela aplicação, de um lado, do princípio da legalidade e, de outro lado, do princípio da igualdade. Com relação ao princípio da legalidade, basta lembrar que a incidência tributária e a geração do respectivo crédito se fazem de acordo com a lei, respeitando o princípio da não cumulatividade, e não conforme a atuação dos contribuintes na cadeia de produção.

Nesse caso, considerando que há incidência tributária, pela inaplicabilidade do benefício da suspensão nas operações de venda pelos repassadores, há, consequentemente, o direito de creditamento da indústria com relação às contribuições nas operações subsequentes. Isso porque tanto a incidência tributária como a geração de créditos na sistemática não cumulativa independem da atuação do contribuinte, tendo como única fonte a lei.

A falta de pagamento do tributo na operação é consequência do equívoco dos repassadores ao interpretar de forma ampla o dispositivo legal que prevê o benefício da suspensão aos cerealistas, sendo esta conduta incapaz de alterar a incidência tributária das contribuições. Por essa razão, e considerando que o crédito tributário é uma decorrência da incidência das contribuições na sistemática de cobrança não cumulativa, evidente que a falta de pagamento em nada afeta o direito de crédito dos compradores de insumos.

Não suficiente, o direito de crédito também é uma decorrência da aplicação do princípio da igualdade. De fato, o princípio da igualdade, expressamente previsto no *caput* do art. 5º da Constituição, pressupõe a relação entre dois sujeitos com base em uma medida de comparação que serve a determinado fim. Dois sujeitos nunca são iguais em tudo. Se forem, não são dois sujeitos, mas um só. Por isso mesmo que só existe igualdade com relação a determinada medida de comparação. É-se ou não igual com relação a alguma coisa. Isso significa que a norma de isonomia pressupõe a *relação entre dois sujeitos* com base em uma *medida de comparação* que mantenha *relação de razoabilidade* com a finalidade que justifica a sua utilização.[6]

---

6. Ávila, Humberto, *Teoria da Igualdade Tributária*, 3ª ed., São Paulo, Malheiros Editores, 2015, p. 198.

Ao optar por implementar um regime não cumulativo para as contribuições sociais, o legislador definiu um critério de distinção (capacidade compensatória de créditos anteriores), tendo em vista uma finalidade justificadora (afastar o efeito econômico perverso do acúmulo da carga tributária durante o ciclo econômico).[7] Desse modo, dois sujeitos que estejam na mesma situação com relação ao critério eleito deverão receber o mesmo tratamento jurídico, a fim de realizar a finalidade almejada.

Por isso, não há como se pretender diferenciar a situação da Consulente de outra empresa que adquire seus insumos de empresas que recolhem corretamente o tributo incidente sobre suas vendas. Se o critério é a existência de créditos decorrentes da incidência tributária, é evidente que a falta de recolhimento efetivo do tributo em nada afeta o direito de crédito da empresa adquirente. Ou seja: se há créditos referentes a contribuições sociais embutidas no valor dos bens comprados para o exercício da atividade do contribuinte, deve necessariamente haver o direito à sua dedução, sob pena de o regime não cumulativo ser descaracterizado e a finalidade legal justificadora da própria diferenciação entre os contribuintes ser negada.

Sobre o tema, o Superior Tribunal de Justiça, em matéria de não cumulatividade do ICMS, já decidiu que o creditamento "prescinde do efetivo recolhimento na etapa anterior, bastando que haja a incidência tributária" (2ª Turma, RMS 31.714-MT, rel. Min. Castro Meira, j. 3.5.2011). Nas palavras do Ministro-Relator, Castro Meira, "basta que o imposto tenha incidido na etapa anterior, ainda que não tenha sido efetivamente recolhido, para que surja o direito ao crédito na etapa seguinte".

Mesmo que se trate de discussão no âmbito do ICMS, e não de contribuições, este precedente demonstra o entendimento, fundamentado na própria legalidade, de que a incidência tributária e o crédito consequente decorrem da lei, e, nessa linha, havendo incidência, há direito de crédito, ainda que exista tributo devido não recolhido.

A solução de fato não poderia ser outra. A falta de recolhimento do tributo devido por um contribuinte não pode expandir-se a ponto de prejudicar outro contribuinte, que recolhe devidamente seus tributos e tem direito ao crédito tributário decorrente da compra de seus insumos. Esta situação, por sua vez, deve ser objeto de controle e fiscalização pelas autoridades competentes. A indústria adquirente não possui poder

7. Ávila, Humberto, "O 'postulado do legislador coerente' e a não cumulatividade das contribuições", in Rocha, Valdir de Oliveira (coord.), *Grandes Questões Atuais de Direito Tributário*, vol. 11, São Paulo, Dialética, 2007, p. 180.

de polícia para coagir os cerealistas ao pagamento dos tributos devidos. E esta falta de poder e competência para forçar o recolhimento do tributo reforça o argumento de que ela – a indústria – não pode ter o seu direito de creditamento tolhido pela atuação de terceiros.

Nesse sentido, o Supremo Tribunal Federal também já decidiu que o direito de crédito na sistemática não cumulativa não é abalado pela falta de pagamento do tributo na operação anterior, que deverá ser fiscalizada pela autoridade fiscal, e não pelo contribuinte. A jurisprudência da Corte é firme neste sentido, como se verifica no seguinte julgamento:

> TRIBUTÁRIO – IMPOSTO SOBRE CIRCULAÇÃO DE MERCADORIAS E SERVIÇOS DE COMUNICAÇÃO E DE TRANSPORTE INTERMUNICIPAL E INTERESTADUAL – CUMULATIVIDADE – VALOR DESTACADO EM NOTAS FISCAIS – POSTERIOR DISCUSSÃO JUDICIAL FAVORÁVEL AO VENDEDOR – PLEITO FISCAL DE ESTORNO DE CRÉDITO EM DESFAVOR DO ADQUIRENTE – IMPOSSIBILIDADE – PROCESSUAL CIVIL – AGRAVO REGIMENTAL. 1. Constitui ônus processual da parte impugnar todos os fundamentos suficientes em si para manter a decisão recorrida. Portanto, correta foi a negativa de seguimento do agravo regimental, pois o ora agravante não impugnou fundamento suficiente para manter a decisão agravada (violação indireta ou reflexa). 2. *De qualquer modo, o acórdão que foi objeto do recurso extraordinário é harmônico com a orientação firmada por esta Corte, que estabelece não ser responsabilidade do adquirente zelar pelo efetivo recolhimento do tributo devido pelo vendedor da mercadoria. Tal dever é da autoridade fiscal.* (...).[8] (2ª Turma, AgR no AI 669.544-RS, rel. Min. Joaquim Barbosa, j. 15.2.2011 – *Grifos meus*)

A manifestação do Min. Joaquim Barbosa não poderia ser mais enfática ao afirmar que "deve a autoridade fiscal resolver os alegados problemas de eficácia jurídica (possibilidade legal de cobrança) e da efetividade (recolhimento em concreto) com o contribuinte que ocupa o polo passivo de tais relações, sem impor ao contribuinte adquirente quaisquer penalidades pelo erro supostamente cometido por terceiros". Não há dúvida, portanto, de que a falta de recolhimento do tributo devido na operação anterior não tem o condão de afetar o direito de creditamento dos demais contribuintes da cadeia na operação subsequente.

---

8. Na mesma direção: STF, 2ª Turma, AgR no RE 203.531, rel. Min. Carlos Velloso, j. 6.10.1998.

2.4 O caso da Consulente

As considerações anteriores servem para demonstrar que o fato de os repassadores não recolherem as contribuições para o PIS e a COFINS, por se considerarem como cerealistas em desacordo com a respectiva previsão legal, é um problema que deverá ser objeto de fiscalização e cobrança por parte das autoridades fiscais.

Esta situação, contudo, em nada afeta o fato de que as contribuições incidem sobre a venda dos produtos *in natura* dos repassadores para as indústrias, de acordo com a regra geral. E, com isso, gera-se o direito de crédito correspondente para a operação subsequente, na medida em que as indústrias não podem ser responsabilizadas pelos equívocos dos repassadores.

Assim, se os repassadores não comprovam seu enquadramento nos requisitos legais para que sejam caracterizados como cerealistas para fins da suspensão da incidência tributária, não há fundamento legal para a não incidência das contribuições para o PIS e a COFINS em suas operações de venda. Noutro dizer: a regra geral prevalece se não há prova do fato constitutivo do direito à exceção com relação ao benefício fiscal. E, se há incidência, há crédito nas operações subsequentes.

A Consulente, portanto, tem o direito de creditamento integral das indústrias com relação às operações de compra dos produtos *in natura* de origem vegetal dos repassadores. De um lado, porque os repassadores não provaram que se enquadram no conceito legal de cerealistas, e, por isso, não fazem jus a qualquer benefício de suspensão do recolhimento das contribuições para o PIS e a COFINS. E, de outro lado, porque o direito de crédito está baseado na incidência tributária, que depende somente da lei, e não do efetivo recolhimento do tributo devido na operação anterior.

Vale referir que o Conselho Administrativo de Recursos Fiscais, na mesma linha da jurisprudência dos Tribunais Superiores, reconhece o direito de crédito independentemente do correto recolhimento do tributo na operação anterior, resguardando o direito de creditamento integral quando a suspensão do tributo foi aplicada de maneira equivocada na etapa anterior. Nesse sentido decisão recente proferida pelo órgão colegiado:

AQUISIÇÃO DE CAFÉ TRIBUTADO – SUSPENSÃO INDEVIDA NA VENDA POR CEREALISTA – DIREITO AO CRÉDITO DO ADQUIRENTE PRODUTOR. No período em que a suspensão prevista no art. 9º da Lei n. 10.925/2004 não estava autorizada, *a aquisição tributada de café dá direito ao crédito básico da contribuição ao produtor adquirente, ainda que o vendedor cerealista pessoa jurídica tenha se utilizado, indevidamente, da suspensão.* (...) (Processo 10660.005261/2007-81, Acórdão 3302-002.095, rel. Walber José da Silva, *DJ* 21.5.2013) [*Grifos meus*].

Ainda que se trate de um caso em que a empresa não tinha direito ao crédito por uma questão de prazo, e não de falta de preenchimento dos requisitos legais da Lei n. 10.925/2004, a decisão é paradigmática, porque reconhece que o creditamento independe do efetivo recolhimento na etapa anterior, estando vinculado tão somente à lei. Ou seja: se não há direito à suspensão assegurado em lei na etapa anterior, não há que se falar em restrição ao direito de crédito na etapa seguinte. Nestes termos o voto do ilustre Conselheiro-Relator:

> A DRJ, ao interpretar que o crédito da recorrente seria básico ou presumido, a depender da tributação ou suspensão adotada pelo cerealista vendedor, parece ter desprezado que a incidência (ou suspensão) não depende de como se deu a venda (fato), mas de como devia se dar (norma, dever-ser). O cerealista vendedor não tinha a possibilidade de suspender (ou não). No período em tela, necessariamente, a suspensão era indevida (isto o próprio acórdão deixa claro, ressalto), ou seja, a pessoa jurídica cerealista devia tributar segundo a regra geral. Em contrapartida, a recorrente faz jus ao crédito pelas alíquotas cheias (crédito básico).

Os fundamentos desta decisão podem ser aplicados ao caso da Consulente: também aqui os repassadores não tinham a possibilidade de fazer a venda com a suspensão da incidência, ou seja, esta operação deveria ser tributada segundo a regra geral de incidência. A partir disso, as indústrias adquirentes dos produtos *in natura* de origem vegetal fazem jus ao crédito pelas alíquotas cheias (crédito básico), conforme definido pela decisão.

As considerações anteriores levam à conclusão de que a chance de êxito no processo é possível, considerando os aspectos probatórios e a jurisprudência consolidada no âmbito dos Tribunais Superiores.

3. Conclusões

As considerações precedentes permitem chegar às seguintes conclusões:

(1) A regra geral prevê a incidência das contribuições para o PIS e a COFINS sobre a receita bruta das pessoas jurídicas, sendo excepcionada pelo art. 9º da Lei n. 10.925/2004 ao prever o benefício fiscal da venda

com suspensão destas contribuições no caso de cerealistas, ou seja, de empresas que exerçam, cumulativamente, as atividades de limpar, padronizar, armazenar e comercializar os produtos *in natura* de origem vegetal.

(2) Sendo uma regra excepcional, que cria um privilégio em forma de benefício fiscal para determinada categoria, sua interpretação deve ser restrita, conforme determina o art. 111, I, do CTN.

(3) O ônus de comprovar o fato constitutivo do direito excepcional ao benefício fiscal é de quem alega ser beneficiário deste, conforme disposto no art. 333, I, do CPC; por esta razão, caberia aos repassadores provar a realização das atividades de limpeza, padronização e armazenamento dos produtos *in natura*, o que, no entanto, não acontece.

(4) Como não há a prova do preenchimento dos requisitos legais para a aplicação da regra excepcional da suspensão, há incidência tributária, gerando consequentemente o direito de crédito nas operações subsequentes, por força do princípio da legalidade e do regime não cumulativo de incidência das contribuições para o PIS e a COFINS.

(5) A falta de efetivo recolhimento do tributo devido na operação anterior não abala o direito de crédito das indústrias, uma vez que este decorre da lei, e não da conduta do contribuinte, que deverá ser objeto de fiscalização e controle por parte da autoridade fiscal, que é quem tem competência e poder de polícia para tanto.

(6) Por essas razões, há o direito de creditamento integral das indústrias processadoras com relação aos créditos de PIS e COFINS nas compras de produtos *in natura* de repassadores, na medida em que há incidência tributária na operação anterior, gerando o direito de crédito integral no tocante aos insumos adquiridos.

BIBLIOGRAFIA

ÁVILA, Humberto. "O 'postulado do legislador coerente' e a não cumulatividade das contribuições". In: ROCHA, Valdir de Oliveira (coord.). *Grandes Questões Atuais de Direito Tributário*. vol. 11. São Paulo, Dialética, 2007 (pp. 175-183).

_____. *Teoria da Igualdade Tributária*. 3ª ed. São Paulo, Malheiros Editores, 2015.

LEBEAU, Martin. *De l'Interprétation Stricte des Lois – Essai de Méthodologie*. Paris, Defrénois, 2012.

TARUFFO, Michele. "La valutazione delle prove". In: TARUFFO, Michele (org.). *La Prova nel Processo Civile*. Milano, Giuffrè, 2012.

EXAME DE CONSTITUCIONALIDADE DO SISTEMA MONOFÁSICO DE APURAÇÃO DE CONTRIBUIÇÕES SOCIAIS

PARECER

1. A consulta. 2. O parecer: 2.1 Objeto e critérios de instituição das contribuições sociais sobre a receita: 2.1.1 Critério da universalidade do financiamento – 2.1.2 Critério da equidade do custeio – 2.2 Critérios de atribuição de responsabilidade na cobrança de contribuições sociais: 2.2.1 Critérios relativos ao sistema plurifásico – 2.2.2 Critérios relativos à substituição para frente. 3. Conclusões.

1. A CONSULTA

A Consulente é pessoa jurídica de direito privado, submetida à tributação pelo lucro real, que se dedica ao comércio de veículos novos e de peças para automóveis. De acordo com o sistema monofásico de recolhimento das contribuições sociais sobre a receita (PIS e COFINS), instituído pela Lei n. 10.485/2002, a fabricante de veículos submete-se ao pagamento concentrado das contribuições, com alíquota majorada, enquanto as operações praticadas pelas concessionárias, como é o caso da Consulente, sujeitam-se à alíquota zero.

Assim, em vez de as operações de venda de veículos se submeterem ao regime de cobrança não cumulativa, com alíquota normal, incidente em cada etapa do ciclo econômico, elas se enquadram no regime de cobrança concentrada, com alíquota majorada, incidente uma só vez na operação de venda do veículo pela fabricante.

Em virtude disso, diferentemente dos contribuintes submetidos ao regime não cumulativo, que têm direito de se creditar das contribuições incidentes nas operações anteriores, a Consulente, porque inserida no regime monofásico, não tem direito de crédito, já que a carga tributária majorada lhe é transferida apenas na forma de um custo adicional do veículo que ela compra da fabricante.

SISTEMA MONOFÁSICO DE APURAÇÃO DAS CONTRIBUIÇÕES SOCIAIS 137

Diante desse quadro, honra-me a Consulente com pedido de parecer para saber se o sistema monofásico de cobrança das contribuições sociais sobre a receita é compatível com a Constituição Federal, especialmente com os critérios de custeio da seguridade social e com os parâmetros de validade da cobrança antecipada de débitos tributários. É o que se passa sucintamente a responder.

2. O PARECER

2.1 Objeto e critérios de instituição das contribuições sociais sobre a receita

2.1.1 Critério da universalidade do financiamento

A Constituição não permite que a União Federal institua contribuições sociais de *quem* e *como* quiser, mas apenas dos sujeitos que menciona e com base nos critérios que estabelece.

Para comprová-lo basta ler a Constituição, no artigo que trata do financiamento da seguridade social, assim redigido:

> Art. 195. A seguridade social será financiada por *toda a sociedade*, de forma direta e indireta, nos termos da lei, mediante *recursos provenientes* dos orçamentos da União, dos Estados, do Distrito Federal e dos Municípios, e *das seguintes contribuições sociais*: I – do empregador, *da empresa e da entidade a ela equiparada na forma da lei, incidentes sobre*: (...); b) *a receita ou o faturamento*; (...).

A leitura desse dispositivo demonstra, de um lado, que *todos* devem contribuir para a seguridade social, não apenas alguns. A expressão "a seguridade social será financiada por *toda* a sociedade" não deixa dúvida disso. A Constituição, em outras palavras, exige universalidade do financiamento da seguridade social.

De outro lado, a leitura do referido dispositivo comprova que *cada um* deve contribuir mediante pagamento de uma contribuição sobre a sua receita ou o seu faturamento. A locução "contribuições sociais (...) da *empresa*, incidentes sobre a receita ou o faturamento" também não permite qualquer questionamento a esse respeito. A Constituição, noutro dizer, exige *individualidade* da repartição do financiamento da seguridade social.

Ora, se *todos* devem financiar a seguridade social (universalidade) a cada *empresa* deve contribuir com sua receita ou seu faturamento (individualidade), claro está que as contribuições sociais *devem ser pagas por todas as empresas* com base na receita ou no faturamento de *cada uma delas*.

Sendo assim, qualquer regime de tributação – pouco importa a sua eficiência – que faça com que *apenas algumas empresas* paguem as contribuições sobre a receita será contrário à Constituição.

2.1.2 Critério da equidade do custeio

Mesmo que houvesse dúvida com relação à obrigação de todos financiarem a seguridade social – o que se admite apenas para argumentar –, essa dúvida seria logo dissipada com a interpretação dos dispositivos referentes aos princípios gerais da seguridade social, assim redigidos pela Constituição:

> Art. 194. A seguridade social compreende um conjunto integrado de ações de iniciativa dos Poderes Públicos e da sociedade, destinadas a assegurar os direitos relativos à saúde, à previdência e à assistência social.
>
> Parágrafo único. Compete ao poder Público, nos termos da lei, organizar a seguridade social, *com base nos seguintes objetivos*: (...); V – *equidade na forma de participação no custeio*; (...).

Como se vê, a participação no custeio da seguridade social deverá seguir o critério da *equidade*. Esse critério envolve um juízo atento à *individualidade* dos contribuintes, como explica a doutrina:

> (...), que saiba comensurar as avaliações ao valor relacional *do indivíduo* e ao teor das circunstâncias sobre as quais versam, senão também à *peculiaridade inerente à personalidade* e ao papel situacional *dos sujeitos*.[1]

Se seguir a equidade é valorar a individualidade do contribuinte, garantir equidade na forma de participação no custeio da seguridade social significa assegurar que os contribuintes contribuam *individualmente* com base na sua *individualidade*. Isso quer dizer, em termos tributários, que cada *contribuinte* deve contribuir com base na *sua receita ou no seu faturamento*.[2]

---

1. Chiodi, Giulio, *Equità – La Regola Costitutiva del Diritto*, Torino, Giappichelli, 2000, p. 51.

2. Ávila, Humberto, "O ICMS na base de cálculo do PIS e da COFINS: incompetência, iniquidade e desigualdade", *RDTributário* 195/72 e ss., dezembro/2011.

Desse modo, qualquer regime de tributação – pouco importa a sua economicidade – que faça com que algumas empresas paguem com base em receita ou faturamento *alheios* também será contrário à Constituição.

As considerações anteriores bastam para afastar a competência da União para a instituição de um sistema monofásico para as contribuições sociais sobre a receita.

Com efeito, se a Constituição exige que *todas as empresas* devam financiar a seguridade social e *cada uma* deva concorrer com uma contribuição incidente sobre a *sua receita*, o sistema monofásico é claramente inconstitucional: em vez de todas as empresas financiarem, *somente as fabricantes* financiam a seguridade social; e, no lugar de cada empresa concorrer com uma contribuição sobre a sua receita, as fabricantes contribuem com base na *receita das empresas concessionárias*, pela submissão a uma alíquota majorada que causa um gravame tributário repassado às concessionárias por meio do preço dos veículos que lhes são vendidos.

Isso quer dizer que o sistema monofásico para as contribuições sociais é incompatível tanto com a base de financiamento (receita ou faturamento próprios) quanto com os critérios de custeio da seguridade social (universalidade e equidade). Ao exigir as contribuições sociais apenas de alguns, e não de tosos, sobre a receita de terceiros, e não sobre a própria, o sistema monofásico rompe, às escâncaras, com a base de financiamento e os critérios estabelecidos pela Constituição para a instituição de contribuições sociais.

Contrariamente às considerações anteriores poderia ser oposto o argumento de que a Constituição teria permitido a instituição do sistema monofásico, a partir da introdução do § 4º ao art. 149 pela Emenda Constitucional 33/2001, do seguinte modo:

§ 4º. A lei definirá as hipóteses em que as contribuições incidirão uma única vez.

Sobre a regra construída pela interpretação desse dispositivo, contudo, é preciso fazer duas ponderações. A primeira diz respeito ao seu âmbito de aplicação: a regra gerada a partir desse dispositivo é *geral*, e, portanto, aplicável a todas as contribuições; ao passo que as regras decorrentes dos dispositivos antes mencionados, que preveem a receita própria como base de cálculo e estabelecem os critérios de universalidade e equidade, são *especiais*, e, como tais, aplicáveis especificamente às contribuições sociais.

Isso significa que a Constituição até pode ter previsto, em tese, competência para a instituição do sistema monofásico para as contribuições em *geral*, mas não para as contribuições sociais em *particular*, na medida em que para estas previu bases (receita ou faturamento próprios) *incompatíveis* com a cobrança só de alguns contribuintes com base em elementos residentes em outros.

A segunda ponderação faz referência ao conteúdo da regra: ela apenas autoriza que o legislador defina hipóteses em que as contribuições incidirão uma só vez, sem fazer referência nem às espécies de contribuições que podem ser submetidas à incidência unificada, nem aos critérios que devem estruturar a sua instituição. Esses elementos devem ser buscados nas regras constitucionais que estabelecem as bases e os critérios de financiamento da seguridade social, como já demonstrado. Não se pode interpretar a Constituição aos pedaços.

Isso quer dize que a Constituição não autoriza a instituição de um regime monofásico de cobrança para *qualquer* contribuição, em *qualquer* situação e com base em *qualquer* critério. O que ela contém é uma autorização geral que deverá ser compatibilizada com o regime jurídico constitucionalmente atribuído a cada umas das espécies de contribuições, nem sempre compatível com a cobrança unificada.

Todas as considerações precedentes demonstram que a aplicação do sistema monofásico, tal como instituído pela Lei n. 10.485/2002, para as contribuições sobre a receita ou o faturamento é inconciliável com a Constituição: em vez de todos pagarem, somente as fabricantes de veículos submetem-se ao pagamento das contribuições, ficando as operações praticadas pelas concessionárias sujeitas à alíquota zero. E, no lugar de cada empresa individualmente pagar sobre a sua receita e o seu faturamento, as fabricantes de veículos submetem-se ao pagamento das contribuições com alíquota majorada, ficando o ônus da tributação indireta da receita pelas concessionárias embutido no preço dos veículos que lhes são vendidos, sem que elas possam dimensioná-lo e questioná-lo.

As considerações precedentes são suficientes para afastar a utilização do sistema monofásico para as contribuições sociais sobre a receita.

Mas, mesmo que a Constituição permitisse a utilização desse sistema para as contribuições sociais sobre a receita, contrariamente a tudo que foi dito anteriormente, ainda assim a União Federal não poderia ter instituído o sistema tal como o fez por meio da Lei n. 10.485/2002, como se passa a demonstrar.

2.2 Critérios de atribuição de responsabilidade na cobrança de contribuições sociais

2.2.1 Critérios relativos ao sistema plurifásico

Caso fosse admitida a instituição do sistema monofásico de cobrança das contribuições sociais sobre a receita ou o faturamento, a sua instituição pela Lei n. 10.485/2002 enfrentaria dois grandes obstáculos.

O primeiro obstáculo diz respeito ao sistema *efetivamente* instituído pela Lei n. 10.485/2002: ela não criou um sistema *monofásico*, mas um sistema *plurifásico* de cobrança das contribuições sobre a receita ou o faturamento. A essa constatação se chega pelo *contraste* entre o sistema instituído para a venda de veículos e o sistema previsto para outras operações.

No caso das operações de venda de querosene de avião e de biodiesel o legislador efetivamente estabeleceu a incidência das contribuições sobre a receita uma única vez. Para demonstrá-lo basta ler as hipóteses legais de incidência, assim concebidas:

> Art. 2º. A contribuição para o PIS/PASEP e a COFINS, relativamente à receita bruta decorrente da venda de querosene de aviação, *incidirá uma única vez*, nas vendas realizadas pelo produtor ou importador, às alíquotas de 5% (cinco por cento) e 23,2% (vinte e três inteiros e dois décimos por cento), respectivamente. [*Lei n. 10.560/2002, com redação dada pela Lei n. 10.865/2004*]

> Art. 3º. A contribuição para o PIS/PASEP e a Contribuição Social para o Financiamento da Seguridade Social – COFINS *incidirão, uma única vez*, sobre a receita bruta auferida, pelo produtor ou importador, com a venda de biodiesel, às alíquotas de 6,15% (seis inteiros e quinze centésimos por cento) e 28,32% (vinte e oito inteiros e trinta e dois centésimos por cento), respectivamente. [*Lei n. 11.116/2005*]

Note-se que nesses dois casos há realmente uma única incidência, na medida em que o produtor e o importador ficarão sujeitos a uma tributação concentrada por alíquota majorada, ficando as operações subsequentes no plano de não incidência pura e simples. Em outras palavras: nessas operações há efetivamente uma única incidência, como prevê a Constituição no § 4º do art. 149.

Já, no caso das operações de venda de veículos novos o legislador estabeleceu a incidência das contribuições sobre a receita *mais de uma vez*. Para comprová-lo é suficiente atentar para hipótese legal de incidência, assim redigida:

> Art. 3º. As pessoas jurídicas fabricantes e os importadores, relativamente às vendas dos produtos relacionados nos Anexos I e II desta Lei, ficam sujeitos à incidência da contribuição para o PIS/PASEP e da COFINS às alíquotas de: [*redação dada pela Lei n. 10.865/2004*] I – 1,65% (um inteiro e sessenta e cinco centésimos por cento) e 7,6% (sete inteiros e seis décimos por cento), respectivamente, nas vendas para fabricante: [*incluído pela Lei n. 10.865/2004*] a) de veículos e máquinas relacionados no art. 1º desta Lei; ou [*incluído pela Lei n. 10.865/2004*] (...); II – 2,3 (dois inteiros e três centésimos por cento) e 10,8 (dez inteiros e oito décimos por cento), respectivamente, nas vendas para comerciante atacadista ou varejista ou para consumidores. [*Redação dada pela Lei n. 10.865/2004*]
>
> (...).
>
> § 2º. *Ficam reduzidas a 0% (zero por cento) as alíquotas da contribuição para o PIS/PASEP e da COFINS, relativamente à receita bruta auferida por comerciante atacadista ou varejista, com a venda dos produtos de que trata*: [*incluído pela Lei n. 10.865/2004*] I – o *caput* deste artigo; e [*incluído pela Lei n. 10.865/2004*] II – o *caput* do art. 1º desta Lei, exceto quando auferida pelas pessoas jurídicas a que se refere o art. 17, § 5º, da Medida Provisória n. 2.189-49, de 23 de agosto de 2001. [*Redação dada pela Lei n. 10.925, de 2004*]

Ressalte-se que, nesse caso, a operação de venda da fabricante às concessionárias submete-se a uma alíquota majorada e as operações de venda das concessionárias aos consumidores submetem-se à alíquota zero. Isso significa que nessas operações não há apenas uma incidência, mas mais de uma: há incidência na operação de venda pela fabricante, por alíquota majorada; e há incidência na operação de venda pela concessionária, por alíquota zero.

Ocioso dizer que a alíquota zero se diferencia da não incidência pura e simples. Esta abrange os casos em que a situação de fato simplesmente não se enquadra na *hipótese legal*. Já, a alíquota zero diz respeito aos casos em que a situação de fato se enquadra na hipótese legal mas a *consequência legal* prevê a alíquota equivalente a zero. Isso significa que no caso da alíquota zero há *incidência do tributo*, pelo enquadramento da situação de fato na hipótese legal, embora a consequência na norma fixe uma alíquota quantificada em zero.

Mas se no caso da alíquota zero há incidência, então, o sistema instituído pela Lei n. 10.485/2002 não é *monofásico*, e sim *plurifásico*: há incidência tanto na operação de venda pela fabricante, por alíquota majorada, quanto na operação de venda pela concessionária, por alíquota zero. Isso significa que mesmo que o legislador, com base no § 4º do art. 149 da Constituição, pudesse livremente definir as hipóteses em que as contribuições incidirão "uma única vez", a Lei n. 10.485/2002 não previu a incidência das contribuições sociais sobre a receita "uma única vez", mas "mais de uma vez". A referida lei não instituiu um sistema monofásico, enfim.

2.2.2 Critérios relativos à substituição para frente

Porém, mesmo que a alíquota zero fosse considerada como uma espécie de não incidência pura e simples, e o sistema legalmente introduzido pudesse, por consequência, ser qualificado como um sistema efetivamente monofásico, ainda assim a tributação concentrada e majorada da operação de venda pela fabricante só poderia ser *explicada* pela conexão com a operação subsequente de venda pela concessionária.

Com efeito, a única explicação para a fábrica ser obrigada a pagar mais (alíquota majorada) e sozinha (tributação concentrada) é estar embutido na sua obrigação tributária o ônus tributário que seria atribuído às concessionárias numa operação normal. Não sendo essa a explicação, tem-se uma tributação manifestamente inconstitucional, por desigual: embora tanto a fábrica quanto a concessionária aufiram receita e devam, por isso, contribuir para o financiamento da seguridade social, não só a fábrica é onerada enquanto a concessionária não o é, como a fábrica é onerada mais gravemente do que os outros contribuintes que também são onerados em outras operações.

Isso significa que, na ausência de uma justificação baseada na conexão entre a tributação majorada e concentrada da fábrica e a tributação pela alíquota zero da concessionária, o regime monofásico de tributação provoca necessariamente duas desigualdades: uma *desigualdade interna*, na medida em que a fábrica é onerada enquanto a concessionária é desonerada, embora ambas aufiram receita; e uma *desigualdade externa*, já que a fábrica é onerada muito mais intensamente do que outros contribuintes que se encontram em situação equivalente.

Para o caso em pauta, isso quer dizer que a única explicação que pode juridicamente justificar a tributação majorada e concentrada da fábrica é a conexão entre a tributação da sua operação com a tributação da operação praticada pela concessionária. Em outras palavras: só se justifica a tributação da fábrica porque nela está embutida a tributação da concessionária, ainda que na forma de custo.

É precisamente em razão dessas considerações que surge o segundo obstáculo ao sistema instituído pela Lei n. 10.485/2002: como ela criou um sistema de cobrança das contribuições sobre a receita ou o faturamento que só se explica pela referência à tributação das concessionárias, seja pelo caráter plurifásico da tributação, seja pela tributação embutida no preço dos veículos vendidos pela fábrica às concessionárias, vários requisitos deveriam ter sido obedecidos e não foram.

De fato, o que a Lei n. 10.485/2002 fez, direta ou indiretamente, foi instituir uma forma *velada* de substituição tributária para frente: a majoração e a concentração da tributação na fábrica são consequências da atribuição à fábrica da responsabilidade pelos débitos que seriam devidos pelas concessionárias, ainda que de modo implícito. Ocorre que a criação de hipótese de responsabilidade tributária por débitos de terceiros deve obedecer a uma série de requisitos previstos no § 7º do art. 150 da Constituição.[3]

Em primeiro lugar, deve haver discriminação (ou, no mínimo, possibilidade de discriminação) entre o débito próprio, devido pela fabricante na qualidade de contribuinte, e o débito alheio, devido por ela na qualidade de responsável. Como a Constituição garante a devolução caso o fato gerador futuro não ocorra, é preciso saber qual parcela deverá ser devolvida nessa hipótese. Se não há discriminação entre o débito próprio e o alheio, simplesmente não há como sequer cogitar da possibilidade de restituição do valor pago indevidamente.

O sistema monofásico, porém, ao criar uma alíquota majorada e uma tributação concentrada, não apenas impede a discriminação desses valores, como excluiu as concessionárias da própria relação obrigacional tributária. Com isso, as concessionárias têm os seus direitos de propriedade e liberdade restringidos pelo custo tributário que lhes é repassado via preço dos veículos, mas não têm como se defender dessa restrição, por desconhecerem o valor da tributação a que indiretamente estão submetidas e por não integrarem diretamente a relação obrigacional tributária.

O que se quer dizer com isso é que o sistema monofásico nada mais é – com a permissão para o uso de uma metáfora – do que um caso de "substituição tributária blindada com caixa preta": enquanto na substituição tributária tradicional há discriminação de débitos próprios

---

3. Ávila, Humberto, *Teoria da Igualdade Tributária*, 3ª ed., São Paulo, Malheiros Editores, 2015, pp. 98 e ss.

e alheios e o substituído tem direito de questionar a eventual invalidade da tributação a que é submetido, no sistema monofásico *não* há discriminação dos débitos e o substituído *não* tem direito de se defender contra eventual invalidade da carga tributária que lhe é indiretamente imposta. Desse modo, há *blindagem*, porque a concessionária fica impedida de discutir a restrição dos seus próprios direitos fundamentais; e blindagem *por caixa preta*, porque a concessionária fica sem saber a qual carga está sendo efetivamente submetida.

Precisamente porque não há discriminação entre o débito próprio e o alheio que não se consegue cumprir o requisito da *generalidade* da substituição: como a substituição é um mecanismo de justiça geral por meio da padronização, ela só é considerada válida se o valor atribuído à operação subsequente corresponder, na maior parte dos casos e com discrepância de pouca intensidade e extensão, ao valor médio efetivamente praticado nas operações subsequentes em dado setor.[4]

No caso do sistema monofásico, no entanto, como não há discriminação entre débito próprio e alheio e a tributação da operação subsequente é feita só indiretamente por meio da alíquota majorada e tributação concentrada, não há como saber qual é a margem de valor agregado que foi presumida pelo legislador, como determina para o ICMS a Lei Complementar n. 87/1996.

Como consequência disso, também não se consegue observar o requisito da *compatibilidade* da substituição: como a substituição é uma exceção à tributação individualizada com base na capacidade contributiva, ela só é considerada válida se o valor atribuído à operação subsequente não se afastar muito do valor efetivamente praticado na operação subsequente.[5]

No regime monofásico, porém, como não há discriminação dos débitos, mas apenas alíquota majorada e tributação concentrada, não há como saber se a presunção de faturamento da operação subsequente se afasta – e em que medida se afasta – do valor real do faturamento auferido pela concessionária.

Também por essa razão não se pode seguir o requisito da *neutralidade* da substituição: como a substituição é uma exceção à regra de tributação individualizada de cada contribuinte, ela só é considerada constitucional se não causar efeito desfavorável a determinados contribuintes,

---

4. Ávila, Humberto, *Teoria da Igualdade Tributária*, 3ª ed., São Paulo, Malheiros Editores, 2015, p. 99.
5. Ibidem, p. 101.

de modo a inviabilizar o exercício dos seus direitos fundamentais de livre exercício de atividade econômica e de livre concorrência.[6]

No sistema monofásico, entretanto, dada a ausência de discriminação dos débitos e o afastamento das concessionárias da relação obrigacional tributária, não há nem como verificar a neutralidade da tributação, nem como permitir que os prejudicados exerçam os seus direitos fundamentais de livre exercício de atividade econômica e de livre concorrência. Em razão de o ônus tributário a que se submetem as concessionárias estar embutido no preço dos veículos por elas comprados das fábricas, não há como averiguar se as concessionárias estão sendo tratadas de maneira mais desfavorável, caso estivessem submetidas ao sistema não cumulativo, por meio do qual haveria direito de crédito.

Todas as considerações anteriores demonstram que o sistema monofásico instituído pela Lei n. 10.485/2002, por ser uma hipótese velada de substituição tributária, é incompatível com os requisitos constitucionais de validação desse mecanismo de tributação.

Contrariamente a tudo que se afirmou neste parecer, poderia ser contraposto o argumento de que o sistema monofásico é autorizado pelo § 4º do art. 149 da Constituição e se diferencia do mecanismo de substituição tributária para frente precisamente por não distinguir débitos próprios de alheios e por afastar os outros contribuintes da relação obrigacional tributária.

É preciso dizer, porém, que a aceitação desse argumento importa a admissão de que o legislador estaria autorizado a criar o sistema monofásico sem qualquer limitação relativamente aos sujeitos, à base de cálculo e à alíquota, impedindo que os contribuintes direta ou indiretamente atingidos pudessem questioná-lo. O legislador tributário, em vez de buscar a justiça individual, pela tributação de cada contribuinte conforme a capacidade econômica individualmente revelada em cada operação, ou de buscar a justiça geral, desde que obedecendo a rigorosos requisitos constitucionais, estaria *totalmente livre* para criar mecanismos arbitrários de tributação.

Ora, não há necessidade de perder muito tempo para demonstrar que a aceitação dessa tese é flagrantemente incompatível com a Constituição, pois ela, entre tantos motivos que se poderia agora lembrar, impede não apenas o exercício de praticamente todos os direitos fundamentais – dos direitos materiais de prosperidade, liberdade e igualdade aos direitos

---

6. Ibidem, p. 101.

processuais de ampla defesa e de contraditório –, como aniquila a eficácia de praticamente todos os princípios fundamentais relativos à atuação estatal – dos princípios estruturantes do Estado de Direito e da segurança jurídica aos princípios estatais da moralidade, publicidade e transparência.

Em face de toda a argumentação até aqui desenvolvida, não resta senão a conclusão final e singela de que o sistema monofásico instituído pela Lei n. 10.485/2002 é incompatível com a Constituição.

3. CONCLUSÕES

As considerações precedentes permitem chegar às seguintes conclusões:

(1) O sistema monofásico instituído pela Lei n. 10.485/2002, ao estabelecer uma alíquota majorada e uma tributação concentrada, viola os critérios de financiamento da seguridade social: o critério da universalidade, que exige que *todos* financiem a seguridade, por prever que só as fábricas concorrerão para esse financiamento; e o critério da individualidade, que exige que *cada um* concorra com uma contribuição sobre a sua receita ou o seu faturamento, por prever que as fabricantes concorrerão com contribuições que embutem em seu valor o ônus tributário das operações subsequentes.

(2) O referido sistema monofásico também infringe o critério da equidade de financiamento da seguridade social, que exige que todos a financiem individualmente e com base na sua individualidade, por criar uma obrigação majorada e concentrada para as operações praticadas pelas fábricas com base em elementos residentes nas operações praticadas pelas concessionárias, ainda que de maneira indireta pela alíquota majorada.

(3) Ainda que o sistema monofásico pudesse ser instituído, com base no § 4º do art. 149 da Constituição, ele de fato não foi assim instituído pela Lei n. 10.485/2002: à diferença das operações envolvendo querosene e biodiesel, em que a incidência se dá realmente uma só vez, no caso das operações de venda de veículos há incidência na operação de venda da fábrica para as concessionárias e também na operação de venda das concessionárias aos consumidores, na medida em que a técnica da alíquota zero envolve incidência em vez de não incidência.

(4) Mesmo que não houvesse incidência, a alíquota majorada e a tributação concentrada inerentes ao sistema monofásico, para serem compatíveis com o princípio da igualdade, só podem ser explicadas pela conexão com as operações subsequentes de venda das concessionárias

aos consumidores, razão pela qual o sistema monofásico é uma forma velada de substituição tributária para frente.

(5) Como substituição tributária para frente, contudo, o sistema monofásico viola os seus requisitos constitucionais de validade, por não separar os débitos próprios e alheios e por não permitir que os contribuintes, cujos direitos fundamentais de propriedade e de liberdade são restringidos, possam exercer e defender esses direitos.

(6) O requisito da generalidade é violado pela referida lei, por não se poder saber se a alíquota majorada reflete, com discrepâncias de pouca intensidade e extensão, o faturamento médio aproximado das operações subsequentes.

(7) O requisito da compatibilidade é infringido, por não permitir o cotejo do custo tributário embutido no preço de compra dos veículos das fábricas com o valor que seria pago caso as concessionárias pagassem as contribuições sociais sobre a receita que efetivamente auferem com a venda dos veículos aos consumidores.

(8) O requisito da neutralidade é contrariado, por não se poder saber se as concessionárias, frente a outros contribuintes, estão sendo desfavoravelmente tratadas por se submeterem a uma tributação concentrada que lhes é repassada na forma de custo maior.

(9) Por todas essas razões, o sistema monofásico instituído pela Lei n. 10.485/2002 e pelas leis posteriores que a alteraram é incompatível com a Constituição Federal de 1988.

Bibliografia

ÁVILA, Humberto. "O ICMS na base de cálculo do PIS e da COFINS: incompetência, iniquidade e desigualdade". *RDTributário* 195/68-81. Dezembro/2011.

_____. *Teoria da Igualdade Tributária*. 3ª ed. São Paulo, Malheiros Editores, 2015.

CHIODI, Giulio. *Equità – La Regola Costitutiva del Diritto*. Torino, Giappichelli, 2000.

CPMF E A TRANSFERÊNCIA DE ADMINISTRAÇÃO DE PLANOS DE PREVIDÊNCIA PRIVADA COMPLEMENTAR

PARECER

1. A consulta. 2. O parecer: 2.1 O fato gerador da CPMF: 2.1.1 Necessidade de operação de movimentação ou transmissao de valores – 2.1.2 Análise do caso: a não incidência da CPMF – 2.2 Ausência de substância econômica e violação à capacidade contributiva: 2.2.1 A exigência de substância econômica para a incidência tributária – 2.2.2 Análise do caso: ausência de substância econômica – 2.3 A portabilidade e o problema de igualdade: 2.3.1 A isenção para a portabilidade – 2.3.2 Análise do caso: o direito à isenção. 3. Conclusões.

1. A CONSULTA

A Consulente atuava na atividade de administração de planos de benefícios previdenciários complementares dos empregados das empresas que integravam o extinto Sistema TELEBRÁS. Em virtude da privatização do setor de telefonia no País, várias empresas independentes passaram a ter seus planos de previdência privada complementar administrados e executados pela Consulente.

Em decorrência de exigência legal, cada patrocinadora tinha autonomia de gestão e de patrimônio sobre o seu respectivo plano, havendo segregação escritural entre eles. Para atender a conveniências operacionais e tendo em vista o distanciamento dos interesses das empresas do ramo, em 28.6.2004 as patrocinadoras requereram autorização para transferência dos planos de benefícios para outras Entidades Fechadas de Previdência Complementar-EFPCs. Aprovada a separação, nos dias 27 a 29.10.2004 cada patrocinadora celebrou com a Consulente um Termo de Transferência, aprovados pela Secretaria de Previdência Complementar, órgão regulador e fiscalizador do setor.

Como consequência dessa separação, cada plano de previdência complementar, antes administrado e executado dentro da Consulente pela diretoria de plano de cada patrocinadora, passou a ser administrado e executado fora da Consulente por uma nova EFPC. Com isso, todos os ativos e passivos relacionados a esse plano, até aquele momento segregados escrituralmente na contabilidade da Consulente, passaram à titularidade direta da nova entidade.

Segundo a autoridade fiscal, esta reorganização geraria a incidência da Contribuição Provisória sobre a Movimentação ou Transmissão de Valores e de Créditos e Direitos de Natureza Financeira-CPMF. A CPMF incidiria não apenas uma vez, mas duas vezes, pois haveria duas operações financeiras. A primeira, no resgate das aplicações gerenciadas pela Consulente. E a segunda, com relação ao crédito reaplicado dessas quantias em favor da nova entidade administradora. Ajuizada ação na Justiça Federal de São Paulo para contestar esta cobrança, houve sentença desfavorável, mantida em sede de recurso de apelação no Tribunal Regional Federal da 3ª Região, ainda pendente de recurso.

Diante desse quadro, honra-me a Consulente com pedido de parecer para esclarecer, primeiro, se a situação se enquadra no fato gerador da incidência da CPMF e, segundo, se, ainda que se enquadre no fato gerador descrito em lei, se não haveria direito à isenção prevista para a portabilidade entre os planos. É o que se passa objetivamente a responder

2. O PARECER

2.1 O fato gerador da CPMF

2.1.1 Necessidade de operação de movimentação ou transmissão de valores

A CPMF foi instituída com base na autorização constitucional prevista no art. 74 do ADCT, nos seguintes termos:

> Art. 74. A União poderá instituir contribuição provisória sobre movimentação ou transmissão de valores e de créditos e direitos de natureza financeira. *[Incluído pela Emenda Constitucional 12/1996]*

O dispositivo constitucional definiu a materialidade permitida para esta contribuição provisória: a movimentação ou transmissão de valores e de créditos e direitos de natureza financeira. Sendo assim, o fato gerador da CPMF obrigatoriamente envolverá uma *movimentação* ou uma *trans-*

missão, o que exige, portanto, uma alteração de posição com relação aos valores, créditos ou direitos de natureza financeira. É o que determina o texto constitucional.

Com base nessa autorização, a Lei n. 9.311/1996 instituiu a CPMF, estabelecendo em contornos mais precisos o seu fato gerador nos arts. 1º e 2º:

Art. 1º. É instituída a Contribuição Provisória sobre Movimentação ou Transmissão de Valores e de Créditos e Direitos de Natureza Financeira – CPMF.

Parágrafo único. *Considera-se movimentação ou transmissão de valores e de créditos e direitos de natureza financeira qualquer operação liquidada ou lançamento realizado pelas entidades referidas no art. 2º, que representem circulação escritural ou física de moeda, e de que resulte ou não transferência da titularidade dos mesmos valores, créditos e direitos.*

Art. 2º. O fato gerador da contribuição é: I – o lançamento a débito, por instituição financeira, em contas-correntes de depósito, em contas-correntes de empréstimo, em contas de depósito de poupança, de depósito judicial e de depósitos em consignação de pagamento de que tratam os parágrafos do art. 890 da Lei n. 5.869, de 11 de janeiro de 1973, introduzidos pelo art. 1º da Lei n. 8.951, de 13 de dezembro de 1994, junto a ela mantidas; II – o lançamento a crédito, por instituição financeira, em contas correntes que apresentem saldo negativo, até o limite de valor da redução do saldo devedor; III – a liquidação ou pagamento, por instituição financeira, de quaisquer créditos, direitos ou valores, por conta e ordem de terceiros, que não tenham sido creditados, em nome do beneficiário, nas contas referidas nos incisos anteriores; IV – o lançamento, e qualquer outra forma de movimentação ou transmissão de valores e de créditos e direitos de natureza financeira, não relacionados nos incisos anteriores, efetuados pelos bancos comerciais, bancos múltiplos com carteira comercial e caixas econômicas; V – a liquidação de operação contratadas nos mercados organizados de liquidação futura; VI – qualquer outra movimentação ou transmissão de valores e de créditos e direitos de natureza financeira que, por sua finalidade, reunindo características que permitam presumir a existência de sistema organizado para efetivá-la, produza os mesmos efeitos previstos nos incisos anteriores, independentemente da pessoa que a efetue, da denominação que possa ter e da forma jurídica ou dos instrumentos utilizados para realizá-la.

Segundo o texto legal, portanto, considera-se movimentação ou transmissão de valores e de créditos e direitos de natureza financeira qualquer operação liquidada ou lançamento realizado pelas entidades referidas no art. 2º que representem circulação escritural ou física de moeda e de que resulte ou não transferência da titularidade dos mesmos valores, créditos e direitos. Assim, apesar de ser desnecessária a transferência de titularidade, exige-se a circulação dos bens ou direitos de natureza financeira. Esta movimentação ou transmissão exige a transferência de valores através do sistema financeiro entre dois polos, representados por duas pessoas físicas ou jurídicas. Nesse ponto, o mais importante é perceber que o conceito de movimentação exigido em lei difere substancialmente dos conceitos de guarda ou de mero transporte de valores.[1]

Reportando-se ao art. 2º, que detalha as operações que levam à incidência tributária, o dispositivo legal prescreve a obrigatoriedade de que haja uma operação de liquidação ou lançamento. A lei exige a existência de um negócio jurídico para a incidência da CPMF. Noutro dizer: é preciso que exista um negócio jurídico cujo objeto sejam créditos ou direitos financeiros, gerando a liquidação destes ou ao menos o seu lançamento, para que se possa falar em fato gerador da CPMF.

Nesse sentido, mesmo o inciso VI do art. 2º, ao estabelecer a abertura para outras operações que não aquelas descritas nos incisos anteriores, é expresso em prescrever a exigência de que se trate de negócio jurídico de movimentação ou transmissão. Este dispositivo abrange as chamadas "operações alheias ao sistema financeiro", estabelecendo uma cláusula geral no sentido de que qualquer movimentação ou transmissão de valores ou créditos de natureza financeira sofreria a incidência tributária, desde que produzidos os mesmos efeitos previstos pelos incisos I a V.

Como destaca Mosquera, este dispositivo prescreve a incidência da CPMF nos casos em que sejam realizadas operações em ambiente não bancário, desde que com as mesmas características e finalidades deste ambiente. A intenção, portanto, era evidente: impedir o estabelecimento de sistemas paralelos de liquidação de créditos e obrigações, resultante do surgimento de entidades intermediárias não bancárias que exercessem o papel das entidades financeiras.[2]

Na mesma linha, e analisando a constitucionalidade desta cláusula geral tributária, Schoueri e Rubinstein destacam que é preciso fazer uma interpretação conforme a finalidade desta norma: a preservação do siste-

1. Martins, Ives Gandra da Silva, "A hipótese de imposição da CPMF e sua inexistência nas operações em que as instituições financeiras são mandatárias", *Revista Dialética de Direito Tributário* 66/54-55, São Paulo, março/2001.
2. Mosquera, Roberto Quiroga, *Direito Monetário e seus Reflexos no Direito Tributário (a Circulação de Moeda como Fato Jurídico-Tributário)*, tese de Doutorado, São Paulo, Pontifícia Universidade Católica de São Paulo – PUC/SP, 2005, p. 363.

ma financeiro nacional. Desse modo, não é qualquer movimentação ou transação de créditos e direitos de natureza financeira realizada fora do sistema bancário que pode ser enquadrada neste dispositivo, "mas apenas e tão somente aquelas que produzam os mesmos efeitos previstos nos cinco primeiros incisos de tal dispositivo". Isso significa que é preciso a configuração de uma negociação em um sistema paralelo de liquidação de créditos e obrigações para a incidência da CPMF.[3]

Em suma, os requisitos para a incidência da CPMF podem ser assim resumidos:

> (i) a existência de uma movimentação ou uma transmissão, ou seja, uma alteração de posição com relação a valores, créditos ou direitos de natureza financeira;
>
> (ii) a existência de um negócio jurídico cujo objeto sejam créditos ou direitos financeiros, gerando a liquidação destes ou ao menos o seu lançamento; e
>
> (iii) a existência de operação realizada dentro do sistema financeiro ou, ao menos, em um sistema não bancário paralelo de liquidação de créditos e obrigações, cujos efeitos sejam os mesmos previstos nas operações financeiras bancárias.

Além disso, quando o legislador pretendeu impor de forma coativa a incidência da CPMF ao determinar a obrigatoriedade de determinada forma jurídica, ele o fez expressamente. Nesse sentido pode-se destacar o art. 16 da Lei n. 9.311/1996, que prescreve hipóteses nas quais a operação deve ser realizada através de lançamento em conta-corrente, cheque ou outro instrumento de pagamento, forçando, dessa forma, a incidência da CPMF:

> Art. 16. Serão efetivadas somente por meio de lançamento a débito em conta-corrente de depósito do titular ou do mutuário, por cheque de sua emissão, cruzado e intransferível, ou por outro instrumento de pagamento, observadas as normas expedidas pelo Banco Central do Brasil: *[redação dada pela Lei n. 10.892/2004]* I – as operações e os contratos de que tratam os incisos II e III do *caput* do art. 85 do Ato das Disposições Constitucionais Transitórias; *[incluído pela Lei n. 10.892/2004]* II – a liquidação das operações de crédito; *[incluído pela Lei n. 10.892/2004]* III – as contribuições para planos de benefícios de previdência complementar ou de seguros de

---

3. Schoueri, Luís Eduardo, e Rubinstein, Flávio, "O fato gerador da CPMF e as operações alheias ao sistema financeiro", in Côelho, Sacha Calmon Navarro (coord.), *Contribuições para a Seguridade Social*, São Paulo, Quartier Latin, 2007, p. 631.

vida com características semelhantes; *[incluído pela Lei n. 10.892/2004]*
IV – o valor das contraprestações, bem como de qualquer outro pagamento vinculado às operações de arrendamento mercantil. *[Incluído pela Lei n. 10.892/2004]*

(...).

§ 4º. No caso de planos de benefícios de previdência complementar, as contribuições poderão ser efetivadas a débito da conta-corrente de depósito, por cheque de emissão do proponente ou responsável financeiro, ou por outro instrumento de pagamento, observadas as normas expedidas pelo Banco Central do Brasil. *[Incluído pela Lei n. 10.892/2004]*

A leitura deste dispositivo legal demonstra que a lei obriga que as contribuições para os planos de previdência complementar sejam realizadas através de situações geradoras da incidência da CPMF. Assim, o fato é que o próprio legislador foi expresso ao determinar as situações nas quais o contribuinte, ainda que tivesse outros caminhos, seria obrigado a realizar determinados atos incidindo no fato gerador da CPMF.

Neste artigo, contudo, não há qualquer previsão acerca da incidência da CPMF sobre a transferência a título universal dos planos de previdência privada entre entidades fechadas. Vale referir que ao tempo da edição deste dispositivo legal, em 2004 (através da edição da Lei n. 10.892, que alterou o texto do art. 16), já existia expressamente a possibilidade de transferências dos planos de previdência, conforme regulado pelo art. 33 da Lei Complementar n. 109/2001. Esta situação, portanto, reforça a conclusão de que a transferência de planos de previdência privada encontra-se fora do campo de incidência definido para a CPMF.

2.1.2 Análise do caso: a não incidência da CPMF

As considerações anteriores sobre o fato gerador da CPMF demonstram com clareza por que razão não há a incidência desta contribuição no caso da Consulente. Se não, vejamos. A situação em análise se refere à troca da entidade jurídica responsável pela administração e execução de um plano de previdência complementar privado. A partir desta reorganização administrativa, os beneficiados e a patrocinadora seguem exatamente os mesmos, não havendo qualquer alteração com relação à natureza e ao regime aplicável aos créditos e direitos relacionados a eles.

A situação ocorrida se resume à substituição da administradora do plano, através de um ato jurídico de sucessão universal, que mantém – repita-se – a situação dos créditos exatamente como antes, alterando-se apenas a entidade responsável pela administração e execução do plano de previdência. Isso é realizado sem que haja um negócio jurídico entre as partes, na medida em que não há troca de valores ou compra de qualquer direito, mas mera sucessão do papel de administrador, em razão do interesse das empresas patrocinadoras envolvidas em administrá-los de forma isolada.

Por conseguinte, a sucessão universal da administração e execução dos planos de previdência consubstancia-se na substituição da Entidade Fechada de Previdência Complementar-EFPC responsável pelo seu gerenciamento. E, exatamente por esta razão, não envolve qualquer forma de liquidação ou lançamento dos direitos de crédito dos trabalhadores beneficiários do plano. Noutro dizer: a situação não configura uma movimentação nos termos definidos em lei. Primeiro, porque não há movimentação propriamente dita dos créditos e direitos financeiros, mas tão somente da posição de administração destes. Segundo, porque isso é feito sem qualquer tipo de liquidação ou lançamento, ou seja, sem que se verifiquem os efeitos inerentes às operações realizadas no sistema bancário.

É preciso, mais uma vez, esclarecer: a sucessão universal ocorre através de ato jurídico praticado entre a administradora antiga e a nova administradora, que sucede a primeira na execução dessa tarefa. Este ato, no entanto, não envolve os beneficiários, detentores dos direitos de crédito vinculados ao plano. Não ocorre a transferência individual de cada crédito ou direito de patrimônio existente no plano, mas a sua transferência universal, através da simples sucessão na sua administração. Isso significa, em síntese, que não há movimento, mas manutenção estática da situação anterior, porque os créditos e direitos financeiros não sofrem qualquer alteração.

Dessa forma, o que existe é a simples transferência do complexo patrimonial representativo do plano de previdência complementar, através da transmissão da titularidade, que representa apenas a sua administração e execução. O ato, aliás, é previsto e regulado pela Lei Complementar n. 109/2001, que prevê a necessidade de autorização do órgão fiscalizador para tanto:

> Art. 33. Dependerão de prévia e expressa autorização do órgão regulador e fiscalizador: (...); IV – as transferências de patrocínio, de grupo de participantes, de planos e de reservas entre entidades fechadas.

Nesse ponto é importante ressaltar a proibição de se fazer uma leitura ampla do dispositivo legal que define o fato gerador da CPMF. Ora, a incidência tributária deve ser definida em lei, e só ocorre nos casos em que a situação fática guarda perfeita correspondência com o fato gerador. Para o caso em análise isso significa que só há incidência tributária se houver alguma forma de movimentação dos créditos ou direitos financeiros, através de uma operação de liquidação ou de lançamento. Nesse caso, contudo, não há qualquer tipo de resgate, liquidação, repactuação ou cessão das aplicações financeiras. A transferência, aliás, nem é feita de forma onerosa, inexistindo qualquer tipo de pagamento envolvido nesta reorganização.

Diante desse quadro, não se sustenta a exigência da CPMF no caso. A situação analisada não se ajusta nem mesmo à cláusula geral prevista no inciso VI do art. 2º da Lei n. 9.311/1996, porque não se verifica qualquer negociação em um sistema paralelo de liquidação de créditos e obrigações. Por essa razão, não se trata de isenção ou qualquer tipo de dispensa de pagamento do tributo. A CPMF não é exigível, porque a situação não está no campo de incidência delimitado pela lei a partir da autorização constitucional. E, como o tributo só pode ser instituído por lei, e não pela vontade do intérprete ou da autoridade executora, não se pode falar em incidência tributária no caso.

Além de estar fora do campo de incidência tributária, por não se subsumir ao fato gerador descrito em lei, a simples transferência de titularidade do plano de previdência privada complementar não gera o dever de recolhimento da CPMF porque se trata de operação sem substância econômica. É o que se passa a observar.

2.2 Ausência de substância econômica e violação à capacidade contributiva

2.2.1 A exigência de substância econômica para a incidência tributária

À diferença de outras constituições, a Constituição brasileira contém a previsão expressa dos princípios da igualdade (arts. 5º, *caput*, e 150, II) e da capacidade contributiva (art. 145, § 1º).

A capacidade contributiva pode ser analisada sob dois aspectos distintos. De um lado, a capacidade contributiva absoluta (ou objetiva), que diferencia situações que se consubstanciam como manifestações de riqueza de outras que não se caracterizam dessa forma. Nas palavras de Costa, a capacidade contributiva absoluta refere-se "à atividade de eleição, pelo legislador, de eventos que demonstrem aptidão para concorrer às despesas públicas".[4] De outro lado, a capacidade contributiva relativa (ou subjetiva) diferencia, dentro dessas situações, a graduação da cobrança tributária conforme a capacidade econômica para contribuir com as despesas públicas.

Assim, o texto constitucional definiu a capacidade contributiva objetiva como um critério, decorrente das regras de competência, que constitui uma razão que não pode ser afastada por completo, recebendo um peso que se mantém – mesmo diante de razões que justifiquem a utilização de valores presumidos, por exemplo.[5] Em outras palavras: o constituinte previu a necessidade da existência de uma capacidade contributiva concreta para a incidência tributária, exigindo, portanto, a existência de uma substância econômica para tornar determinado fato como apto a servir de fato gerador da tributação.

Assim, o princípio da capacidade contributiva em sua dimensão objetiva é uma decorrência da aplicação objetiva do princípio da igualdade, que veda a distinção entre pessoas com base em medidas de comparação inexistentes ou que não mantenham relação de pertinência com a finalidade da diferenciação.[6] No direito tributário a capacidade contributiva objetiva funciona como parâmetro para a *instituição* dos tributos, de maneira que eles só sejam cobrados sobre situações indicativas de capacidade econômica.

A exigência de substância econômica para a incidência tributária é reconhecida pela jurisprudência do Superior Tribunal de Justiça. Exemplo disso é o posicionamento adotado pelo Tribunal para afastar a incidência do imposto sobre produtos industrializados-IPI no caso do furto de mercadorias, já que esta situação faz "desaparecer a grandeza econômica sobre a qual deve incidir o tributo", tendo como consequência o fato de que "já não se avista o elemento signo da capacidade contributiva".[7] Apesar da especificidade deste caso, suas razões servem perfeitamente à análise aqui proposta, ao demonstrarem a proibição de

---

4. Costa, Regina Helena, *Princípio da Capacidade Contributiva*, 4ª ed., São Paulo, Malheiros Editores, 2012, p. 28.
5. Ávila, Humberto, *Teoria da Igualdade Tributária*, 3ª ed., São Paulo, Malheiros Editores, 2015, p. 88.
6. Ávila, Humberto, "IPI. Furto e roubo de mercadoria. Exame da existência de competência e de exercício de competência. Intributabilidade das meras saídas físicas a título de IPI", *Revista Dialética de Direito Tributário* 171/158, 2009.
7. Superior Tribunal de Justiça, 2ª Turma, REsp 1.203.236-RJ, rel. Min. Herman Benjamin, j. 21.6.2012.

manutenção da incidência tributária diante de um fato sem qualquer substância econômica.

Neste ponto é preciso, ainda, esclarecer que a possível argumentação de que a capacidade contributiva se aplica apenas aos impostos não se mantém diante da estrutura constitucional. Apesar da discussão acerca de sua aplicação sob o aspecto subjetivo, para fins de graduação da imposição tributária, não há dúvida de que ela se mantém aplicável no que tange à obrigação de que o legislador escolha como fato gerador um fato presuntivo de riqueza. Nesse sentido, o próprio Supremo Tribunal Federal é firme em reconhecer a obrigatoriedade de que as contribuições respeitem o princípio da capacidade contributiva, como se verifica neste julgado sobre a incidência das contribuições para o PIS e a COFINS sobre vendas canceladas, em que não há substância econômica:

> Tributário − Constitucional − COFINS/PIS − Vendas inadimplidas − Aspecto temporal da hipótese de incidência − Regime de competência − Exclusão do crédito tributário − Impossibilidade de equiparação com as hipóteses de cancelamento da venda. (...). 3. No âmbito legislativo, não há disposição permitindo a exclusão das chamadas vendas inadimplidas da base de cálculo das contribuições em questão. As situações posteriores ao nascimento da obrigação tributária, que se constituem como excludentes do crédito tributário, contempladas na legislação do PIS e da COFINS, ocorrem apenas quando fato superveniente venha a anular o fato gerador do tributo, nunca quando o fato gerador subsista perfeito e acabado, como ocorre com as vendas inadimplidas. 4. *Nas hipóteses de cancelamento da venda, a própria lei exclui da tributação valores que, por não constituírem efetivos ingressos de novas receitas para a pessoa jurídica, não são dotados de capacidade contributiva.* (...) (STF, Tribunal Pleno, RE 586.482, rel. Min. Dias Toffoli, j. 23.11.2011) [*Grifos meus*].

Reconhece-se, portanto, a obrigatoriedade de respeito ao princípio da capacidade contributiva objetiva com relação à imposição de contribuições. Como decorrência desta imposição constitucional, qualquer fato gerador descrito em lei deverá – obrigatoriamente – ser representativo de uma manifestação de riqueza. Noutro dizer: é preciso que ele exteriorize a capacidade de contribuir para o custeio das despesas públicas, representando capacidade contributiva objetiva do contribuinte. Para o caso em análise isso significa que determinada situação só poderá ser considerada como fato gerador da CPMF se possuir substância econômica, representativa de uma capacidade contributiva objetiva.

2.2.2 Análise do caso: ausência de substância econômica

A mera transferência da entidade fechada responsável pela administração e execução do plano de previdência privada complementar não é uma operação com substância econômica. Isso porque esta transferência ocorre a título universal, sem a presença de qualquer pagamento ou contrapartida. Não se trata de um negócio jurídico em que se vende determinada posição ou se trocam determinados bens. Trata-se de mera transferência integral da administração do plano, a partir da sub-rogação de uma nova entidade fechada nos direitos e deveres decorrentes deste papel de executor de um plano deste gênero.

A transferência, no caso, se deve a uma decorrência natural do processo de privatização das empresas de telefonia, que passaram a ser concorrentes no mercado, com interesses divergentes que levaram à necessária separação da administração dos planos de previdência. Não há negócio jurídico e não há qualquer tipo de pagamento. Assim, não havendo transferência onerosa, não há que se falar em substância econômica.

A Constituição exige que o fato gerador seja uma manifestação de riqueza porque o tributo, como também determina o texto constitucional, não pode ter caráter confiscatório (art. 150, IV), ou seja, não pode expropriar o patrimônio do contribuinte. Por essa razão, é necessária a existência de substância econômica no fato, que garanta a possibilidade de o contribuinte arcar com o encargo tributário. Nesse caso, no entanto, não apenas não existe esta substância econômica, porque a transferência não é onerosa, como a incidência tributária, se mantida, prejudicaria terceiros não diretamente envolvidos no fato. A única manifestação de riqueza que se poderia apontar na transferência de planos de previdência privada se refere aos próprios valores investidos no plano. Estes valores, contudo, pertencem aos trabalhadores, e não à entidade fechada que administra seus planos de previdência.

Reitera-se, porque importante: estes valores pertencem a terceiros e não representam qualquer substância econômica com relação à simples transferência de administração do plano, porque não sofrem qualquer alteração. O plano se mantém exatamente como antes com relação aos valores investidos e aos direitos e garantias dos trabalhadores. Por isso, se mantida a incidência tributária sobre a transferência de administração do plano, estar-se-iam expropriando valores de terceiros, que não praticaram qualquer ato ou negócio jurídico sujeito à incidência da CPMF.

Mais uma vez mais é preciso esclarecer que a troca na administração não representa qualquer alteração nos valores investidos, inexistindo operações de liquidação ou de lançamento destes valores para efetivá-la. O investimento se mantém tal qual estava, alterando-se tão somente a entidade responsável pela sua administração e execução. Assim, não há incidência tributária no caso, não apenas porque o fato não se encontra entre as hipóteses descritas em lei como fato gerador da CPMF, mas também porque não se mostra como fato presuntivo de riqueza, inexistindo capacidade contributiva objetiva para sustentar a incidência do encargo.

2.3 A portabilidade e o problema de igualdade

2.3.1 A isenção para a portabilidade

Por fim, há ainda um argumento sucessivo que precisa ser enfrentado para o caso de não se reconhecer a não incidência da CPMF na transferência de planos de previdência privados – o que se cogita apenas para fins argumentativos. Assim, ainda que não se considere que esta situação jurídica encontra-se fora do campo de incidência da CPMF e não demonstra substância econômica que justifique a incidência tributária, mesmo assim a cobrança não seria devida. Isso porque há isenção prevista para os casos de portabilidade e que deveria, por força do princípio da igualdade, ser aplicada ao caso. É o que passamos a analisar.

A Lei Complementar n. 109/2001 previu a possibilidade de transferência de aplicação entre planos de previdência complementar privados, definindo este instituto como *portabilidade*, como se verifica nos arts. 14 e 15 da lei:

> Art. 14. Os planos de benefícios deverão prever os seguintes institutos, observadas as normas estabelecidas pelo órgão regulador e fiscalizador: (...); II – portabilidade do direito acumulado pelo participante para outro plano; (...).

> Art. 15. Para efeito do disposto no inciso II do *caput* do artigo anterior, fica estabelecido que: I – a portabilidade não caracteriza resgate; e II – é vedado que os recursos financeiros correspondentes transitem pelos participantes dos planos de benefícios, sob qualquer forma.

> Parágrafo único. O direito acumulado corresponde às reservas constituídas pelo participante ou à reserva matemática, o que lhe for mais favorável.

O importante com relação a este ponto é que a própria Lei Complementar n. 109/2001 previu a isenção de CPMF para os casos em que há a transferência de recursos entre planos de previdência privada, como se verifica no § 2º do art. 69:

> Art. 69. As contribuições vertidas para as entidades de previdência complementar, destinadas ao custeio dos planos de benefícios de natureza previdenciária, são dedutíveis para fins de incidência de imposto sobre a renda, nos limites e nas condições fixadas em lei.
>
> § 1º. Sobre as contribuições de que trata o *caput* não incidem tributação e contribuições de qualquer natureza.
>
> *§ 2º. Sobre a portabilidade de recursos de reservas técnicas, fundos e provisões entre planos de benefícios de entidades de previdência complementar, titulados pelo mesmo participante, não incidem tributação e contribuições de qualquer natureza.* [Grifos meus]

Isso significa que a portabilidade é um caso de isenção da CPMF. E a portabilidade é a transferência do plano de previdência de forma individual, aproximando-se, portanto, da situação de transferência do plano através da sucessão universal, com a única diferença de que neste segundo caso a transferência é coletiva.

Não cabe, aqui, discutir a natureza desta isenção conferida à portabilidade – se própria ou imprópria (técnica).[8] Por um lado, existem isenções meramente técnicas, em que o legislador utiliza o instituto da isenção apenas para descrever a hipótese de incidência, ainda que não se trate propriamente de uma isenção. Por outro lado, existem isenções próprias, vinculadas a uma excepcionalidade, com a finalidade de promover algum fim extrafiscal. Ocorre que, sendo própria ou imprópria, a isenção para a portabilidade corrobora a conclusão de que a CPMF não é devida nos casos de transferência da administração do plano de previdência privada complementar.

2.3.2 Análise do caso: o direito à isenção

Independentemente da natureza da isenção conferida à portabilidade, esta se aplica ao caso em análise.

Em primeiro lugar, porque, caso se considere que se trata de isenção meramente técnica, ela reforça a convicção de que a mera transferência do plano de previdência – de forma individual ou coletiva – não faz parte do campo de incidência da CPMF, porque não se enquadra em nenhuma das hipóteses previstas nos arts. 1º, 2º e 16 da Lei n. 9.311/1996.

8. Birk, Dieter, *Steuerrecht*, 12ª ed., Heidelberg, 2009, p. 103, § 103.

Em outras palavras: o fato de haver uma isenção técnica com relação à portabilidade, que nada mais é do que a transferência individual do direito de crédito para outro plano de previdência, demonstra que o próprio legislador reconhece a inexistência de fato tributável neste tipo de situação. E, se reconhece para os casos de transferência individual, deve, obrigatoriamente, conferir o mesmo tratamento quando se trata da transferência coletiva.

Em segundo lugar, porque, caso de considere que se trata de uma isenção própria, ou seja, relacionada a um tratamento excepcional, precisa-se reconhecer a finalidade motivadora desta isenção. No caso, não há dúvida de que a finalidade é o incentivo à poupança do trabalhador, ainda que privada. Estimula-se, através da não incidência de tributos sobre estes valores, a sua manutenção e seu crescimento.

Esta leitura, aliás, foi feita em decisão recente sobre o caso no Tribunal Regional Federal da 4ª Região, que reconheceu a finalidade de preservação dessa poupança, reconhecendo o mesmo direito quando se trata da transferência coletiva do plano de previdência para outra entidade. Esta a ementa deste julgado:

> Tributário – CPMF – Transferência de recursos entre planos de previdência privada – Instituto da portabilidade – Não incidência – Medida Provisória n. 255/2005 – Norma expressamente interpretativa – Efeito retroativo. 1. Segundo a Lei Complementar n. 109/2001, a portabilidade constitui um direito do participante do plano de previdência complementar que possibilita a transferência de recursos de uma entidade para outra, abrangendo tanto as reservas constituídas unicamente pelo participante como as reservas matemáticas (montante correspondente à diferença entre os compromissos futuros da entidade e as contribuições futuras do participante e da patrocinadora). A Lei Complementar n. 109 expressamente afasta a caracterização de resgate e impede a movimentação dos recursos financeiros pelos participantes. 2. *Infere-se que a finalidade do instituto da portabilidade é preservar o patrimônio do participante investido no plano de previdência complementar. Além disso, visa a incentivar a formação de poupança, evitando que os participantes direcionem os recursos para o consumo.* 3. O objetivo de preservação do direito acumulado do participante reflete-se no tratamento tributário dado pelo art. 69 da Lei Complementar n. 109/2001 às contribuições recolhidas para as entidades de previdência privada e à portabilidade. Uma vez que não se caracteriza resgate de poupança e sua conversão em liquidez, mas tão somente uma transferência de ativos entre planos previdenciários, a Lei Complementar n. 109 elenca hipótese de não incidência de tributação, cuja finalidade última é impedir a súbita

perda de recursos pelo sistema previdenciário complementar. 4. A sentença considerou a portabilidade sob um ângulo extremamente individualista, cuja consequência é subtrair uma parcela do próprio direito subjetivo do participante do plano de previdência privada, que sofrerá a incidência de CPMF. As reservas constituídas pelo participante e pelo patrocinador formam um patrimônio específico, correspondente às contribuições ou às reservas matemáticas, que pertence unicamente ao participante, mas é administrado pela própria entidade patrocinadora ou por outra entidade que assuma somente a gestão do fundo. Dessa forma, todo e qualquer tributo que incidir sobre os recursos geridos pela entidade de previdência atingirá, inexoravelmente, o direito acumulado do participante, que, por expressa previsão legal, está a salvo de tributação. 5. Salvo melhor interpretação, o instituto da portabilidade não permite que se faça a dissociação entre o direito acumulado e os recursos dos planos de previdência. O direito acumulado representa um patrimônio específico do participante que integra um todo maior, cuja única finalidade é assegurar o adimplemento dos benefícios contratados. O caráter portável do direito acumulado implica transferir para o novo plano todos os valores pertencentes ao participante, pois são esses valores que darão lastro ao custeio dos benefícios que o novo plano deverá pagar. 6. *A peculiaridade da situação dos autos é que a portabilidade ocorreu de forma coletiva, ou seja, o direito acumulado de todos os participantes do plano de previdência privada foi transferido para outro plano, em razão da cisão do grupo empresarial ao qual estavam vinculados.* Os funcionários da GKN, participantes do PREVIALBARUS, atual DANAPREV, optaram pela troca dos recursos para o HSBC Fundo de Pensão, mediante aprovação do Ministério da Previdência Social, órgão responsável pela fiscalização e autorização de operações dessa natureza. Resta evidente que todos os participantes intervieram na transferência dos recursos, de modo que o interesse na operação, portanto, é de todos os participantes, e não da entidade que administra o plano. (...) (TRF-4ª Região, 1ª Turma, ACi 2005.71.00.022556-5, rel. Joel Ilan Paciornik, j. 25.8.2010) [*Grifos meus*].

Este julgamento demonstra por que razão a própria finalidade motivadora da isenção à portabilidade precisa ser analisada quando se trata da transferência do plano de previdência. Com efeito, ainda que a portabilidade ocorra de forma coletiva, através da transferência total do plano para outra entidade administradora, mesmo assim ainda existe a finalidade de se estimular a poupança privada e manter estes valores investidos, não havendo qualquer razão para a inaplicação do regime jurídico conferido à portabilidade.

Apesar de este ponto não ser enfrentado no julgamento supracitado, a maior razão para a aplicação do mesmo regime jurídico da portabilidade individual para a hipótese de transferência do plano integral decorre da aplicação do princípio da igualdade. Este princípio, previsto no *caput* do art. 5º da Constituição, pressupõe a relação entre dois sujeitos ("A" e "B") com base em uma medida de comparação ("X") que serve a determinado fim ("α").

Isso significa que a norma de isonomia pressupõe a *relação entre dois sujeitos* com base em uma *medida de comparação* que mantenha *relação de razoabilidade* com a finalidade que justifica a sua utilização.[9] Por essa razão, situações jurídicas idênticas com relação a determinado critério devem receber o mesmo tratamento jurídico. E, também por isso, situações jurídicas distintas com relação a determinado critério devem obrigatoriamente obter tratamento jurídico diferente. É o que impõe o princípio da igualdade.

A finalidade perseguida pela isenção no caso da portabilidade é a preservação do patrimônio do participante investido no plano de previdência complementar, incentivando-se a formação de poupança. Para alcançar esta finalidade, portanto, o legislador fez a opção de não permitir a incidência tributária sobre a mera transferência desses valores para outro plano de previdência. Esta mesma finalidade pode ser verificada na situação em que a transferência do plano ocorre de forma coletiva, alterando-se a sua titularidade apenas para fins de administração e execução. Nesse caso, todos os planos são transferidos de forma global, havendo uma *portabilidade coletiva*.

Diante disso, a não aplicação da isenção para este segundo caso representa violação ao princípio da igualdade. Isso porque estas situações estariam sendo diferenciadas com base em um critério de número de pessoas: se a portabilidade for individual, há isenção; se for coletiva, não há. O problema é que este critério se mostra inadequado para a promoção da finalidade determinada pelo próprio legislador no sentido de promover a poupança do trabalhador, incentivando-o a manter a integralidade dos valores investidos.

As considerações anteriores demonstram que a aplicação do direito de isenção também para os casos de transferência coletiva dos planos de previdência complementar para a substituição de sua entidade administradora é medida imposta pelo princípio da igualdade. De um lado, porque a finalidade perseguida mantém-se a mesma nesta situação, sendo imposta ao aplicador coerência com relação ao fim escolhido pelo legislador. De

---

9. Ávila, Humberto, *Teoria da Igualdade Tributária*, 3ª ed., São Paulo, Malheiros Editores, 2015, p. 198.

outro, porque o critério diferenciador que afastaria a aplicação da isenção (o número de participantes envolvidos na troca) é inadequado para a promoção desta finalidade, sendo irrazoável a sua aplicação.

Sendo assim, ainda que não se considere que a transferência de planos de previdência privada está fora do campo de incidência da CPMF e não possui substância econômica para a incidência tributária, mesmo assim não seria devida esta contribuição, por força da isenção definida pelo texto legal. Não há, portanto, fundamento jurídico para a manutenção da cobrança de CPMF no caso.

3. Conclusões

As considerações precedentes permitem chegar às seguintes conclusões:

(1) O fato gerador da CPMF é a movimentação ou transmissão de valores, créditos ou direitos de natureza financeira, no sentido de um negócio jurídico que gere a liquidação ou o lançamento destes valores, realizado no sistema financeiro ou fora dele, mas desde que com os mesmos efeitos das operações financeiras listadas ao longo dos incisos do art. 2º da Lei n. 9.311/1996.

(2) A mera transferência da entidade fechada responsável pela administração e execução de um plano de previdência privada complementar não representa qualquer das hipóteses descritas em lei para a incidência da CPMF; uma vez que, nesse caso, não há qualquer tipo de resgate, liquidação, repactuação ou cessão das aplicações financeiras, que seguem exatamente como estavam, trocando-se tão somente a entidade responsável pela administração do plano.

(3) Além disso, a simples transferência da administração de plano de previdência privado não representa uma manifestação de riqueza, inexistindo capacidade contributiva objetiva capaz de fundamentar a manutenção da incidência tributária, na medida em que a transferência não é onerosa.

(4) Se mantida a incidência tributária no caso, haveria, ainda, prejuízos a terceiros não diretamente envolvidos ao fato, porquanto a única manifestação de riqueza que se poderia apontar na transferência de planos de previdência privada se refere aos próprios valores investidos no plano, que pertencem aos trabalhadores, e não à entidade fechada que apenas o administra.

(5) Pelo exposto, conclui-se pela não incidência da CPMF sobre a transferência de planos de previdência privada complementar, de um lado, porque esta situação não se enquadra nas hipóteses descritas em lei como fato gerador da contribuição e, de outro lado, porque o fato não possui substância econômica que fundamente a incidência tributária.

(6) Sucessivamente, porém, mesmo que não se considerasse que a transferência dos planos de previdência privados está fora do campo de incidência da CPMF – o que se cogita apenas para fins argumentativos –, ainda assim o tributo não incidiria no caso, por força da isenção prevista em lei para a portabilidade em relação às transferências realizadas por participantes.

(7) Primeiro, porque, caso se considere que esta é uma isenção meramente técnica, ela reforça a convicção de que a mera transferência do plano de previdência – de forma individual ou coletiva – não faz parte do campo de incidência da CPMF, porque não se enquadra em nenhuma das hipóteses previstas nos arts. 1º, 2º e 16 da Lei n. 9.311/1996.

(8) Segundo, porque, caso se considere que ela é uma isenção própria, precisa-se reconhecer a finalidade motivadora desta isenção (incentivo à poupança do trabalhador), que também existe no caso da portabilidade coletiva, através da transferência total do plano para outra entidade administradora.

(9) A não aplicação da isenção ao caso em análise representaria violação ao princípio da igualdade, porque as situações estariam sendo diferenciadas com base em um critério de número de pessoas – critério, este, inadequado para a promoção da finalidade determinada pelo próprio legislador no sentido de promover a poupança do trabalhador, incentivando-o a manter a integralidade dos valores investidos.

(10) Diante disso, considerando a existência de isenção expressa para a transferência de planos por participantes, deve esta ser aplicável também para o caso da portabilidade coletiva.

BIBLIOGRAFIA

ÁVILA, Humberto. "IPI. Furto e roubo de mercadoria. Exame da existência de competência e de exercício de competência. Intributabilidade das meras saídas físicas a título de IPI". *Revista Dialética de Direito Tributário* 171/156-164. 2009.

_____. *Teoria da Igualdade Tributária*. 3ª ed. São Paulo, Malheiros Editores, 2015.

BIRK, Dieter. *Steuerrecht*. 12ª ed. Heidelberg, 2009.

COSTA, Regina Helena. *Princípio da Capacidade Contributiva*. 4ª ed. São Paulo, Malheiros Editores, 2012.

MARTINS, Ives Gandra da Silva. "A hipótese de imposição da CPMF e sua inexistência nas operações em que as instituições financeiras são mandatárias". *Revista Dialética de Direito Tributário* 66/53-61. São Paulo, março/2001.

MOSQUERA, Roberto Quiroga. *Direito Monetário e seus Reflexos no Direito Tributário (a Circulação de Moeda como Fato Jurídico-Tributário)*. Tese de Doutorado. São Paulo, Pontifícia Universidade Católica de São Paulo – PUC-SP, 2005.

SCHOUERI, Luís Eduardo, e RUBINSTEIN, Flávio. "O fato gerador da CPMF e as operações alheias ao sistema financeiro". In: CÔELHO, Sacha Calmon Navarro (coord.). *Contribuições para a Seguridade Social*. São Paulo, Quartier Latin, 2007 (pp. 624-633).

CIDE-COMBUSTÍVEIS
E O REGIME MONOFÁSICO DE INCIDÊNCIA:
IMPOSSIBILIDADE DE REPASSE
DO ÔNUS ECONÔMICO EM VIRTUDE
DE DECISÃO JUDICIAL
POSTERIORMENTE REVOGADA

PARECER

1. A consulta. 2. O parecer: 2.1 CIDE-Combustíveis e regime monofásico de incidência: 2.1.1 O caráter plurifásico e indireto da CIDE-Combustíveis – 2.1.2 O significado normativo do regime de incidência única da CIDE-Combustíveis – 2.2 Análise do caso: inexigibilidade do tributo: 2.2.1 O dever de preservação da repercussão econômica no regime monofásico de tributação – 2.2.2 Violação ao dever de igualdade na tributação – 2.2.3 Violação ao dever de neutralidade na tributação – 2.2.4 Dever de observância da boa-fé da Consulente e a irreversibilidade da situação consolidada. 3. Conclusões.

1. A CONSULTA

A Consulente é sociedade que desenvolve as atividades de produção e comercialização de combustível. Nesta condição, está sujeita à tributação pela CIDE-Combustíveis, instituída pela Lei n. 10.336/2001, sobre a importação e comercialização dos combustíveis nela referidos (art. 3º).

Tratando-se de tributo incidente sobre a cadeia de comercialização de combustíveis, o encargo financeiro da tributação é embutido no preço e repassado aos seus respectivos adquirentes. Em outras apalavras: o ônus tributário da operação é transferido às etapas subsequentes da cadeia econômica até que seja suportado pelo consumidor final do produto.

Em razão da pluralidade de agentes que atuam no setor e da multiplicidade de operações realizadas ao longo da cadeia econômica, a contribuição foi instituída sob o regime monofásico de incidência. Desta forma, a tributação pela CIDE-Combustíveis foi concentrada nas operações de comercialização de combustíveis realizadas pelo importador, pelo produtor e pelo formulador (art. 2º), que repassam aos adquirentes o respectivo ônus tributário da operação mediante sua inclusão no preço dos produtos.

Ocorre que, em virtude de ações ajuizadas por distribuidoras e por postos de combustíveis, foram proferidas decisões liminares de caráter satisfativo que impediram o recolhimento da CIDE-Combustíveis incidente sobre as operações de venda de combustíveis realizadas pela Consulente. Em que pese tais decisões terem sido posteriormente revogadas no âmbito dos mesmos processos que lhes deram origem, o tributo devido em face de tais operações deixou de ser recolhido, e o encargo econômico associado a esta tributação deixou de ser repassado aos contribuintes situados nas etapas seguintes da cadeia econômica.

Constatada a falta de recolhimento do tributo incidente sobre estas operações, foi iniciado procedimento fiscal pela Secretaria da Receita Federal com o intuito de apurar o montante do tributo que deixou de ser recolhido no período de março/2002 a outubro/2003 e de definir sobre quem deveria recair a sujeição passiva pelo respectivo débito.

No entendimento da autoridade fiscal, a totalidade do tributo devido no período de vigência das decisões judiciais deveria ser exigida isoladamente da Consulente, muito embora tenha sido reconhecido pela Fiscalização que a empresa não havia dado causa à falta de recolhimento. O fundamento da autuação é, portanto, singelo: nos termos do art. 2º da Lei n. 10.336/2001, a Consulente seria o contribuinte de direito da CIDE-Combustíveis, de modo que ela seria o único sujeito passivo apto a responder pela exação.

Verifica-se, portanto, que a autoridade fiscal direcionou à Consulente a cobrança integral e isolada do débito tributário que deixou de ser recolhido no período de vigência das mencionadas decisões judiciais, mesmo diante de situação em que não se revela mais possível promover a transferência do seu ônus econômico.

Diante desse quadro, honra-me a Consulente com pedido de parecer jurídico questionando se é válida a exigência de tributo monofásico de contribuinte de direito mesmo quando este foi impedido judicialmente de efetivar a repercussão econômica do tributo. É o que se passa objetivamente a responder.

2. O PARECER

2.1 CIDE-Combustíveis e regime monofásico de incidência

2.1.1 O caráter plurifásico e indireto da CIDE-Combustíveis

A resposta ao questionamento formulado pela Consulente passa pela adequada compreensão da disciplina constitucional atribuída à CIDE-Combustíveis. Isso porque tanto a técnica de atribuição de competência tributária adotada para sua instituição quanto a natureza do seu fato gerador são decisivas para determinar a relevância da repercussão econômica na conformação da tributação.

Em primeiro lugar, cumpre mencionar que a competência tributária para a instituição de contribuições é atribuída à União Federal por meio do art. 149 da Constituição, com as alterações promovidas pela Emenda Constitucional 33/2001, nos seguintes termos:

> Art. 149. Compete exclusivamente à União instituir contribuições sociais, de intervenção no domínio econômico e de interesse das categorias profissionais ou econômicas, como instrumento de sua atuação nas respectivas áreas, observado o disposto nos arts. 146, III, e 150, I e III, e sem prejuízo do previsto no art. 195, § 6º, relativamente às contribuições a que alude o dispositivo.

No que diz respeito às contribuições de intervenção no domínio econômico e às contribuições sociais, o § 2º do art. 149 prescreveu o afastamento da incidência das referidas contribuições sobre receitas de exportação, permitiu que o tributo incidisse também sobre a importação e facultou ao legislador a adoção de alíquotas *ad valorem* ou específica.

Ocorre que com relação à CIDE-Combustíveis o texto constitucional foi ainda mais minucioso. Por meio do § 4º do art. 177, a Constituição estabeleceu – já em nível constitucional, portanto – o fato gerador da contribuição interventiva, nos seguintes termos:

> Art. 177. (...).
>
> (...).
>
> § 4º. A lei que instituir contribuição de intervenção no domínio econômico *relativa às atividades de importação ou comercialização de petróleo e seus derivados, gás natural e seus derivados e álcool combustível* deverá atender aos seguintes requisitos: (...). *[Incluído pela Emenda Constitucional 33/2001]*

A técnica de atribuição de competência tributária adotada para a CIDE-combustíveis foi, portanto, diversa. Ao contrário das demais contribuições de intervenção no domínio econômico, em que a Constituição delimita apenas as finalidades da ordem econômica que justificam sua instituição, deixando ao legislador a escolha sobre os fatos econômicos que deverão ser onerados, a CIDE-Combustível teve sua materialidade definida pela própria Constituição. Assim, o texto constitucional partiu da indicação prévia dos fatos econômicos geradores da obrigação tributária, consistentes na *importação* ou *comercialização* de petróleo e seus derivados, gás natural e seus derivados e álcool combustível.

Essa constatação é relevante, porque demonstra inexistir liberdade de conformação para que o legislador disponha sobre os fatos geradores sobre os quais a CIDE-Combustíveis deva incidir. Em outras palavras: a contribuição apenas pode ser instituída sobre aqueles fatos econômicos definidos no § 4º do art. 177, e nenhum outro.

Evidentemente, uma vez atribuída a competência tributária, o legislador pode decidir por instituir a contribuição apenas sobre a importação, apenas sobre a comercialização ou tanto sobre a importação quanto sobre a comercialização de combustíveis. No entanto, tendo decidido por instituir o tributo, por dever de coerência não pode fazê-lo pela metade. Não pode o legislador decidir tributar a comercialização de gasolina realizada pela *refinaria* e não tributar a comercialização de gasolina realizada pelas *distribuidoras* ou pelos *postos de combustíveis*. A ocorrência do fato gerador é o único critério admissível para diferenciar contribuintes para fins de pagamento do tributo, especialmente quando a lei não faz outra dissociação. Entendimento contrário equivaleria a estender tratamento tributário diferenciado a contribuintes que se encontram em situação equivalente, o que viola o dever de igualdade na tributação (art. 150, II, da Constituição).

Em segundo lugar, no que diz respeito à natureza do seu fato gerador, os fatos econômicos indicados no texto constitucional sobre os quais deve ser instituída a CIDE-Combustíveis denotam um tributo incidente sobre consumo. Diferentemente de outros tributos que recaem sobre um elemento individual e unipessoal do contribuinte (por exemplo, a receita, a folha de salários ou o faturamento), a CIDE-Combustíveis incide sobre operações de *importação ou a comercialização de combustíveis*, que, por sua vez, pressupõe a existência de pelo menos um comprador e um vendedor. Disso decorre que a contribuição ora examinada pressupõe a transferência do ônus econômico da tributação. Trata-se, portanto, de tributo *indireto*, na medida em que se verifica uma dissociação entre aquele que tem o dever de pagar o tributo (sujeito passivo) e aquele que arca com o seu ônus econômico (contribuinte de fato).[1]

De acordo com Englisch, tributos indiretos são aqueles nos quais o contribuinte de direito e o contribuinte final (*Steuerdestinatar*) não são idênticos, porque o legislador pretendeu repassar a repercussão da carga tributária do contribuinte de direito a um terceiro.[2] Destaca o referido autor que os tributos indiretos têm sua hipótese primordialmente incidente sobre um ato do comércio de bens ou serviços, e que podem ser "reconhecidos por ter como fundamento o repasse *[Weiterwälzung]* do contribuinte de direito para o consumidor final".[3] No mesmo sentido, afirma Kirchhof que a tributação indireta se efetiva por meio do "encarecimento imperceptível dos bens econômicos"[4] *[unmerkliche Verteuerung von Wirtschaftsgütern].*

Exigindo-se o tributo apenas da Consulente, ter-se-ia, ainda, a transformação da CIDE-Combustíveis em tributo sobre o patrimônio. Como aduz Tipke, os tributos indiretos "oneram primordialmente, em função de sua finalidade, não as empresas, mas os consumidores finais como contribuintes de fato".[5] O repasse do encargo financeiro associado à tributação sobre tais operações, portanto, é inerente ao exercício da atividade empresarial. Como toda empresa visa ao lucro, suas atividades sempre serão orientadas de modo a minimizar custos e despesas e maximizar os ganhos financeiros de suas operações. A transferência do ônus econômico da tributação, portanto, não é elemento acidental, mas essencial, dos tributos incidentes sobre fatos econômicos que compõem uma cadeia de consumo.

O exame da estrutura constitucional da CIDE-Combustíveis permite afirmar, por conseguinte, que ela pode ser qualificada como um tributo plurifásico incidente sobre o consumo. De um lado, é tributo *plurifásico,*

1. Walden, Peter, *Die Umsatzsteuer als indirekte Verbrauchsteuer*, Berlin, Erich Schmidt, 1988, p. 44; Tipke, Klaus, *Die Steuerrechtsordnung*, vol. 2, Köln, Otto Schmidt, 1993, p. 899. No mesmo sentido: Reiβ, Wolfram, "Umsatzsteuer", in Tipke/Lang, *Steuerrecht*, 20ª ed., Köln, Otto Schmidt, 2010, p. 557; Reiβ, Wolfram, *Umsatzsteuerrecht*, 10ª ed., Münster, Alpmann und Schmidt, 2009, p. 5.

2. Englisch, Joachim, *Wettbewerbsgleichheit im grenzüberschreitenden Handel*, Tübingen, Mohr Siebeck, 2008, p. 559.

3. Ibidem, p. 560.

4. Kirchhof, Paul, "Die Steuer", in Kirchhof/Isensee, *Handbuch des Staatsrechts*, 3ª ed., § 118, p. 1.058.

5. Tipke, Klaus, *Die Steuerrechtsordnung*, 2ª ed., vol. I, Colonia, Otto Schmidt, 2000, p. 507.

na medida em que incide sobre fatos geradores ocorridos nas várias fases do ciclo de venda de combustíveis, iniciando com o importador, o produtor ou o formulador, passando pelas distribuidoras e postos de combustíveis e finalizando com a venda para o consumidor final. De outro lado, é tributo *indireto*, uma vez que, incidindo sobre operações comerciais inseridas em uma cadeia econômica de consumo, pressupõe a transferência do ônus tributário ao adquirente dos combustíveis comercializados.

Tendo sido visto que se trata de tributo incidente sobre fatos geradores ocorridos nas várias fases do ciclo de venda de combustíveis (plurifásico) e que pressupõe o repasse do encargo financeiro às etapas seguintes da cadeia econômica (indireto), cumpre, agora, examinar como ele se compatibiliza com o regime monofásico de incidência previsto pelo § 4º do art. 149 da Constituição. É o que se passa a examinar.

2.1.2 O significado normativo do regime de incidência única da CIDE-Combustíveis

Como visto, o texto constitucional estabelece a competência tributária da União Federal para a instituição da CIDE-Combustíveis e delimita os fatos geradores sobre os quais a contribuição deve ser instituída. Além disso, por meio do § 4º do art. 149, a Constituição também faculta ao legislador definir as hipóteses em que as contribuições incidirão uma única vez:

> Art. 149. (...).
>
> (...).
>
> § 4º. A lei definirá as hipóteses em que as contribuições incidirão uma única vez.

Com base neste dispositivo, o legislador decidiu pela adoção do regime de incidência única para a CIDE-Combustíveis, indicando como contribuintes do tributo apenas o produtor, o importador e o formulador de combustíveis líquidos, nos seguintes termos:

> Art. 2º. São contribuintes da CIDE o produtor, o formulador e o importador, pessoa física ou jurídica, dos combustíveis líquidos relacionados no art. 3º.

Contudo, ao estabelecer a competência para que o legislador defina as hipóteses em que a contribuição deverá incidir "uma única vez", o texto constitucional não pretendeu disciplinar a situação na qual o mesmo fato econômico é duplamente onerado pela mesma contribuição. Tal situação corresponderia a eventual *bis in idem*, o que é vedado pelo ordenamento jurídico. O dispositivo constitucional em exame buscou – isto, sim – atingir aquelas situações em que múltiplos fatos geradores são realizados por múltiplos contribuintes sucessiva e reiteradamente.

Conquanto trivial, esta constatação é extremamente relevante, porque evidencia que a adoção da sistemática de tributação única ou concentrada pressupõe um tributo incidente sobre uma *cadeia econômica*. É dizer: a adoção de um regime monofásico de tributação para as contribuições *pressupõe* um tributo *plurifásico*. De nada adiantaria adotar um regime monofásico de incidência no âmbito de um tributo que, por natureza, incida uma única vez. É dizer: apenas pode haver *escolha* por um regime de incidência única naqueles tributos que, por sua natureza, incidam mais de uma vez.

A definição de um regime monofásico de incidência para as contribuições, portanto, não faz com que o tributo passe a incidir sobre uma única operação. Afinal, o § 4º do art. 177 da Constituição definiu que a contribuição será instituída sobre a "importação ou comercialização de petróleo e seus derivados, gás natural e seus derivados e álcool combustível". Assim, como os fatos geradores da contribuição foram definidos pelo texto constitucional, a adoção do regime monofásico de incidência para a CIDE-Combustíveis não poderá eliminar a tributação incidente sobre operações ocorridas nas demais etapas da cadeia econômica. Entender o contrário seria o mesmo que admitir que a lei possa alterar o texto constitucional, o que não se pode aceitar.

Em tributos plurifásicos, como a CIDE-Combustíveis, a tributação monofásica apenas *concentra* em determinados sujeitos a cobrança do tributo incidente sobre toda a cadeia econômica. Isso porque as distribuidoras e os postos de combustíveis continuam praticando as operações comerciais correspondentes ao fato gerador do tributo.

Desse modo, ao definir como "contribuintes" apenas os importadores, os produtores e os formuladores de combustíveis, a Lei n. 10.336/2001 não alterou o *âmbito material* de incidência da CIDE-Combustíveis, mas tão somente o seu *mecanismo de cobrança*, por meio da alteração da sua *sujeição passiva*. Em outras palavras: o que a Lei n. 10.336/2001 fez, direta ou indiretamente, foi instituir uma forma *velada* de substituição tributária para frente: a concentração da tributação na refinaria é uma consequência da atribuição à refinaria da *responsabilidade* pelos débitos que seriam devidos também pelos distribuidores e pelos postos de combustíveis, ainda que de modo implícito.

No entanto, ainda que se opte por uma sistemática de tributação única ou monofásica, em que um contribuinte responda de forma concentrada pela tributação de toda a cadeia, isso não significa que se tenha alterado o fato gerador da contribuição. É dizer: a adoção de um regime simplificado de tributação não pode ser utilizada como pretexto para distorcer a regra de competência do respectivo tributo, de maneira que apenas um contribuinte passe a suportar, *sozinho*, a totalidade do encargo financeiro da tributação incidente sobre as operações comerciais realizadas ao longo da cadeia econômica. É o que se passa a demonstrar.

2.2 Análise do caso: inexigibilidade do tributo

2.2.1 O dever de preservação da repercussão econômica no regime monofásico de tributação

A exigência *integral* e *isolada* do débito em face da Consulente – num momento em que não é mais possível promover a transferência do encargo financeiro do tributo, é importante que se diga – subverte a lógica subjacente ao regime monofásico de incidência da CIDE-Combustíveis, ao violar o dever de preservação da repercussão econômica do tributo.

Isso porque a tributação monofásica no âmbito da CIDE-Combustíveis não pode ser adotada de modo a que a Consulente responda sozinha pelo ônus econômico da tributação incidente sobre toda a cadeia. Os contribuintes da CIDE-Combustíveis são todos aqueles que realizam a comercialização de combustíveis no mercado interno, indistintamente. Como dito, a adoção de regime de incidência única para a CIDE-Combustíveis altera unicamente a *sujeição passiva* do tributo, na medida em que cria verdadeira hipótese de responsabilidade tributária por substituição. Ocorre que responsabilização tributária por débitos de terceiros deve obedecer a uma série de requisitos previstos no § 7º do art. 150 da Constituição, dentre os quais decorre o dever de preservação da repercussão econômica da tributação, inerente aos tributos indiretos, como a CIDE-Combustíveis.

A responsabilidade tributária por substituição normalmente é adotada em face da impossibilidade ou extrema onerosidade para fiscalizar cada operação individual.[6] Neste ponto, vale ressaltar que o legislador decidiu

---

6. Ávila, Humberto, *Teoria da Igualdade Tributária*, 3ª ed. São Paulo, Malheiros Editores, 2015, p. 92.

concentrar a cobrança da CIDE-Combustíveis em face do importador, do formulador e do produtor de combustíveis, porque há um menor número de contribuintes comparativamente à "pulverização" verificada com relação às distribuidoras e, especialmente, no que diz respeito aos postos de combustíveis que atuam na venda do produto ao consumidor final. Trata-se, portanto, de norma de *simplificação fiscal* justificada pela necessidade de aperfeiçoar a fiscalização e a arrecadação tributária e promover a uniformidade na tributação.

No entanto, se, de um lado, este tipo de norma torna a fiscalização mais ágil e econômica, de outro, provoca perda em justiça individual, na medida em que a obrigação tributária não é mais dimensionada pela operação real (cada operação de venda de combustível), mas pela operação presumida (operações a serem realizadas ao longo da cadeia econômica). Com isso se quer destacar que as demais operações de venda de combustíveis realizadas ao longo da cadeia econômica *não* são desconsideradas pela tributação. Justamente porque operações de venda de combustível realizadas pelas distribuidoras e pelos postos de combustíveis *continuam* servindo de parâmetro para a tributação é que a simplificação não abandona o dever de igualdade na tributação. Assim, em vez de meio de abandono do critério da capacidade contributiva no seu sentido objetivo (riqueza manifestada), a concentração da tributação é um instrumento para a sua própria observância.[7]

Não por outro motivo que se fala no *requisito da compatibilidade* na tributação simplificada. Ao deixar de tributar de modo individualizado cada operação de venda de combustível realizada por distribuidora ou posto de combustíveis, o regime monofásico ou de incidência única da CIDE-Combustíveis não pode desconsiderar a efetiva ocorrência e a capacidade contributiva manifestada por cada uma dessas operações. Não se pode ignorar que a Consulente, mesmo assumindo a condição de responsável pelo tributo devido por toda a cadeia econômica, não é titular de toda a riqueza auferida com estas operações, mas apenas daquela riqueza auferida em face das *suas* operações. Em sentido inverso, se a Consulente não é titular de toda a riqueza auferida pelas operações de venda de combustíveis realizadas ao longo da cadeia, não há qualquer

---

7. Ávila, Humberto, *Teoria da Igualdade Tributária*, 3ª ed., São Paulo, Malheiros Editores, 2015. p. 93; Vogt, Jürgen, *Neutralität und Leistungsfähigkeit*, Frankfurt, Peter Lang, 2003, p. 69; Eckhoff, Rolf, *Rechtsanwendungsgleichheit im Steuerrecht. Die Verantwortung des Gesetzgebers für einem gleichmässigen Vollzug des Einkommensteuerrechts*, Colonia, Otto Schmidt, 1999, p. 590.

justificativa para que seja atribuída a ela a integralidade do ônus tributário delas decorrente. Entender de modo diverso implica exigir da Consulente o tributo devido por fatos geradores praticados por terceiros.

Esta é justamente a razão pela qual a repercussão econômica do tributo, ou seja, a possibilidade de transferir o encargo financeiro decorrente da exigência fiscal, revela-se como verdadeiro *elemento estrutural* para a adoção da sistemática de incidência única da CIDE-Combustíveis. Considerando que a tributação concentrada da operação de venda de combustíveis não elimina a tributação incidente sobre as demais operações ocorridas ao longo da cadeia econômica, o encargo financeiro daí decorrente não pode ser exigido apenas da Consulente.

Em razão disso, não sendo possível a transferência do encargo financeiro do tributo às demais etapas da cadeia, a tributação monofásica acaba por adulterar o perfil constitucional da CIDE-Combustíveis, reduzindo indevidamente o seu âmbito material de incidência ao deixar de tributar indistintamente os fatos geradores do tributo delineados pelo § 4º do art. 177 e, desta forma, transformando a Consulente no seu único contribuinte – *de direito e de fato*. Assim, quando o repasse não pode ser feito, o tributo perde a sua característica de tributo sobre consumo, como adverte, há muito, Schmölders, com base em Popitz.[8]

Com isso se quer dizer que o regime de incidência única da CIDE-Combustíveis atribui à Consulente a condição de contribuinte *de direito* da contribuição, mas não deve ser subvertido de modo a atribuir a ela também a condição de contribuinte *de fato*. Ora, a Consulente é responsável tributária por substituição pelo pagamento do tributo, mas isso não significa que seja obrigada a arcar sozinha com o encargo financeiro da tributação. A simplificação fiscal não pode comprometer a observância da capacidade contributiva objetiva verificada em cada uma das operações realizadas ao longo da cadeia econômica.

Do exposto, considerando que a transferência do encargo financeiro da tributação aos contribuintes situados nas demais etapas da cadeia de consumo é um pressuposto de validade da adoção do regime de incidência única da tributação, revela-se indevida a exigência fiscal da integralidade do débito em face da Consulente, sem que seja mais possível promover a repercussão econômica da CIDE-Combustíveis.

8. Schmölders, Günter, *Zur Begriffsbestimmung der Verbrauchsteuern*, Berlin, Duncker und Humblot, 1955, p. 30.

2.2.2 Violação ao dever de igualdade na tributação

Precisamente porque o regime de tributação "monofásico" instituído no âmbito da CIDE-Combustíveis consiste em uma *técnica* para a tributação incidente sobre toda a cadeia econômica é que a Consulente não deve responder isoladamente pela integralidade da tributação quando não mais possa promover a repercussão econômica do tributo. A exigência tributária nessas circunstâncias viola o dever de igualdade, por causar tanto uma desigualdade interna como uma desigualdade externa no respectivo setor econômico. Se não, vejamos.

Em primeiro lugar, a exigência da contribuição que deixou de ser recolhida no período de vigência das decisões judiciais em face da Consulente causa uma *desigualdade interna* na tributação, na medida em que apenas a refinaria é onerada, enquanto as distribuidoras e os postos de combustíveis são desonerados, embora todos tenham praticado o fato gerador do tributo. Como não há mais a possibilidade de promover a repercussão econômica, a exigência fiscal faz com que a Consulente arque com a totalidade do ônus econômico da tributação resultante de fatos geradores praticados por terceiros ao longo da cadeia econômica.

Conforme visto, a única explicação para que a refinaria seja obrigada a pagar sozinha (tributação concentrada) é estar embutido na sua obrigação o ônus tributário que seria atribuído às distribuidoras e varejistas em uma operação normal. Para o caso em análise, isso significa que apenas a conexão entre a tributação da sua operação com a tributação da operação praticada pelas distribuidoras e varejistas pode justificar a tributação concentrada na refinaria sob o ponto de vista jurídico. Em outros termos: só se justifica a tributação exclusiva da refinaria *se* e *enquanto* reconhecida a repercussão econômica do tributo com relação às demais etapas da cadeia econômica.

Sendo assim, ao exigir da Consulente a totalidade do débito tributário estar-se-á exigindo dela o tributo devido por fatos geradores praticados por terceiros. Há, nesta perspectiva, a subversão do regime monofásico de incidência instituído no âmbito da CIDE-Combustíveis. A impossibilidade fática de promover a repercussão econômica do tributo torna a tributação inconstitucional, pois desconsidera a *necessária* conexão existente entre a tributação majorada e concentrada da refinaria e a não tributação das distribuidoras e dos postos de combustíveis beneficiados. Em outras palavras: transforma o contribuinte de direito no único contribuinte de fato da CIDE-Combustíveis, fazendo com que o regime monofásico de incidência, antes apenas uma *técnica de tributação*, acabe por alterar o âmbito material de incidência do tributo.

Em segundo lugar, ao exigir da Consulente a totalidade do débito decorrente de fatos geradores ocorridos ao longo de toda a cadeia econômica, estar-se-á provocando uma *desigualdade externa* na tributação, na medida em que a Consulente é onerada mais gravemente do que outros importadores, produtores ou formuladores de combustíveis que se encontram em situação equivalente.

Neste aspecto, importadores, produtores ou formuladores de combustíveis que não tiveram contra si qualquer decisão judicial que impedisse o recolhimento da CIDE-Combustíveis puderam promover oportunamente o repasse do encargo financeiro da operação às demais etapas da cadeia econômica, enquanto a Consulente, que teve contra si decisões judiciais que impossibilitaram o recolhimento da exação, não teve a chance de promover a repercussão econômica do tributo. Assim, a Consulente foi *obrigada* a suportar integralmente o encargo financeiro da tributação. Em outros termos: prevalecendo a cobrança ora questionada, a intensidade da tributação acabará sendo atribuída de modo diferenciado aos contribuintes da CIDE-Combustíveis em razão da existência ou não de decisões judiciais, e não em função da capacidade contributiva manifestada pela realização das respectivas operações de comercialização de combustíveis.

O decisivo é que a utilização de uma técnica de simplificação deve observar como contraponto a adequada distribuição do ônus tributário. Ao se concentrar a tributação em apenas um sujeito passivo não se está abandonando a tributação dos demais sujeitos integrantes da cadeia econômica. Como referido, a simplificação mediante adoção de um regime monofásico de incidência não contradiz o dever de igualdade na tributação, mas serve precisamente de instrumento para sua realização.[9] A adoção de um regime monofásico de incidência definindo como "contribuintes" apenas os importadores, os produtores e os formuladores de combustíveis (art. 2º), portanto, não tem o condão de alterar o âmbito material de incidência ou a sujeição passiva da contribuição, mas tão somente a sua forma de *cobrança*.

Em suma: a exigência isolada e integral do débito em face da Consulente é inconstitucional, por desigual: embora tanto a refinaria como as distribuidoras e os varejistas comercializem combustíveis e, portanto, pratiquem o fato gerador da CIDE-Combustíveis, não só a Consulente é onerada enquanto as distribuidoras e varejistas não o são, como a Con-

---

9. Eckhoff, Rolf, *Rechtsanwendungsgleichheit im Steuerrecht. Die Verantwortung des Gesetzgebers für einem gleichmässigen Vollzug des Einkommensteuerrechts*, Colonia, Otto Schmidt, 1999, p. 195.

sulente é mais onerada que outros contribuintes que se encontram em situação equivalente, mas que não foram atingidos pelas decisões judiciais cujos efeitos são ora examinados.

2.2.3 Violação ao dever de neutralidade na tributação

Ao exigir isoladamente da Consulente o pagamento da CIDE-Combustíveis devido no período de vigência das decisões judiciais, sem que a Consulente possa mais promover o repasse do respectivo encargo financeiro, a autoridade fiscal desconsidera o inegável benefício econômico obtido pelas distribuidoras e pelos postos de combustíveis que recorreram ao Poder Judiciário para se livrar da tributação. O direcionamento da exigência fiscal contra a Consulente viola, assim, o dever de neutralidade na tributação, na medida em que – mesmo indiretamente – promove situação de desequilíbrio concorrencial, pelos seguintes motivos.

Em primeiro lugar, a exigência fiscal causa desequilíbrio concorrencial entre a Consulente e as demais refinarias que não foram atingidas pelas respectivas decisões judiciais. Enquanto a Consulente é obrigada a arcar sozinha com o ônus econômico da tributação incidente sobre toda a cadeia, porque foi proibida judicialmente de promover a repercussão econômica do tributo, as demais refinarias estão desincumbidas de suportar o respectivo encargo, na medida em que não foram atingidas pelas respectivas decisões judiciais e, portanto, puderam promover o repasse do encargo financeiro do tributo às demais etapas do ciclo produtivo.

Em segundo lugar, a exigência fiscal cria situação de desequilíbrio concorrencial entre as distribuidoras e os postos de combustíveis que obtiveram decisões judiciais favoráveis à sua causa e aquelas distribuidoras e postos de combustíveis que continuaram suportando o ônus tributário incidente sobre cada operação. De fato, enquanto as primeiras obtiveram substancial vantagem econômica e, assim, puderam reduzir seus preços ou aumentar sua margem de lucro, as últimas continuaram obrigadas a embutir no preço de seus produtos o encargo financeiro relativo à CIDE-Combustíveis, reduzindo a competitividade do seu produto no mercado, seja pelo seu preço superior, seja pela sua margem de lucro inferior.

Tanto na primeira como na segunda situação se verifica violação ao dever de neutralidade na tributação, em virtude do tratamento desigual daqueles que se mantêm em situação de concorrência.[10] Enquanto

---

10. Vogt, Jürgen, *Neutralität und Leistungsfähigkeit*, Frankfurt am Main, Peter Lang, 2003, p. 78; Maiterth, Ralf, *Wettbewerbsneutralität der Besteuerung*, Bielefeld, Erich Schmidt, 2001, p. 77.

aspecto delimitador da igualdade tributária, a neutralidade evidencia o dever de atuação ou abstenção estatal em determinado nível relativamente aos efeitos que a tributação provoca quando recai sobre bem jurídicos essenciais à realização do princípio da liberdade de concorrência. Tributação neutra, portanto, é aquela que respeita as atividades escolhidas pelos contribuintes, sem atingir elementos que lhes são inerentes e *sem deixar determinados grupos em situação desfavorável do ponto de vista tributário*.[11]

Como a neutralidade funciona como um limite para a atuação ou abstenção estatal concernente ao tratamento de dois ou mais contribuintes em relação de concorrência, ela pressupõe, como não poderia deixar de ser, o exame tanto da igualdade de fato e de direito entre os concorrentes quanto da igualdade na regra e nos seus efeitos globais.[12] Nestas perspectivas, as decisões judiciais que impediram a Consulente de promover a repercussão econômica do tributo alteraram substancialmente a situação de fato pressuposta pelo regime monofásico de incidência.

Como o texto constitucional pressupõe o caráter plurifásico e indireto da CIDE-Combustíveis, a manutenção da neutralidade da tributação no caso ora examinado exige a reconstrução da situação de igualdade daqueles contribuintes que eram descritivamente iguais mas que, em virtude das decisões judiciais, passaram a ficar em situação fática desigual. De modo mais singelo: a restauração da tributação incidente sobre as operações abrangidas pelos respectivos provimentos judiciais passa pela exigência individualizada em face de cada contribuinte apenas da parcela do tributo que lhe diz respeito – e não mais que isso.

Em outras palavras: como não há mais a possibilidade de promover a repercussão econômica do tributo, a manutenção da neutralidade da tributação no caso ora apresentado demanda que o débito tributário exigido em face da Consulente seja direcionado também àqueles sujeitos que obtiveram proveito econômico com a distorção criada pelas respectivas decisões judiciais. A reconstrução da igualdade na tributação no caso concreto passa pela restauração dos elementos necessários ao exercício da livre concorrência, seja em face de outras refinarias, seja em face de outras distribuidoras e outros postos de combustíveis.

11. Ávila, Humberto, *Teoria da Igualdade Tributária*, 3ª ed., São Paulo, Malheiros Editores, 2015, pp. 101 e ss.; Raupach, Arndt, "Mindestbesteuerung im Einkommen und Körperschaftsteuerrecht", in Lehner, Moris (org.), *Verluste im nationalen und Internationalen Steuerrecht*, München, Beck, 2004, p. 57.

12. Ávila, Humberto, *Teoria da Igualdade Tributária*, 3ª ed., São Paulo, Malheiros Editores, 2015, p. 105.

Justamente porque o regime monofásico concentra em um sujeito a tributação incidente sobre toda a cadeia econômica, apenas se pode falar em um estado de neutralidade na tributação enquanto toda a cadeia econômica responder pelo encargo financeiro da tributação. É dizer: inexistindo mais a possibilidade de promover a repercussão econômica do tributo, não há que se falar em neutralidade na tributação na exigência fiscal ora questionada.

Por fim, cumpre ressaltar o antigo brocardo: a ninguém é dado beneficiar-se da própria torpeza. Mantida a exigência apenas em face da Consulente, os sujeitos que buscaram o Judiciário com ações temerárias serão premiados, uma vez que deles nada será exigido. Tal situação levará a três consequências principais: a primeira, o incentivo à utilização abusiva do Poder Judiciário em ações tributárias temerárias; a segunda, o incentivo ao desvirtuamento da própria sistemática da cobrança monofásica da CIDE-Combustíveis; e, por fim, a terceira, uma inversão do caráter indireto da contribuição, que passará a recair somente sobre a Consulente. Um sistema tributário que pretende promover justiça fiscal e segurança jurídica não pode admitir tal situação.

2.2.4 Dever de observância da boa-fé da Consulente e a irreversibilidade da situação consolidada

Por fim, a exigência em face da Consulente da totalidade da contribuição que deixou de ser recolhida não leva em consideração a sua boa-fé, nem a irreversibilidade da situação consolidada, já que não há mais como promover a repercussão econômica da tributação.

Ainda que absolutamente atípica, a situação ora apresentada não é estranha ao Superior Tribunal de Justiça, tendo sido apreciada em reiteradas oportunidades, tanto pelas Turmas de Direito Público como pela 1ª Seção. Veja-se.

No julgamento do REsp 887.585, sob relatoria do Min. Herman Benjamin, a 2ª Turma do Superior Tribunal de Justiça foi instada a se manifestar sobre situação na qual o substituto tributário havia deixado de recolher o ICMS devido antecipadamente em virtude de decisão judicial impeditiva, obtida em ação movida pelo substituído. Na ocasião, o órgão julgador ressaltou que na substituição tributária o vendedor da mercadoria (substituto) recolhe não apenas o tributo por ele devido, mas também o tributo que deverá incidir sobre a operação futura, a ser realizada pelo seu cliente (substituído). Assim a decisão:

Tributário – ICMS – Substituição tributária – Imposto não recolhido pelo substituto por conta de sentença judicial impeditiva em ação movida pelo substituído – Cobrança do substituto – Inviabilidade. 1. Hipótese em que o recorrido-substituto deixou de recolher o ICMS na sistemática da substituição tributária por conta de sentença judicial proferida em ação movida pelo substituído. Posteriormente, a sentença foi reformada pelo Tribunal, e o Fisco passou a cobrar o tributo do recorrido-substituto. (...). *6. Inviável exigir do recorrido-substituto o ICMS não recolhido, se inexistiu culpa ou dolo. Ao contrário, respeitou-se determinação judicial para não apurar e recolher o tributo. Em caso de cobrança, seria impossível ao responsável repassar o ônus do tributo ao substituído-contribuinte.* 7. Entender de maneira diversa seria subverter o disposto nos arts. 121 e 128 do CTN, interpretados à luz do princípio da capacidade contributiva, para exonerar o contribuinte e onerar exclusivamente o responsável tributário, um despropósito e uma injustiça. 8. Recurso especial não provido (2ª Turma, REsp 887.585-RS, rel. Min. Herman Benjamin, j. 18.12.2008, *DJe* 13.3.2009) [*Grifos meus*]

O entendimento adotado no acórdão foi no sentido de que não havia como exigir o tributo do substituto, que não teria dado causa ao inadimplemento e tampouco agido com dolo ou culpa ao dar cumprimento à decisão judicial. Nos termos do voto do Relator: "(...) exigir o ICMS do substituto, como pretende o Fisco, é subverter o princípio da capacidade contributiva, exonerando o contribuinte do imposto por ele devido e onerando exclusivamente o responsável tributário". É dizer: diante da irreversibilidade da situação e da boa-fé verificada, a exigência fiscal em face do substituto deveria ser afastada.

Ao examinar situação idêntica nos autos do REsp 1.028.716, a 1ª Turma do Superior Tribunal de Justiça também afastou a exigência tributária em face do responsável tributário por substituição. Na ocasião, o Min. Benedito Gonçalves chamou a atenção do Colegiado para a irreversibilidade da situação provocada pelas decisões liminares impeditivas de recolhimento do tributo:

Direito tributário – Recurso especial – ICMS – Regime de substituição tributária – Não recolhimento pelo substituto por força de decisão liminar – Ulterior revogação – Impossibilidade de cobrança do substituto em relação às exações geradas no período de vigência do *decisum*. *1. Controvérsia relativa aos efeitos da revogação da liminar concedida em mandado de segurança que, durante a sua vigência, afastou a obrigação do substituto tributário de recolher o ICMS referente às operações realizadas com a revendedora substituída, a qual obteve o provimento de urgência. Discute-se a possibilidade de se exigir do substituto tributário o pagamento do ICMS que não foi recolhido pelo regime de substituição, em obediência a decisão judicial liminar que reconheceu o direito do substituído de não recolher o tributo sob essa sistemática, e que foi posteriormente revogada.* (...). *6. Não havendo dolo ou culpa do substituto tributário, considerando que o comando legal que determinava o recolhimento do tributo pelo regime da substituição tributária foi substituído pela determinação judicial que autorizou o recolhimento pelo próprio contribuinte, não há como responsabilizá-lo pelo inadimplemento do tributo, sob pena de locupletamento do contribuinte substituído. 7.* Nessas hipóteses "exigir o ICMS do substituto, como pretende o Fisco, é subverter o princípio da capacidade contributiva, exonerando o contribuinte do imposto por ele devido e onerando exclusivamente o responsável" (REsp n. 887.585-RS, rel. Min. Herman Benjamin, 2ª Turma, j. 18.12.2008, *DJe* 13.3.2009). 8. Recurso especial parcialmente conhecido e, nessa parte, provido (1ª Turma, REsp 1.028.716-RS, rel. Min. Benedito Gonçalves, j. 20.4.2010, *DJe* 3.5.2010) [*Grifos meus*].

Note-se que, em trecho relevante, o Ministro-Relator defendeu que, "em se tratando de substituição tributária, deve haver condições para que o substituto possa reter ou ser ressarcido pelo valor recolhido na qualidade de responsável tributário. Caso contrário, o responsável irá assumir todo o ônus da cadeia de circulação do bem. (...) a cassação da liminar não pode produzir efeitos *ex tunc*, sob pena de se possibilitar o locupletamento do contribuinte beneficiado por tal decisão, especialmente se considerarmos que o substituto tributário não atuou como parte nem como interessado no mandado de segurança". Tal decisão também ressaltou a inexistência de dolo ou culpa na conduta do substituto, que apenas deu cumprimento à decisão judicial.

A questão também foi analisada pela 1ª Seção do Superior Tribunal de Justiça nos autos do REsp 1.090.414, de relatoria do Min. Luiz Fux. Na ocasião, o Colegiado manteve o posicionamento firmado na 1ª e na 2ª Turma, destacando que, tendo o substituto tributário deixado de efetuar o recolhimento em virtude de decisão judicial, não há como exigir dele o tributo que deixou de ser recolhido, salvo se caracterizados culpa ou dolo, nos seguintes termos:

> Tributário – ICMS – Substituição tributária – Imposto não recolhido pelo substituto por força de sentença judicial impeditiva em ação mandamental movida pelo substituído – Cobrança do substituto – Inviabilidade.
> 1. O substituto que deixe de apurar e recolher o ICMS por força de decisão mandamental favorável ao substituído não responderá pelo tributo, quando

não caracterizada culpa ou dolo. Precedente: REsp n. 1.028.716-RS, rel. Min. Benedito Gonçalves, DJe 3.5.2010). 2. *In casu*, o recorrido-substituto deixou de recolher o ICMS na sistemática da substituição tributária por conta de decisão liminar proferida em ação movida pelo substituído. Posteriormente, a sentença foi reformada pelo Tribunal, e o Fisco passou a cobrar o tributo do recorrido-substituto. (...). "*6. Inviável exigir do recorrido-substituto o ICMS não recolhido, se inexistiu culpa ou dolo. Ao contrário, respeitou-se determinação judicial para não apurar e recolher o tributo. Em caso de cobrança, seria impossível ao responsável repassar o ônus do tributo ao substituído-contribuinte.* (...)". 4. Recurso especial a que se nega provimento, nos termos da uniforme jurisprudência desta E. Corte (1ª Seção, REsp 1.090.414-RS, rel. Min. Luiz Fux, j. 23.2.2011, DJe 11.5.2011).

No entendimento do Relator, o substituto apenas poderá ser responsabilizado por deixar de recolher o tributo devido caso descumpra sua obrigação, por culpa ou dolo. Segundo o Ministro-Relator, "essa é uma exceção à regra geral em que o responsável assume a posição de devedor principal pelo fato de ter descumprido a norma legal que lhe impunha a retenção e o recolhimento do tributo". Nesses termos, correto afirmar, em sentido contrário, que, inexistindo dolo ou culpa do substituto pelo não recolhimento, não há que se falar na sua responsabilização pelo tributo que deixou de ser recolhido na vigência de decisões judiciais impeditivas.

Em suma: o entendimento do Tribunal é o de que, em se tratando de tributo plurifásico e indireto, decisões judiciais que temporariamente impedem o recolhimento do tributo acabam por criar uma situação irreversível. Isso porque já não é mais possível exigir o tributo devido diretamente do responsável por substituição, na medida em que não há mais como efetuar o repasse do encargo financeiro da tributação às demais etapas da cadeia econômica.

A jurisprudência do Tribunal, portanto, acabou consolidando dois requisitos a serem observados para que o responsável por substituição não responda pelo tributo que deixa de ser recolhido em virtude de provimento judicial obtido pelo substituído: (i) a boa-fé do substituto, consistente na inexistência de dolo ou culpa pelo descumprimento da obrigação tributária; e (ii) a irreversibilidade da situação consolidada pelas decisões judiciais, traduzida justamente na impossibilidade de se promover a repercussão econômica do tributo. Desse modo, o exame destes requisitos deve ser realizado no caso ora apresentado, em que o regime de incidência única da CIDE-Combustíveis também consubstancia verdadeira sistemática de responsabilidade tributária por substituição.

Em primeiro lugar, a Consulente não deu causa ao não recolhimento do tributo. As decisões judiciais que impediram a Consulente de recolher a contribuição devida e repassar o respectivo encargo financeiro à cadeia econômica foram obtidas pelas distribuidoras e pelos postos de combustíveis. Mais que isso: além de não ter dado causa à falta de recolhimento da contribuição, a Consulente se insurgiu contra tais decisões, tendo interposto recursos com intuito de restabelecer a regularidade da tributação.

Observa-se, assim, que Consulente agiu com absoluta boa-fé, na medida em que não deu causa à situação por ação dolosa, culposa ou, mesmo, por omissão no recolhimento da contribuição devida sobre as operações fiscalizadas. A Consulente cumpriu as respectivas decisões tão somente porque poderia ser responsabilizada – inclusive criminalmente – pelo seu descumprimento. Considerando que não há qualquer dúvida quanto ao fato de que a Consulente não deu causa ao não recolhimento da contribuição, ela não deve ser responsabilizada pelo débito então decorrente.

Em segundo lugar, também no caso examinado se verifica a consolidação de uma situação irreversível. Na condição de responsável por substituição, a Consulente recolhe não apenas o tributo devido pela sua operação, mas também aquele incidente sobre as demais operações da cadeia econômica, a serem realizadas pelos adquirentes dos seus combustíveis. Portanto, a Consulente apenas antecipa a contribuição devida pelos substituídos, devendo repassar o encargo financeiro assumido precisamente para que não tenha que suportar sozinha o encargo financeiro do tributo incidente sobre toda a cadeia econômica.

Ocorre que, em virtude das decisões judiciais obtidas por algumas distribuidoras e postos de combustíveis, não há mais como restabelecer esta situação. A transferência do encargo financeiro – elemento estrutural da CIDE-Combustíveis, é importante que se repita – não pode ser realizada. Não há mais como fazê-lo, tendo em vista a impossibilidade de embutir naquelas operações de venda de combustíveis já realizadas o encargo financeiro do débito ora exigido da Consulente.

A preservação de situações irreversíveis do ponto de vista fático é um mandamento do princípio da segurança jurídica, que exige a preservação do estado de *confiabilidade*. E a confiabilidade só existe se o cidadão puder ver assegurados hoje os efeitos que lhe foram garantidos pelo Direito ontem, o que depende, por exemplo, da existência de um estado de intangibilidade de situações passadas.[13]

---

13. Ávila, Humberto, *Teoria da Segurança Jurídica*, 3ª ed., São Paulo, Malheiros Editores, 2014, p. 699.

De fato, em algumas situações extraordinárias, pela ausência de norma que dê suporte à produção de efeitos jurídicos, a rigor não se pode falar em direito adquirido ou ato jurídico perfeito. Mesmo assim, seja pelo transcurso do tempo, seja pela ausência de mecanismos alternativos, a situação pode ter sido de tal sorte consolidada, do ponto de vista fático, que a desconstituição retrospectiva de seus efeitos se revela, do ponto de vista do Direito propriamente dito, proibida.[14] É exatamente este o caso ora analisado. Não há mecanismos alternativos que permitam a transferência do ônus econômico, o que torna a situação consolidada e irreversível.

É preciso destacar que a própria jurisprudência do Supremo Tribunal Federal faz referência a "situações consolidadas" pela "força normativa dos fatos", que o Direito não pode desconsiderar. Isso ocorre nos casos em que a situação revela alguma particularidade determinante para que o seu desfazimento ou a desconstituição de seus efeitos termine por causar insegurança jurídica. É exatamente por estas razões que o Supremo Tribunal Federal preserva efeitos de atos ainda que reconheça sua nulidade, como é o caso, por exemplo, da manutenção dos efeitos de concessões de domínio de terras públicas. Embora tenha reconhecido a nulidade deste ato, a Corte reconheceu a consolidação fática da situação, em virtude da celebração de uma série de negócios jurídicos e, inclusive, a criação de cidades. A manifestação do Min. Cézar Peluso não poderia ser mais explícita: "o Estado de Direito é sobremodo Estado de confiança".[15]

Este entendimento é plenamente aplicável ao caso analisado. Queira-se ou não, não há mais como restaurar a regularidade da tributação da CIDE-Combustíveis instituída sob o regime de incidência única. Com base nos pressupostos constitucionais da tributação por meio da substituição tributária, correto afirmar que a Consulente é contribuinte de direito e responsável pelo recolhimento antecipado do tributo *contanto que* possa promover a transferência do encargo financeiro associado. Não se verificando mais os pressupostos para a tributação monofásica, não há mais que se falar na exigência concentrada da tributação apenas da Consulente. A prevalecer o entendimento adotado pela autoridade fiscal, a Consulente deixaria de ser mero contribuinte de direito para ser o único contribuinte de fato do tributo, o que não deve prosperar.

Preenchidos os requisitos estabelecidos pela jurisprudência consolidada do Superior Tribunal de Justiça, mostra-se indevida a exigência fiscal direcionada exclusivamente à Consulente, seja porque ela não deu

14. Ibidem, p. 370.
15. STF, Tribunal Pleno, ACO 79, rel. Min. Cézar Peluso, j. 15.3.2012.

causa à falta de recolhimento da CIDE-Combustíveis sobre as operações fiscalizadas, seja porque não há mais como promover a repercussão econômica do tributo, pressuposto de validade do regime de incidência única instituído no âmbito desta contribuição.

3. CONCLUSÕES

As considerações precedentes levam às seguintes conclusões:

(1) A CIDE-Combustíveis pode ser caracterizada como um tributo *plurifásico* e *indireto*. De um lado, é tributo *plurifásico*, na medida em que incide sobre fatos geradores ocorridos nas várias fases do ciclo de venda de combustíveis. De outro lado, é tributo *indireto*, uma vez que, incidindo sobre operações comerciais inseridas em uma cadeia econômica de consumo, pressupõe a transferência do ônus tributário ao adquirente dos combustíveis comercializados.

(2) A adoção do regime monofásico de incidência para a CIDE-Combustíveis, com base no § 4º do art. 149 da Constituição, não tem o condão de eliminar a tributação incidente sobre operações ocorridas nas demais etapas da cadeia econômica. Justamente porque se trata de tributo plurifásico, a tributação monofásica apenas concentra em determinados sujeitos a *cobrança* do tributo incidente sobre toda a cadeia econômica.

(3) Revela-se indevida a exigência fiscal da integralidade do débito em face da Consulente, sem que seja mais possível promover a repercussão econômica da CIDE-Combustíveis. O regime de incidência única atribui à Consulente a condição de contribuinte *de direito* da contribuição, mas não deve ser subvertido de modo a atribuir a ela também a condição de contribuinte *de fato*.

(4) A exigência isolada da contribuição que deixou de ser recolhida no período de vigência das decisões judiciais em face da Consulente viola o dever de igualdade. Primeiro, porque causa *desigualdade interna* na tributação, na medida em que apenas a refinaria é onerada, enquanto as distribuidoras e os postos de combustíveis são desonerados, embora todos tenham praticado o fato gerador do tributo. Segundo, porque provoca *desigualdade externa* na tributação, na medida em que a Consulente é onerada mais gravemente do que outros importadores, produtores ou formuladores de combustíveis que se encontram em situação equivalente.

(5) A exigência fiscal também viola o dever de neutralidade na tributação, na medida em que promove situação de desequilíbrio concorrencial, de um lado, entre a Consulente e demais refinarias, já que a

primeira é obrigada a suportar sozinha o encargo financeiro da tributação e as últimas podem promover a repercussão econômica do tributo; e, de outro lado, entre as distribuidoras e os postos de combustíveis que obtiveram benefício econômico com as respectivas decisões judicias e aqueles que não obtiveram qualquer vantagem, na medida em que os primeiros puderam reduzir seus preços ou aumentar sua margem de lucro, e os demais continuaram obrigados a embutir no preço de seus produtos o encargo financeiro da tributação, reduzindo a competitividade do seu produto no mercado, seja pelo seu preço superior, seja pela sua margem de lucro inferior.

(6) Como a Consulente não apenas recolhe o tributo devido pela sua operação, mas também aquele incidente sobre as demais operações da cadeia econômica, o encargo financeiro assumido deve ser repassado ao adquirente dos produtos. Ocorre que, em virtude das decisões judiciais obtidas por algumas distribuidoras e postos de combustíveis, não há mais como restabelecer esta situação.

(7) A Consulente não deu causa ao não recolhimento do tributo. As decisões judiciais que impediram o recolhimento da contribuição devida e o repasse do respectivo encargo financeiro consolidaram situação irreversível. De acordo com a jurisprudência do Superior Tribunal de Justiça, por ter agido com absoluta boa-fé, na medida em que o não recolhimento do tributo não decorreu de ação dolosa, culposa ou por omissão, a Consulente não deve ser responsabilizada pelo débito fiscal decorrente.

(8) A irreversibilidade da situação justifica o afastamento da exigência fiscal, na medida em que a segurança jurídica exige a preservação de um estado de confiabilidade que passa pela intangibilidade de situações consolidadas.

(9) Por todas as razões anteriores, revela-se absoluta e manifestamente inconstitucional exigir só da Consulente a CIDE-Combustíveis que deveria ser suportada equilibradamente por toda a cadeia econômica.

Bibliografia

ÁVILA, Humberto. *Teoria da Igualdade Tributária*. 3ª ed. São Paulo, Malheiros Editores, 2015.

_____. *Teoria da Segurança Jurídica*. 3ª ed. São Paulo, Malheiros Editores, 2014.

ECKHOFF, Rolf. *Rechtsanwendungsgleichheit im Steuerrecht. Die Verantwortung des Gesetzgebers für einem gleichmässigen Vollzug des Einkommensteuerrechts*. Colonia, Otto Schmidt, 1999.

ENGLISCH, Joachim. *Wettbewerbsgleichheit im grenzüberschreitenden Handel.* Tübingen, Mohr Siebeck, 2008.

KIRCHHOF, Paul. "Die Steuer". In: KIRCHHOF/ISENSEE. *Handbuch des Staatsrechts.* 3ª ed. 2007.

MAITERTH, Ralf. *Wettbewerbsneutralität der Besteuerung.* Bielefeld, Erich Schmidt, 2001.

RAUPACH, Arndt. "Mindestbesteuerung im Einkommen und Körperschaftsteuerrecht". In: LEHNER, Moris (org.). *Verluste im nationalen und Internationalen Steuerrecht.* München, Beck, 2004.

REIβ, Wolfram. "Umsatzsteuer". In: TIPKE/LANG. *Steuerrecht.* 20ª ed. Köln, Otto Schmidt, 2010.

_____. *Umsatzsteuerrecht.* 10ª ed. Münster, Alpmann und Schmidt, 2009.

SCHMÖLDERS, Günter. *Zur Begriffsbestimmung der Verbrauchsteuern.* Berlin, Duncker und Humblot, 1955.

TIPKE, Klaus. *Die Steuerrechtsordnung.* vol. 2. Köln, Otto Schmidt, 1993.

VOGT, Jürgen, *Neutralität und Leistungsfähigkeit.* Frankfurt, Peter Lang, 2003.

WALDEN, Peter. *Die Umsatzsteuer als indirekte Verbrauchsteuer.* Berlin, Erich Schmidt, 1988.

CONTRIBUIÇÃO DO PRODUTOR RURAL PESSOA FÍSICA SOBRE A RECEITA BRUTA PROVENIENTE DA COMERCIALIZAÇÃO DA SUA PRODUÇÃO E A LEI N. 10.256/2001

PARECER

1. A consulta. 2. O parecer: 2.1 A decisão do Supremo Tribunal Federal – 2.2 A permanência do estado de inconstitucionalidade: 2.2.1 Ausência de fundamentos formais: inexistência de lei válida – 2.2.2 Ausência de fundamentos materiais. 3. Conclusões.

1. A CONSULTA

O Supremo Tribunal Federal declarou "a inconstitucionalidade do art. 1º da Lei n. 8.540/1992, que deu nova redação aos art. 12, incisos V e VII, 25, incisos I e II, e 30, inciso IV, da Lei n. 8.212/1991, com redação atualizada até a Lei n. 9.528/1997, *até que legislação nova, arrimada na Emenda Constitucional n. 20/1998, venha a instituir a contribuição*", em decisão assim ementada:

> (...) – Contribuição social – Comercialização de bovinos – Produtores rurais pessoas naturais – Sub-rogação – Lei n. 8.212/1991 – Art. 195, inciso I, da Carta Federal – Período anterior à Emenda Constitucional n. 20/1998 – Unicidade de incidência – Exceções – COFINS e contribuição social – Precedente – Inexistência de lei complementar. Ante o texto constitucional, não subsiste a obrigação tributária sub-rogada do adquirente, presente a venda de bovinos por produtores rurais, pessoas naturais, prevista nos arts. 12, incisos V e VII, 25, incisos I e II, e 30, inciso IV, da Lei n. 8.212/191, com as redações decorrentes das Leis n. 8.540/1992 e n. 9.528/1997 – Aplicação de leis no tempo – Considerações.[1]

1. STF, Tribunal Pleno, RE 363.852, rel. Min. Marco Aurélio, *DJU* 3.2.2010, p. 701.

Após o julgamento, porém, a Fazenda Nacional tem sustentado que teria havido o preenchimento da condição prevista no voto do Relator, o Min. Marco Aurélio, por meio da edição da Lei n. 10.256/2001.

Em face desse posicionamento da Fazenda Nacional, foram opostos embargos de declaração no RE 596.177, cujo acórdão havia reafirmado o entendimento da Corte pela inconstitucionalidade da cobrança. Pretende o Fisco, portanto, modificar o posicionamento consolidado no Tribunal Pleno, para que seja pronunciada a constitucionalidade da Lei n. 10.256/2001.

Paralelamente, o Supremo Tribunal Federal, por meio de deliberação do Plenário Virtual, atribuiu repercussão geral ao RE 718.874, interposto pela União contra decisão do Tribunal Regional Federal da 4ª Região. Este Tribunal entendeu ser inconstitucional essa contribuição, prevista no art. 25 da Lei n. 8.212/1991, com a redação dada pela Lei n. 10.256/2001. Como no RE 596.177, em fase de embargos de declaração, não houve oportunidade de enfrentar o tema em face da mudança legislativa e constitucional, o Supremo Tribunal Federal irá examiná-lo integralmente neste novo recurso ao qual se atribuiu repercussão geral.

Diante desse quadro, honram-me os Consulentes com a solicitação de parecer que responda, primeiro, se a Lei n. 10.256/2001 atendeu à condição prevista no julgamento do RE 363.852; e, segundo, se os fundamentos utilizados pela Corte para declarar a inconstitucionalidade subsistem diante da referida alteração legislativa. É o que se passa a responder.

2. O PARECER

2.1 A decisão do Supremo Tribunal Federal

O Tribunal Pleno do Supremo Tribunal Federal declarou a inconstitucionalidade dos arts. 25, I e II, e 30, IV, da Lei n. 8.212/1991, com redação atualizada até a Lei n. 9.528/1997, abaixo transcritos:

> Art. 25. A contribuição do empregador rural pessoa física e do segurado especial referidos, respectivamente, na alínea "a" do inciso V e no inciso VII do art. 12 desta Lei, destinada à seguridade social, é de: I – 2% da receita bruta proveniente da comercialização da sua produção; II – 0,1% da receita bruta proveniente da comercialização da sua produção para financiamento das prestações por acidente do trabalho.
>
> (...).

Art. 30. A arrecadação e o recolhimento das contribuições ou de outras importâncias devidas à seguridade social obedecem às seguintes normas: (...); IV – a empresa adquirente, consumidora ou consignatária ou a cooperativa ficam sub-rogadas nas obrigações da pessoa física de que trata a alínea "a" do inciso V do art. 12 e do segurado especial pelo cumprimento das obrigações do art. 25 desta Lei, independentemente de as operações de venda ou consignação terem sido realizadas diretamente com o produtor ou com intermediário pessoa física, exceto no caso do inciso X deste artigo, na forma estabelecida em regulamento; (...).

Assim, ao julgar o RE 363.852, o Supremo Tribunal Federal excluiu do ordenamento jurídico os dispositivos que previam a base de cálculo, a alíquota e a hipótese de sub-rogação da obrigação tributária. O efeito dessa decisão é a exclusão desses elementos da contribuição do produtor rural pessoa física.

Mas os fundamentos para esse julgamento não residem unicamente na falta de lei complementar para a instituição de contribuição sobre base de cálculo não prevista no art. 195 até o advento da Emenda Constitucional 20/1998. A inconstitucionalidade também foi declarada em razão da violação:

(i) *à regra constitucional da unicidade de contribuições*, que proíbe que o produtor rural possa "estar compelido a duplo recolhimento, com a mesma destinação";

(ii) *ao princípio constitucional da isonomia*, que veda tratamento idêntico entre o produtor rural que não possui empregados e aquele com empregados, bem como entre o empregador rural pessoa física e os contribuintes não rurais;

(iii) *ao princípio constitucional da legalidade material*, que proíbe a ausência de determinação, pela Lei n. 8.212/1991, do fato gerador da obrigação tributária, previsto somente em textos normativos emanados do Poder Executivo; e

(iv) *à regra constitucional de competência*, que reserva o resultado da comercialização da produção como base de cálculo da contribuição aplicável exclusivamente às pessoas físicas que sejam produtores rurais sem empregados, devendo os empregadores rurais que sejam pessoas físicas contribuir na forma do art. 195, I, da Constituição de 1988.

Pois bem, estando claro "o que" foi declarado inconstitucional pelo Supremo Tribunal Federal e "por que" o foi, passa-se a analisar se a Lei n. 10.256/2001 foi capaz de sanar os vícios acima sintetizados.

2.2 A permanência do estado de inconstitucionalidade

2.2.1 Ausência de fundamentos formais: inexistência de lei válida

A Lei n. 10.256/2001 alterou o *caput* do art. 25 da Lei n. 8.212/91, cuja redação passou a ser a seguinte: "A contribuição do empregador rural pessoa física, em substituição à contribuição de que tratam os incisos I e II do art. 22, e a do segurado especial, referidos, respectivamente, na alínea 'a' do inciso V e no inciso VII do art. 12 desta Lei, destinada à seguridade social, é de:". A lei limitou-se a esse enunciado, sem dar qualquer redação aos incisos e parágrafos do mesmo dispositivo legal. Ocorre que, com a exclusão do ordenamento jurídico dos arts. 25, I e II, e 30, IV, da Lei n. 8.212/1991, com redação atualizada até a Lei n. 9.528/1997, a Lei n. 10.256/2001 ficou sem *base de cálculo*, sem *alíquota* e sem a *hipótese de sub-rogação* da obrigação tributária.

O princípio da legalidade material, porém, impõe o dever de que todos os *elementos essenciais* da obrigação tributária estejam previstos em lei (sujeitos passivos, base de cálculo e alíquota). Quer dizer: como somente por meio de lei podem os tributos ser instituídos, *a própria lei*, nos termos do art. 150, I, da Constituição de 1988, deve conter a base de cálculo e a alíquota. Não sendo esse o caso, a lei é inconstitucional.[2]

Com efeito, a Constituição determina que a lei que institui o tributo contenha todos os elementos da obrigação tributária, mas a Lei n. 10.256/2001 não os tem. Não os tem porque não os previu em seu texto; nem os terá por apropriação, já que não pode *destacar* os incisos do art. 25, cuja redação foi dada pela lei anterior – repita-se, declarados inconstitucionais –, para depois *incorporá-los* ao seu próprio texto.

Essa apropriação de fragmentos normativos não pode ser feita por duas razões: a uma, porque há uma relação necessária entre o *caput* e os seus incisos; a duas, porque, para tanto, seria necessário convalidar os dispositivos declarados inconstitucionais, e isso não é permitido. A relação de interdependência entre o *caput* e os incisos dos dispositivos legais decorre de vários fundamentos.

Teoria dos significados – Do ponto de vista da *teoria dos significados*, pode-se afirmar, de um lado, que a relação entre o *caput* do art. 25 e os seus incisos I e II é uma relação entre o *objeto de uma explicação* e a sua *explicação*: o *caput* apenas menciona a contribuição, sem, porém,

---

2. Ávila, Humberto, *Sistema Constitucional Tributário*, 5ª ed., São Paulo, Saraiva, 2012, p. 377.

definir a sua base de cálculo e a sua alíquota (*Explikandum*).³ De outro, pode-se asseverar que a relação entre o *caput* do art. 25 e os seus incisos é uma relação entre a obrigação a ser definida (*Definiendum*) e os elementos necessários à sua definição, como base de cálculo e alíquota (*Definiens*).⁴ Isso significa que o *caput* do art. 25 e os seus incisos I e II não podem ser separados, porque mantêm uma relação conceitual necessária.

Teoria das normas – No que toca à *teoria das normas*, pode-se afirmar, primeiro, que cada *dispositivo* (texto normativo) não corresponde a uma *norma* (sentido normativo do texto), mas a sua soma é que permite reconstruir uma só norma, já que a norma não é o dispositivo, mas o sentido normativo reconstruído a partir de um ou mais dispositivos.⁵ Segundo, pode-se asseverar que para cada um dos dispositivos não corresponde uma norma, mas, em vez disso, que cada dispositivo, no seu sentido mínimo, corresponde a meros *fragmentos* de uma só norma (*frammenti di norma*).⁶ Isso quer dizer que o *caput* do art. 25 e os seus incisos I e II são meros fragmentos da norma de tributação correspondente à sua soma.

Teoria do ordenamento jurídico – Com base na *teoria do ordenamento jurídico*, pode-se afirmar, por um viés, que os dispositivos ou fragmentos normativos, como partes integrantes de um todo, mantêm entre si uma relação de *coerência substancial analítica*: a existência de um elemento é condição conceitual para a existência do segundo, e vice-versa. Isso denota a relação de *interdependência material recíproca* entre os dispositivos, de tal modo que um não pode ser explicado sem o outro.⁷ Por outro viés, pode-se dizer que os dispositivos ou fragmentos normativos mantêm uma relação de *hierarquia lógica*: um elemento se relaciona estruturalmente com outro em razão da sua dependência linguística. Isso mostra a relação de interdependência sintática recíproca

---

3. Gabriel, G., "Explikation", in Ritter, Joachin (org.), *Historisches Wörterbuch der Philosophie*, vol. 2, Darmstadt, Wissenschaftliche Buchgesellschaft, 1972. p. 876; Wank, Rolf, *Die juristische Begriffsbildung*, München, Beck, 1985, p. 59.

4. Wank, Rolf, *Die juristische Begriffsbildung*, München, Beck, 1985, p. 61.

5. Ávila, Humberto, *Teoria dos Princípios*, 16ª ed., São Paulo, Malheiros Editores, 2015, p. 50.

6. Guastini, Riccardo, *Teoria e Dogmatica delle Fonti*, Milano, Giuffrè, 1998. p. 33; idem, *Le Fonti del Diritto e l'Interpretazione*, Milano, Giuffrè, 1993, p. 25.

7. Peczenik, Aleksander, *On Law and Reason*, Dordrecht, Kluwer, 1989, p. 167; Alexy, Robert, "Juristische Begründung", in Behrends, Okko, *et alii* (orgs.), *Rechtsdogmatik und praktische Vernunft*, Göttingen, Vandenhoeck e Ruprecht, 1989, p. 103.

entre os (sentidos mínimos dos) dispositivos, de tal modo que um não pode ser concebido sem o outro.[8]

A interdependência entre os dispositivos normativos, além de explicável por meio das categorias mencionadas, é reforçada pelo próprio ordenamento jurídico que se visa a explicar. É que a Constituição reserva competência ao legislador complementar para dispor sobre a elaboração, redação, alteração e consolidação das leis (art. 59, parágrafo único). No exercício dessa competência foi editada a Lei Complementar n. 95/1998. Esta prevê que as disposições devem ser redigidas com clareza, precisão e ordem lógica, devendo-se, para a obtenção de ordem lógica, expressar por meio dos parágrafos os aspectos complementares à norma enunciada no *caput* do artigo (art. 11).

Isso significa que a interdependência recíproca entre o *caput* do art. 25 e seus incisos, além de decorrer de teorias que explicam o seu significado, decorre também de uma prescrição normativa direta: a contribuição instituída pelo *caput* do art. 25 da Lei n. 8.212/1991, com a redação dada pela Lei n. 9.528/1997, é aquela prevista nos seus incisos. Em outras palavras: entre o *caput* e os seus incisos há uma *unidade normativa indissolúvel*. Com a vênia para uma metáfora, assim como não se pode conceber que o corpo ande sem uma cabeça que o dirija, também não se pode aceitar que os incisos possam sobreviver sem o *caput* que visavam a definir.

Esse entendimento já foi definido pelo próprio Supremo Tribunal Federal, que já foi instado a se pronunciar sobre o tema, nos seguintes termos:

> Mandado de injunção – Isonomia de vencimentos – § 1º do art. 39 da Constituição. A par de o aludido parágrafo estar jungido ao regime único de que cogita o *caput*, ficando, assim, a eficácia respectiva na dependência do que se contém no art. 24 do ADCT, constata-se que diz respeito à impossibilidade de o legislador, futuramente, vir a deixar de observar o princípio isonômico. (...). Ainda que se possa entender pela ausência de técnica no lançamento do princípio isonômico mediante utilização de parágrafo, que, de início, é norteado pelo *caput*, verifica-se que o pedido formulado pelos agravantes contraria a jurisprudência desta Corte.[9]

---

8. Guastini, Riccardo, *Teoria e Dogmatica delle Fonti*, Milano, Giuffrè, 1998, p. 121; idem, *Le Fonti del Diritto e l'Interpretazione*, Milano, Giuffrè, 1993, p. 37.

9. STF, Tribunal Pleno, AgR no MI 60-DF, rel. Min. Marco Aurélio, *DJU* 12.9.1990, p. 10222.

Todas as considerações anteriores demonstram que entre o *caput* do art. 25 e os seus incisos I e II há uma interdependência tal, que seu entendimento só pode ser feito em *bloco*, nunca separadamente: a contribuição instituída pelo art. 25 é aquela definida nos seus incisos. Noutro dizer: não se pode separar o *caput* do art. 25 dos seus incisos, inclusive e especialmente para dar *sobrevida* aos incisos em outro *caput*, previsto em lei posterior.

Isso quer dizer que esses incisos não podem, de modo algum, ser reaproveitados para a instituição da contribuição prevista na Lei n. 10.256/01, ainda mais considerando que essa lei procurou instituir uma contribuição substitutiva e, portanto, supostamente diferente da anterior. Aceitá-lo seria, com a permissão para uma nova metáfora, o mesmo que admitir que as pernas de um corpo pudessem ser simplesmente transplantadas para outro sem qualquer rejeição.

Mesmo, porém, que se pudesse separar o *caput* dos seus incisos – o que se admite apenas por amor à argumentação –, ainda assim a validade desses incisos não subsistiria perante a Lei n. 10.256/2001. Isso porque, uma vez tendo sido declarados inconstitucionais os dispositivos, em face da Constituição, eles não recobram validade pela mudança posterior da mesma Constituição ou do *caput* que visavam a definir.

De fato, havendo incompatibilidade entre a norma hierarquicamente inferior (constante da lei) e a superior (constante da Constituição), a primeira é *inválida*. A invalidade é justamente a incompatibilidade entre a norma inferior e a superior, que faz com que a norma viciada não possa produzir qualquer efeito. O decisivo é que a invalidade é um fenômeno que não se altera no tempo: assim como a alteração da norma superior não tem o condão de tornar válida uma norma originariamente inválida, a alteração de uma parte da lei inválida não tem o condão de convalidar o restante.

Este tema da convalidação de inconstitucionalidade pela superveniência normativa foi examinado em outro parecer, utilizado como fundamento pelo Min. Cézar Peluso ao votar pela impossibilidade de constitucionalidade superveniente do art. 3º, § 1º, da Lei n. 9.718/1998 diante da Emenda Constitucional 20/1998:

> Pela irretocável clareza a respeito, recorro a outra observação de Humberto Ávila:
>
> "Motivo bastante para afastar a aceitação da ideia de convalidação é a consagrada distinção dos planos normativos da existência, validade e eficácia. Existente é uma norma que foi criada por uma autoridade aparentemente

competente para criar esse tipo de norma. Uma norma é vigente, se existente e não ab-rogada. Uma norma é válida, se produzida em conformidade às normas que disciplinam o procedimento de sua criação e se não está em contraste com alguma norma que regula o seu possível conteúdo. Uma norma é eficaz, se é capaz de produzir efeitos ou de ser aplicada.

"Importante é, pois, distinguir a validade da eficácia: a primeira traduz uma relação de conformidade entre lei e Constituição; a segunda, a sua aptidão para produzir efeitos e ser aplicada. A norma que regula a aplicabilidade de outra, porque delimita seus destinatários, seu espaço ou tempo de aplicação, não deve ser sequer objeto de análise quando a norma cuja aplicação visa a regular é originariamente incompatível com a Constituição. Pedindo vênia para usar uma nova metáfora, seria como preocupar-se com a inclusão, em agenda, de um compromisso futuro para um defunto. Ainda que se pretenda, e que se tente, não haverá ressurreição.

"O importante é que a questão da eficácia (aptidão para produzir efeitos) só se põe quando vencidas as questões ligadas aos planos da existência (a norma tem que ter sido posta) e da validade (a norma deve ter sido criada de acordo com as normas que regulam o procedimento de sua criação e delimitam o seu conteúdo). É dizer: não vencidas essas questões, impertinente é a análise do plano da eficácia."[10]

De fato, não há falar em produção de efeitos da norma declarada inválida. A Lei n. 10.256/2001 não é capaz de provocar a "ressurreição" dos incisos declarados inconstitucionais tão somente por ter alterado a redação do *caput* do dispositivo.

Nesse ponto, importante acrescentar que há, ainda, outro argumento atinente à ausência de previsão da materialidade (fato gerador) do tributo na Lei n. 8.212/1991, seja com as alterações da Lei n. 8.540/1992, seja com as da Lei n. 10.256/2001. A Constituição, ao contrário do que estabelece para outras espécies tributárias, não indica textualmente os fatos que compõem o âmbito de incidência da maior das contribuições.[11] Isso significa que o Poder Legislativo, de forma limitada pelas disposições constitucionais, deverá prever a hipótese de incidência da contribuição

10. Ávila, Humberto, "COFINS e PIS: inconstitucionalidade da modificação da base de cálculo e violação ao princípio da igualdade", *Repertório IOB de Jurisprudência* 14/436, julho/1999 – trecho do parecer citado pelo Min. Cézar Peluso no julgamento do RE 390.840, STF, Tribunal Pleno, rel. Min. Marco Aurélio, *DJU* 9.11.2005, p. 429 do acórdão.

11. Ávila, Humberto, *Sistema Constitucional Tributário*, 5ª ed., São Paulo, Saraiva, 2012, p. 331.

instituída. Isso, porém, não foi o que ocorreu no caso analisado. Nesse sentido, manifestou-se o Min. Eros Grau no julgamento do RE 363.852:

> A Lei n. 8.212/1991 não determina, no entanto, o fato gerador da obrigação tributária. Este elemento da regra-matriz de incidência está descrito em textos normativos emanados do Poder Executivo, o que não se pode admitir, visto que excede os limites da função regulamentar que lhe fora conferida pela lei. (...). Em matéria tributária – e dessa matéria cuida-se nestes autos – a legalidade prevalece em termos absolutos. Não há espaço, no que concerne à obrigação tributária principal, para o exercício, pelo Poder Executivo, de qualquer parcela de função regulamentar.
>
> Nenhum dos preceitos da Lei n. 8.212/1991 autoriza ou poderia autorizar o Poder Executivo a determinar, por ato seu, no exercício de função regulamentar, o fato gerador da contribuição social. O CTN estabelece, em seus arts. 97, III, e 114, que somente a lei pode fixar o fato gerador de tributo. Daí por que se torna impossível a exigência do tributo dos empregadores rurais pessoas físicas e dos segurados especiais.[12]

Desse modo, não há como sustentar que a Lei n. 10.256/2001 seria suficiente para instituir validamente uma contribuição, diante da ausência de previsão do fato gerador e da exclusão do ordenamento jurídico da base de cálculo e da alíquota. Admiti-lo seria aceitar a validade de uma lei tributária sem objeto.

2.2.2 *Ausência de fundamentos materiais*

Os argumentos até aqui expostos são autônomos e suficientes para afastar a exigência de recolhimento da contribuição em comento. Mas, ainda que assim não fosse, a pretensão da Fazenda Nacional de cobrar esta contribuição com base na Lei n. 10.256/2001 encontraria óbice nos fundamentos que embasaram a própria decisão anteriormente proferida pelo Supremo Tribunal Federal. Isso porque os vícios de inconstitucionalidade reconhecidos pelo Tribunal não foram superados com o advento da nova lei.

Violação ao princípio da igualdade – Em primeiro lugar, a substituição da contribuição dos empregadores rurais pessoas físicas sobre a folha de salários por outra incidente sobre o resultado da comercialização

---

12. STF, Tribunal Pleno, RE 363.852, rel. Min. Marco Aurélio, *DJU* 3.2.2010, pp. 724-727.

da produção continua incompatível com o *princípio constitucional da igualdade*.

Com a mencionada substituição criou-se uma discriminação irrazoável e proibida constitucionalmente entre o empregador rural e o empregador urbano. De fato, enquanto o empregador urbano é obrigado a recolher uma contribuição social sobre a folha de salários (art. 22, I e II, da Lei n. 8.212/1991), o empregador rural pessoa física é obrigado a pagar uma contribuição sobre a receita bruta proveniente da comercialização da sua produção. Como o empregador pessoa física tem uma folha de salários, em regra, pequena, ao ter que recolher a contribuição sobre o resultado da comercialização o empregador rural tem substancial acréscimo da carga tributária. E tudo isso apenas e tão somente por ser um empregador rural.

O problema é que a Constituição não permite a diferenciação baseada na ocupação profissional, nos termos do art. 150, II. Em virtude do princípio da igualdade, nenhum contribuinte pode ser tratado de forma diferente sem uma justificativa razoável; e, em virtude do princípio da liberdade de exercício de atividade econômica, nenhum contribuinte pode ser obrigado a pagar mais tributos só porque escolheu esta ou aquela profissão. Com isso, o legislador não poderá estabelecer diferenciação "simplesmente porque" o contribuinte escolheu esta ou aquela atividade, nem "simplesmente porque" desenvolve suas atividades no meio urbano ou rural.[13]

O tratamento diferenciado entre contribuintes só pode ser estabelecido diante de uma finalidade legítima, cujo critério de distinção seja adequado à sua promoção. Essa correlação entre o critério distintivo e a medida por ela adotada decorre do postulado da razoabilidade: a única possibilidade de utilização de um critério aparentemente discriminatório é ele estar razoavelmente vinculado à promoção do fim buscado pela norma.

No caso, porém, há uma distinção irrazoável. Instituiu-se tratamento diferenciado aos empregadores rurais pela simples circunstância de sua atividade profissional ser exercida na zona rural. Não há qualquer nexo de causalidade entre o dever de pagar mais (incidência sobre o resultado da comercialização da produção) e o critério de discriminação (local do exercício da atividade econômica). Mais que isso: não há qualquer finalidade que possa justificar o uso deste critério.

13. Ávila, Humberto, *Teoria da Igualdade*, 3ª ed., São Paulo, Malheiros Editores, 2015, p. 61.

Muito pelo contrário, há proibição constitucional expressa da utilização do exercício de atividade econômica como critério de distinção, salvo a existência de uma justificativa consistente. Com efeito, se a liberdade econômica deve ser promovida, em vez de restringida, qualquer restrição que a utilize como ponto de referência, mesmo que justificada pela realização de outro princípio, requererá uma justificativa ainda maior. Essa justificativa inexiste, porém, no caso ora examinado.

A Constituição permitiu, a partir da Emenda Constitucional 20/1998, que as contribuições sociais previstas no art. 195, I, tenham alíquotas ou bases de cálculo diferenciadas em razão da *atividade econômica*, da utilização intensiva de mão de obra, do porte da empresa ou da condição estrutural do mercado de trabalho (art. 195, § 9º).

Repita-se, porque é importante, que a base de cálculo e a alíquota da contribuição foram instituídas por lei anterior à Emenda Constitucional 20/1998. Mesmo assim, esta permissão foi trazida para demonstrar que o contribuinte até pode ser tratado de forma diferente em razão da sua atividade econômica, contanto que a utilização desse critério – exercício de determinada atividade econômica – mantenha relação de pertinência com a finalidade concreta da norma, não restrinja o núcleo do princípio do livre exercício de atividade econômica e seja compatível com o postulado da proporcionalidade.

O contribuinte, contudo, não poderá ser obrigado a pagar mais contribuições só porque escolheu o exercício da sua atividade na zona rural. Nesse caso haverá violação do princípio da igualdade em conexão material com o princípio do livre exercício de atividade econômica: determinados contribuintes serão tratados de forma diferente apesar de não existir entre eles uma diferença substancial justificadora da distinção. Tratar-se-ia de uma diferenciação personificada, porque um grupo de contribuintes (uma minoria) seria restringido de forma mais gravosa do que outros contribuintes sem que houvesse uma justificativa de igual importância.

Nesses casos é preciso atentar para a importância indireta do princípio da liberdade de exercício de profissão para a tributação: quanto maior for a desvantagem criada pela tributação, tanto mais limitada deverá ser a atividade do legislador no que se refere à justificação, fundamentação e ao controle.[14] A mera escolha profissional não pode conduzir a uma restrição desigual.

14. Eckhoff, Rolf, *Rechtsanwendungsgleichheit im Steuerrecht*, Köln, Otto Schmidt, 1999, p. 183.

É o que ocorre com os trabalhadores urbanos e rurais, pois há vedação constitucional de diferenciação entre eles, na medida em que a Constituição os iguala, por diversos meios. O art. 195, *caput*, estabelece que a seguridade social será financiada por toda a sociedade, *sem qualquer distinção com relação a trabalhadores urbanos ou rurais*. Assim, se o constituinte não separou, não cabe ao legislador fazê-lo. O art. 194, parágrafo único, II, determina que a seguridade social seja organizada garantindo-se *uniformidade e equivalência dos benefícios e serviços às populações urbanas e rurais*, o que pressupõe uma igualdade entre os modos de financiamento que vão garantir esses benefícios e serviços. Desse modo, se o constituinte previu o mesmo benefício, não cabe ao legislador prever financiamento diverso. O art. 195, I, prevê competência para a União instituir contribuições dos trabalhadores, *sem qualquer distinção entre urbanos e rurais*. Portanto, se o constituinte tratou de modo indiferente, não pode o legislador regular de modo diferente. O art. 7º, *caput*, assegura direitos aos trabalhadores, *igualando, expressamente, os trabalhadores urbanos aos rurais*. Sendo assim, não cabe ao legislador diferenciar exatamente onde o constituinte igualou. O art. 8º, parágrafo único, ao garantir direitos aos representantes dos trabalhadores, o fez *igualando as representações de trabalhadores urbanos e rurais*. Por conseguinte, se o constituinte aproximou os trabalhadores urbanos e rurais, não pode o legislador os distanciar.

Violação à reserva constitucional de base de cálculo – Em segundo lugar, a contribuição em comento é inconstitucional porque *a Constituição reserva o resultado da comercialização da produção como base de cálculo da contribuição do segurado especial* (aquele que exerce suas atividades em regime de economia familiar, sem empregados permanentes), conforme dispõe o art. 195, § 8º. Essa base de cálculo diferenciada justifica-se pela impossibilidade da cobrança das contribuições sociais sobre as outras bases: não se pode exigir dele a contribuição sobre a folha de salários porque não tem empregados; e não se pode cobrar a contribuição sobre o faturamento e sobre o lucro porque ele, tecnicamente, não possui nem faturamento nem lucro. Daí ter a Constituição, coerente com o dever constitucional de instituir tratamento equânime entre os contribuintes, previsto regra especial para o segurado especial.

O empregador rural pessoa física, ao contrário, está adstrito ao pagamento da contribuição social sobre as fontes previstas no art. 195, I, conforme já decidido pela própria Corte.[15] Esse vício de inconstitucionali-

---

15. Do voto do Relator, Min. Marco Aurélio: "Vale frisar que, no art. 195, tem-se contemplada situação única em que o produtor rural contribui para a seguridade social

dade já foi referido em outro parecer levado ao conhecimento do Tribunal Supremo, sendo, inclusive, adotado pelo Min. Cézar Peluso ao votar pela inconstitucionalidade dos arts. 25, I e II, e 30 da Lei n. 8.212/1991:

> As ideias antes expostas estão bem sintetizadas no parecer do professor Humberto Ávila:
>
> "A base de cálculo do segurado especial se justifica pelo fato de ele exercer suas atividades em regime de economia familiar, sem empregados permanentes, o que torna impossível a cobrança das contribuições sociais sobre as outras bases: não se pode exigir dele a contribuição sobre a folha de salários porque não tem empregados; e não se lhe pode cobrar a contribuição sobre o faturamento e sobre o lucro porque ele tecnicamente não possui nem faturamento nem lucro. Daí ter a Constituição Federal de 1988, coerente com o dever constitucional de instituir tratamento equânime entre os contribuintes, previsto regra especial para o segurado especial.
>
> "Justamente por isso que os demais contribuintes, dentre os quais o produtor rural pessoa física, que explora a atividade agropecuária com auxílio de empregados, devem contribuir para a seguridade social mediante o pagamento de contribuições sobre a folha de salários, o faturamento e o lucro. (...).
>
> "Isso significa, para o caso ora analisado, que não há autorização para cobrar, dos produtores rurais pessoas físicas, uma nova contribuição social sobre o resultado da comercialização da produção. E, incidindo as contribuições do produtor rural pessoa física sobre a receita bruta proveniente da comercialização da sua produção, são essas inconstitucionais. Mesmo que se pretendesse utilizar o art. 195, inciso I, como fundamento para a instituição da nova contribuição, ela seria, do mesmo modo, inconstitucional. É que a substituição da contribuição sobre a folha de salários por duas novas contribuições sobre o resultado da comercialização viola o princípio da igualdade, o dever de equidade, a proibição de excesso e o dever de coerência sistemática, como será demonstrado."[16]

As considerações anteriores demonstram, portanto, que a base de cálculo escolhida pela Lei n. 10.256/2001 está reservada ao segurado

mediante a aplicação de alíquota sobre o resultado de comercialização da produção, ante o disposto no § 8º do citado art. 195 (...). A razão do preceito é única: não se ter, quanto aos nele referidos, a base para a contribuição estabelecida na alínea 'a' do inciso I do art. 195 da Carta, isto é, a folha de salários. Daí a cláusula contida no § 8º em análise, '(...) sem empregados permanentes (...)'" (STF, Tribunal Pleno, RE 363.852, DJU 3.2.2010, p. 710).

16. STF, Tribunal Pleno, RE 363.852, rel. Min. Marco Aurélio, *DJU* 3.2.2010, pp. 739-740.

especial, não podendo ser escolhida para o empregador pessoa física, como de fato procedeu o legislador.

Violação à exigência de unicidade das contribuições – Em terceiro lugar, permanece a violação à *regra da unicidade das contribuições*. Isso porque a COFINS já incide sobre o faturamento e a contribuição do produtor rural pessoa física recai sobre a receita bruta. Ora, o Supremo Tribunal Federal já decidiu que "há um consenso: faturamento é menos que receita bruta".[17] Ou seja: ao tributar a receita bruta tributa-se novamente o faturamento *e ainda mais um pouco*.

Decidiu-se, contudo, no RE 363.852 que somente a Constituição pode, considerado o mesmo fenômeno jurídico, abrir exceção à regra da unicidade das contribuições. E o caso analisado não se enquadraria nas duas únicas exceções feitas pela Carta: no tocante à folha de salários, o caso das contribuições destinadas às entidades privadas de serviço social e de formação profissional (art. 240); e, em relação ao faturamento, a COFINS e o PIS (art. 239). Assim, a contribuição em comento cria uma "duplicidade contrária à Constituição", na medida em que o produtor rural passou a estar compelido a duplo recolhimento com a mesma destinação, qual seja, o financiamento da seguridade social.[18]

Justamente por o conceito de *receita bruta* não ser o mesmo de *faturamento* foi que o Tribunal considerou que a instituição da contribuição do produtor rural pessoa física sobre a receita bruta antes da Emenda Constitucional 20/1998 só poderia ter sido feita por meio de lei complementar.[19]

E mesmo com o advento da Emenda Constitucional 20/1998, a contribuição devida pelo empregador rural sobre a receita bruta dependeria

17. STF, Tribunal Pleno, RE 150.755-1, rel. para o acórdão Min. Sepúlveda Pertence, *DJU* 18.11.1992, p. 563.

18. STF, Tribunal Pleno, RE 363.852, rel. Min. Marco Aurélio, *DJU* 3.2.2010, p. 710.

19. V. o voto do Min. Marco Aurélio: "Comercialização da produção é algo diverso de faturamento e este não se confunde com receita, tanto assim que a Emenda Constitucional n. 20/1998 inseriu, ao lado do vocábulo 'faturamento', no inciso I do art. 195, o vocábulo 'receita'. Então, não há como deixar de assentar que a nova fonte deveria estar estabelecida em lei complementar". E o do Min. Eros Grau: "Não há, na redação anterior à Emenda Constitucional n. 20/1998, previsão da receita bruta como base de cálculo da contribuição para a seguridade social. A exação consubstancia nova fonte de custeio para o sistema e apenas poderia ser instituída por lei complementar" (STF, Tribunal Pleno RE 363.852, rel. Min. Marco Aurélio, j. 3.2.2010, *DJU* 23.4.2010, pp. 713 e 728 do acórdão).

de lei complementar. De um lado, por "aplicar, diretamente, a previsão do art. 195, § 8º, a sujeitos diversos daqueles em relação aos quais a Constituição autorizou a incidência".[20] De outro lado, porque o art. 195, I, "b", permite a tributação da receita *ou* do faturamento, já havendo sobre esta base de cálculo a incidência da COFINS. Ora, nos termos do art. 195, § 4º, outras fontes destinadas a garantir a manutenção ou expansão da seguridade social só podem ser instituídas por meio de lei complementar, não sendo essa a natureza da Lei n. 10.256/2001.

Violação ao fundamento para a substituição – Em quarto lugar, há um vício de constitucionalidade na própria Lei n. 10.256/2001, não examinado, por conseguinte, no julgamento da Corte Superior. A fim de explicitar que o empregador rural não estaria sujeito a duas contribuições, uma sobre a folha de salários e outra sobre a receita da comercialização da produção, referida lei encampou uma *substituição*.

É que sob a égide da Lei n. 9.528/1997 seria possível pensar que o empregador rural ficaria compelido ao pagamento de três contribuições: uma sobre a folha de salários, uma sobre o faturamento (COFINS) e uma sobre a receita bruta proveniente da comercialização da produção. Foi o que reconheceu o Min. Marco Aurélio ao afirmar que "o produtor rural, pessoa natural, fica compelido a satisfazer, de um lado, a contribuição sobre a folha de salários e, de outro, a COFINS, não havendo lugar para ter-se novo ônus relativamente ao financiamento da seguridade social". E também ao constatar um problema de igualdade, porque o produtor sem empregados ficaria compelido ao resultado da comercialização da produção, mas o produtor com empregados estaria "obrigado não só ao recolhimento sobre a folha de salários, como também, levando em conta o faturamento, da Contribuição Social para Financiamento da Seguridade Social-COFINS e da prevista – tomada a mesma base de incidência, o valor comercializado – no art. 25 da Lei n. 8.212/1991. Assim, não fosse suficiente a duplicidade, considerado o faturamento, tem-se, ainda, a quebra da isonomia".[21]

A alteração legislativa de 2001 foi, então, no sentido de que a contribuição do empregador rural pessoa física sobre a receita seria cobrada *em substituição* à contribuição sobre a folha de salários.

20. STF, Tribunal Pleno, RE 363.852, rel. Min. Marco Aurélio, j. 3.2.2010, *DJU* 23.4.2010, p. 737 do acórdão.
21. STF, Tribunal Pleno, RE 363.852, rel. Min. Marco Aurélio, *DJU* 3.2.2010, p. 711.

Ocorre que essa substituição não era permitida ao tempo da edição da Lei n. 10.256/2001. De fato, somente com a Emenda Constitucional 42/2003 surgiu a permissão de substituição da contribuição sobre a folha de salários pela incidente sobre a receita ou o faturamento (art. 195, § 13). Novamente aqui valem os argumentos antes expostos no sentido de que emenda constitucional posterior não é capaz de convalidar lei infraconstitucional originalmente inválida, pelo quê a substituição proposta é manifestamente inconstitucional.

Todas as considerações anteriores permitem concluir que a Lei n. 10.256/2001 não atendeu à condição prevista no julgamento do RE 363.852, subsistindo todos os fundamentos utilizados pela Corte para declarar a inconstitucionalidade. O legislador, ao introduzir um novo *caput*, simplesmente tentou utilizar a base de cálculo, a alíquota e a hipótese de sub-rogação previstas não somente noutra lei, como numa lei já declarada inconstitucional pelo Supremo Tribunal Federal. Admitir a subsistência da cobrança da contribuição, com a máxima vênia para utilizar uma última metáfora, seria o mesmo que aceitar que a cabeça de uma pessoa pudesse ser transplantada para o corpo de outra já declarada morta.

3. Conclusões

As considerações anteriores levam às seguintes conclusões:

(1) A Lei n. 10.256/2001, ao dar nova redação ao *caput* do art. 25 da Lei n. 8.212/1991, não tem a virtude de afastar a inconstitucionalidade declarada pelo Supremo Tribunal Federal nos julgamentos dos RE 363.582 e 596.177, considerando que, (i) em respeito à legalidade tributária, é preciso que a lei contenha todos os elementos essenciais da obrigação tributária, e a Lei n. 10.256/2001 não os contém; e (ii) há uma relação necessária entre o *caput* e os incisos dos dispositivos legais, razão pela qual a Lei n. 10.256/2001 não pode *destacar* incisos de lei anterior e *incorporá-los* ao seu próprio texto, mesmo porque a alteração do *caput* não tem o condão de convalidar os incisos declarados inconstitucionais.

(2) Independentemente disso, a Lei n. 10.256/2001 também não superou os vícios materiais reconhecidos na contribuição instituída pelo art. 25 da Lei n. 8.212/1991 no julgamento de sua inconstitucionalidade, pela violação: (i) ao princípio da igualdade, (ii) à reserva constitucional de base de cálculo, (iii) à regra da unicidade de contribuições e (iv) ao fundamento para a substituição da contribuição.

BIBLIOGRAFIA

ALEXY, Robert. "Juristische Begründung". In: BEHRENDS, Okko, *et alii* (orgs.). *Rechtsdogmatik und praktische Vernunft*. Göttingen, Vandenhoeck e Ruprecht, 1989.

ÁVILA, Humberto. "COFINS e PIS: inconstitucionalidade da modificação da base de cálculo e violação ao princípio da igualdade". *Repertório IOB de Jurisprudência* 14/442-435. Julho/1999.

_____. *Sistema Constitucional Tributário*. 5ª ed. São Paulo, Saraiva, 2012.

_____. *Teoria da Igualdade Tributária*. 3ª ed. São Paulo, Malheiros Editores, 2015.

_____. *Teoria dos Princípios*. 16ª ed. São Paulo, Malheiros Editores, 2015.

ECKHOFF, Rolf. *Rechtsanwendungsgleichheit im Steuerrecht*. Köln, Otto Schmidt, 1999.

GABRIEL, G. "Explikation". In: RITTER, Joachim (org.). *Historisches Wörterbuch der Philosophie*. vOL. 2. Darmstadt, Wissenschaftliche Buchgesellschaft, 1972.

GUASTINI, Riccardo. *Le Fonti del Diritto e l'Interpretazione*. Milano, Giuffrè, 1993.

_____. *Teoria e Dogmatica delle Fonti*. Milano, Giuffrè, 1998.

PECZENIK, Aleksander. *On Law and Reason*. Dordrecht, Kluwer, 1989.

WANK, Rolf. *Die juristische Begriffsbildung*. München, Beck, 1985.

Parte 2
IMPOSTO SOBRE A RENDA

IRPJ E AS DESPESAS COM PROGRAMAS DE REPACTUAÇÃO DE PREVIDÊNCIA COMPLEMENTAR: INAPLICABILIDADE DA LIMITAÇÃO LEGAL PARA DEDUTIBILIDADE

PARECER

1. A Consulta. 2. O Parecer: 2.1 A limitação legal da dedução com contribuições para a previdência privada: 2.1.1 A regra legal pertinente; 2.1.2 A inaplicabilidade da regra legal. 2.2 A dedutibilidade dos aportes financeiros como despesa operacional: 2.2.1 Fundamentos constitucionais da dedutibilidade de despesas operacionais; 2.2.2 Fundamentos legais da dedutibilidade de despesas operacionais; 2.2.3 Dedutibilidade do aporte financeiro ao Fundo de Previdência Complementar como despesa operacional. 3. Conclusões.

1. A CONSULTA

O Consulente é sociedade organizada sob a forma de sociedade anônima, que atua na prestação de serviços bancários. Para complementar os benefícios sociais de seus empregados, o Consulente instituiu e é patrocinador de uma Fundação de Seguridade Social (FSS).

Na condição de patrocinador e em decorrência de exigências legais, o Consulente fez aportes financeiros à FSS em virtude do desequilíbrio atuarial que afetava o seu principal plano de previdência complementar, o Plano de Benefícios Definido-PB1, que apresentava déficits recorrentes desde 2008. Como consequência deste crescente déficit, o Consulente e a FSS vêm procedendo à renegociação e à repactuação dos benefícios, com a implantação de duas novas modalidades de planos.

Para garantir a adesão a essas novas modalidades, o Consulente, no vamente em conjunto com a FSS, instituiu incentivos a serem pagos aos participantes e assistidos que optassem por uma das novas modalidades.

Tais incentivos foram pagos ou por aportes financeiros do Consulente junto à FSS ou por pagamentos diretos aos empregados e assistidos.

Diante desse quadro, honra-me o Consulente com pedido de parecer, para esclarecer, primeiro, se a regra legal que cria o limite de 20% de dedução das despesas com previdência complementar é aplicável para o caso de aportes financeiros realizados em função da repactuação dos planos e para incentivar a migração entre eles; e, segundo, se esses valores podem ser contabilizados como despesa operacional para fins de apuração do Imposto de Renda da Pessoa Jurídica e da Contribuição Social sobre o Lucro. É o que se passa objetivamente a responder.

2. O PARECER

2.1 A limitação legal da dedução com contribuições para a previdência privada

2.1.1 A regra legal pertinente

A Lei n. 9.532/97, com a redação que lhe foi dada pela Lei n. 10.887/04, assim limita a dedução das despesas com contribuições para a previdência privada:

> Art. 11. (...)
>
> § 2º. Na determinação do lucro real e da base de cálculo da contribuição social sobre o lucro líquido, o valor das despesas com contribuições para a previdência privada, a que se refere o inciso V do art. 13 da Lei n. 9.249, de 26 de dezembro de 1995, e para os Fundos de Aposentadoria Programada Individual-Fapi, a que se refere a Lei n. 9.477, de 24 de julho de 1997, cujo ônus seja da pessoa jurídica, não poderá exceder, em cada período de apuração, a 20% (vinte por cento) do total dos salários dos empregados e da remuneração dos dirigentes da empresa, vinculados ao referido plano.

A decomposição do referido dispositivo legal demonstra que a limitação legal para a dedução das despesas com contribuições para a previdência privada está condicionada à verificação de três critérios.

Em primeiro lugar, deve ser observado o *critério da causalidade*. De acordo com a dicção legal, a limitação aplica-se unicamente às "*despesas com contribuições para a previdência privada*", isto é, a despesas cuja causa seja o trabalho dos funcionários e não outra causa qualquer. Em decorrência disso, só incidirá a limitação legal se existir uma vinculação necessária entre a despesa e o trabalho que prestam ou prestaram os funcionários ou assistidos.

Em segundo lugar, deve ser observado o *critério da obrigatoriedade*. Conforme o texto legal, a limitação aplica-se exclusivamente a despesas "*cujo ônus seja da pessoa jurídica*", isto é, a despesas que decorram de um mandamento previdenciário externo e não de uma decisão empresarial interna. Por conseguinte, a limitação legal só incidirá se estiver presente uma vinculação imprescindível entre a despesa e a legislação previdenciária.

Em terceiro lugar, deve ser observado o *critério da periodicidade*. Conforme a letra da lei, a limitação aplica-se apenas a despesas que surjam de forma continuada, "*em cada período de apuração*", na medida em que o trabalho é prestado e os salários devem ser pagos, e não a despesas que surjam de maneira descontinuada, quando alguma finalidade específica deve ser atingida. Em razão disso, só incidirá a limitação legal se houver uma vinculação essencial entre a despesa e o salário dos empregados e a remuneração dos dirigentes.

Esses são os requisitos cumulativos para a aplicação da limitação da dedução das despesas com contribuições previdenciárias a 20%, em cada período de apuração, dos salários dos empregados e da remuneração dos dirigentes. Na ausência de qualquer um deles, não incidirá a referida limitação legal. No caso deste parecer, nenhum deles está presente, como se passa a demonstrar.

2.1.2 *A inaplicabilidade da regra legal*

O *critério da causalidade* não se verifica no caso, na medida em que não há uma vinculação necessária entre a despesa e o trabalho que prestam ou prestaram os funcionários ou assistidos.

Com efeito, as despesas suportadas pelo Consulente têm como causa a necessidade de estimular os funcionários a migrarem de um plano previdenciário para outro. Em outras palavras, o que motivou o pagamento não foi o trabalho dos funcionários ou assistidos, mas a necessidade de migração do plano previdenciário antigo para o atual. Tanto se trata de uma causa diversa que, relativamente aos funcionários que decidiram permanecer no plano antigo, o Consulente continua com a obrigação de pagar as contribuições decorrentes da prestação do seu trabalho, sem, porém, ter de pagar o valor relativo à sua migração para o novo plano. O fato de as despesas não necessariamente coexistirem comprova que elas têm causas diversas: as contribuições são pagas porque os funcionários trabalharam; as despesas ora discutidas são pagas porque os funcionários migraram de um plano para outro.

Fica claro, portanto, que não há qualquer vinculação entre a transferência efetuada pelo Consulente ao Fundo e o trabalho que prestam ou prestaram os funcionários ou assistidos. Como a limitação só se aplica às "*despesas com contribuições para a previdência privada*" e não às despesas necessárias para a migração entre planos, ela não se aplica ao caso deste parecer.

O *critério da obrigatoriedade* também não se verifica no caso, tendo em vista que não há uma vinculação imprescindível entre a despesa e as obrigações advindas da legislação previdenciária.

De fato, as despesas suportadas pelo Consulente decorrem de uma decisão empresarial de repactuação, e não de uma obrigação previdenciária decorrente da legislação. O Consulente é o patrocinador do Fundo, e não possui a obrigação legal de natureza previdenciária de fazer transferências que dizem respeito a reformulações, renegociações e repactuações. Estas são necessárias para o sucesso do novo plano, que tem impacto substancial na própria atividade do Consulente, mas não uma obrigação legal previdenciária a ser continuamente cumprida, como é o caso das contribuições a serem pagas em cada período de apuração.

Resta evidente, desse modo, que não há qualquer vinculação imprescindível entre a despesa e a legislação previdenciária. Como a limitação somente se aplica a despesas "*cujo ônus seja da pessoa jurídica*" e não a despesas que decorram de uma decisão empresarial interna, ela não se aplica ao caso deste parecer.

O *critério da periodicidade* igualmente não se verifica, pois não há uma vinculação essencial entre a despesa e o salário dos empregados e a remuneração dos dirigentes.

Com efeito, as despesas assumidas pelo Consulente decorrem da necessidade de assegurar o sucesso do plano previdenciário, o que, por sua vez, depende da migração da maioria dos funcionários do antigo para o novo plano. Trata-se, como se pode facilmente perceber, de despesas pontuais, decorrentes de uma causa eventual e não repetível, com continuidade, em cada período de apuração: a migração entre os planos.

Ora, a finalidade da limitação de 20% sobre os salários dos funcionários e a remuneração dos dirigentes é a de garantir uma simetria contínua entre o gasto salarial e o gasto complementar com a previdência deste pessoal. Desse modo, a referida limitação não se aplica aos casos – como este que ora se examina – em que a entidade patrocinadora desincumbe-se, instantaneamente, de um encargo acumulado por meio de um incentivo à repactuação e à migração de um plano antigo para um novo.

Isso significa que a mencionada limitação só se aplica aos casos em que as contribuições à entidade de previdência complementar vão ocorrendo e sendo deduzidas ao longo dos anos, mas não aos casos em que o encargo acumulado desaparece por meio de uma repactuação garantida mediante um incentivo à migração.

Resulta manifesto, por conseguinte, que não há qualquer vinculação essencial entre a despesa e o salário dos empregados e a remuneração dos dirigentes. Como a limitação unicamente se aplica a despesas que surjam de forma continuada, "*em cada período de apuração*", na medida em que contribuições à entidade de previdência complementar vão ocorrendo e sendo deduzidas ao longo dos anos, e não a pagamentos pontuais e instantâneos, ela não se aplica ao caso deste parecer.

A análise dos três critérios presentes na legislação serve, em um primeiro momento, para afastar a aplicabilidade da regra legal limitadora de dedução de despesas com previdência complementar. A análise da natureza destas despesas serve, em um segundo momento, para determinar a aplicabilidade das disposições constitucionais e legais relativas à dedutibilidade de despesas operacionais suportadas pelo Consulente. É o que se passa objetivamente a fazer.

2.2 *A dedutibilidade dos aportes financeiros como despesa operacional*

2.2.1 *Fundamentos constitucionais da dedutibilidade de despesas operacionais*

O afastamento da tributação de algumas despesas decorre do conceito constitucional de renda tributável, construído a partir da regra de competência para a instituição do imposto sobre a renda (art. 153, CF/88).

Renda, para esse efeito, é rendimento do trabalho ou do capital que gera *acréscimo patrimonial* em determinado período. Sem atividade econômica que produza acréscimo patrimonial que se encontre na *livre disponibilidade do beneficiário* não há se falar em renda tributável pelo imposto sobre a renda.

Quanto ao que se acaba de afirmar não paira a menor dúvida. O próprio Supremo Tribunal Federal já decidiu de forma categórica que:

"Na verdade, por mais variado que seja o conceito de renda, todos os economistas, financistas e juristas se unem em um ponto: renda é sempre um ganho ou um acréscimo de patrimônio" (RE 89.791-RJ, *RTJ* 96/783).

Sendo assim, tudo o que não for acréscimo patrimonial a rigor não se encaixa no conceito constitucional de renda. Renda só existe *a partir* do montante em que as necessidades fundamentais já foram satisfeitas. Desse modo, renda é o resultado líquido disponível *acima* do montante necessário para a mantença da fonte produtora.[1] O conceito constitucional de renda, portanto, compreende apenas o *resultado líquido disponível* da atividade do sujeito.[2]

Isso significa que as despesas necessárias à manutenção da fonte produtora e ao cumprimento do objeto social não devem ser incluídas na base de cálculo do imposto sobre a renda porque, na verdade, não constituem acréscimo patrimonial, mas mera *condição* para a produção desse acréscimo. Assim, aquilo que foi *perdido* para a obtenção da renda não é renda. A inclusão desse montante no conceito de renda conduz à tributação, não da renda, mas do *patrimônio* usado na tentativa de auferi-la.

Tais considerações conduzem à conclusão de que as despesas necessárias, ligadas à atividade operacional da empresa, não podem ser *sequer incluídas* na base de cálculo do imposto sobre a renda, por não se encaixarem no conceito de renda como resultado líquido disponível de uma fonte produtora. As despesas necessárias à atividade operacional não são *resultado* da fonte de produção, mas *condição* da fonte de produção, o que é algo diverso.

Em outras palavras, todas as despesas suportadas e as perdas sofridas para o desempenho da atividade operacional do contribuinte não podem ser incluídas na base de cálculo dos tributos sobre a renda e o lucro.

O afastamento de determinados valores da tributação, no entanto, não decorre apenas do conceito constitucional de renda como acréscimo patrimonial. Ele também surge da aplicação de princípios constitucionais.

A concretização da relação obrigacional tributária restringe, de um lado, a disponibilidade jurídica acerca dos direitos de liberdade e de propriedade em geral (art. 5º, *caput*, e art. 170 da CF/88). De fato, no caso deste parecer, o aporte financeiro junto à FBSS conduz à apro-

---

1. Jachmann, Monika, *Steuergesetzgebung zwischen Gleichheit und wirtschaftlicher Freiheit*, Stuttgart, Boorberg, 2000, p. 41.
2. Mosquera, Roberto Quiroga, *Renda e proventos de qualquer natureza: o imposto e o conceito constitucional*, São Paulo, Dialética, 1996, pp. 79, 81 ss. e 117.

priação de recursos privados e à diminuição da liberdade relativamente ao uso desses mesmos recursos. A eficácia mínima dos princípios de liberdade e de propriedade conduz, por consequência, ao afastamento da tributação de tudo aquilo que é *essencial* ao exercício da liberdade e ao uso da propriedade.

Por isso mesmo que as despesas *indispensáveis* ao livre exercício de atividades empresariais e para a manutenção da fonte geradora da renda devem ficar livres da tributação, especialmente no caso das pessoas jurídicas, por meio da falta de tributação das despesas necessárias ao seu funcionamento e mais a parcela destinada à reposição do capital.[3]

Isso significa, por exemplo, que as despesas incorridas e as perdas sofridas com negócios jurídicos praticados para realizar a atividade operacional da empresa não podem ser incluídas na base de cálculo do imposto sobre a renda.

O que afasta determinado valor da tributação, portanto, é a *relação do negócio jurídico com a fonte produtora dos resultados e o objeto da pessoa jurídica*. O que interessa – insista-se nisto – é a *relação do gasto com a fonte produtora do resultado*: não se tributa a *condição* para a produção do resultado, mas apenas o *resultado positivo* da produção.

A concretização da relação obrigacional tributária restringe, de outro lado, a disponibilidade jurídica acerca dos direitos de liberdade de exercício de profissão e de atividade econômica (art. 5º, *caput*, e art. 170 da CF/88). Como os contribuintes são livres para exercer qualquer profissão e qualquer atividade econômica, nenhum deles pode ser prejudicado *apenas porque* produz essa ou aquela mercadoria ou presta esse ou aquele serviço. O direito fundamental de liberdade *pressupõe* a autonomia de escolha com relação *ao que* fazer e ao *como* fazer.

A referida autonomia de escolha existe não apenas quando o Estado *não prejudica* o contribuinte porque ele produz essa ou aquela mercadoria ou exerce a sua atividade de um ou de outro modo. Ela existe quando o Estado, ao configurar a legislação, também *protege* um grau de independência na condução das atividades que o contribuinte pratica. Daí se dizer que os direitos fundamentais têm a eficácia negativa de *direitos de resistência* ao Estado e a eficácia positiva de *direitos de proteção* pelo próprio Estado.[4]

3. Ávila, Humberto, *Conceito de renda e compensação de prejuízos fiscais*, São Paulo, Malheiros Editores, 2011, pp. 18 e ss.
4. Ávila, Humberto, *Sistema Constitucional Tributário*, 5ª ed. São Paulo, Saraiva, 2012, p. 105.

Ínsita a este direito fundamental de liberdade está a *autonomia privada* na celebração de negócios jurídicos. Com efeito, o contribuinte não é livre apenas quando tem liberdade de escolher aquilo que vai fazer. Ele só é verdadeiramente livre se, além disso, tiver *independência para deliberar* acerca dos negócios jurídicos de que irá dispor para exercer a sua atividade.

Isso significa, por exemplo, que o direito fundamental de liberdade também compreende a livre escolha dos negócios jurídicos a serem celebrados para o exercício de atividades lícitas, conquanto sejam praticados dentro dos limites fornecidos pelo ordenamento jurídico – tal qual a repactuação de planos de previdência complementar, devidamente aprovados pelo órgão estatal competente. A tributação deve, pois, ser *indiferente* com relação ao tipo de negócio jurídico praticado. O que importa – repita-se o quanto for preciso – é a relação do negócio jurídico com a atividade operacional do contribuinte.

As ponderações feitas até este ponto levam à conclusão de que as despesas suportadas em decorrência da atividade econômica específica desempenhada pelo contribuinte devem ser excluídas da tributação, pois a sua inclusão conduziria, indiretamente, à restrição e à falta de proteção da liberdade de exercício de profissão e de atividade econômica.

Por conseguinte, nenhum contribuinte pode ser prejudicado ou deixar de ser protegido, por exemplo, *simplesmente porque* decide repactuar, renegociar e reorganizar seus planos de previdência complementar, aportando para tanto, recursos de modo a incentivar a migração entre planos. Mas o contribuinte só será protegido e deixará de ser prejudicado no exercício da sua liberdade – e aqui se chega ao ponto central – se aquilo que ele fizer e os negócios que ele celebrar *forem igualmente contemplados* pelas obrigações tributárias que ele irá suportar. Caso contrário, em vez de ser protegido no exercício da sua liberdade, ele será *discriminado* por causa desse mesmo exercício.

Não é por outro motivo que a Constituição proíbe que os contribuintes sejam tratados de maneira diferente *em razão* da ocupação profissional ou da função por eles exercida (art. 150, II). Mas para que os contribuintes sejam tratados de modo igual em razão da ocupação profissional ou da função exercida, eles precisam ter as *condições necessárias* ao exercício da ocupação profissional e da função contempladas na legislação. Sem isso, o contribuinte será prejudicado ou não protegido *apenas porque* exerce essa ou aquela profissão ou função ou *simplesmente porque* escolhe esse ou aquele negócio jurídico para exercê-la. Será atingido na sua liberdade e na sua igualdade, a um só tempo.

O princípio da igualdade pressupõe a relação entre os contribuintes com base em um critério de diferenciação. O critério eleito pela Constituição para os impostos pessoais, de que é exemplo o imposto de renda, é a capacidade contributiva (art. 145, § 1º). Tal escolha tem duas consequências importantes.[5]

De um lado, o *sentido objetivo* da capacidade contributiva limita a tributação somente a situações ou fatos que denotem capacidade contributiva. Aquilo que não revelar capacidade contributiva não pode ser tributado.

De outro lado, o *sentido subjetivo* da capacidade contributiva faz com que a tributação seja tanto maior, quanto maior for a capacidade contributiva manifestada pelo sujeito passivo. Desse modo, os contribuintes que manifestarem menor capacidade contributiva, deverão pagar menos, e aqueles que exteriorizarem uma capacidade contributiva maior, deverão pagar mais.

Embora triviais e correntes, tais afirmações são plenas de consequências para o caso deste parecer. Isso porque, se o imposto sobre a renda deverá abranger apenas manifestações de capacidade contributiva, situações que revelarem *in*capacidade contributiva, como as despesas suportadas com a repactuação entre planos de previdência complementar, devem obrigatoriamente ser consideradas pela legislação tributária. E se o imposto sobre a renda deverá ser *graduado* conforme a capacidade contributiva, as despesas suportadas pelo Consulente com tal repactuação devem ser necessariamente consideradas na base de cálculo do imposto, porque demonstram *in*capacidade contributiva, e não o oposto.

Todas as considerações anteriores conduzem à conclusão parcial de que as despesas decorrentes de negócios jurídicos relacionados à atividade operacional da empresa devem ser excluídas da base de cálculo do imposto sobre a renda e da contribuição sobre o lucro. Trata-se de uma imposição constitucional decorrente dos conceitos de renda e de lucro e dos princípios constitucionais aplicados à tributação.

2.2.2 Fundamentos legais da dedutibilidade de despesas operacionais

A legislação do imposto sobre a renda, concretizando as normas constitucionais antes referidas, permite expressamente a dedução de determinadas despesas.

5. Ávila, Humberto, *Sistema Constitucional Tributário*, 5ª ed. São Paulo, Saraiva, 2012, pp. 431 e ss.

A Lei n. 4.506/64 prevê o direito à dedução das despesas operacionais, do seguinte modo:

> Art. 47. São operacionais as despesas não computadas nos custos, necessárias à atividade da empresa e a manutenção da respectiva fonte produtora.
>
> § 1º. São necessárias as despesas pagas ou incorridas para a realização das transações ou operações exigidas pela atividade da empresa.
>
> § 2º. As despesas operacionais admitidas são as usuais ou normais no tipo de transações, operações ou atividades da empresa.

Por sua vez, o Regulamento do Imposto sobre a Renda (RIR/99) tratou de especificar esta disciplina no plano infralegal, nos seguintes termos:

> Art. 299. São operacionais as despesas não computadas nos custos, necessárias à atividade da empresa e à manutenção da respectiva fonte produtora (Lei n. 4.506, de 1964, art. 47).
>
> § 1º. São necessárias as despesas pagas ou incorridas para a realização das transações ou operações exigidas pela atividade da empresa (Lei n. 4.506, de 1964, art. 47, § 1º).
>
> § 2º. As despesas operacionais admitidas são as usuais ou normais no tipo de transações, operações ou atividades da empresa (Lei n. 4.506, de 1964, art. 47, § 2º).
>
> § 3º. O disposto neste artigo aplica-se também às gratificações pagas aos empregados, seja qual for a designação que tiverem.

Assim, as despesas necessárias à atividade da empresa e à manutenção da respectiva fonte produtora devem ser objeto de dedução da base de cálculo do imposto sobre a renda. O critério legal para definir o que é necessário é a *relação com a atividade operacional da empresa*: são necessárias as despesas pagas ou incorridas para a realização das transações ou operações *exigidas pela atividade da empresa*.

Desse modo, todas as despesas relacionadas à atividade operacional da empresa devem ser excluídas da base de cálculo do imposto sobre a renda. Como se vê, a *dedutibilidade legal* tem o mesmo conteúdo da *dedutibilidade constitucional*.

A legislação, todavia, limita a dedução das despesas à sua normalidade: as despesas operacionais admitidas são as *usuais* ou *normais* no *tipo* de transações, operações ou atividades da empresa. A menção ao *normal* no *tipo* de atividade da empresa já demonstra que o critério para a dedução continua o mesmo, qual seja, a *relação* com um *conjunto de características* que indicam as qualidades de um *modelo ou padrão* de atividade operacional.

Por conseguinte, o que define a dedutibilidade do ponto de vista legal é a *relação com o modelo de atividade operacional*: se o tipo de atividade requer, para o seu desempenho, a celebração de determinado negócio jurídico – como a repactuação e o incentivo à migração entre planos de previdência complementar –, a despesa dela decorrente deverá ser objeto de dedução, pouco importando as demais características do negócio jurídico e o seu valor. Sendo despesa relacionada com o modelo de atividade operacional, deve ser computada como despesa operacional.

Diga-se, por oportuno, que a interpretação conforme a Constituição da mencionada regra legal afasta a ideia de que a *usualidade* possa ter o sentido de comum ou constante aos olhos das autoridades fazendárias. A usualidade deve estar ligada ao *tipo* de atividade operacional, no sentido de que aquilo que for necessário ao tipo de atividade desenvolvida deve ser considerado dedutível. E aqui não se pode perder de vista que o Consulente exerce também a atividade de patrocinador de fundo de previdência complementar, incorporando todos os deveres legais e contratuais que decorrem desta posição.

Mais especificamente, o aporte financeiro, feito em contrapartida à aceitação da repactuação de plano de previdência complementar para empregados e assistidos, não se afasta da regra geral de dedutibilidade. Isso porque o objeto da operação está relacionado com as atividades operacionais do Consulente e destina-se à proteção de seus direitos e obrigações.

A legislação não condiciona a dedutibilidade à relação direta com a atividade operacional. Ao contrário, ao admitir a dedução de despesas *necessárias* às atividades da empresa, a legislação aceita e pressupõe a dedução de despesas *indiretamente* relacionadas à atividade operacional. Tal constatação é fundamental.

Com efeito, o único requisito para a dedutibilidade das despesas com a repactuação e o incentivo à migração entre planos é a relação com as atividades operacionais da pessoa jurídica e com direitos ou obrigações da pessoa jurídica. Nada mais.

Todas as considerações anteriores, agora vertidas sobre a legislação infraconstitucional, conduzem, embora em grau de concretude maior, à mesma conclusão parcial a que se chegou ao final do exame dos fundamentos constitucionais: as despesas decorrentes de negócios jurídicos praticados com a finalidade de incentivar empregados e assistidos a migrarem entre os planos de previdência complementar oferecidos pela FBSS, sob o patrocínio do Consulente, devem ser qualificadas como despesas operacionais e, como tais, deduzidas da base de cálculo dos tributos sobre a renda e o lucro.

Tendo sido analisados os fundamentos constitucionais e legais da dedutibilidade, pode-se passar ao exame do caso concreto posto neste parecer, notadamente para saber se as despesas decorrentes do aporte financeiro feito em contrapartida à aceitação da repactuação de plano de previdência complementar para empregados e assistidos podem ser deduzidas da base de cálculo dos tributos sobre a renda e o lucro.

2.2.3 Dedutibilidade do aporte financeiro ao Fundo de Previdência Complementar como despesa operacional

A Previdência Complementar é um regime de caráter privado e facultativo (voluntário), organizado de forma autônoma em relação ao Regime Geral da Previdência Social. É baseado na constituição de reservas (poupança) que garantem o benefício contratado e operado pelas entidades fechadas de previdência complementar.

A Lei n. 6.435/77, dentre importantes definições, estabeleceu que a previdência complementar seria dividida em dois ramos: a previdência complementar aberta, formada por entidades com fins lucrativos; e a previdência complementar fechada, formada por entidades sem fins lucrativos.

Mais especificamente, as entidades fechadas de previdência complementar são aquelas constituídas com a finalidade de administrar planos privados de concessão de benefícios complementares de rendas, acessíveis a grupos específicos de pessoas, por intermédio de seus empregadores, chamados de patrocinadores ou das entidades de classe, chamados instituidores.

No caso ora tratado, não há dúvidas de que a Fundação de Seguridade Social (FSS) criada é uma entidade fechada de previdência complementar, conforme preceitua o art. 1º do seu Estatuo Social, e que o Consulente é um dos seus patrocinadores, nos termos do que dispõe o § 1º, do art. 5º, do mesmo documento.

Na condição de patrocinador do respectivo Fundo, o Consulente assume deveres e obrigações previstos, em especial, na Lei Complementar n. 109/01, de onde se destaca o art. 21:

Art. 21. O resultado deficitário nos planos ou nas entidades fechadas *será equacionado por patrocinadores*, participantes e assistidos, na proporção existente entre as suas contribuições, sem prejuízo de ação regressiva contra dirigentes ou terceiros que deram causa a dano ou prejuízo à entidade de previdência complementar.

§ 1º. O equacionamento referido no *caput* poderá ser feito, dentre outras formas, *por meio do aumento do valor das contribuições, instituição de contribuição adicional ou redução do valor dos benefícios a conceder, observadas as normas estabelecidas pelo órgão regulador e fiscalizador*.

Diante da dicção legal, resta evidente a relação necessária entre estas despesas e as atividades operacionais desempenhadas pelo Consulente. Uma vez estabelecida a condição de patrocinador mediante convênio celebrado entre a entidade fechada e a instituição financeira (art. 13, Lei Complementar n. 109/01), devidamente homologado pelo órgão competente (PREVIC), as obrigações do Consulente, enquanto patrocinador, passam a estar relacionadas com a sua atividade operacional e, portanto, são plenamente dedutíveis.

Esta circunstância já foi inclusive reconhecida por decisão proferida pela Secretaria da Receita Federal do Brasil, no Acórdão n. 12-44.476, de 15 de Março de 2012, assim redigido:

DESPESA. DEDUTIBILIDADE. PREVIDÊNCIA COMPLEMENTAR. São necessários, portanto, dedutíveis, **os gastos com aporte financeiro feito em contrapartida à aceitação da repactuação de plano de previdência complementar para empregados**. DESPESA. DEDUTIBILIDADE. PREVIDÊNCIA COMPLEMENTAR. São necessários, portanto, dedutíveis, os gastos com contribuições para plano de previdência, correspondentes ao período em que os empregados estiveram sem plano. *DESPESA. DEDUTIBILIDADE. PREVIDÊNCIA COMPLEMENTAR. São necessários, portanto, dedutíveis, os gastos com contribuições para plano de previdência complementar de empregados, independentemente de eles estarem ou não aposentados.* MATÉRIA NÃO IMPUGNADA. (...)

Verifica-se, portanto, que a referida despesa teria como principal objetivo impedir a continuidade do déficit do respectivo fundo de previdência. O resultado deficitário apurado, por sua vez, exige o seu equacionamento por parte de seus patrocinadores, participantes e assistidos, o que demonstra a necessidade da repactuação dos planos de previdência existentes como forma de equilíbrio econômico-financeiro da Fundação.

Longe de caracterizar mera liberalidade da instituição, a atuação do Consulente nesta repactuação decorre ainda de Termo de Ajustamento de Conduta-TAC, exigido pela Superintendência Nacional de Previdência Complementar-PREVIC. Por meio do Relatório de Fiscalização n. 005/2012, este órgão estabeleceu o prazo de 210 dias para a conclusão do processo de saldamento e migração dos planos de previdência vigentes, bem como para a equalização dos déficits remanescentes mediante a instituição e cobrança de contribuições extraordinárias de participantes, assistidos e patrocinadores.

Disso decorre que, não apenas em função do art. 21 da Lei n. 109/01, mas também em função do Termo de Ajustamento de Conduta, o Consulente estava obrigado a participar da equalização econômico-financeira da Fundação mediante aporte de recursos feito em contrapartida à aceitação da repactuação de plano de previdência complementar para empregados e assistidos. Noutro dizer, o aporte financeiro de recursos na Fundação também se justifica como uma despesa operacional, necessária à consecução de suas atividades na condição de patrocinador de fundo de previdência complementar pela existência de Termo de Ajustamento de Conduta firmado com a PREVIC – órgão responsável pela fiscalização das entidades de previdência complementar e por expedir instruções e estabelecer procedimentos para a aplicação das normas relativas à sua área de competência.

Demonstrada a vinculação existente entre as despesas incorridas pelo Consulente com o aporte de recursos realizado na Fundação e a sua condição de patrocinador do fundo, nos termos da legislação citada, resta demonstrada a necessidade de tais despesas para fins de enquadramento na hipótese contemplada pelo art. 47, da Lei n. 4.506/64 e pelo art. 299 do RIR/99.

Convém esclarecer, por fim, que as posições aqui consignadas decorrem das considerações e argumentos acima e do entendimento do signatário. Em virtude da existência de auto de infração prévio lavrado contra o Consulente, que versa sobre assunto correlato, ainda não completamente resolvido perante o Poder Judiciário (Processo n. 2005.71.000.42.7538), é provável que a Administração Tributária entenda cabível a lavratura de novo auto de infração decorrente do entendimento de que as despesas suportadas pelo Consulente não são dedutíveis ou devem respeitar a limitação legal. Sendo esse o caso, caberá ao Consulente exercer o seu direito de defesa, utilizando-se dos argumentos consignados neste parecer, se com eles estiver de acordo, e também de outros, formais ou materiais, que eventualmente surgirem com a própria autuação.

3. CONCLUSÕES

As considerações precedentes permitem chegar às seguintes conclusões:

1) a decomposição da regra limitadora das deduções com despesas de previdência complementar estabelece três critérios para sua aplicação: o critério da causalidade, o critério da obrigatoriedade e o critério da transitoriedade;

2) em relação ao caso analisado, nenhum dos critérios legais que determinariam a aplicabilidade da limitação está presente: a) o *critério da causalidade*, porque inexiste vinculação necessária entre a despesa e o trabalho que prestam ou prestaram os funcionários ou assistidos; b) o *critério da obrigatoriedade*, porque inexiste vinculação imprescindível entre a despesa e as obrigações advindas da legislação previdenciária; c) o *critério da periodicidade*, porque inexiste vinculação essencial entre a despesa e o salário dos empregados e a remuneração dos dirigentes;

3) a dedutibilidade das despesas encontra seu fundamento, em primeiro lugar, no conceito constitucional de renda e, em segundo lugar, nos princípios constitucionais aplicáveis à atividade empresarial;

4) a dedutibilidade, da mesma forma, decorre das regras legais que determinam que as despesas necessárias e usuais à atividade operacional da pessoa jurídica sejam consideradas para fins de determinação da matéria tributável;

5) pelo exposto, aos aportes financeiros realizados pelo Consulente para incentivar a migração entre planos de previdência não se aplica a regra limitadora de dedutibilidade prevista no art. 11 § 2º da Lei n. 9.532/97, bem como devem tais aportes ser considerados como despesas operacionais para fins da definição da base de cálculo do IRPJ e da CSLL.

BIBLIOGRAFIA

ÁVILA, Humberto. *Sistema Constitucional Tributário*. 5ª ed. São Paulo, Saraiva, 2012.

_____. *Conceito de renda e compensação de prejuízos fiscais*. São Paulo, Malheiros Editores, 2011.

JACHMANN, Monika. *Steuergesetzgebung zwischen Gleichheit und wirtschaftlicher Freiheit*. Stuttgart, Boorberg, 2000.

MOSQUERA, Roberto Quiroga. *Renda e proventos de qualquer natureza, o imposto e o conceito constitucional*. São Paulo, Dialética, 1996.

CESSÃO ONEROSA DE PREJUÍZOS FISCAIS, PERMUTA E INEXISTÊNCIA DE ACRÉSCIMO PATRIMONIAL

PARECER

1. A Consulta. 2. O Parecer: 2.1 A caracterização da operação de cessão onerosa de prejuízos fiscais; 2.2 A cessão onerosa de prejuízos fiscais e a tributação pelo IRPJ e CSLL; 2.3 A cessão onerosa de prejuízos fiscais e a tributação pelo PIS e pela COFINS; 2.4 O dever de observância da igualdade tributária quanto à não tributação de prejuízos fiscais. 3. Conclusões.

1. A CONSULTA

A Consulente incluiu débitos referentes a tributos federais perante a Secretaria da Receita Federal do Brasil-RFB, vencidos até 31 de dezembro de 2013, em programa de parcelamento instituído pela Lei n. 11.941/09 (REFIS), cujo prazo para adesão foi reaberto pela Lei n. 12.996/14, até o dia 25 de agosto de 2014.

Considerando que a Medida Provisória n. 651/14, em seu art. 33, permite a utilização de crédito de prejuízo fiscal e base de cálculo negativa de CSLL para a quitação antecipada de débitos parcelados, questiona a Consulente acerca da tributação incidente sobre a operação de cessão onerosa de prejuízo fiscal entre empresas do mesmo grupo econômico, especificamente no que diz respeito à incidência de IRPJ, CSLL, PIS e COFINS. Estando claros os questionamentos formulados, passo a respondê-los objetivamente.

2. O PARECER

2.1 A caracterização da operação de cessão onerosa de prejuízos fiscais

A cessão onerosa é negócio jurídico bilateral pelo qual um bem ou direito é transferido do patrimônio de determinada pessoa para o patrimônio de outra, mediante o pagamento de um preço. No caso ora questionado, a operação se caracteriza pela cessão do direito sobre o prejuízo fiscal ou base de cálculo negativa de CSLL apurado pela empresa-cedente em exercícios anteriores, à empresa-cessionária, mediante o pagamento de um preço.

O art. 286 do Código Civil permite a cessão de crédito, desde que a operação não contrarie a natureza da obrigação, a lei ou a convenção com o devedor. Sobre este ponto, vale referir que a cessão de prejuízo fiscal e base de cálculo negativa de CSLL não é novidade em nosso ordenamento jurídico.

Este ato negocial ganhou notoriedade especialmente a partir do programa de parcelamento instituído pela Lei n. 9.964/00 (REFIS) que, no § 7º do seu art. 2º, permitiu a utilização de prejuízo fiscal e de base de cálculo negativa de CSLL, próprios ou de terceiros, para o pagamento de valores correspondentes a multa, de mora ou de ofício, e a juros moratórios.

A questão ganhou ainda maior relevância com a edição da Medida Provisória n. 651/14 que, em seu art. 33, autoriza a utilização de prejuízos fiscais e base de cálculo negativa de CSLL, próprios ou de empresas integrantes do mesmo grupo econômico, para a quitação antecipada de débitos federais parcelados, nos seguintes termos:

> Art. 33. O contribuinte com parcelamento que contenha débitos de natureza tributária, vencidos até 31 de dezembro de 2013, perante a Secretaria da Receita Federal do Brasil-RFB ou a Procuradoria-Geral da Fazenda Nacional-PGFN poderá, mediante requerimento, utilizar créditos próprios de prejuízos fiscais e de base de cálculo negativa da CSLL, apurados até 31 de dezembro de 2013 e declarados até 30 de junho de 2014, para a quitação antecipada dos débitos parcelados. [*Regulamentado pela Portaria PGFN/ RFB n. 15, de 22 de agosto de 2014*]
>
> § 1º Os créditos de prejuízo fiscal e de base de cálculo negativa da CSLL poderão ser utilizados, nos termos do *caput*, entre empresas controladora e controlada, de forma direta, ou entre empresas que sejam controladas diretamente por uma mesma empresa, em 31 de dezembro de 2011, domiciliadas no Brasil, desde que se mantenham nesta condição até a data da opção pela quitação antecipada.

Verifica-se, portanto, que a cessão onerosa de prejuízos fiscais ou base de cálculo negativa de CSLL não apenas não contraria lei, como é prevista expressamente por ela como hipótese legal de pagamento de débitos tributários parcelados.

Cumpre salientar, todavia, que o art. 288 do Código Civil condiciona a eficácia da cessão com relação a terceiros à sua formalização mediante instrumento público, ou instrumento particular revestido das solenidades do § 1º do art. 654, isto é, contendo a indicação do lugar onde o documento foi passado, a qualificação do outorgante e do outorgado, a data e o objetivo da outorga com a designação e a extensão dos poderes conferidos.

Ademais, o art. 290 do Código Civil também exige a notificação do devedor acerca da cessão do crédito. No que tange à cessão de prejuízos fiscais e base de cálculo negativa de CSLL, este requisito encontra correspondência na exigência de apresentação do Requerimento de Quitação Antecipada a que se refere o art. 4º – e dos documentos referidos no § 4º do mesmo dispositivo –, da Portaria Conjunta PGFN/RFB n. 15, de 22 de agosto de 2014.

No que diz respeito à repercussão patrimonial e os efeitos tributários, a operação de cessão onerosa não deve ser confundida com a alienação de um ativo ou um bem. Isso porque a operação não reflete a entrada de um novo elemento no patrimônio das empresas envolvidas, mas mera substituição de direitos previamente existentes, o que é algo diverso. Ademais, ainda que se entenda a operação como uma espécie de alienação, sua tributação está condicionada à apuração de eventual resultado positivo, como se passa a demonstrar.

2.2 A cessão onerosa de prejuízos fiscais e a tributação pelo IRPJ e CSLL

O fato gerador do imposto de renda é o acréscimo patrimonial líquido apurado pelo contribuinte em determinado período de tempo.[1] Quanto ao que se acaba de afirmar não paira a menor dúvida. O próprio Supremo Tribunal Federal já decidiu de forma categórica que:

> "Na verdade, por mais variado que seja o conceito de renda, todos os economistas, financistas e juristas se unem em um ponto: renda é sempre um ganho ou um acréscimo de patrimônio" (RE 89.791-RJ, *RTJ* 96/783).

---

1. Ávila, Humberto, *Conceito de renda e compensação de prejuízos fiscais*, São Paulo, Malheiros Editores, 2011, p. 34.

Ocorre que nem todo acréscimo de novos valores ao patrimônio do contribuinte é suficiente para caracterizá-lo como renda tributável. Apenas aquele acréscimo capaz de gerar um efetivo *incremento (mutação positiva)* no respectivo patrimônio será passível de tributação. Sendo isto verdadeiro, a determinação da renda tributável exige a consideração de todos os acréscimos e de todos os decréscimos verificados no patrimônio do contribuinte para que se possa apurar eventual resultado positivo no período. Inexistindo incremento patrimonial após estes ajustes, estaremos diante de outra grandeza, mas não de renda.

Sob a perspectiva da empresa-cedente e partindo da premissa de que o montante de prejuízos fiscais objeto da operação de cessão onerosa ocorreu em valor equivalente ao preço acertado, isto é, *sem deságio*, o valor recebido em contraprestação ao prejuízo fiscal ou base de cálculo negativa de CSLL não representa acréscimo patrimonial para fins de incidência de IRPJ ou CSLL.

Em primeiro lugar, porque o preço recebido em contraprestação à cessão apenas recompõe o patrimônio do contribuinte previamente afetado pela apuração do prejuízo. O conceito de renda (lucro) está vinculado ao conceito de despesa. Estes dois elementos apresentam uma relação de causalidade, na medida em que o lucro posterior é resultado de despesas anteriores. Em outros termos: o que se ganha depois é resultado do que se gasta antes. Assim, se é verdade que há uma vinculação necessária entre despesas e lucros, também é correto que há uma ligação essencial entre despesas e prejuízos. Prejuízos são, justamente, resultados que surgem quando despesas superam as receitas.

Disso decorre que a determinação da renda tributável em determinado período não pode deixar de considerar despesas e custos já incorridos, geradores de prejuízo. Se despesas e custos são a matéria formadora de prejuízos, logo se verifica um elo indissociável entre prejuízos anteriores e lucros posteriores. Em outras palavras: é inadmissível examinar a renda e o lucro sem levar em consideração prejuízos acumulados.[2]

Estas considerações são relevantes, porque evidenciam a necessidade de que o montante de prejuízos acumulados pela empresa-cedente em exercícios anteriores seja levado em consideração na apuração da renda proveniente de acréscimos patrimoniais verificados em exercícios posteriores.

2. Ávila, Humberto, *Conceito de renda e compensação de prejuízos fiscais*, São Paulo, Malheiros Editores, 2011, p. 43.

Ainda que o prejuízo fiscal acumulado pela empresa-cedente não tenha sido aproveitado mediante compensação com lucros apurados no período, o recebimento do preço decorrente da cessão onerosa desse crédito também se caracteriza como uma espécie de recomposição do patrimônio da empresa-cedente. O que se verifica é a *permutação* entre elementos internos ao patrimônio do contribuinte, isto é, a *substituição* do montante de prejuízo fiscal anteriormente apurado pelo montante do preço acertado pela operação. Como o fato gerador do imposto de renda é o *acréscimo* patrimonial – e não a *recomposição* ou a *substituição* patrimonial – tais valores não estão sujeitos à tributação pelo IRPJ e pela CSLL.

Em segundo lugar, mesmo que se admita que a cessão onerosa de prejuízos fiscais corresponda à venda de um ativo capaz de gerar incremento patrimonial para a empresa-cedente, apenas o resultado positivo dessa operação deve se sujeitar à tributação. Neste particular, o E. Conselho Administrativo de Recursos Fiscais-CARF, examinando questão em que um contribuinte havia cedido onerosamente créditos de ICMS a outro, firmou entendimento no sentido de que apenas o eventual resultado positivo desta operação estaria sujeito à tributação:

> Imposto sobre a Renda de Pessoa Jurídica-IRPJ. Ano-calendário: 2003 (...) LUCRO PRESUMIDO. CESSÃO DE CRÉDITOS DE ICMS A TERCEIROS. A cessão onerosa de créditos de ICMS a terceiros constitui alienação, e gera receita. *Tratando-se de pessoa jurídica optante do lucro presumido, o que se tributa são os ganhos, os resultados positivos, e não o total da receita, eis que há um custo de aquisição a ser considerado, porque a aquisição do direito (que foi posteriormente alienado) teve, desde a sua origem, uma contrapartida direta e expressa (custo), não só do ponto de vista econômico, como também jurídico (art. 521 do RIR/1999). A Recorrente pagou pelos créditos de ICMS. Não havendo demonstração de qualquer resultado positivo na alienação do referido ativo (crédito de ICMS), não podem ser mantidas as exigências de IRPJ e CSLL sobre essa rubrica.* (...) (CARF, Processo 15940.000360/2007-43, Acórdão 1802-001.343, j. 9.8.2012).

No entendimento do Conselho, o valor recebido em contraprestação pelo crédito cedido representa um novo ingresso no patrimônio da empresa-cedente. Contudo, a remuneração recebida deve ser deduzida do respectivo custo de aquisição do ativo objeto da operação. Isso porque o que se tributa são os ganhos, resultado líquido, e não a mera entrada de novos valores no patrimônio da empresa, sem que se verifique efetivo incremento patrimonial. Assim, inexistindo ágio ou deságio na referida operação, não há que se falar em ganho tributável.

A conclusão acima, envolvendo a cessão onerosa de créditos de ICMS, não se altera para a situação ora examinada. Prejuízos fiscais acumulados podem ser compensados na determinação do lucro real do contribuinte em exercícios posteriores. Trata-se, portanto, de um direito de crédito oponível contra a União Federal. Neste caso, o montante de prejuízo fiscal acumulado – e objeto da cessão – corresponde ao seu custo de aquisição, já que a operação acarretará a baixa desse direito do patrimônio da empresa-cedente. Em ambas as situações, portanto, o recebimento do preço acertado – sem ágio ou deságio – consiste apenas na recomposição do custo de aquisição do prejuízo fiscal objeto da operação, de maneira que não há resultado positivo na operação passível de tributação.

Com relação à empresa-cessionária – e também partindo da premissa de que o montante de prejuízos fiscais objeto da operação de cessão onerosa ocorra em valor equivalente ao preço acertado, isto é, *sem deságio* –, pelos mesmos argumentos o montante de prejuízo fiscal ou base de cálculo negativa de CSLL recebido não gera acréscimo patrimonial sujeito à tributação.

Em primeiro lugar, porque há mera substituição de um direito previamente existente no patrimônio da empresa (dinheiro), por outro (prejuízo fiscal), sem que haja alteração quantitativa no patrimônio do contribuinte. A aquisição de prejuízos fiscais *incorpora* o respectivo crédito fiscal ao patrimônio da empresa-cessionária e, simultaneamente, *subtrai* dele o montante relativo à remuneração acertada pela operação.

Esta substituição de direitos no patrimônio da empresa-cessionária corresponde, portanto, a uma *permutação patrimonial*. Enquanto mutações patrimoniais ocorrem em razão do ingresso de novos direitos que afetam quantitativamente (para mais ou para menos) o patrimônio de determinada pessoa, permutações patrimoniais se verificam pelo movimento interno de direitos *já integrantes* do patrimônio de determinada pessoa, sem que se verifique qualquer alteração quantitativa.[3] Inexistindo incremento patrimonial, não há que se falar na ocorrência do fato gerador do IRPJ e, ato contínuo, da CSLL.

Em segundo lugar, mesmo que se admita que a cessão onerosa corresponda à alienação de um ativo, a apuração do respectivo acréscimo

---

3. Oliveira, Ricardo Mariz de, *Fundamentos do Imposto de Renda*, São Paulo, Quartier Latin, 2008, pp. 82 e ss.

patrimonial depende da existência de diferença entre o valor da obrigação extinta com utilização do crédito adquirido e o montante despendido para adquiri-lo. Inexistindo deságio, não há que se falar em resultado positivo ou incremento patrimonial, razão pela qual não há incidência de IRPJ ou CSLL na operação.

Especificamente no que diz respeito aos efeitos patrimoniais e tributários da cessão onerosa de prejuízo fiscal para a empresa-cessionária, o E. Conselho Administrativo de Recursos Fiscais-CARF possui manifestações no sentido de que a operação realizada *sem deságio* não acarreta mutação patrimonial e, portanto, não de ser tributada pelo IRPJ e pela CSLL:

> Imposto sobre a Renda de Pessoa Jurídica-IRPJ. Ano-calendário: 2000 IRPJ – *DESÁGIO NA AQUISIÇÃO DE PREJUÍZOS FISCAIS*. **A diferença apurada** entre o preço pago e o valor do crédito compensável, advindo de prejuízos fiscais adquiridos de terceiros, no âmbito do Refis, constitui ganho de capital, devendo, portanto, ser acrescido à base de cálculo do imposto de renda, na proporção de sua utilização para quitação dos créditos tributários. A tributação do deságio está relacionada, em controle de legalidade, à despesa gerada com a quitação dos tributos e encargos quando dedutíveis da base de cálculo do IRPJ e da CSLL. IRPJ – REDUÇÃO DE PREJUÍZO FISCAL. Havendo prejuízo fiscal declarado, em montante superior ao do valor tributável apurado em ação fiscal, cabe à autoridade fiscal proceder à redução do referido prejuízo. CONTRIBUIÇÃO AO PIS E À COFINS. (...) (CARF, Processo 13976.000111/2004-72, Acórdão 1401-000.889, j. 7.11.2012).

> Processo Administrativo Fiscal. Ano-calendário: 2000. Ementa: *IRPJ – DESÁGIO OBTIDO NA AQUISIÇÃO DE PREJUÍZOS FISCAIS DE TERCEIROS. UTILIZAÇÃO NO REFIS. TRATAMENTO FISCAL. RECEITA TRIBUTÁVEL – **A diferença (deságio)** entre o preço pago e o valor do crédito compensável advindo de prejuízo fiscal e de base negativa de CSLL adquirido de terceiro, no âmbito do Refis, se constitui em acréscimo patrimonial a ser reconhecido e tributado pelo IRPJ e, por decorrência, também pelas contribuições sociais (CSLL).* Constatado, pela autoridade fiscal, que as despesas com juros e tributos compensados não reduziram o resultado do exercício, retifica-se a matéria tributável relativa ao IRPJ e à CSLL para considerar os efeitos produzidos no lucro real e na base de cálculo da CSLL pela despesa com juros (dedutível) e não computada no lucro liquido. (...) (CARF, Processo 13973.000094/2005-84, Acórdão 1301-001.148, j. 7.11.2012).

Observe-se que, no entendimento do Conselho, o crédito correspondente ao prejuízo fiscal adquirido é um ativo de conteúdo econômico e o preço pago em contraprestação corresponde ao seu custo de aquisição, de modo que, inexistindo resultado positivo na operação, não há que se falar em tributação da operação pelo IRPJ e pela CSLL também pela perspectiva da empresa-cessionária.

Ante o exposto, considerando a jurisprudência administrativa tanto sobre a permutação de ativos no patrimônio do contribuinte, como a respeito de operações de cessão onerosa de prejuízo fiscal realizadas com deságio, entendo como remotas as chances de perda de eventual autuação fiscal quanto à exigência de IRPJ e CSLL sobre a operação questionada, desde que valor do crédito fiscal negociado seja equivalente ao preço acertado em contraprestação.

2.3 A cessão onerosa de prejuízos fiscais e a tributação pelo PIS e pela COFINS

As contribuições devidas ao PIS e à COFINS são tributos instituídos sobre a *"receita ou faturamento"* da empresa. No que diz respeito ao regime não cumulativo de incidência, as Leis n. 10.637/02 e 10.833/03 estabelecem que estas contribuições devam incidir sobre *"o total das receitas auferidas no mês pela pessoa jurídica, independente da sua denominação ou classificação contábil"*. Neste ponto, é possível haver autuação da Receita Federal, tendo em vista o seu entendimento tradicional de que as contribuições devidas ao PIS e à COFINS incidem sobre receita em geral.

Entretanto, a receita da pessoa jurídica também não se confunde com meros ingressos ou entradas de novos valores no seu patrimônio. Aqueles ingressos meramente *transitórios* no patrimônio do contribuinte não devem ser caracterizados como receita, pois não se agregam em definitivo ao patrimônio do contribuinte. O mesmo pode se falar da *recomposição* ou *substituição* de direitos anteriormente existentes, situações em que se devolve ou se substitui um direito por outro que lhe seja economicamente equivalente.

Quer isso dizer que, ainda que determinado ingresso seja qualificado *contabilmente* como receita, disso não decorre que o mesmo ingresso possa ser considerado *juridicamente* como receita. É dizer, a *denominação ou classificação contábil* do ingresso não define sua *qualificação jurídica*.

Receita, para fins de tributação pelo PIS e pela COFINS, corresponde ao ingresso de novo valor que se agrega em definitivo ao patrimônio da empresa, gerado em virtude do exercício da atividade econômica, desde que não seja mera devolução ou substituição de direito previamente existente. Em que pese outros elementos distintivos possam ser adicionados a esta definição, os requisitos acima mencionados são suficientes para a investigação do caso ora analisado.

Observe-se que, diferentemente do imposto de renda, é irrelevante para a incidência de PIS e COFINS se o ingresso de novos valores acarretou efetivo acréscimo patrimonial. É dizer, receita não é o mesmo que lucro ou renda. Neste particular, em que pese a cessão onerosa de prejuízo fiscal incorpore um novo direito ao patrimônio do contribuinte, esta operação ocorre com a simultânea devolução ou substituição de um direito previamente existente. Trata-se, conforme já explicitado, de mera *permutação patrimonial*.

Muito embora usualmente possuam motivação interna, sem efeitos externos perante outras pessoas, permutações patrimoniais também podem ocorrer com o envolvimento de terceiros, desde que também não haja qualquer alteração quantitativa do patrimônio das partes envolvidas. Nestes casos, a permutação patrimonial é concretizada pela *troca simultânea de direitos integrantes de diferentes patrimônios*.[4]

Que fique claro: a permutação patrimonial apenas se verifica se houver identidade de valores na substituição de direitos promovida no patrimônio dos envolvidos. Isto é, se a troca interna de posições destes direitos em cada patrimônio *não altere o seu montante líquido total*. Daí a necessidade de que não se verifique ágio ou deságio na operação.

Assim, de um lado, *sob a perspectiva da empresa-cedente*, inexistindo deságio na operação, isto é, não havendo diferença entre o preço pago e o valor do crédito compensável advindo do prejuízo fiscal, a remuneração recebida em contraprestação pelo prejuízo fiscal cedido onerosamente não constitui receita tributável. Em se tratando de hipótese de substituição do direito sobre prejuízos fiscais pelo direito sobre dinheiro em caixa, sem que com isso se verifique a incorporação de um novo direito ao patrimônio do contribuinte, não há que se falar em receita sujeita à incidência das contribuições devidas ao PIS e à COFINS.

A questão relativa à tributação como receita dos valores recebidos em contraprestação pela cessão onerosa de créditos fiscais já foi objeto de análise pelo E. Conselho Administrativo de Recursos Fiscais-CARF no âmbito dos créditos de ICMS. A despeito da existência de decisões divergentes, o Conselho, em reiteradas oportunidades, tem se manifestado no sentido de que a remuneração recebida corresponde à mera permu-

---

4. Oliveira, Ricardo Mariz de, *Fundamentos do Imposto de Renda*, São Paulo, Quartier Latin, 2008, p. 86.

tação patrimonial, ou substituição de direito previamente existente no patrimônio do contribuinte, conforme evidenciam os seguintes julgados:

Contribuição para o PIS/Pasep. Período de apuração: 01/07/2004 a 31/12/2007. *BASE DE CÁLCULO DA CONTRIBUIÇÃO PIS. CESSÃO DE CRÉDITO DE ICMS. As cessões de créditos de ICMS não têm natureza jurídica de receita, por isso não integram a base de cálculo da contribuição.* (...) Recurso voluntário provido em parte (CARF, Processo 11075.000705/2007-54, Acórdão 3801-002.668, j. 29.1.2014).

Contribuição para o PIS/Pasep. Ano-calendário: 2002. *BASE DE CÁLCULO. TRANSFERÊNCIA ONEROSA DE CRÉDITOS DE ICMS. Não há incidência de PIS sobre a cessão de créditos de ICMS, por se tratar esta operação de mera mutação patrimonial.* LEI N. 9.718, ART, 3º, § 1º. INCONSTITUCIONALIDADE DECLARADA. OUTRAS RECEITAS. Os ingressos decorrentes da cessão onerosa de ICMS são considerados outras receitas, não tributáveis pela declaração de inconstitucionalidade do art. 3º, § 1º, da Lei n. 9.718/98 (CARF, Processo 11080.011254/2005-40, Acórdão 3302-001.639, j. 25.5.2012).

CONTRIBUIÇÃO PARA O FINANCIAMENTO DA SEGURIDADE SOCIAL – COFINS. Período de apuração: 01/08/2004 a 31/08/2004, 01/09/2004 a 30/09/2004, 01/12/2004 a 31/12/2004. Ementa: *COFINS. INCIDÊNCIA SOBRE CONTRAPRESTAÇÕES DA TRANSFERÊNCIA ONEROSA DE SALDOS CREDORES DE ICMS. DESCABIMENTO. A cessão onerosa de saldo credor acumulado de ICMS não oferece em contrapartida para a pessoa jurídica cedente a percepção de receitas, motivo pelo qual é descabida a exigência da COFINS sobre referidas importâncias.* (...) (CARF, Processo 13005.000691/2004-85, Acórdao 3403-001.551, 24.4.2012).

Reitere-se que, ainda que os precedentes citados digam respeito à cessão onerosa de créditos de ICMS, a repercussão patrimonial da operação e seus respectivos efeitos tributários são compatíveis com a situação ora examinada, porquanto o prejuízo fiscal e a base de cálculo negativa de CSLL também podem ser qualificados como crédito fiscal integrante do patrimônio do contribuinte.

De outro lado, *sob o ponto de vista da empresa-cessionária,* a entrada de crédito advindo do prejuízo fiscal adquirido com a simultânea saída do preço pago em contraprestação também não altera o montante líquido total do seu patrimônio. Trata-se, como visto, de mera substituição de um direito previamente existente (dinheiro) pelo direito então adquirido (crédito advindo de prejuízo fiscal).

Estas conclusões também são suportadas pela jurisprudência do E. Conselho Administrativo de Recursos Fiscais-CARF, que, examinando especificamente a questão atinente à aquisição de prejuízos fiscais, firmou entendimento de que somente o deságio eventualmente apurado na operação – diferença entre o crédito advindo do prejuízo fiscal adquirido e o respectivo preço acertado – é que consubstancia receita passível de tributação. Ainda que estes julgados tenham afastado a tributação pelo PIS e COFINS ao argumento de que a tributação destes valores com base na Lei n. 9.718/98 seja inconstitucional, importa ressaltar que *apenas o deságio apurado na operação* foi objeto de fiscalização e análise pelo Tribunal, conforme se pode verificar:

> Processo Administrativo Fiscal. Ano-calendário: 2000. Ementa: (...) *PIS e COFINS* – ***GANHOS COM DESÁGIO*** – *Os ganhos decorrentes da aquisição de prejuízos fiscais e bases negativas de terceiros, não se subsume a tributação do PIS e da COFINS.* (...) (CARF, Processo 13973.000094/2005-84, Acórdão 1301-001.148, j. 7.11.2012).

> Contribuição para o PIS/Pasep. Ano-calendário: 2001. Ementa: REFIS. PREJUÍZOS FISCAIS. BASES DE CÁLCULO NEGATIVAS DE CSLL. TERCEIROS. AQUISIÇÃO. ***DESÁGIO***. *RECEITA. O deságio, obtido na aquisição de prejuízos fiscais e bases de cálculo negativas de Contribuição Social sobre Lucro Líquido-CSLL de terceiros para liquidação de multas e juros moratórios no âmbito do Programa de Recuperação Fiscal-REFIS, não constitui receita decorrente de faturamento e, por conseguinte, não integra a base de cálculo do PIS. Precedentes do Supremo Tribunal Federal e deste Conselho Administrativo de Recursos Fiscais.* Aplicação direta do art. 79, XII, da Lei n. 11.941, de 2009. (...) (CARF, Processo 13971.000434/2005-97, Acórdão 3201-000.625, j. 3.2.2011).

> Imposto sobre a Renda de Pessoa Jurídica-IRPJ. Ano-calendário: 2000. *IRPJ* – ***DESÁGIO*** *NA AQUISIÇÃO DE PREJUÍZOS FISCAIS. (...) CONTRIBUIÇÃO AO PIS E À COFINS. RECEITAS NÃO OPERACIONAIS. Conforme decisão do Supremo Tribunal Federal proferida em sede de recurso representativo de controvérsia, não incide a Contribuição ao PIS e à COFINS sobre receitas não operacionais, dada a inconstitucionalidade do artigo 3º, § 1º, da Lei n. 9.718/98* (CARF, Processo 13973.000094/2005-84, Acórdão 1301-001.148, j. 7.11.2012).

> Imposto sobre a Renda de Pessoa Jurídica-IRPJ. Ano-calendário: 2000. IRPJ – ***DESÁGIO*** *NA AQUISIÇÃO DE PREJUÍZOS FISCAIS. (...) CONTRIBUIÇÃO AO PIS E À COFINS. RECEITAS NÃO OPERACIONAIS. Conforme decisão do Supremo Tribunal Federal proferida em sede*

de recurso representativo de controvérsia, não incide a Contribuição ao PIS e à COFINS sobre receitas não operacionais, dada a inconstitucionalidade do artigo 3º, § 1º, da Lei n. 9.718/98 (CARF, Processo 13973.000094/2005-84, Acórdão 1301-001.148, j. 7.11.2012).

Ante o exposto, também não há que se falar na incidência de PIS e COFINS sobre a cessão onerosa de prejuízo fiscal ou base de cálculo negativa de CSLL, tanto no que diz respeito à empresa-cedente como com relação à empresa-cessionária, desde que não se verifique deságio na operação.

Diante do que foi dito e levando em conta a jurisprudência administrativa tanto sobre a permutação de ativos no patrimônio do contribuinte, como a respeito de operações de cessão onerosa de prejuízo fiscal realizadas com deságio, entendo como remotas as chances de perda de eventual autuação fiscal quanto à exigência de PIS e COFINS sobre a operação questionada, desde que valor do crédito fiscal negociado seja equivalente ao preço acertado em contraprestação.

2.4 O dever de observância da igualdade tributária quanto à não tributação de prejuízos fiscais

Não obstante os argumentos expostos acima que, por si só, afastam a incidência de IRPJ, CSLL, PIS e COFINS sobre a operação questionada, a tributação da operação de cessão onerosa de prejuízo fiscal ou base de cálculo negativa de CSLL, tanto sob a perspectiva da empresa-cedente como pelo ponto de vista da empresa-cessionária, também consubstancia violação à igualdade tributária.

Neste aspecto, a igualdade demanda a atribuição do mesmo tratamento tributário a contribuintes que se encontrem em situação equivalente. Isso significa que dois contribuintes não podem ser diferenciados para fins de pagamento de tributos apenas porque buscam formas diferentes de ressarcimento pelo prejuízo acumulado em períodos antecedentes.

No caso ora questionado, caso a *empresa-cedente* optasse pela utilização de seu prejuízo fiscal para a quitação antecipada de débitos federais *próprios*, não restaria dúvida de que inexistiria tributação sobre a recuperação destes valores. Isso porque a compensação de prejuízo fiscal é medida indispensável para a adequada determinação do seu lucro real. Trata-se de meio de recuperação de despesas já incorridas pelo contribuinte, isto é, mera recomposição patrimonial. O que era prejuízo acumulado é substituído por crédito fiscal a ser utilizado para o adimplemento de tributos federais.

Da mesma forma, a utilização do prejuízo fiscal mediante cessão onerosa desse direito de crédito a terceiro também não deve se sujeitar à tributação. A decisão da empresa-cedente em receber de outros contribuintes – e não da União Federal – os valores correspondentes a este prejuízo também não deve ocasionar a tributação dos valores então recebidos. O prejuízo acumulado é substituído pelo preço acertado em pagamento pelo negócio. Apenas se a referida operação fosse geradora de ágio ou deságio é que se poderia falar em acréscimo patrimonial sujeito à tributação.

Ademais, admitir a tributação da cessão onerosa de prejuízos fiscais criaria uma restrição à eficácia do art. 33, da MP n. 651/04, que expressamente autoriza a utilização de prejuízos fiscais e base de cálculo negativa de CSLL para a quitação antecipada de débitos parcelados. O tratamento tributário mais oneroso para as hipóteses de cessão, portanto, contraria a própria finalidade da modalidade de pagamento instituída pela Medida Provisória.

O decisivo é que a empresa-cedente não deve receber tratamento tributário diferenciado em razão de critério irrazoável para efeito de pagamento de tributos. É dizer, a empresa-cedente não pode ser mais ou menos onerada em função do *meio* escolhido para a recomposição do seu patrimônio (utilização de prejuízo fiscal para quitar débitos próprios ou cessão onerosa de prejuízo fiscal mediante contraprestação).

A violação à igualdade tributária é ainda mais evidente sob a perspectiva da *empresa-cessionária*. A aquisição de prejuízo fiscal equivale à substituição de dinheiro em caixa por crédito compensável advindo de prejuízo fiscal. A operação, como visto, não acarreta incremento patrimonial. Não se deve, portanto, atribuir tratamento tributário diferenciado em razão do meio adotado para o pagamento de seus débitos, se com recursos próprios ou se por meio de crédito fiscal no mesmo montante, adquirido de terceiros. Mais, não se pode atribuir tratamento distinto a contribuintes que estejam na mesma situação com relação ao pagamento dos tributos, apenas se diferenciando quanto ao seu modo de pagamento.

Assim, constatada a mera recomposição patrimonial ou substituição de direitos previamente existentes, sem ágio ou deságio, não há que se falar na incidência de IRPJ, CSLL, PIS e COFINS sobre a cessão onerosa de prejuízo fiscal, sob pena de violação ao dever de igualdade tributária.

3. Conclusões

O exposto permite chegar a algumas conclusões a respeito da matéria posta em exame nesta opinião legal:

1) A cessão onerosa de prejuízos fiscais ou base de cálculo negativa de CSLL é admitida pelo ordenamento jurídico, devendo se sujeitar aos requisitos estabelecidos pelo Código Civil para que tenha efeitos perante terceiros.

2) A tributação pelo IRPJ e pela CSLL recai sobre o acréscimo patrimonial líquido auferido pelo contribuinte em determinado período de tempo. Sob a perspectiva da empresa-cedente, o recebimento do preço ajustado pela cessão onerosa de prejuízo fiscal não acarreta incremento patrimonial, a uma, porque corresponde à mera recomposição patrimonial de perdas anteriores, a duas, porquanto consubstancia mera substituição de um direito previamente existente no seu patrimônio, desde que não haja ágio ou deságio na operação. Também não há que se falar em acréscimo patrimonial tributável sob a perspectiva da empresa-cessionária, pois o recebimento do crédito advindo do prejuízo fiscal apenas substitui o valor correspondente ao preço acertado em pagamento. Trata-se de permutação patrimonial que não altera quantitativamente o seu patrimônio.

3) A tributação pelo PIS e COFINS exige que o ingresso de novo direito ao patrimônio do contribuinte seja gerado em razão do exercício de atividade econômica e não importe em recuperação ou substituição de direito previamente existente. Nesses termos, a empresa-cedente não aufere receita, eis que os valores recebidos apenas substituem o prejuízo fiscal previamente integrante do seu patrimônio. Ocorre a permutação patrimonial de ativos, que não se sujeita à tributação pelas contribuições em análise. O mesmo vale para a empresa-cessionária, cujo prejuízo fiscal adquirido não se qualifica como receita tributável, porquanto apenas substitui direito previamente existente em seu patrimônio. Inexistindo ágio ou deságio na operação, não há resultado positivo indicativo de riqueza nova gerada pela operação.

4) Por fim, não se pode atribuir tratamento distinto a contribuintes que estejam na mesma situação com relação ao pagamento dos tributos, apenas se diferenciando quanto ao seu modo de pagamento. A neutralidade tributária exige um dever de abstenção no exercício da tributação, de maneira que seja preservado o exercício da autonomia privada do contribuinte.

5) Ante o exposto, considerando a jurisprudência administrativa tanto sobre a permutação de ativos no patrimônio do contribuinte, como a respeito de operações de cessão onerosa de prejuízo fiscal, entendo como remotas as chances de perda de eventual autuação fiscal quanto à exigência de IRPJ, CSLL, PIS e COFINS sobre a operação questionada,

desde que o valor do crédito fiscal negociado seja equivalente ao preço acertado em contraprestação.

BIBLIOGRAFIA

ÁVILA, Humberto. *Conceito de renda e compensação de prejuízos fiscais.* São Paulo: Malheiros Editores, 2011.

OLIVEIRA, Ricardo Mariz de. *Fundamentos do Imposto de Renda.* São Paulo: Quartier Latin, 2008.

IRPJ E O CONTRATO DE PERMUTA SOB A PERSPECTIVA DO PLANEJAMENTO TRIBUTÁRIO

PARECER

1. A Consulta. 2. A autuação fiscal e seus elementos. 3. O Parecer: 3.1 Preliminar; 3.1.1 Invalidades da autuação fiscal; 3.2 Mérito; 3.2.1 O contrato de permuta: 3.2.1.1 A natureza jurídica da permuta; 3.2.1.2 O exame do caso: a existência de verdadeiro contrato de permuta; 3.2.2 Os vícios dos negócios jurídicos; 3.2.2.1 Os vícios atinentes à existência; 3.2.2.2 Os vícios atinentes à validade; 3.2.2.3 O exame do caso: a inexistência de vícios; 3.2.2.4 A prevalência da substância sobre a forma; 3.2.3 Os efeitos tributários da permuta; 3.2.3.1 O conceito de renda e a necessidade de acréscimo patrimonial; 3.2.3.2 O exame do caso: inexistência de renda realizada tributável. 4. Conclusões.

1. A CONSULTA

A Consulente teve lavrado contra si auto de infração exigindo Imposto sobre a Renda da Pessoa Jurídica-IRPJ e Contribuição Social sobre o Lucro Líquido-CSLL supostamente incidentes sobre o ganho de capital apurado em operação de alienação de investimento. Esta operação, segundo a fiscalização, teria sido dissimulada através de um contrato de permuta.

Esta operação se insere em um determinado contexto: a Consulente é integrante de Grupo econômico e este, devido à sua estratégia de negócios, decidiu retirar-se do ramo de fabricação de todos os tipos de papéis (térmicos, de imprimir e escrever, especiais e couchê), para focar sua atuação única e exclusivamente no ramo de celulose. Por essa razão, as empresas do grupo passaram a se desfazer de todas as fábricas de papel que detinham, assim como de sua distribuidora. Em locais onde a produção de papel e de celulose era realizada de forma conjunta, a empresa se desfez da atividade de produção de papel, mantendo a atividade de produção de celulose.

Neste cenário, surgiu a oportunidade de a Consulente permutar uma fábrica de papeis por uma fábrica de celulose que estava para ser construída. Para isso, as partes assinaram um contrato de permuta, no qual foram consignadas cláusulas de condições suspensivas com obrigações para ambas as partes, a fim de que o contrato fosse perfectibilizado. De um lado, a Consulente devia segregar a fábrica da ser vendida em uma pessoa jurídica com este ativo – o único que interessava à contratante; de outro, a contratante devia aportar tudo o que seria necessário para a entrega da fábrica, incluindo as licenças já obtidas, os termos de acordo com o Poder Público e, principalmente, o contrato já quitado de construção da fábrica com a construtora. Por este motivo, a contratante aportou na fábrica de forma antecipada valor, para que esta pagasse, de forma antecipada, à construtora pela construção da fábrica que seria objeto da permuta.

Cumpridas todas estas obrigações devidamente pactuadas em contrato formal e público, a permuta foi finalizada, havendo a permuta entre as partes de suas respectivas participações societárias nas empresas. A autoridade fiscal, entretanto, classificou esta operação como uma dissimulação, requalificando o negócio jurídico como uma compra e venda. Em decorrência, apurou o ganho de capital e lançou o IRPJ e a CSLL incidentes sobre ele.

A decisão de primeira instância administrativa, contudo, reconheceu, por maioria, a procedência da Impugnação apresentada pela Consulente, anulando o respectivo auto de infração. Houve, porém, voto divergente, no sentido de que a Consulente "simulou a tal permuta", através de "verdadeiro conluio". A discussão ainda será retomada pelo Conselho Superior de Recursos Fiscais-CARF, por meio de recurso necessário.

Diante desse quadro, honra-me a Consulente com pedido de parecer, para esclarecer, primeiro, se houve a celebração de um contrato de permuta entre as partes; segundo, se há algum vício no negócio jurídico realizado; e, terceiro, se há, de fato, renda disponível e realizada tributável em decorrência da operação praticada.

É o que se passa a responder.

2. A AUTUAÇÃO FISCAL E SEUS ELEMENTOS

Inicialmente, para examinar a legalidade do auto de infração impugnado é preciso compreender *o que* realmente a fiscalização fez (objeto), *por que* ela fez (justificativa), *com base no que* ela fez (fundamento), *como* ela fez (procedimento) e *os efeitos* do que ela fez (consequências).

Em primeiro lugar, com relação ao *objeto*, não há dúvida alguma de que a fiscalização realizou uma *requalificação* do negócio jurídico praticado pela Consulente, afirmando que este não se tratava de uma *permuta*, mas, sim, de uma *compra e venda*.

Logo se percebe que a fiscalização desconsiderou o negócio jurídico praticado pelas partes, por entender que este, em verdade, teria apenas dissimulado o que teria sido efetivamente praticado: um negócio jurídico de compra e venda. Em decorrência desta desconsideração é que a autoridade fiscal reconheceu a existência de ganho de capital tributável. Além disso, a fiscalização imputou à Consulente a prática de atos dolosos, em suposto conluio, para que "ambas as partes fossem beneficiadas tributariamente".

Em segundo lugar, com relação à *justificativa* da autuação, é possível destacar uma série de razões que foram apontadas pela autoridade fiscal para a desconsideração do negócio jurídico realizado. Para ela, os atos praticados pela Consulente seriam atos "meramente formais e artificiais", cujo "único intuito era impedir a ocorrência do fato gerador".

Em terceiro lugar, com relação às *evidências* que supostamente comprovariam a existência da dissimulação, pode-se destacar: a existência de operações fatiadas, praticadas em um curto espaço de tempo, com a única intenção de "ludibriar o fisco". Assim, "com a finalidade de encobrir a operação de compra e venda", a Consulente teria, "num lapso de tempo relativamente curto", produzido diversos documentos e realizado uma série de operações societárias, atos estes "artificial e formalmente revelados em documentação ou na escrituração mercantil".

Em resumo, entendeu a fiscalização que a Consulente, juntamente com a Empresa contratante, teria realizado uma série de operações societárias em sequência, em um curto espaço de tempo, com a intenção de isolar a operação de permuta, para dissimular a verdadeira operação de compra e venda praticada. A principal evidência para isso seria a existência de um pagamento à Consulente, entendido como uma contraprestação em dinheiro da operação de compra e venda.

Em quarto lugar, o *procedimento* adotado pela fiscalização foi a simples desconsideração dos atos ou negócios jurídicos praticados pela Consulente, diretamente, sem a intermediação de qualquer ato administrativo ou processo judicial anterior que declarasse a sua invalidade. De fato, a fiscalização, em nenhum momento, questionou a validade dos registros das pessoas jurídicas envolvidas nesta operação. Do mesmo modo, em nenhum momento decretou a invalidade dos contratos por elas assinados. A fiscalização apenas e tão somente desconsiderou estes atos e negócios jurídicos para efeitos fiscais, direta e autonomamente, sem a intermediação de qualquer ato ou a interposição do Poder Judiciário.

Em quinto lugar, as *consequências* do procedimento adotado pela fiscalização foram exatamente a requalificação jurídica da operação, para entender que a Consulente teria dissimulado a ocorrência de uma operação de alienação. Entendeu a autoridade fiscal que, a partir de "aparatos engenhosos", a Consulente teria induzido, de modo consciente, a autoridade fazendária a vislumbrar operações regulares, quando, na verdade, estas seriam ilícitas. O entendimento no sentido de que haveria uma dissimulação do verdadeiro negócio jurídico praticado, realizada em "conluio" pela Consulente e pela contratante, justificou a aplicação da multa de ofício qualificada.

Diante de tudo isso, surge a indagação que motivou a solicitação deste parecer: poderia a fiscalização ter procedido como procedeu, isto é, desconsiderado diretamente atos ou negócios jurídicos praticados pela Consulente, sob a alegação de que seriam, além de ilícitos, dissimulados? A resposta é negativa, pelos fundamentos a seguir expostos.

3. O PARECER

3.1 Preliminar

3.1.1 Invalidades da autuação fiscal

Antes de adentrar no mérito dos atos e negócios jurídicos praticados pela Consulente, é preciso destacar, ainda que de forma sucinta, os equívocos e contradições existentes no auto de infração lavrado contra a Consulente.

Em primeiro lugar, a fiscalização não poderia ter simplesmente desconsiderado os atos e negócios jurídicos praticados pela Empresa, sob a alegação de que teriam sido dissimulados. Conquanto grave, a razão é singela: o Código Tributário Nacional regula, expressamente, a hipótese de desconsideração por dissimulação, estabelecendo um requisito procedimental que não foi atendido. Eis o artigo 116 do referido Código:

> Art. 116. (...)
>
> Parágrafo único. A autoridade administrativa poderá *desconsiderar* atos ou negócios jurídicos praticados com a finalidade de *dissimular* a ocorrência do fato gerador do tributo ou a natureza dos elementos constitutivos da obrigação tributária, *observados os procedimentos a serem estabelecidos* ***em lei*** *ordinária*.

Este dispositivo regula, exatamente, a *hipótese de desconsideração* com fundamento na *dissimulação*. Como tal, estabelece tanto uma *regra de atribuição de competência*, quanto uma *regra procedimental*. Uma regra de atribuição de competência, porque reserva a determinado sujeito (autoridade fiscal) o poder para praticar determinado ato (desconsideração); e uma regra procedimental, porque o referido poder só pode ser exercido por meio de um procedimento a ser estabelecido por e em ato normativo específico (lei).

Ora, se este dispositivo regula a hipótese de desconsideração com base em dissimulação, a autoridade fiscal não pode desconsiderar por dissimulação senão por meio do procedimento a ser estabelecido em lei. Se o fizer sem o referido procedimento, estará descumprindo a previsão legal.

Ocorre que, como é de todos sabido e desnecessário provar, este procedimento legal jamais foi estabelecido, ainda que isso tenha sido tentado pela malfadada Medida Provisória n. 66/02. Sendo assim, o poder que a regra atributiva de competência abstratamente prevê não pode ser concretamente exercido por falta de previsão legal do procedimento indispensável à sua execução. A regra não é autoaplicável. Dessa forma, tendo havido desconsideração de atos ou negócios jurídicos do contribuinte sem obediência aos requisitos legais, já há *razão suficiente* para a nulidade do auto de infração.

Esta, porém, não é a única causa de nulidade do auto de infração. Embora alguns trechos do Termo de Verificação Fiscal demonstrem a utilização de uma série de termos que indicam haver certeza com relação aos fatos tal qual narrados, tais como "sem qualquer dúvida", "não cabe outra alternativa" , "fica fácil perceber e "não tem como negar", o auto de infração possui uma série de dúvidas e contradições.

Por um lado, a fiscalização afirma ter certeza e ser inequívoca a prática de ato dissimulado; por outro, no entanto, afirma reconhecer o propósito negocial do negócio jurídico praticado. Do mesmo modo, ainda reconhece o fato de que não conseguiu obter maiores esclarecimentos sobre o motivo em razão do qual a Consulente optou pela realização de uma permuta.

Mais adiante, a autoridade fiscal também demonstra nova insegurança com relação aos seus argumentos, indicando, de forma expressa, que mesmo que se considerasse ter havido permuta no caso, haveria tributação. Assim, de um lado, a fiscalização pretende transparecer sua certeza com relação à ocorrência de negócio jurídico dissimulado (*pseudopermuta*), com a intenção de esconder o real negócio jurídico praticado (*compra e venda*). Esta situação seria inequívoca e transpareceria dos documentos, segundo o Termo de Verificação Fiscal. De outro lado, porém, o mesmo auto de infração reconhece que pode ter havido permuta, o que afastaria a existência de dissimulação no caso, mas manteria a tributação do ganho de capital.

Esta inconsistência argumentativa também se reflete na fundamentação legal do auto de infração. Há menção a uma série de dispositivos legais genéricos ou específicos a outras operações, sem que se esclareça em que medida estas normas serviriam como fundamento para a cobrança do tributo tal qual narrado no Termo de Verificação Fiscal. Com relação à incidência da CSLL no caso, a contradição é ainda mais latente, pois ao mesmo tempo em que o auto de infração nega a aplicação do método de equivalência patrimonial, acaba por arrolar como fundamento legal da cobrança dois dispositivos legais que expressamente determinam a aplicação deste método (art. 57 da Lei n. 8.981 e art. 7º da Lei n. 9.532).

Toda esta inconsistência tem duas consequências. A primeira e mais evidente é a nulidade do auto de infração, por violação ao artigo 142 do Código Tributário Nacional, que impõe os requisitos da atividade vinculada de autuação, incluindo aí a obrigatoriedade de fundamentação legal adequada. E também por violação ao artigo 16 do Decreto n. 70.235/72, que exige que o auto de infração contenha adequada a descrição do fato ocorrido.

A segunda consequência é a existência de dúvida com relação à interpretação dos fatos. Ora, se há propósito negocial, divulgação ampla de informações e o Fisco não obtém maiores informações sobre a operação (lícita) escolhida pelo contribuinte, evidente que, mesmo que se possa falar em incidência tributária e requalificação da operação, não há como se sustentar a existência de dissimulação, muito menos dolosa e com o intuito de ludibriar a autoridade fiscal. Não é possível, ao mesmo tempo, sustentar a inequivocidade e a certeza com relação à existência de conduta dolosa, mas reconhecer propósito negocial e admitir que a operação pode ter sido realizada tal qual formalmente descrita pelo contribuinte. A dúvida, nesse caso, necessariamente afasta a conduta dolosa, que precisa ser comprovada pela fiscalização.

Ainda neste ponto, é importante desde já ressaltar os equívocos cometidos pela fiscalização ao recaracterizar a operação realizada. Conforme referido, a autoridade fiscal desconsiderou o negócio jurídico praticado, ao argumento de que em um curto período de tempo as empresas teriam praticado uma série de transações a fim de encobrir a real operação de compra e venda. Sendo assim, a fiscalização requalificou a operação praticada como uma compra e venda, por entender que as empresas teriam declarado a prática de uma permuta tão somente para dissimular a verdadeira operação realizada.

Assim, a fiscalização tributária alega ter ignorado os diversos passos adotados pelas empresas para considerá-los em conjunto, recaracterizando-os como uma única operação de compra e venda. No direito comparado, este mecanismo de requalificação é chamado de "step transaction".[1] De acordo com esta teoria, diversas transações, em princípio tidas como independentes entre si, podem ser consideradas em seu conjunto pelas autoridades fiscais. Isso ocorre nas hipóteses em que esta visão global demonstra que a substância da transação era diferente das formas adotadas pelo contribuinte.[2] Esta recaracterização pode ser utilizada quando o contribuinte poderia ter atingido o seu objetivo de forma direta, como ir do ponto A ao ponto D, mas passou pelos pontos B e C, almejando efeitos tributários que o caminho direto não teria promovido.[3]

No caso ora analisado, no entanto, a recaracterização feita pela autoridade fiscal pressupõe uma operação muito mais complexa do que aquela realmente praticada. Segundo a fiscalização, teria havido uma operação complexa de venda da participação acionária numa empresa com parte do pagamento em bens (ações) e parte do pagamento em dinheiro. Além disso, teria havido o suposto distrato do contrato assinado entre a empresa contratante com a construtora contratada para a construção da fábrica, na medida em que não se reconheceu o pagamento da quantia acordada para a construção da fábrica. E, em seguida, uma nova relação entre a Consulente e a construtora para que esta terminasse a fábrica na empresa recém adquirida, com o pagamento da quantia supostamente recebida na transação anterior.

1. *Senda v. Commissioner*, 433 F.3d 1044 (8th Cir. 2006); *Associated Wholesale Grocers, Inc. v. U.S.*, 927 F.2d 1517, 1521 (10th Cir. 1991); Keinan, Yoram, *The economic substance doctrine*, Arlington, VA, Tax Management, 2006 (versão eletrônica).

2. Brown, Karen B, "Applying circular reasoning to linear transactions: Substance over form theory in U.S. and U.K. tax law", 15 *Hastings Int'l & Comp. L. Rev.* 169, 171 (1992); Gammie, Malcolm, "Sham and reality: the taxation of composite transactions", *British Tax Review*, 2006, 3, pp. 294-317 (especialmente p. 308). O autor comentou um dos casos mais relevantes decidido pela *House of Lords* britânica na matéria: *WT Ramsay Ltd v Inland Revenue Commissioners*, [1982] A.C. 300 (HL).

3. Blank, Joshua D.; Staudt, Nancy. "Sham transactions in the United States", in Simpson, Edwin; Stewart, Miranda, *Sham transactions*, Oxford University Press, 2013, pp. 68-85 (especialmente p. 72); *Smith v. Commissioner of Internal Revenue*, 78 T.C. 350, 389 (1982).

Perceba-se que a operação de compra e venda seguida de alteração da posição contratual idealizada pela fiscalização é mais complexa e possui mais passos do que a operação de permuta efetivamente realizada. Senão, vejamos. As partes tinham a intenção última de trocar a fábrica de papel pela fábrica de celulose que estava em vias de ser construída pela empresa contratante. Isto foi efetivado através de um contrato de permuta, tendo em vista que ambas as partes consideravam os bens equivalentes, levando em conta suas estratégias de negócio, e que não havia interesse no pagamento de contraprestações em dinheiro.

Como condição para a realização desta transação, manteve-se o contrato assinado pela contratante com a construtora responsável pela construção da fábrica de celulose. E, exatamente por esta razão, houve o pagamento antecipado do valor integral previsto no contrato de construção. Assim, o valor foi aportado na empresa permutada antes da efetivação da permuta para garantir a construção da fábrica de celulose – finalidade última da troca para a Consulente.

Como se pode notar, apesar da inerente existência de obrigações e condições antecedentes à formalização do negócio, a operação realizada, em última análise, é ainda mais simples do que aquela descrita pela fiscalização. Ao final, o que houve foi a mera troca das participações acionárias das empresas, permitindo que cada uma das contratantes se tornasse, como de fato ocorreu, proprietárias de uma fábrica de papel e de uma fábrica de celulose, respectivamente.

Nesse contexto, não há dúvida de que a recaracterização promovida pela fiscalização foi feita de forma incorreta.[4] Primeiro, a recaracterização é *incompleta*, porque a operação idealizada pelo fisco não explica todas as informações existentes sem contradizer a realidade. Ou seja, a operação de compra e venda deixa sem explicação o que teria ocorrido no contrato firmado entre a contratante e a construtora. Segundo, a recaracterização é *indireta*, porque ela cria ainda mais passos do que aqueles praticados na realidade. E terceiro, a recaracterização é ainda *mais complexa* do que a simples operação de permuta praticada na realidade.

Estas considerações iniciais, que serão retomadas adiante, são fundamentais, não apenas porque atestam a nulidade do auto de infração na forma como lavrado, mas também porque permitem delimitar o objeto da autuação fiscal, entendendo as razões, as justificativas e as consequências do procedimento adotado pelo Fisco, mesmo que este se mostre contra-

---

4. Levmore, Saul, "Recharacterization and the nature of theory in corporate tax law", in 136 *U. Pa. L. Rev.* 1019, 1988, pp. 1020-1021.

ditório e duvidoso. Ademais, ainda ajudam a esclarecer o que, de fato, ocorreu. A partir disso, passa-se a enfrentar o mérito da autuação.

3.2 Mérito

3.2.1 O contrato de permuta

3.2.1.1 A natureza jurídica da permuta

A permuta é um contrato típico, regulado pelo Código Civil brasileiro em seu artigo 533, nos seguintes termos:

> Art. 533. Aplicam-se à troca as disposições referentes à compra e venda, com as seguintes modificações:
> I – salvo disposição em contrário, cada um dos contratantes pagará por metade as despesas com o instrumento da troca;
> II – é anulável a troca de valores desiguais entre ascendentes e descendentes, sem consentimento dos outros descendentes e do cônjuge do alienante.

A aplicação ao contrato de permuta das disposições referentes à compra e venda pode levar a equívocos com relação à demarcação desses dois tipos de contratos. Não há dúvida de que a permuta e a compra e venda não se confundem. Na permuta, há uma troca, uma espécie de sub-rogação no direito sobre determinada coisa. Em uma troca, a contrapartida contratual não é uma determinada quantia em dinheiro (um preço), mas o direito real para dispor sobre outro objeto.[5]

Por essa razão, não há necessidade de que os bens trocados sejam de igual valor. Trata-se de uma troca, em que basta que ambas as partes considerem justo o bem dado em contrapartida, sem a necessidade de aferição de valores para que se prove a equivalência. É irrelevante, por conseguinte, que as coisas tenham valores desiguais. Aliás, Gomes é enfático neste sentido: "não é da essência da *troca* que as *coisas* tenham igual valor".[6]

Isso fica claro pelo próprio texto normativo, ao prescrever no inciso II ser "anulável a troca de valores desiguais entre ascendentes e descendentes". Se a troca de valores desiguais fosse sempre anulável, não

---

5. Grunewald, Barbara, *Kaufrecht*, Köln, Mohr Siebeck, 2006, p. 41.
6. Gomes, Orlando, *Contratos*, 25ª ed., Rio de Janeiro, Forense, 2002, pp. 268-269 (grifo do autor).

haveria sentido neste tipo de previsão legal. Sendo assim, a disparidade entre os valores contábeis dos bens não descaracteriza o contrato de permuta, porque basta que as partes entendam que o bem dado em troca é justo enquanto contrapartida pelo bem fornecido. Aliás, esta permissão de que os bens não tenham idêntico valor é reconhecida pela própria jurisprudência do Conselho Administrativo de Recursos Fiscais, como se destaca no seguinte julgamento:

> PERMUTA DE BENS E DIREITOS. NÃO INCIDÊNCIA DO IMPOSTO DE RENDA. PERMUTA DE COTAS E AÇÕES ENTRE EMPRESAS. (...) *A permuta ou troca é o contrato pelo qual as partes se obrigam a dar uma coisa por outra que não seja dinheiro. Tudo que pode ser objeto de uma compra e venda pode ser trocado, não sendo necessário que os bens permutados sejam de igual espécie ou valor, sendo lícito, portanto, permutar um imóvel por uma coisa móvel, ou ainda um bem imóvel ou móvel por um direito.* A interpretação tributária que restringe à permuta a troca de bens imóveis não tem base na doutrina ou na própria legislação regente do ganho de capital. (...) (CARF, Recurso voluntário, Processo 10680.019097/2007-51, Acórdão 2102-001.909, Rel. Giovanni Christian Nunes Campos, j. 18.4.2012).[7] [*Grifo meu*]

Outra evidência com relação à possibilidade da permuta de bens em valores não equivalentes se refere ao fato de que pode haver um complemento em dinheiro no contrato de permuta, também conhecido por *torna*. Este valor é pago a uma das partes contratantes, como forma de equilibrar o contrato quando as partes entendem não existir equilíbrio entre os bens trocados.

O contrato, porém, não deixa, necessariamente, de ser de troca se um dos contratantes promete prestar em dinheiro um determinado valor, para equilibrar os valores permutados. Para que o contrato mantenha esta natureza de permuta, é preciso que o elemento mais relevante seja o objeto.[8] Assim, quando existe torna, a demarcação entre os contratos de compra e venda e a permuta se torna mais difícil. Nesse caso, deve-se atentar para a prevalência do interesse das partes: se o foco da contraprestação recebida é a coisa (objeto) ou o dinheiro.[9] É a intenção das partes

---

7. No mesmo sentido: CARF, Processo 13808.001708/99-84, Acórdão 106-16964, Relator Giovanni Christian Nunes Campos, j. 26.6.2008.
8. Pontes de Miranda, *Tratado de Direito Privado, Parte Especial* – T. XXXIX, Rio de Janeiro, Borsoi, 1962, p. 383.
9. Grunewald, Barbara, *Kaufrecht*, Köln, Mohr Siebeck, 2006, p. 41.

que prevalece. Esta é a interpretação conferida pelo próprio Conselho Administrativo de Recursos Fiscais:

> PERMUTA DE IMÓVEIS COM PAGAMENTO DE TORNA. CA-RACTERIZAÇÃO. *Para que fique caracterizado o contrato de permuta com pagamento de torna, em vez de compra e venda, faz-se necessário que a coisa seja o objeto predominante do contrato e não o montante em dinheiro.* (...) (CARF, Processo 11516.000095/2004-18, Acórdão 103-22.974, Rel. Aloysio José Percínio da Silva, j. 25.4.2007). [*Grifo meu*]

Por isso, a simples existência de uma complementação em dinheiro (torna) não descaracteriza o contrato de permuta. Este ponto, porém, é irrelevante para o presente caso, em que não houve complementação em dinheiro paga à Consulente. A natureza do contrato firmado é de permuta, como se passa a observar.

3.2.1.2 O exame do caso: a existência de verdadeiro contrato de permuta

A Consulente firmou contrato de permuta com a empresa contratante em 2006. Nesse contrato, devido à complexidade da operação, houve a necessidade de previsão de cláusulas de condições suspensivas e cumprimento de obrigações precedentes, para que as partes estivessem aptas a realizar a finalidade deste negócio jurídico, qual seja, a troca das fábricas de papel e celulose. Com efeito, é no mínimo estranho que o auto de infração reconheça o propósito negocial da operação e sua complexidade, mas, ao mesmo tempo, afirme que os contratos tinham a intenção de encobrir uma operação de compra e venda.

Todas as operações realizadas, neste lapso "relativamente curto de tempo" referido pela autoridade fiscal, contudo, referem-se às obrigações assumidas contratualmente a fim de viabilizar o contrato de permuta acordado entre as partes. Estas operações, ao invés de terem a "finalidade de encobrir a operação de compra e venda", visavam exatamente ao cumprimento do contrato de permuta avençado, estando todas expressamente previstas no termo contratual. Cumpridas todas estas obrigações contratuais precedentes e as condições suspensivas estabelecidas, a permuta foi efetivada através de um documento formal, assinado pelas partes em 2007. Neste documento, as partes formalizaram o acordo quanto à troca de suas participações sociais nas empresas, finalizando, dessa forma, o contrato de permuta.

A fiscalização insiste no fato de que a Consulente poderia ter feito o negócio de forma diferente, através de operações de compra e venda. Esta, porém, é uma afirmação simplista da autoridade fiscal. Primeiro, porque o interesse da Consulente era na fábrica de celulose e não em determinada quantia de dinheiro. Segundo, porque, evidentemente, o valor devido à construtora da fábrica não poderia ser simplesmente repassado à Consulente para que ela assumisse o contrato. Tratava-se de contrato já firmado, em que o pagamento integral antecipado servia como garantia para a efetivação da permuta. De qualquer forma, a Consulente realmente poderia ter vendido sua fazenda ou as ações de sua empresa. No entanto, não o fez. Por uma decisão negocial e de mercado preferiu realizar um contrato de permuta, que lhe permitia o investimento em uma nova fábrica de celulose (ramo no qual estava focada), em uma localização excelente e com tecnologia avançada, cujas licenças já estavam emitidas. Segundo a fiscalização, no entanto, todas as operações realizadas tinham a intenção de esconder o pagamento de contraprestação. A autoridade fiscal entendeu que este valor equivaleria à torna no contrato de permuta e representaria quase a totalidade do valor do negócio, caracterizando, na verdade, uma compra e venda.

O problema desta argumentação não está em sua consequência. De fato, se a Consulente tivesse recebido uma contraprestação em dinheiro, que representasse um valor muito superior ao bem complementado, seria passível a discussão acerca de uma possível prevalência de uma operação de compra e venda ao invés de uma operação de permuta, em virtude da maior importância do valor em dinheiro em relação ao valor do bem. A conclusão da fiscalização, contudo, parte de duas premissas equivocadas.

A primeira diz respeito à existência de uma contraprestação paga à Consulente. Conforme já referido, o valor envolvido na operação refere--se ao pagamento para a construtora, contratada para a construção da fábrica da empresa recebida como permuta, que consistia exatamente na finalidade última da fazenda. É evidente que a torna, enquanto complemento em dinheiro em um contrato de permuta, precisa necessariamente ser paga à contratante para ser considerada como tal. Não é este o caso. Aliás, o pagamento deste valor, que garantia a própria existência do bem futuro objeto principal da permuta, era exatamente uma das obrigações precedentes à finalização do contrato. Tal quantia nunca foi repassada à Consulente. Trata-se de valor definido em contrato para o pagamento da construtora e referente a um serviço específico e individualizado, comprovadamente realizado: a construção da fábrica de celulose naquele local.

Neste ponto, é importante referir que se a fábrica de celulose não tivesse sua construção garantida através do pagamento integral do valor à construtora responsável é que haveria uma distorção, pois estaria sendo trocada uma fábrica pronta e atuante por apenas um terreno, sem qualquer perspectiva de empreendimento. Em outras palavras, a Consulente nunca recebeu esta quantia, que foi repassada à construtora e não poderia ser cobrada de volta, pois a transferência foi expressamente vinculada à obrigação de construir a fábrica. O que a Consulente recebeu no ativo da empresa permutada foi o direito de receber a fábrica que seria construída quando esta estivesse concluída, e não qualquer disponibilidade sobre os valores vinculados a esta construção.

A segunda premissa equivocada refere-se ao fato de que a fiscalização, para comparar o valor dos objetos da permuta considera, de forma simplória, apenas o seu patrimônio líquido, ignorando que negócios desta complexidade envolvem valores de bens intangíveis, não refletidos no valor patrimonial das empresas. Assim, a conclusão do negócio levou em consideração uma série de bens imateriais, tais como a localização da fábrica, a tecnologia empregada, as licenças já obtidas, a sua capacidade de operação, dentre tantos outros elementos que dificilmente podem ser convertidos em valores contábeis, especialmente quando o empreendimento ainda não se encontra operacional.

Demonstrado, porém, que, primeiro, o valor envolvido não foi pago para a Consulente e, por isso, não pode ser considerado como torna; e, segundo, que o valor do patrimônio líquido das participações societárias não é suficiente para aferir no mercado o valor de uma empresa levando em consideração os intangíveis envolvidos, não há como se manter a conclusão alcançada. Em outras palavras, afastadas as premissas nas quais se baseia a argumentação da fiscalização, não há fundamento legal para a desconsideração do negócio jurídico (típico e lícito) praticado pelas partes. Assim como a Consulente tinha poder de vender sua fábrica de papel ou sua participação societária, ela também tinha poder para permutá-la, como, de fato, o fez.

Não há dúvida, portanto, de que o contrato firmado entre as partes para a troca de suas participações societárias nas empresas caracteriza-se como uma permuta. Definida a natureza do contrato, passa-se a analisar se este sofre de algum dos vícios atinentes aos negócios jurídicos, o que poderia justificar a requalificação efetuada pela fiscalização.

3.2.2 Os vícios dos negócios jurídicos

3.2.2.1 Os vícios atinentes à existência

Para saber se há algum vício nos atos ou no negócio jurídico praticado pela Consulente e pelas demais empresas envolvidas na operação de permuta glosada pela autoridade fiscal é preciso saber quais são os vícios que podem ser, em geral, apontados pela fiscalização. É o que se pretende expor, da maneira mais singela possível.

Os vícios atinentes aos negócios jurídicos podem dizer respeito à sua existência ou à sua validade. De um lado, os vícios atinentes à existência dizem respeito à *ocorrência*, efetiva ou exata, dos atos ou negócios jurídicos declarados pelas partes. Nesta categoria enquadram-se os vícios da *simulação* e da *dissimulação*. De outro lado, os vícios atinentes à validade, em vez de concernentes à existência, dizem respeito ao preenchimento dos *requisitos legais* dos negócios jurídicos. Estão aqui os vícios de *fraude à lei, abuso de forma* e *abuso de direito*.[10]

Assim, no plano da existência, em primeiro lugar, a autoridade fiscal pode sustentar que o contribuinte "não fez o que declarou ter feito". Isto é, que aquilo que ele declarou, verbal ou documentalmente, ter feito, na verdade não foi, concreta e efetivamente, realizado. Quando aquilo que as partes declararam ter feito simplesmente não ocorreu, diz-se ter havido *simulação*: "simular é não fazer o que se declara fazer".[11] Nesse caso, a autoridade acusa o contribuinte de ter criado uma "realidade artificial", sem suporte em atos efetivamente existentes.

O vício de simulação, portanto, surge quando "o contribuinte pretende que a autoridade administrativa acredite que alguma coisa aconteceu quando nada aconteceu".[12] O contribuinte *inventa uma realidade inexistente*. Como o ato não foi praticado, obviamente que os seus efeitos não podem ser protegidos, pela singela razão de que o Direito não protege o que *não foi feito*. Por isso, o efeito da simulação é a *nulidade* do ato ou

---

10. Ávila, Humberto, "A prestação de serviços personalíssimos por pessoas jurídicas e sua tributação: o uso e abuso do Direito de criar pessoas jurídicas e o poder de desconsiderá-las", in *Grandes Questões Atuais do Direito Tributário*, v. 17, São Paulo, Dialética, 2013, p. 140.

11. Ávila, Humberto, "A prestação de serviços personalíssimos por pessoas jurídicas e sua tributação: o uso e abuso do Direito de criar pessoas jurídicas e o poder de desconsiderá-las", in *Grandes Questões Atuais do Direito Tributário*, v. 17, São Paulo, Dialética, 2013, p. 140.

12. Ávila, Humberto, "Planejamento Tributário", in *Revista de Direito Tributário*, v. 98, São Paulo, Malheiros Editores, 2006, p. 76.

negócio jurídico simulado, inclusive no âmbito do Direito Civil, conforme preceitua o artigo 167 do Código Civil. Por conseguinte, o Código Tributário Nacional estabelece um fundamento específico para a nulidade do ato ou negócio simulado, conforme determina o artigo 149.

O essencial é constatar, por um lado, que a simulação exige que o ato ou negócio jurídico declarado pelo contribuinte *não tenha sido efetivamente praticado* por ele e, por outro lado, que o seu efeito é a *nulidade* do ato ou negócio jurídico. Se o ato ou negócio jurídico declarado tiver sido efetivamente praticado, se os seus efeitos tiverem sido considerados válidos pela autoridade e se as partes tiverem assumido as consequências e os ônus das formas adotadas, pode-se estar diante de qualquer outro vício, menos do vício de simulação.

Em segundo lugar, a autoridade fiscal pode alegar que o contribuinte "fez algo diferente do que declarou ter feito". Ou seja, aquilo que ele declarou, verbal ou documentalmente, ter feito, foi realizado de forma diversa. Quando aquilo que as partes declararam ter feito não ocorreu como elas declararam, diz-se ter havido *dissimulação*: "dissimular é fazer algo diferente do que se declara fazer".[13] Nesse caso, a autoridade fiscal atribui ao contribuinte a utilização de um "disfarce para encobrir a realidade".

O vício de dissimulação, por conseguinte, é constatado "quando o contribuinte quer que a Administração acredite que alguma coisa aconteceu, quando outra, diferente, ocorreu".[14] O contribuinte *modifica uma realidade existente*. Como o negócio jurídico declarado é diverso do realizado, são protegidos os efeitos jurídicos deste negócio e, não, daquele. Isso porque só se protege aquilo que foi e como foi feito, não aquilo que se declara ter feito, mas não o foi. Por isso, a consequência da dissimulação é a *validade* do ato ou negócio jurídico que se dissimulou, conforme preceitua o artigo 167 do Código Civil. Por causa desse efeito distinto, o Código Tributário Nacional também estabelece, no parágrafo único do seu artigo 116, um fundamento diverso e um procedimento legal específico para a desconsideração do ato ou negócio jurídico praticado com a finalidade de dissimular a ocorrência do fato gerador ou um dos seus elementos essenciais.

13. Ávila, Humberto, "A prestação de serviços personalíssimos por pessoas jurídicas e sua tributação: o uso e abuso do Direito de criar pessoas jurídicas e o poder de desconsiderá-las", in *Grandes Questões Atuais do Direito Tributário*, v. 17, São Paulo, Dialética, 2013, p.140.
14. Ávila, Humberto, "Planejamento Tributário", in *Revista de Direito Tributário*, v. 98, São Paulo, Malheiros Editores, 2006, p. 76.

O decisivo é verificar, de um lado, que a dissimulação exige que o ato ou negócio jurídico praticado pelo contribuinte *não tenha sido realizado da forma como foi por ele declarado* e, de outro, que o seu efeito é a *validade* do ato ou negócio jurídico que se dissimulou. Se o ato ou negócio jurídico foi praticado exatamente como declarado, pode-se estar diante de qualquer outro vício, menos do vício da dissimulação.

As considerações anteriores demonstram que estes dois vícios, de simulação e de dissimulação, pressupõem verificar se aquilo que foi declarado foi efetivamente feito ou se aquilo que foi feito coincide com o que foi declarado.[15] Isso quer dizer que eles constituem vícios reveladores de uma *discrepância* entre *o concreto conteúdo do ato ou negócio jurídico praticado pelas partes* e *a designação que lhes foi atribuída por elas*. Estes vícios estão situados, portanto, no plano das aparências, exigindo uma "contradição entre o que se declara e o que realmente se quer".[16]

O fundamental é que se não se verifica esta discrepância ou contradição, isto é, se os atos ou negócios tiverem sido efetivamente praticados, sem qualquer disfarce, e as partes tiverem assumido todas as suas consequências e os seus ônus, não se pode estar quer diante de simulação, quer diante de dissimulação.

3.2.2.2 Os vícios atinentes à validade

No plano da validade, em primeiro lugar, a autoridade fiscal pode sustentar que o contribuinte, embora tenha praticado o ato ou negócio declarado, "não podia ter feito aquilo que fez", em razão do descumprimento da *forma prevista em lei*. Quando as partes se utilizam de um negócio jurídico modificando um requisito que lhe é essencial, diz-se haver *abuso de forma*: "abusa-se da forma quando as partes alteram a forma essencial de um negócio jurídico".[17]

O vício do abuso de forma, portanto, é verificável quando o contribuinte utiliza uma forma negocial prevista pelo ordenamento jurídico e

15. No mesmo sentido: Sieiro, Horacio D. Días, "Branch Reporter – Argentina", in *Cahiers de Droit Fiscal Internacional*, Vol. LXXXVIIa, Oslo, International Fiscal Association, 2002, p. 75.

16. Novoa, César Garcia, *La cláusula antielusiva en la nueva Ley General Tributaria*, Madrid, Marcial Pons, 2004, p. 62.

17. Ávila, Humberto, "A prestação de serviços personalíssimos por pessoas jurídicas e sua tributação: o uso e abuso do Direito de criar pessoas jurídicas e o poder de desconsiderá-las", in *Grandes Questões Atuais do Direito Tributário*, v. 17, São Paulo, Dialética, 2013, p.140.

desnatura "os seus elementos essenciais".[18] O contribuinte não inventa uma realidade inexistente, nem modifica uma realidade existente; em vez disso, *ele viola uma formalidade legal essencial ao negócio jurídico*. Por este motivo, o efeito do abuso de forma é a *nulidade* do ato ou negócio jurídico praticado, por descumprimento das suas formalidades essenciais.

O importante é constatar, por um lado, que o abuso de forma demanda que o ato ou negócio jurídico tenha sido efetivamente praticado, mas *com violação de requisito legal obrigatório* e, por outro, que o seu efeito é a *nulidade* do ato ou negócio jurídico. Caso o ato ou negócio jurídico declarado seja considerado formalmente válido pela autoridade, pela ausência de violação de requisito legal, pode-se estar diante de qualquer outro vício, menos do vício de abuso de forma.

Em segundo lugar, a autoridade fiscal pode alegar que o contribuinte, embora tenha praticado o ato ou negócio, também "não podia ter feito aquilo que fez", mas agora em virtude do descumprimento da *finalidade perseguida* ou do *interesse protegido* por meio do ato ou negócio jurídico escolhido. Assim, quando as partes se utilizam de um negócio jurídico para atingir fim diverso daquele prescrito de maneira cogente, diz-se haver *fraude à lei*: "frauda-se a lei quando as partes burlam uma lei cogente para atingir fim por ela não amparado".[19]

O vício de fraude à lei, desta forma, surge quando alguém "procura subtrair-se à aplicação de certo preceito imperativo, mas ao mesmo tempo realizar o interesse que por ele é proibido prosseguir, através do recurso a outros tipos legais".[20] O contribuinte infringe o *interesse legal* a ser observado no exercício do direito, por meio de um comportamento sobre o qual a regra legal não pode ser aplicada, apesar de o comportamento corresponder à finalidade legal.[21] Assim, para que haja fraude à lei, é decisivo que o interesse promovido seja contrário àquele legalmente

---

18. Ávila, Humberto, "Planejamento Tributário", in *Revista de Direito Tributário*, v. 98, São Paulo, Malheiros Editores, 2006. p. 76.

19. Ávila, Humberto, "A prestação de serviços personalíssimos por pessoas jurídicas e sua tributação: o uso e abuso do Direito de criar pessoas jurídicas e o poder de desconsiderá-las", in *Grandes Questões Atuais do Direito Tributário*, v. 17, São Paulo, Dialética, 2013, p.140.

20. Cunha de Sá, Fernando Augusto, *Abuso do Direito*, Coimbra, Almedina, 2005, p. 532.

21. Schulte-Rummel, Björn, *Steuerumgehung und Hinzurechnungsbesteuerung*, Hamburg, Kovac, 2005, p. 47.

protegido e que este seja cogente.²² Como o negócio jurídico celebrado viola preceito legal obrigatório, os seus efeitos não são protegidos, pelo simples motivo de que não se protege quem se aproveita da lei, mas se afasta do interesse por ela protegido. Por essa razão, a consequência do abuso de forma é em regra a *nulidade* do ato ou negócio jurídico praticado, por descumprimento do interesse que ele visa a proteger.

O essencial é também ressaltar, por um lado, que a fraude à lei demanda que o ato ou negócio jurídico tenha sido efetivamente praticado, sendo por isso real, mas *com violação ao interesse ou objetivo protegido pela lei* e, por outro lado, que o seu efeito é em regra a *nulidade* do ato ou negócio jurídico. Isso significa que se o ato ou negócio jurídico declarado foi considerado formalmente válido pela autoridade ou se o ato ou negócio jurídico praticado não precisava proteger determinado fim ou interesse específico e objetivamente constatável, pode-se estar diante de qualquer outro vício, menos do vício de fraude à lei.

Em terceiro lugar, a autoridade fiscal pode defender que o contribuinte, ainda que tenha praticado o ato ou negócio, também "não podia ter feito aquilo que fez", desta vez em virtude do descumprimento, não da forma ou do fim, mas dos *valores superiores do ordenamento jurídico*. Nessa situação, a autoridade fiscal atribui ao contribuinte a prática de atos ou negócios, porém sem obedecer aos valores fundamentais do ordenamento jurídico. Nesse caso, o contribuinte "utiliza-se abusivamente do ordenamento para conseguir seus objetivos econômicos através de formas ou institutos jurídicos que, objetivamente considerados, não estão a serviço destes fins".[23]

O vício de abuso de direito configura-se, portanto, quando alguém exercita o seu direito em oposição ao seu fundamento, aos valores que lhe são sobrejacentes ou às finalidades do instituto de que é espécie o negócio jurídico utilizado.[24] O contribuinte contraria o *fundamento legal* ou o *fundamento do direito* a ser exercido. Como não se protege quem se aproveita da lei e se distancia do fundamento que ela visa a proteger ou dos valores aos quais ela está vinculada, o efeito do abuso de direito

---

22. Römer, Gustav, *Gesetzesumgehung im deutschen Internationalen Privatrecht*, Berlin, Walter de Gruyter, 1955, p. 29. Deboissy, Florence, *La simulation en droit fiscal*, Paris, LGDJ, 1997, p. 65.

23. Novoa, César Garcia, *La cláusula antielusiva en la nueva Ley General Tributaria*, Madrid, Marcial Pons, 2004, pp. 69-70.

24. Cunha de Sá, Fernando Augusto, *Abuso do Direito*, Coimbra, Almedina, 2005, pp. 454 e 536. Siecker, Susanne, *Umgehungsgeschäfte*, Tübingen, Mohr Siebeck, 2001, p. 13.

também é a *nulidade* do ato ou negócio jurídico praticado, por descumprimento dos valores essenciais do ordenamento jurídico.

Novamente, o relevante é verificar, de um lado, que o abuso de direito demanda que o ato ou negócio jurídico tenha sido efetivamente praticado, mas com *violação a valores fundamentais* e, de outro lado, que o seu efeito é a *nulidade* do ato ou negócio jurídico. Se o ato ou negócio jurídico tiver sido considerado formalmente válido pela autoridade, embora tenha sido praticado em afronta a princípios superiores, pode-se estar diante de qualquer outro vício, menos do vício de abuso de direito.

As considerações anteriores demonstram que estes três vícios – abuso de forma, fraude à lei e abuso de direito – exigem que se examine se aquilo que foi feito *não poderia ter sido feito*, por violação da forma, do objetivo ou dos valores. Estes vícios são, por essa razão, indicadores de uma *discrepância* entre *o concreto conteúdo do ato ou negócio jurídico praticado pelas partes* e *os requisitos de validade, formais ou substanciais, estabelecidos pelo ordenamento jurídico* para a sua celebração. Se não se verifica esta discrepância, isto é, se os atos ou negócios tiverem sido efetivamente praticados, sem qualquer disfarce e sem que tenha havido violação dos requisitos de validade estabelecidos pelo ordenamento jurídico, não se pode estar diante de abuso de forma, de fraude à lei ou de abuso de direito.

Assim, os planos de existência e de validade precisam ser separados: uma coisa é saber se o contribuinte *fez o que declarou ter feito*; outra, diferente, é saber se ele *podia ter feito o que efetivamente fez*. Os vícios não podem ser simplesmente confundidos, pois possuem conceitos, pressupostos e provas completamente diversos. Ora, se há vícios que dizem respeito à *existência* dos atos ou negócios jurídicos e vícios que concernem à sua *validade*, cada qual obedecendo a critérios diferentes, claro está que estes vícios, além de distintos, podem ser *mutuamente excludentes*.

Com efeito, não se pode alegar que o ato declarado pelo contribuinte seja *existente* e *inexistente* ao mesmo tempo, nem que ele seja *válido* e *inválido* simultaneamente. E não se pode alegar isso, primeiro, porque tal qualificação revelaria uma manifesta contradição: uma coisa não pode *ser* e *não ser* ao mesmo tempo, sob o mesmo aspecto para a mesma situação, sem que uma das afirmações a esse respeito seja falsa, comprometendo o dever de fundamentação dos atos administrativos. Segundo, porque o contribuinte não tem como se defender de forma plena se lhe for atribuída a prática de determinado ato e do seu contrário, impedindo o exercício do direito à ampla defesa e contraditório.

3.2.2.3 O exame do caso: a inexistência de vícios

Pois bem, não obstante os vícios dos atos ou negócios jurídicos terem conceitos diferentes e critérios distintos de verificação, muitas vezes mutuamente excludentes, a autoridade fiscal apontou a existência simultânea de vícios mutuamente excludentes. O auto de infração, se examinado de acordo com as categorias antes referidas, alega que teria havido, em um primeiro momento, um problema de existência e verdade nos atos e negócios jurídicos praticados pela Consulente – uma *dissimulação*.

A dissimulação teria ocorrido porque a Consulente, juntamente com as demais empresas envolvidas, teria declarado a realização de uma operação de permuta "com a finalidade de encobrir a operação de compra e venda". A intenção, segundo a autoridade fiscal, seria que "transparecesse aos agentes externos que se tratava tão somente de permuta de ativos". Ainda de acordo com a mesma autoridade, o "artifício engendrado" esconderia a "intenção de realizar verdadeira alienação de ativos, sob o manto de suposta operação de permuta". Não há dúvida, portanto, de que a fiscalização acusa a Consulente de ter dissimulado o negócio jurídico realizado: declarou a realização de uma operação (permuta), quando, na verdade, teria feito outra (compra e venda). O negócio *ostensivo* e *aparente* seria a permuta; o *oculto* e *real*, a compra e venda.

Não suficiente, em um segundo momento, a fiscalização alega que teria havido um problema de validade nos atos e negócios jurídicos praticados pela Consulente – um *abuso de forma*. Este abuso decorreria do fato de que as empresas teriam celebrado um contrato de permuta, abusando de seus elementos essenciais, uma vez que "os ativos permutados apresentam clara desproporção". Ou seja, a Consulente teria realizado um negócio de permuta, mas este seria nulo em virtude da violação a um dos elementos essenciais do negócio jurídico, qual seja, a disparidade entre o valor dos bens permutados.

Assim, de um lado, a fiscalização entende que o contrato de permuta inexistiu, porque teria sido meramente declarado para encobrir o que realmente teria sido realizado (uma operação de compra e venda). De outro lado, a fiscalização entende que o contrato de permuta existiu, em razão de propósito negocial para celebrá-lo, mas seria inválido, porque os bens não seriam equiparáveis para a troca, o que seria comprovado pelo patrimônio líquido das empresas objeto da permuta e pela existência de uma contraprestação em dinheiro (torna) de elevada quantia. Esta é mais uma manifesta e inegável contradição do auto de infração, já que, ao mesmo tempo em que não reconhece determinada operação como existente, afirma que ela seria inválida, o que necessariamente pressupõe a sua existência. Dessa forma, a fiscalização confunde os planos da existência e da validade, afirmando, ao mesmo tempo, que a operação realizada é *inexistente* e *inválida*. Mais do que uma insanável contradição, a tese da autoridade envolve fundamentos mutuamente excludentes. Isso porque, como será adiante retomado, "fraude à lei e negócio jurídico simulado devem ser claramente separados um do outro. Simulação significa que alguém declara, em acordo com a outra parte, aquilo que ele honestamente não quer", ao passo que "quem pratica um negócio com fraude deseja honestamente aquilo que declara", como corretamente afirma Römer.[25] No caso da fraude, as partes não objetivam qualquer alteração da realidade, enquanto na simulação o que elas desejam é precisamente ocultá-la ou modifica-la.[26] Sendo assim, uma parte não pode ser acusada simultaneamente de desejar e não desejar a realização de um negócio jurídico; de tê-lo celebrado e de não o ter celebrado; e de aceitar e não aceitar as suas consequências. Além de incompossíveis, tais atos são subjetiva e objetivamente mutuamente excludentes.

Independentemente, porém, das dificuldades que este tipo de acusação contraditória e ilógica traz para fins de garantia da ampla defesa e do contraditório, é possível demonstrar que nenhum dos vícios está presente no caso. Em primeiro lugar, uma análise atenta da prova constante dos autos do processo administrativo demonstra que a Consulente e a contratante *fizeram exatamente aquilo que declararam ter feito*: as partes quiseram permutar e efetivamente permutaram suas participações societárias nas empresas, sem que nenhuma delas tenha recebido uma contraprestação em dinheiro para tanto.

Com efeito, ao final da operação, cada uma passou a ser acionista da empresa recebida como permuta, o que demonstra a plena realização do negócio jurídico declarado (permuta), com o total aceite de todas as suas consequências e seus efeitos. Além disso, a recaracterização do negócio jurídico praticado como uma operação de compra e venda, conforme requerido pela autoridade fiscal, ignora que o negócio fatiado seria muito mais complexo e traria riscos para ambas as partes.

Isso porque, para ser uma compra e venda, a Consulente teria que vender as ações da sua empresa, com parte do pagamento em dinheiro e parte em bens, ou realizar duas operações de compra e venda em sequên-

---

25. Römer, Gustav, *Gesetzesumgehung im deutschen Internationalen Privatrecht*, Berlin, Walter de Gruyter, 1955, p. 20.

26. Deboissy, Florence, *La simulation en droit fiscal*, Paris, LGDJ, 1997, p. 75.

cia (uma para a venda da sua empresa, outra para a compra da empresa permutada). Não suficiente, o contrato de construção já firmado com a empresa construtora teria que ser alterado. Tudo isso seria feito para efetivar o único intuito das partes: a troca entre as participações societárias das empresas, o que é muito mais facilmente obtido por meio da permuta direta entre estas ações. Reitera-se, portanto, que as partes escolheram o caminho direto para perfectibilizar sua intenção última: a troca entre as fábricas de papel e celulose.

Neste ponto, é importante esclarecer que a ocorrência – efetiva – de um negócio jurídico depende de que a operação realizada tenha preenchido os requisitos legais de forma a ele atinentes e que tenha produzido os efeitos e as consequências a ele inerentes. Ou seja, é "preciso que as partes aceitem todas as consequências legais do contrato apresentado às autoridades fiscais".[27] Além disso, é necessário que o ato realizado coincida com as formas jurídicas predispostas para a obtenção destas finalidades, por isso deve haver "coincidência entre o fim perseguido e a forma jurídica adotada".[28]

No caso de um contrato de permuta, portanto, só se pode falar na sua concretização quando os riscos e os benefícios associados com a propriedade já tenham sido transferidos aos contratantes com relação aos bens recebidos já que a finalidade última da permuta é a troca de direitos sobre determinados bens.[29] Noutro dizer, é preciso que o negócio tenha sido levado até as suas últimas consequências – para o bem ou para o mal.

Ora, não há dúvida de que isto efetivamente ocorreu no presente caso. Ambas as partes assumiram suas obrigações e implementaram as condições pactuadas no contrato de permuta, permitindo que este fosse finalizado e concretizado a partir da troca das participações societárias nas empresas. Os riscos e as consequências, deste modo, foram integralmente assumidos e produzidos. Além disso, esta operação possuía

27. Garabedian, Daniel, "Branch Reporter – Belgium", in *Cahiers de Droit Fiscal Internacional*, Vol. LXXXVIIa, Oslo, International Fiscal Association, 2002, p. 155.
28. Taboada, Carlos Palao, *La aplicación de las normas tributarias y la elusión fiscal*, Valladolid, Lex Nova, 2009, p. 26.
29. Shekel, na doutrina norte-americana, faz esta mesma relação para definir o momento do reconhecimento da renda. Para o autor, de acordo com os princípios contábeis geralmente aceitos (GAAP), a renda proveniente da venda de produtos só é reconhecida quando os riscos e benefícios significativos associados à posse dos bens vendidos ao cliente foram transferidos (SHEKEL, Moshe, *Timing of income recognition in tax law and the time value of money*: *A comparative and empirical study*, London, Routledge, 2009, p. 46).

interesse negocial claro no sentido de viabilizar a troca de uma fábrica de papel (matéria na qual a Consulente não tinha mais interesse em atuar), por outra de celulose (matéria na qual a Consulente estava focando sua atuação). Sendo assim, além de a permuta ter sido efetivamente praticada pelas empresas, esta transação foi permeada por uma evidente substância econômica, inclusive admitida pela fiscalização. Lembre-se que, para haver simulação, as partes deveriam ter feito tudo apenas de *forma aparente*, mas não real, justamente porque a simulação se manifesta quando as partes *não* desejam realmente modificar a sua situação jurídica e, portanto, patrimonial.[30] Quando as partes desejam a mudança e esta ocorre não se pode estar diante de simulação. Assim tem decidido o CARF, como comprova a seguinte decisão:

> "Como não há forma de adentrar à psique de quem praticou os atos para aferir a existência de tal divergência, mister se faz examinar a exteriorização dos atos para verificar *se houve coerência entre as formas de direito privado adotadas e aquilo que efetivamente se praticou e se as partes assumiram todas as consequências e ônus, de toda sorte (jurídico, fiscais, operacionais, negociais, etc.) da forma jurídica adotada*" (CARF, Processo 10680.726772/2011-88, Acórdão 2202-002.187, Rel. Newton Cardoso, Sessão de 20.2.2013).

É precisamente este o caso deste parecer: as mudanças jurídicas e patrimoniais efetivamente ocorreram, conforme o desejo das partes, tendo estas assumido todas as consequências jurídicas da permuta realizada. É totalmente improcedente, portanto, considerar o negócio jurídico como se tivesse sido meramente aparente e que a sua prática não provocou as mudanças patrimoniais típicas. Como elas ocorreram, não pode ter ocorrido simulação, nem dissimulação, na medida em que estes vícios só surgem quando as partes concordam em apelar *somente para a aparência externa* de um negócio, sem, contudo, aceitar que as consequências jurídicas que lhe são vinculadas sejam desencadeadas.[31] Sendo assim, "na ausência de prova de uma simulação jurídica, o fisco não pode exercer seu poder de qualificação para atingir uma simples 'realidade econômica'".[32]

30. Lackum, Jens von, *Die Gesetzesumgehung im Europarecht*, Heidelberg, Carl Heymann, 2009, p. 59.
31. Heeder, Oliver, *Fraus legis*, Frankfurt, Peter Lang, 1998, p. 102.
32. Deboissy, Florence, *La simulation en droit fiscal*, Paris, LGDJ, 1997, p. 280.

Neste ponto, é importante observar que a doutrina da substância econômica possui um aspecto objetivo e outro subjetivo.[33] Em seu caráter objetivo, uma transação terá substância econômica se ela alterar significativamente a posição econômica do contribuinte (independentemente dos efeitos fiscais). Em seu caráter subjetivo, uma transação terá substância econômica se o contribuinte tiver um propósito economicamente relevante para praticar tal operação. Portanto, pode-se dizer que esta doutrina incorpora, em seu sentido subjetivo, o requisito do propósito negocial.[34] O propósito negocial geralmente é definido como um interesse real e substancial não tributário que seja relevante ao negócio jurídico praticado.[35]

Embora as dimensões subjetiva e objetiva da doutrina da substância econômica estejam interligadas, entende-se que desde que a transação tenha substância econômica em sentido objetivo, isto é, que produza efeitos econômicos relevantes, ela deverá ser respeitada para fins tributários.[36] Desse modo, o contribuinte é livre para escolher a estrutura não tributada, a fim de reduzir o seu ônus tributário.[37]

Estas considerações aplicam-se perfeitamente ao caso da Consulente. A empresa praticou o negócio jurídico de permuta baseada no interesse real e substancial não tributário de desfazer-se da fábrica de papel, trocando-a por uma fábrica de celulose. O propósito negocial é evidente: focar em apenas uma linha de produção. Tanto é assim que a existência deste motivo negocial foi reconhecida pela fiscalização no item 129, do Termo de Verificação Fiscal.

33. O Código Tributário Norte-Americano, Seção 7701(o), positivou esses requisitos para que as transações sejam consideradas como tendo substância econômica.
34. Bankman, Joseph, "The economic substance doctrine", in *Southern California Law Review* 74:5, 2000, p. 12.
35. Nesse sentido é a definição do ordenamento norte-americano nas Regulações § 1.355-2(b)(2): "A corporate business purpose is a real and substantial non Federal tax purpose germane to the business" [*of the Corporation*]
36. Bankman, Joseph, "The economic substance doctrine", in *Southern California Law Review* 74:5, 2000, p. 26, citando a decisão *ACM Partnership v. Commissioner*, 157 F.3d 231, 248 (3d Cir. 1998).
37. Aplicando a regra do "business purpose" a casos concretos, as autoridades fiscais norte-americanas esclareceram que, desde que haja um motivo não tributário para uma reorganização societária, o contribuinte é livre para escolher pela estrutura não tributada, a fim de reduzir o seu ônus tributário. Nesse sentido: Revenue Ruling 2003-110 e Revenue Ruling 2003-46 ("Revenue rulings" são regras elaboradas pelas autoridades fiscais (Internal Revenue Service) aplicando as normas legais, regulamentares e judiciais a fatos específicos. Elas guiam o comportamento dos contribuintes no sentido de explicitarem o posicionamento que a autoridade fiscal adotará diante de determinadas circunstâncias).

Como já se afirmou, a empresa poderia ter alcançado este resultado por meio da venda da sua empresa de papel, seguida da compra da empresa de celulose. No entanto, não foi isso o que ocorreu. As empresas controladoras preferiram trocar as participações acionárias. De um lado, porque a operação de permuta é mais simples e mais segura do que as transações em sequência idealizadas pela fiscalização. De outro lado, porque, presente a substância econômica em sentido objetivo – o motivo não tributário para a operação realizada –, elas têm a liberdade de adotar a estrutura que lhes convir, ainda que esta seja uma estrutura não tributada, como é o caso da permuta.

Dessa forma, com a realização das condições suspensivas, o negócio foi finalizado até suas últimas consequências: ou seja, a Consulente se tornou proprietária da participação societária na empresa de celulose, enquanto a contratante se tornou proprietária da participação societária na empresa de papel. O negócio jurídico de permuta, portanto, foi *efetivamente realizado*, tendo sido respeitadas as suas formalidades legais e as suas consequências, assim como todos os demais atos preparatórios para a sua finalização.

Ora, se estes atos ou negócios *poderiam* ter sido praticados como foram é algo a ser verificado adiante, quando do exame dos vícios atinentes à validade dos atos ou negócios jurídicos. O que não se pode afirmar, entretanto, é que eles não ocorreram (simulação) ou que não ocorreram como declarados (dissimulação), pela singela razão de que a Consulente e as demais empresas envolvidas nestas operações praticaram os atos e negócios jurídicos *exatamente como declararam*: as partes efetivamente trocaram as suas participações sociais nas empresas. Em outras palavras, as partes praticaram exatamente aquilo que declararam ter praticado, *inexistindo discrepância* entre o declarado e o ocorrido. Não houve dissimulação, portanto. Não há dúvida alguma.

Em segundo lugar, também não se pode falar em abuso de forma no caso, porque o contrato de permuta realizado preencheu a forma estabelecida em lei. Com efeito, conforme já observado, não há obrigatoriedade de que os bens sejam equivalentes em valores, especialmente quando comparados simplesmente o patrimônio líquido de empresas. Além disso, uma operação deste porte envolve bens intangíveis que, muitas vezes, não estão refletidos no valor de patrimônio da empresa, ainda mais se uma delas ainda não se encontra ainda em operação. Mais, a valorização dada a cada uma das partes ao bem trocado envolveu também questões de mercado, não representadas contabilmente, como a intenção da Consulente de se desfazer das fábricas de papel e investir apenas em celulose.

Não suficiente, a desproporção defendida pela fiscalização sequer é verossímil considerando que a troca ocorreu entre empresas de capital aberto, que precisam prestar contas dos seus atos e certamente seriam proibidas de trocar um bem de maior valor por outro de menor valor. Em suma, as partes realizaram um contrato de permuta típico, respeitando os requisitos formais a ele inerentes, *inexistindo discrepância* entre o concreto conteúdo do ato ou negócio jurídico praticado pelas partes e os requisitos de validade estabelecidos pelo ordenamento jurídico. Não houve abuso de forma, portanto.

Os negócios jurídicos praticados, por conseguinte, apesar de terem sido desconsiderados pela fiscalização, não apresentam qualquer dos vícios atinentes à existência ou a validade. Todas as operações e reestruturações societárias precedentes à concretização da permuta eram pertinentes à efetivação do negócio e necessárias, tendo em vista a condição de sociedade aberta das partes envolvidas. Nenhuma delas tem o condão de invalidar ou de alguma forma macular o negócio jurídico efetivamente praticado.

Sendo assim, reitera-se, porque importante: em nenhum momento houve *discrepância* entre o que foi declarado e o que foi praticado ou entre o concreto conteúdo do ato ou negócio jurídico praticado pelas partes e seus requisitos de validade estabelecidos pelo ordenamento jurídico. Isso afasta a existência dos vícios apontados pela fiscalização. O que ocorreu foi a realização de um contrato de permuta, envolvendo bens de grande porte e pessoas jurídicas de capital aberto, o que gerou a necessidade de uma série de obrigações e reestruturações antecedentes para a plena finalização do negócio jurídico.

3.2.2.4 A prevalência da substância sobre a forma

Por fim, é preciso fazer uma breve consideração sobre os motivos que levaram a fiscalização a considerar inexistente ou inválido o negócio jurídico praticado pelas partes. Apesar de isso não estar explícito no Termo de Verificação Fiscal, a leitura atenta deste documento demonstra que a autoridade fiscal reconheceu uma realidade econômica nos atos realizados. E esta realidade, segundo a fiscalização, deveria ser objeto de tributação, ainda que formalmente o negócio jurídico realizado não tenha o condão de gerar a incidência tributária.

Segundo a autoridade fiscal, a Consulente teria usado o contrato de permuta como um "aparato engenhoso" para impedir que ela pudesse verificar a "capacidade contributiva" existente no negócio jurídico efetivamente realizado – um contrato de compra e venda. Tal raciocínio evidencia o uso do contraste entre forma e substância. De um lado, porque apresenta a forma como mera "aparência" do negócio jurídico, enquanto a substância seria a sua verdadeira "realidade". De outro, porque contrasta a forma como um elemento "desimportante" do negócio jurídico, ao passo que a substância seria a sua "essência".[38] Esse entendimento, no entanto, não procede.

O contrato de permuta não constituiu mera aparência, mas a própria realidade da operação praticada pela Consulente, como já fartamente demonstrado. Nesse aspecto, é preciso ressaltar que só se aplica a doutrina da prevalência da substância sobre a forma quando a substância da transação efetivamente for diferente de sua forma. Se a substância da transação seguir a forma do negócio jurídico, a forma escolhida pelo contribuinte deverá ser respeitada.[39] No caso em análise, embora a substância da transação esteja de acordo com o negócio jurídico da permuta, a fiscalização busca recaracterizar o negócio jurídico praticado a fim de tributar a operação. Entretanto, as referidas manifestações da autoridade fiscal partem de duas premissas equivocadas.

Primeiro, a de que a capacidade contributiva do contribuinte seria, por si só, fundamento para a tributação. Ora, há tributação quando a lei determina que o imposto incida sobre uma manifestação de capacidade contributiva. A capacidade contributiva é um dos requisitos para a incidência dos impostos, mas ela sozinha não é suficiente para fazer incidir o encargo tributário. Não em um sistema que preza tanto a legalidade tributária como o brasileiro.

Segundo, equivoca-se a fiscalização ao supor que a operação realizada era irregular e tinha finalidade ilícita. Ora, as partes acordaram um contrato de permuta, contrato este lícito e típico, regulado pelo Código Civil brasileiro, com a finalidade última – reconhecida inclusive pela autoridade fiscal – de viabilizar a troca de uma fábrica de papel por outra de celulose.

O fato de este caminho gerar economia tributária e demonstrar uma suposta capacidade contributiva por parte das pessoas jurídicas envolvidas

---

38. Summers, Robert, *Form and function in a legal system*, Cambridge, CUP, 2006, p. 63.

39. Nesse sentido: Blank, Joshua D.; Staudt, Nancy, "Sham transactions in the United States", in Simpson, Edwin; Stewart, Miranda, *Sham Transactions*, Oxford University Press, 2013, pp. 68-85 (especialmente p. 72). Ver também decisão da Tax Court norte-americana: *Turner Broad. Sys., Inc. v. Commissioner*, 111 T.C. 315 (1998).

simplesmente não é suficiente para justificar a tributação desta operação. A incidência tributária decorre de lei; não, da grandeza das operações realizadas no mercado. A própria Constituição foi expressa neste sentido, ao afirmar que "sempre que possível, os impostos terão caráter pessoal e serão graduados segundo a capacidade econômica do contribuinte" (art. 145, § 1º). A escolha do termo é precisa e demonstra que a capacidade contributiva serve para a *graduação* do imposto; mas para graduar, é preciso antes incidir. Sobre o assunto, já me pronunciei:

> "Não apenas a estrutura do sistema constitucional afasta a tributação baseada em princípios constitucionais. Também o modo como os princípios foram positivados exclui essa alternativa.
>
> "De um lado, o princípio da igualdade foi estabelecido como uma limitação ao poder de tributar, e as limitações devem ser interpretadas como instrumentos 'oponíveis ao Estado e não como instrumentos do Estado para tributar'. Daí se dizer que a igualdade é meio de proteção, nunca de tributação, jamais podendo atuar sem a intermediação da lei. Tanto é assim que a Constituição, quando estabeleceu a capacidade contributiva, que é um dos critérios de aplicação do princípio da igualdade, previu que ela deve servir apenas de instrumento para *graduar* os impostos, não para criá-los."[40]

Assim, embora seja inegável a vinculação da capacidade contributiva com o princípio da solidariedade social e da justiça fiscal, esta simples relação não é suficiente como fundamento para a imposição tributária fora da previsão legal. O Estado não pode justificar a tributação com base direta e exclusivamente no princípio da solidariedade social ou na capacidade contributiva. Isso porque o poder de tributar, na Constituição brasileira, foi delimitado, de um lado, por meio de regras que descrevem os aspectos materiais das hipóteses de incidência, e, de outro lado, por meio da técnica da divisão de competências.[41]

A existência de uma capacidade econômica expressada em determinada operação, portanto, por si só, não é suficiente para fazer incidir o imposto sobre a renda. Esta ideia de que os fatos tal qual realizados podem ser desconsiderados pela mera existência de uma manifestação de

---

40. Ávila, Humberto, "Legalidade como mediação entre a liberdade e a igualdade na tributação", in Maneira, Eduardo; Tôrres, Heleno (Orgs.), *Direito Tributário e a Constituição – Homenagem ao Professor Sacha Calmon Navarro Coêlho*, 1ª ed. São Paulo, Quartier Latin, 2012, p. 397.

41. Ávila, Humberto, "Limites à tributação com base na solidariedade social", in Greco, Marco Aurélio; Godoi, Marciano Seabra de, *Solidariedade social e tributação*, São Paulo, Dialética, 2005, p. 69.

riqueza decorre da conhecida teoria da prevalência da substância sobre a forma. Para esta teoria, é como se existisse uma realidade econômica diferente da forma institucionalizada pelo Direito Civil para os direitos patrimoniais. Ou seja, como se existisse uma verdade material (de substância econômica) e uma verdade formal (sem substância). Assim, ainda que aquela suposta riqueza não represente nenhum direito no patrimônio do contribuinte, sua simples existência já seria suficiente para fundamentar a tributação.

O problema é que não existe uma realidade econômica que não seja àquela reconhecida e institucionalizada pelo Direito Civil. É preciso esclarecer: não há substância econômica fora do direito que regula o patrimônio. Não existe riqueza, se ela não gera nenhum poder de disponibilização, de troca, de compra. Que riqueza seria esta que não poderia ser cobrada, trocada, segundo o Direito Civil? A forma e a substância, nesse sentido, são dadas pelo Direito Civil. Ele não é a roupa que veste o fato, ele é a própria substância jurídica do fato, porque se o Direito Civil não reconhece este fato, ele não existe juridicamente. Assim Schön:

> "No plano dos fatos, não existe uma realidade econômica ou realidade 'tributária' fora da realidade jurídico-civil. A afirmação frequentemente encontrada no sentido de que o ordenamento tributário abrange circunstâncias de cunho econômico ou fático, que recebem uma 'vestimenta jurídica' mais ou menos arbitrária do Direito Civil, não faz jus a essa realidade. O Direito Civil não veste a situação, mas decide fundamentalmente sobre o seu conteúdo econômico."[42]

Isso quer dizer que, ao contrário do que comumente se alega no âmbito doutrinário, não se pode em regra considerar a existência de uma realidade econômica digna de tributação se esta realidade não pode ser institucionalizada por meio das categorias do Direito Civil, gerando os direitos e obrigações inerentes. A "forma de Direito Privado" não é um elemento desimportante e desvinculado de finalidades e valores protegidos pelo ordenamento jurídico. Ao contrário: é um instrumento de efetivação de objetivos fundamentais do Estado de Direito, como a liberdade de escolha, a autonomia individual, a integridade da manutenção de promessas e o intercâmbio econômico, que não poderiam ser

---

42. Schön, Wolfgang, "Legalität, Gestaltungsfreiheit und Belastungsgleichheit als Grundlagen des Steuerrechts", in Rüttermann, Rainer (org.), *Gestaltungsfreiheit und Gestaltungsmissbrauch im Steuerrecht*, Köln, Otto Schmidt, 2010, p. 42.

realizados sem a existência de requisitos e limitações.⁴³ Não por outro motivo que Ihering já afirmava – em lição lamentavelmente esquecida – que não há substância sem forma, enfatizando que a forma é a "irmã gêmea da liberdade" (*Zwillingschwester der Freiheit*) e "inimiga jurada da arbitrariedade" (*geschworene Feindin der Willkür*).⁴⁴

Para o presente caso, as considerações anteriores demonstram, além de tudo, que a quantia envolvida na operação realizada pela Consulente só poderia ser considerada para fins de incidência tributária se de fato pudesse ser institucionalizada como um direito no patrimônio da Consulente. Estes valores, porém, jamais ingressaram como tal no conjunto de bens da empresa, não gerando qualquer poder de disponibilização, de troca ou de compra.

Com efeito, o patrimônio da Consulente, ao final da operação, detinha tão somente as ações da empresa recebida em permuta, que possuía o direito de receber uma fábrica de celulose construída. Os fatos já narrados demonstram que as partes resolveram realizar um negócio jurídico de permuta, através do qual efetivaram a troca de participações societárias com a finalidade última de trocar uma fábrica de papel por outra de celulose (que já estava paga e seria construída por empresa contratada para tal).

Sendo assim, não há qualquer dúvida de que a forma legal conferida ao contrato coincide com seu efeito econômico,⁴⁵ tendo em vista que a forma adotada pressupunha a efetiva troca de propriedade com relação às participações acionárias nas empresas. Isso realmente aconteceu. E se este negócio foi levado às últimas consequências, como de fato foi, não há como o Direito Tributário ignorar seus efeitos, sob o argumento da suposta prevalência da substância sobre a forma.

Diante disso, não se sustenta a desconsideração dos atos ou negócios jurídicos praticados pela Consulente. Não há fundamento legal que justifique a desconsideração do contrato típico e lícito de permuta realizado entre as partes, especialmente quando este está de acordo com as formalidades legais e é realizado de forma plena em todas as suas

43. Summers, Robert, *Form and function in a legal system*, Cambridge, CUP, 2006, p. 212.

44. Ihering, Rudolf von, *Geist des römischen Rechts*, v. 2, 5ª ed., Leipzig, 1894 (reimpressão Scientia Aalen, 1993), p. 471.

45. Zimmer destaca que este é um dos aspectos levados em consideração para a verificação de uma simulação (*sham/simulation*) em jurisdições sem regras relativas à elisão fiscal, como é o caso, por exemplo, do México (Zimmer, Frederik, "General Report", in *Cahiers de Droit Fiscal Internacional*, Vol. LXXXVIIa, Oslo, International Fiscal Association, 2002, p. 30).

consequências. Como destaca Zimmer, baseado no princípio da liberdade negocial, "o contribuinte é livre para organizar seus negócios como ele deseja, a fim de economizar tributos" e, baseado no princípio da segurança jurídica, "ele também deve poder confiar que as operações que ele celebrar legalmente (na perspectiva do direito privado) serão respeitadas pelas autoridades fiscais e pelos tribunais".[46] A afirmação aplica-se perfeitamente ao presente caso.

Porém, independentemente de tudo o que foi analisado até aqui e ainda que se considerasse a existência de um negócio jurídico dissimulado de compra e venda, o que se cogita tão somente para fins de argumentação, mesmo assim não se poderia falar em incidência do imposto de renda na operação. É o que se passa a demonstrar.

3.2.3 *Os efeitos tributários da permuta*

3.2.3.1 O conceito de renda e a necessidade de acréscimo patrimonial

De acordo com a Constituição, compete à União Federal instituir imposto sobre a renda (art. 153, inciso III). O conceito de renda, apesar de não estar explícito no texto constitucional, pode ser extraído da Constituição em uma análise sistemática dos princípios constitucionais fundamentais e gerais, das regras de competência e das normas que delimitam a hipótese material de incidência do imposto sobre a renda.

Esta análise demonstra que o conceito de renda pressupõe a noção de acréscimo patrimonial. Renda não pode ser nem patrimônio, nem capital, nem lucro, nem faturamento. Renda é resultado líquido disponível, calculado no período de um ano.[47] O próprio Supremo Tribunal Federal adota firmemente esse entendimento, como se constata nestas decisões:

> Na verdade, por mais variado que seja o conceito de renda, todos os economistas, financistas e juristas se unem em um ponto: *renda é sempre um ganho ou um acréscimo de patrimônio* (STF, RE 89.791-RJ, rel. Min. Cunha Peixoto, Primeira Turma, j. 3.10.1978). [*Grifo meu*]

> *Rendas e proventos de qualquer natureza: o conceito implica reconhecer a existência de receita, lucro, proveito, ganho, acréscimo patrimonial*

---

46. Zimmer, Frederik, "General Report", in *Cahiers de Droit Fiscal Internacional*, Vol. LXXXVIIa, Oslo, International Fiscal Association, 2002, p. 63.

47. Ávila, Humberto, *Conceito de renda e compensação de prejuízos fiscais*, São Paulo, Malheiros Editores, 2011, pp. 74-75.

que ocorrem mediante o ingresso ou o auferimento de algo, a título oneroso (STF, RE 117.887, rel. Min. Carlos Velloso, Tribunal Pleno, j. 11.2.1993). [*Grifo meu*]

No exercício da sua competência de delimitar os fatos geradores e as bases de cálculo dos impostos discriminados na Constituição (art. 146, inciso III), o Código Tributário Nacional definiu a renda como rendimento do trabalho ou do capital que gera acréscimo patrimonial em determinado período. Além disso, determinou que a incidência tributária depende da existência de disponibilidade jurídica ou econômica desta renda, conforme requerido pelo artigo 43 do Código Tributário Nacional:

> Art. 43. O imposto, de competência da União, sobre a renda e proventos de qualquer natureza tem como fato gerador a aquisição da disponibilidade econômica ou jurídica:
>
> I – de renda, assim entendido o produto do capital, do trabalho ou da combinação de ambos;
>
> II – de proventos de qualquer natureza, assim entendidos os acréscimos patrimoniais não compreendidos no inciso anterior.

Da leitura deste dispositivo pode-se concluir que o fato gerador do imposto sobre a renda ocorre quando há disponibilidade econômica ou jurídica sobre um acréscimo patrimonial. Por um lado, a disponibilidade econômica é o acesso atual e direto aos valores. Fala-se, nesse sentido, em realização da renda, entendida esta como o alcance pela tributação de "situações concretizadas, concluídas e definitivas na órbita do Direito".[48] O princípio da realização estabelece que a renda não possa ser reconhecida antes que o processo de obtenção do rendimento tenha sido concluído. A realização depende, em suma, "da ausência de incerteza material" com relação ao recolhimento dos valores.[49]

Por outro lado, a disponibilidade jurídica depende da existência e do exercício de um poder de decisão sobre a renda. Isso significa que não basta o poder de controle sobre os valores auferidos; é necessário também

---

48. Polizelli, Vitor, *O princípio da realização da renda: reconhecimento de receitas e despesas para fins do IRPJ*, Série Doutrina Tributária, vol. VII, São Paulo, Quartier Latin, 2012, p. 357.

49. Shekel, Moshe, *Timing of income recognition in tax law and the time value of money: a comparative and empirical study*, London, Routledge, 2009, p. 46.

o seu exercício, de modo a concretizar a aquisição de disponibilidade sobre a renda, ainda que não haja acesso atual e direto sobre ela.[50]

Em razão disso, o fato gerador do imposto sobre a renda, além de envolver o acréscimo patrimonial, só surge quando houver sido adquirida a disponibilidade jurídica sobre ele, isto é, no momento em que existir o direito de dispor da renda, sem a interposição de qualquer condição. Sem atividade econômica que produza *acréscimo patrimonial* que se encontre na *livre disponibilidade do beneficiário*, não se pode falar em renda tributável pelo imposto sobre a renda.

Dessa forma, ainda que se considere a existência de um ganho de capital em uma operação de permuta, pela suposta existência de diferença de valor entre os bens, mesmo assim não se poderia falar em sua tributação. Isso porque, se o bem recebido em permuta ingressa na contabilidade com o custo de aquisição referente ao valor entregue em permuta, o que existe é um ganho de capital meramente potencial ou latente, a ser aferido futuramente, quando da alienação deste bem.

Para estes casos, a doutrina norte-americana faz uma distinção entre realização (*realization*) e reconhecimento (*recognition*). Assim, a situação de ganho de capital meramente potencial é definida como um exemplo de falta de reconhecimento da renda, o que impede a tributação. Um exemplo doutrinário ilustra bem esta diferenciação: um contribuinte adquire terrenos não urbanizados por US$ 1 milhão e, posteriormente, o valor da terra aumenta para US$ 5 milhões. O ganho econômico a partir desta apreciação, contudo, não é realizado. Mas se, posteriormente, o contribuinte troca esta terra por um prédio de apartamentos, que também é avaliado em US$ 5 milhões, a transação provavelmente será qualificada como uma troca de propriedade. Nesse caso, o que existe é a aplicação da regra de "não reconhecimento" desta renda, fazendo com que o ganho de 4 milhões de dólares americanos não possa ser reconhecido, e como consequência tributado, até que o prédio seja vendido.[51]

O exemplo não poderia ser mais pertinente para o caso ora analisado. Ele demonstra que a simples troca de bens não gera acréscimo patrimonial tributável, ainda que o bem recebido tenha um valor acima daquele registrado pelo bem trocado. Isso decorre do fato de que não é toda mutação patrimonial que caracteriza renda para fins de incidência da tributação.

50. Ávila, Humberto, "Indisponibilidade jurídica da renda por poder de decisão ou por reflexo patrimonial", *Revista Fórum de Direito Tributário*, set./out. 2011, Belo Horizonte, Editora Fórum, p. 10.

51. Bankman, Joseph; Shaviro, Daniel; Stark, Kirk, *Federal income taxation*, 16ª ed., New York, Wolters Kluwer Law & Business, 2012, p. 35.

Na hipótese de simples troca, o que existe é uma *mutação patrimonial permutativa*, isto é, ocorre a mera substituição de elementos patrimoniais, sem que haja alteração quantitativa no patrimônio do contribuinte. Para haver incidência do imposto sobre a renda, no entanto, é preciso que exista *mutação patrimonial modificativa* para mais, que represente uma alteração quantitativa positiva no patrimônio do contribuinte. Noutro dizer, a renda tributável caracteriza-se como uma mutação patrimonial de caráter modificativo aumentativo, que represente efetivo incremento no patrimônio do contribuinte.[52] Daí por que a simples existência de uma "permutação patrimonial" mesmo que a partir do ingresso de novos direitos ao patrimônio da pessoa não representa necessariamente aumento patrimonial sujeito à tributação.[53]

Este entendimento, aliás, não é estranho ao Conselho Administrativo de Recursos Fiscais e poder ser verificado nos casos mais típicos de permuta: a troca de unidades imobiliárias. É recorrente a operação da troca de um terreno por uma futura unidade imobiliária em imóvel a ser construído – o que também reforça a permissão legal de permuta de bens futuros. Nesses casos, reconhece-se a inexistência de acréscimo patrimonial, porque o custo de aquisição é o mesmo valor do imóvel entregue em permuta. O ganho de capital, portanto, é latente e só será aferido em uma possível venda futura do imóvel, como se verifica na seguinte decisão:

> GANHO DE CAPITAL. *AQUISIÇÃO DE NOVOS BENS IMÓVEIS PELO CONTRIBUINTE MEDIANTE PERMUTA DE UNIDADES IMOBILIÁRIAS ACRESCIDA DO PAGAMENTO, PELO CONTRIBUINTE, DE TORNA. INEXISTÊNCIA DE ACRÉSCIMO PATRIMONIAL.* Sendo certo que a alienação dos bens imóveis pelo contribuinte foram feitas (*sic*) mediante permuta por fração ideal de novo imóvel, sem o recebimento, de sua parte, de qualquer valor em espécie, mas, ao contrário, havendo pagamento de valor adicional para a aquisição dos novos bens, não há que se falar em ganho de capital. *Havendo sido atribuída à fração ideal da nova unidade imobiliária custo de aquisição idêntico àquele relativo ao bem permutado, eventual ganho de capital será aferido futuramente, quando da alienação do novo bem.* Recurso provido (CARF, Processo 11080.003244/2005-31, Acórdão 2101-001.751, Rel. Alexandre Naoki Nishioka, j. 10.7.2012). [*Grifo meu*]

---

52. Mosquera, Roberto Quiroga, *Renda e proventos de qualquer natureza – O imposto e o conceito constitucional*, São Paulo, Dialética, 1996, p. 106.

53. Oliveira, Ricardo Mariz, *Fundamentos do imposto de renda*, São Paulo, Quartier Latin, 2008, pp. 82 e ss.

Da mesma forma, este ganho de capital meramente potencial é reconhecido na jurisprudência do Conselho Administrativo de Recursos Fiscais-CARF nos casos de incorporação de ações, em que se opera verdadeira sub-rogação legal entre as ações de duas companhias. A sub-rogação se aproxima da operação de permuta na medida em que em ambas as operações ocorre a mera troca de bens no patrimônio do contribuinte, sem que se verifique acréscimo patrimonial disponível.

Nesse sentido, destaca-se a posição do Conselheiro Relator Newton Mallmann em um caso recente sobre incorporação de ações:

> *Ora, na incorporação de ações, só se realiza ganho de capital quando o proprietário vende as ações. Isso porque quando a operação é fechada, só papel entra na sociedade, não há embolso de capital. (...) Não tenho dúvidas, que a tributação sobre eventual ganho de capital apenas ocorrerá em caso de alienação futura das ações da companhia incorporadora, sendo então tal ganho computado pela diferença entre o preço de alienação e o custo originário destas ações.* Pela não ocorrência de alienação, mas de mera substituição, de participação societária, entendo que não pode dar sustentação à exigência o artigo 3º, § 3º, da Lei n. 7.713, de 1988.[54]
> [Grifo meu]

As semelhanças, portanto, são evidentes. Trata-se de operação de mera troca de bens, como ocorre na permuta, em que o bem recebido ingressa no patrimônio do contribuinte com o custo de aquisição igual ao valor entregue. Com isso, não há que se falar em acréscimo patrimonial tributável, já que não há a disponibilização de qualquer valor. Este mesmo entendimento, por conseguinte, é aplicável às operações de permuta.

3.2.3.2 O exame do caso: inexistência de renda realizada tributável

Analisadas as condições constitucionais e legais para a incidência do imposto de renda, pode-se verificar se a operação realizada pela Consulente gerou acréscimo patrimonial tributável. Segundo a fiscalização, a tributação do ganho de capital na permuta estaria fundamentada no ingresso de um novo bem no patrimônio da pessoa jurídica, tendo como base legal o art. 3º da Lei n. 7.713/88, que dispõe sobre o ganho de capital.

Em que pese o respeitável posicionamento da autoridade fazendária, o fato é que sua conclusão distorce o conteúdo do artigo 43 do Código Tri-

---

54. Voto do Conselheiro Relator Newton Mallmann no julgamento do Processo 10680.726772/2011-88, Acórdão. 2202-002.187, j. 26.2.2013.

butário Nacional, apesar de utilizá-lo como reforço argumentativo. Com efeito, o artigo 43 é expresso em definir que o fato gerador do imposto sobre a renda, além de envolver o acréscimo patrimonial, só surge quando houver sido adquirida a *disponibilidade* jurídica sobre ele. Assim, o fato gerador não ocorre *independentemente do ingresso de disponibilidade*, e sim *somente com disponibilidade*.

No caso da Consulente, contudo, não existe este acréscimo patrimonial disponível. Em primeiro lugar, porque não houve acréscimo no patrimônio. O que houve foi a simples troca de participações societárias, em que a participação recebida ingressou em seu patrimônio com o custo de aquisição referente à empresa entregue por permuta. Isso quer dizer que não houve uma alteração positiva no patrimônio da Consulente, já que os bens foram trocados um pelo outro, considerando o mesmo valor para fins contábeis. Se o bem recebido, porém, tem valor superior, este ganho será latente e só poderá ser comprovado quando da sua futura realização através de alienação.

Da mesma forma, a quantia aportada na empresa recebida para pagamento da construtora para a construção da fábrica de celulose não representou qualquer acréscimo patrimonial para a Consulente, porquanto sequer ingressou em seu patrimônio. Evidente que este aporte valorizou o patrimônio da empresa permutada, mas isso só vai se refletir para a Consulente se gerar a valorização da sua participação acionária, o que só será concretizado quando a Consulente alienar tais ações.

Em segundo lugar, além de não existir acréscimo patrimonial, a suposta renda existente no caso não poderia ser tributada por não estar disponível à Consulente. Entendeu a fiscalização que o valor envolvido na operação, representaria renda tributável para a Consulente. Como referido, porém, este valor não foi pago à Consulente e, por esta singela razão, não se encontrava disponível para ela.

De um lado, não havia disponibilidade econômica dessa renda porque não havia acesso atual e direto a ela: a Consulente não tinha qualquer direito sobre estes valores. No máximo, se poderia dizer que a Consulente possuía uma renda *em potencial*, mas ainda não realizada, referente ao valor da futura fábrica de celulose que seria construída e pertencia ao patrimônio da sociedade recebida em permuta.

De outro lado, não havia disponibilidade jurídica da renda porque não havia nem poder, muito menos possibilidade de exercício deste poder de controle e disponibilização destes valores. Ora, conforme definição do próprio Supremo Tribunal Federal, "renda é sempre um ganho ou um acréscimo de patrimônio".[55] E este acréscimo patrimonial deverá ser realizado, o que não ocorre se o contribuinte tão somente permuta um bem, cujo valor superior só será realizado em uma possível venda futura.

Por todas estas razões, pode-se afirmar que neste caso havia um "acréscimo patrimonial latente", que, para se tornar efetivo, dependia da ocorrência de um novo negócio em que haveria a realização daquele ganho até então potencial.[56] Para se tornar efetivo, este acréscimo patrimonial dependeria de uma alienação futura em que o valor praticado (de mercado) fosse superior ao de aquisição. Somente nesta futura alienação, se houvesse diferença de valores, é que se poderia falar em acréscimo patrimonial disponível e, por esta razão, tributável.

Mais adiante, a fiscalização ainda afirma que seria necessária norma expressa para garantir a isenção neste tipo de operação. Equivoca-se, no entanto, a autoridade fiscal. A norma de isenção só é necessária quando o fato encontra-se dentro do campo de incidência tributária. No caso de simples permuta, não há acréscimo patrimonial disponível, o que a afasta do campo de incidência do imposto sobre a renda. A norma de isenção neste caso se torna desnecessária, na medida em que não é preciso isentar do tributo fato não tributado.

Como a mera troca de bens não representa incremento patrimonial, nem qualquer tipo de ganho realizável, não há fundamento legal para a incidência do imposto sobre a renda no caso. Destaca-se, uma vez mais: a mera existência de uma capacidade econômica ou de um acréscimo patrimonial latente não serve de fundamento para a incidência tributária, embora a fiscalização insista neste ponto. De qualquer forma, porém, há norma expressa em afirmar a não incidência tributária sobre a operação de permuta. Trata-se do artigo 65 da Lei n. 8.383/91:

> Art. 65. Terá o *tratamento de permuta* a entrega, pelo licitante vencedor, de títulos da dívida pública federal ou de outros créditos contra a União, como contrapartida à aquisição das ações ou quotas leiloadas no âmbito do Programa Nacional de Desestatização
>
> § 1º. Na hipótese de adquirente pessoa física, deverá ser considerado como custo de aquisição das ações ou quotas da empresa privatizável o custo de aquisição dos direitos contra a União, corrigido monetariamente até a data da permuta.

---

55. STF, RE 89.791, Primeira Turma, rel. Min. Cunha Peixoto, j. 3.10.1978, DJU 20.10.1978.
56. Oliveira, Ricardo Mariz de, *Fundamentos do imposto de renda*, São Paulo, Quartier Latin, 2008, p. 374.

§ 2º. Na hipótese de pessoa jurídica não tributada com base no lucro real, o custo de aquisição será apurado na forma do parágrafo anterior.

§ 3º. No caso de pessoa jurídica tributada com base no lucro real, o custo de aquisição das ações ou quotas leiloadas será igual ao valor contábil dos títulos ou créditos entregues pelo adquirente na data da operação:

§ 4º. Quando se configurar, na aquisição, investimento relevante em coligada ou controlada, avaliável pelo valor do patrimônio líquido, a adquirente deverá registrar o valor da equivalência no patrimônio adquirido, em conta própria de investimentos, e o valor do ágio ou deságio na aquisição em subconta do mesmo investimento, que deverá ser computado na determinação do lucro real do mês de realização do investimento, a qualquer título. [*Grifo meu*]

O texto deste dispositivo é claro ao prescrever a não incidência do imposto sobre a renda às operações de permuta, estendendo este tratamento para as operações de entrega de títulos e outros créditos. Vale referir que o texto da lei em nenhum momento fez distinção sobre o tipo de permuta (apenas de bens imóveis, por exemplo) ou ao tipo de pessoa (física ou jurídica). Pelo contrário, o texto é amplo (*tratamento de permuta*), o que demonstra que a não incidência sobre estas operações também o é.

Este dispositivo, apesar de desnecessário, reforça a evidência de que, mesmo que exista um possível ganho a ser apurado futuramente como consequência de um contrato de permuta, este não se encontra no campo de incidência do imposto sobre a renda, simplesmente porque não se coaduna com o fato gerador deste tributo.

As considerações anteriores demonstram a insubsistência do auto de infração lavrado contra a Consulente. Primeiro, porque o negócio jurídico foi praticado exatamente como declarado à fiscalização: uma permuta entre participações societárias, inexistindo qualquer vício atinente à existência. Segundo, porque o negócio jurídico realizado atendeu à forma legal, sem qualquer aspecto fraudulento ou de abuso, inexistindo, também, qualquer vício referente à validade. E, terceiro, porque independentemente de tudo isso, a operação em análise não gerou acréscimo patrimonial disponível, o que por si só, afasta a possibilidade de incidência do imposto sobre a renda ao caso.

4. Conclusões

As considerações precedentes permitem chegar às seguintes conclusões:

1) A autuação fiscal lavrada contra a Consulente tem como *objeto* a requalificação do negócio jurídico praticado, entendendo que este não se tratava de uma permuta, e sim de uma compra e venda; a *justificativa* para isto é que os atos praticados seriam atos "meramente formais e artificiais", cujo "único intuito era impedir a ocorrência do fato gerador"; as *evidências* apontadas se referem à existência de operações fatiadas, praticadas em um curto espaço de tempo, com a única intenção de ludibriar o Fisco;

2) o *procedimento* adotado pela fiscalização para esta requalificação foi a simples desconsideração dos atos ou negócios jurídicos praticados pela Consulente, diretamente, sem a intermediação de qualquer ato administrativo ou processo judicial anterior que declarasse a sua invalidade; e as *consequências* disso foram exatamente a requalificação jurídica da operação, para glosar o IRPJ e a CSLL incidentes sobre o ganho de capital apurado e aplicar a multa de ofício qualificada;

3) o auto de infração, contudo, é nulo; primeiro, porque violou o disposto no parágrafo único do artigo 116 do Código Tributário Nacional, que condiciona o exercício da autorização de desconsiderar atos ou negócios jurídicos a procedimento legal que, contudo, nunca foi estabelecido; e, segundo, por violação ao artigo 142 do Código Tributário Nacional, que impõe os requisitos da atividade vinculada de autuação, incluindo aí a necessidade de fundamentação legal adequada, e por violação ao artigo 16 do Decreto n. 70.235/72, que determina que o auto de infração contenha a adequada descrição do fato;

4) no mérito, o contrato firmado pelas partes consubstancia-se em verdadeiro contrato de permuta, por meio do qual as empresas efetivaram a troca de suas participações societárias nas sociedades, a fim de viabilizar a troca de uma fábrica de papel por outra de celulose, sem a existência de qualquer contraprestação em dinheiro (torna);

5) isso porque o valor não foi pago para a Consulente e simplesmente por isso não pode ser considerado como torna; tratava-se de valor definido em contrato entre outras empresas, relativo à construção da fábrica de celulose, valor este sem qualquer disponibilidade ou poder por parte da Consulente; além disso, os valores dos bens trocados possuíam equivalência patrimonial para as partes, considerados os valores intangíveis presentes na negociação, que não são representados no patrimônio líquido das sociedades permutadas;

6) a fiscalização também violou o disposto no Código Tributário Nacional, na medida em que apontou vícios inexistentes nos negócios jurídicos praticados pela Consulente, e o fez ainda através de inegável

contradição: de um lado, a fiscalização entende que o contrato de permuta inexistiu, porque teria sido meramente declarado para encobrir o que realmente teria sido realizado (uma operação de compra e venda); de outro lado, a fiscalização entende que o contrato de permuta existiu, mas seria inválido, porque os bens não seriam equiparáveis para a troca, o que seria comprovado pelo patrimônio líquido das empresas objeto da permuta e pela existência de uma contraprestação em dinheiro (torna) de elevada quantia;

7) nenhum dos vícios apontados, contudo, de fato existiu: não houve *dissimulação*, porque a Consulente e as demais empresas envolvidas nestas operações praticaram os atos e negócios jurídicos exatamente como declararam: as partes efetivamente trocaram as suas participações sociais nas empresas, inexistindo discrepância entre o declarado e o ocorrido; da mesma forma, não houve abuso de forma, porquanto as partes realizaram um contrato de permuta típico, respeitando os requisitos formais a ele inerentes, inexistindo discrepância entre o concreto conteúdo do ato ou negócio jurídico praticado pelas partes e os requisitos formais de validade estabelecidos pelo ordenamento jurídico;

8) as provas constantes dos autos demonstram que as partes resolveram realizar – e de fato e de direito realizaram – um negócio jurídico de permuta, mediante o qual efetivaram a troca de participações societárias com a finalidade última de trocar uma fábrica de papel por outra de celulose (que já estava paga e seria construída por empresa contratada para tal); e se este negócio jurídico foi levado às últimas consequências, como de fato aconteceu, não há como o Direito Tributário ignorar seus efeitos, sob o argumento da suposta prevalência da substância sobre a forma;

9) por fim, independentemente da existência de um ganho de capital na operação praticada, não se pode falar em tributação porque não há, no caso, acréscimo patrimonial disponível, primeiro, porque não há sequer acréscimo no patrimônio, tendo em vista que houve simples troca de participações societárias e que os bens foram trocados um pelo outro, considerando o mesmo valor para fins contábeis; e, segundo, porque este suposto acréscimo (decorrente do valor patrimonial maior do bem recebido) não é disponível, na medida em que representa mero ganho potencial, que só será concretizado quando a Consulente alienar tais ações;

10) por todas estas razões, não há dúvida de que a Consulente realizou uma operação de permuta, sem qualquer discrepância entre o declarado e o ocorrido, operação esta com propósito negocial reconhecido, de acordo com as formalidades legais e levada as últimas consequências pelas partes, o que leva à total insubsistência do auto de infração

Bibliografia

ÁVILA, Humberto. *Conceito de Renda e compensação de prejuízos fiscais*. São Paulo, Malheiros Editores, 2011.

_____. "A prestação de serviços personalíssimos por pessoas jurídicas e sua tributação: o uso e abuso do Direito de criar pessoas jurídicas e o poder de desconsiderá-las". In: *Grandes Questões Atuais do Direito Tributário*, v. 17, São Paulo, Dialética, 2013, pp. 132-151.

_____. "Legalidade como mediação entre a liberdade e a igualdade na tributação". In: MANEIRA, Eduardo; TÔRRES, Heleno. (Orgs.). *Direito Tributário e a Constituição – Homenagem ao Professor Sacha Calmon Navarro Coêlho*. 1ª ed. São Paulo, Quartier Latin, 2012, pp. 393-399.

_____. "Indisponibilidade jurídica da renda por poder de decisão ou por reflexo patrimonial". *Revista Fórum de Direito Tributário*. set./out. 2011, Belo Horizonte, Editora Fórum, pp. 9-23.

_____. "Limites à Tributação com base na solidariedade social". In: GRECO, Marco Aurélio; GODOI, Marciano Seabra de. *Solidariedade social e tributação*. São Paulo, Dialética, 2005, pp. 68-88.

_____. "Planejamento Tributário". In: *Revista de Direito Tributário*, v. 98, São Paulo, Malheiros Editores, 2006, pp. 74-85.

BANKMAN, Joseph. "The economic substance doctrine". In: 74 *Southern California Law Review* 5, 2000.

_____.; SHAVIRO, Daniel; STARK, Kirk. *Federal income taxation*. 16ª ed. New York, Wolters Kluwer Law & Business, 2012.

BLANK, Joshua D.; STAUDT, Nancy. "Sham transactions in the United States". In: SIMPSON, Edwin; STEWART, Miranda. *Sham transactions*. Oxford University Press, 2013.

BROWN, Karen B. "Applying circular reasoning to linear transactions: substance over form theory in U.S. and U.K. tax law", 15 *Hastings Int'l & Comp. L. Rev.* 169, 171 (1992).

CUNHA DE SÁ, Fernando Augusto. *Abuso do Direito*. Coimbra, Almedina, 2005.

DEBOISSY, Florence. *La simulation en droit fiscal*. Paris, LGDJ, 1997.

GAMMIE, Malcolm. "Sham and reality: the taxation of composite transactions", *British Law Review*, 2006, 3.

GARABEDIAN, Daniel. "Branch Reporter – Belgium". In: *Cahiers de Droit Fiscal Internacional*. Vol. LXXXVIIa. Oslo, International Fiscal Association, 2002.

GOMES, Orlando. *Contratos*. 25ª ed. Rio de Janeiro, Editora Forense, 2002.

GRUNEWALD, Barbara. *Kaufrecht*. Köln, Mohr Siebeck, 2006.

HEEDER, Oliver. *Fraus legis*. Frankfurt, Peter Lang, 1998.

IHERING, Rudolf von. *Geist des römischen Rechts*. v. 2. 5ª ed. Leipzig, 1894 (reimpressão Scientia Aalen, 1993).

KEINAN, Yoram. *The economic substance doctrine.* Arlington, VA, Tax Management, 2006 (versão eletrônica).

LACKUM, Jens von. *Die Gesetzesumgehung im Europarecht.* Heidelberg, Carl Heymann, 2009.

LEVMORE, Saul. "Recharacterization and the nature of theory in corporate tax law". In: 136 *U. Pa. L. Rev.* 1019, 1988.

MOSQUERA, Roberto Quiroga. *Renda e proventos de qualquer natureza – O imposto e o conceito constitucional.* São Paulo, Dialética, 1996.

NOVOA, César Garcia. *La cláusula antielusiva en la nueva Ley General Tributaria.* Madrid, Marcial Pons, 2004.

OLIVEIRA, Ricardo Mariz de. *Fundamentos do imposto de renda.* São Paulo, Quartier Latin, 2008.

POLIZELLI, Vitor. *O princípio da realização da renda: reconhecimento de receitas e despesas para fins do IRPJ.* Série Doutrina Tributária, vol. VII. São Paulo, Quartier Latin, 2012.

PONTES DE MIRANDA, Francisco Cavalcanti. *Tratado de Direito Privado. Parte Especial* – T. XXXIX. Rio de Janeiro, Editora Borsoi, 1962.

RÖMER, Gustav. *Gesetzesumgehung im deutschen Internationalen Privatrecht.* Berlin, Walter de Gruyter, 1955. p. 29.

SCHÖN, Wolfgang. "Legalität, Gestaltungsfreiheit und Belastungsgleichheit als Grundlagen des Steuerrechts". In: RÜTTERMANN, Rainer (org.). *Gestaltungsfreiheit und Gestaltungsmissbrauch im Steuerrecht*, Köln, Otto Schmidt, 2010.

SCHULTE-RUMMEL, Björn. *Steuerumgehung und Hinzurechnungsbesteuerung.* Hamburg, Kovac, 2005.

SHEKEL, Moshe. *Timing of income recognition in tax law and the time value of money: a comparative and empirical study.* London, Routledge, 2009.

SIECKER, Susanne. *Umgehungsgeschäfte.* Tübingen, Mohr Siebeck, 2001.

SIEIRO, Horacio D. Días. "Branch Reporter – Argentina". In: *Cahiers de Droit Fiscal International.* Vol. LXXXVIIa. Oslo, International Fiscal Association, 2002.

SUMMERS, Robert. *Form and function in a legal system.* Cambridge, CUP, 2006.

TABOADA, Carlos Palao. *La aplicación de las normas tributarias y la elusión fiscal.* Valladolid, Lex Nova, 2009.

ZIMMER, Frederik. "General Report". In: *Cahiers de Droit Fiscal International.* Vol. LXXXVIIa. Oslo, International Fiscal Association, 2002.

INCORPORAÇÃO DE AÇÕES E A AUSÊNCIA DE FUNDAMENTO PARA INCIDÊNCIA TRIBUTÁRIA

PARECER

1. A Consulta. 2. O Parecer: 2.1 A natureza societária da operação de incorporação de ações; 2.1.1 Considerações gerais: 2.1.2 Autonomia conceitual da incorporação de ações; 2.1.3 A natureza sub-rogatória da incorporação de ações na perspectiva do acionista; 2.2 Os efeitos tributários da incorporação de ações: 2.3 Inexistência de acréscimo patrimonial e de disponibilidade econômica ou jurídica da renda. 3. Conclusões.

1. A CONSULTA

O Consulente atua na atividade de corretagem de títulos e valores mobiliários e câmbio, na base territorial do Estado de São Paulo. Para operarem perante a antiga Bolsa de Valores de São Paulo (Bovespa), organizada na forma de uma sociedade civil sem fins lucrativos (Resolução CMN n. 1.656/89), as corretoras de valores precisavam deter títulos patrimoniais desta entidade, que lhe conferiam os direitos de votar em assembleias, usar os sistemas de negociação, liquidar transações e custodiar títulos das suas próprias carteiras, de seus clientes e de terceiros.

Em 2007, porém, a Bovespa passou por uma reorganização societária conhecida como "desmutualização", por meio da qual se cindiu a sociedade em Bovespa Serviços S/A e Bovespa Holding S/A, transformando-se a antiga sociedade sem fins lucrativos em duas companhias, o que permitiu inclusive a abertura de capital, de modo a terem suas ações negociadas em mercado de bolsa ou balcão. Nesta operação, os antigos detentores de títulos patrimoniais da Bovespa passaram a ser titulares de ações representativas do capital da Bovespa Holding S/A, que, por sua vez, passou a ter como subsidiária integral a Bovespa Serviços S/A.

Em 2008, a Bovespa Holding S/A foi integrada à Bolsa de Mercadorias e Futuros (BM&F), criando-se a Nova Bolsa S/A que incorporou a BM&F, bem como as ações da Bovespa Holding em maio daquele ano. Neste contexto, a incorporação de ações da Bovespa Holding foi uma das etapas da reorganização societária que teve por objetivo integrar as atividades da Bovespa Holding e da BM&F. Assim, as corretoras representadas pelo Consulente passaram a ser acionistas da Nova Bolsa S/A a partir destas operações.

Tais operações, por sua vez, levantaram questionamentos sobre a ocorrência do fato gerador do imposto de renda e da contribuição social sobre o lucro líquido, tendo-se em conta a suposta alienação de títulos mobiliários e o pretenso auferimento de ganho de capital pelos acionistas. Segundo a fiscalização, incidiria o imposto de renda sobre a diferença entre o valor nominal das ações recebidas pelos associados (sociedades corretoras) e o custo de aquisição das ações da Bovespa Holding.

Diante desse quadro, honra-me o Consulente com pedido de parecer, destinado a responder, primeiro, se a operação de incorporação de ações é uma operação de alienação ou de sub-rogação de ações; e, segundo, independente da natureza desta operação, se haveria ou não acréscimo patrimonial e disponibilidade jurídica ou econômica da eventual renda. É o que se passa objetivamente a responder.

2. O PARECER

2.1 A natureza societária da operação de incorporação de ações

2.1.1 Considerações gerais

A operação de incorporação de ações será enquadrada na classe dos conceitos de alienação ou de sub-rogação de ações, dependendo do conceito de cada uma destas operações. E somente depois de classificada a operação de incorporação, como alienação ou sub-rogação, é que se poderá saber se a sua realização provoca ou não a incidência do imposto sobre a renda e da contribuição sobre o lucro líquido.

Sendo assim, a definição dos conceitos de incorporação de ações, de alienação e de sub-rogação de ações passa a ser uma questão absolutamente crucial, da qual derivam todas as outras tratadas neste parecer: dependendo do conceito de alienação e de sub-rogação, a operação de incorporação de ações será enquadrada numa ou noutra categoria, provocando consequências diretas sobre a tributação ou não do montante nela envolvido.

Nesse sentido, é preciso previamente fazer uma distinção fundamental entre dois tipos de conceitos jurídicos: os conceitos lógico-formais e os conceitos jurídico-positivos. Os conceitos lógico-formais são aqueles que dizem respeito a categorias lógicas pressupostas por qualquer ordenamento jurídico e que, por essa razão, têm validade geral, independentemente de estarem previstos em determinado ordenamento jurídico. São exemplos de conceitos lógico-formais os conceitos de relação jurídica, de direito subjetivo, de norma jurídica, de ato jurídico ou de negócio jurídico. Estes conceitos terão as mesmas propriedades em qualquer ordenamento jurídico.

Já os conceitos jurídico-positivos são aqueles que dizem respeito a categorias reguladas, direta ou indiretamente, por determinado ordenamento jurídico e que, por esse motivo, têm sua validade e seus contornos normativos condicionados ao modo como são estabelecidos pelo direito positivo. São exemplos de conceitos jurídico-positivos os conceitos de decadência, de prescrição e de atos ou negócios jurídicos específicos, como são os casos da incorporação de ações, da alienação e da sub-rogação real. Estes conceitos terão as suas propriedades dependendo do modo como são tratados pelo ordenamento jurídico aplicável, pouco importando como são descritos pela doutrina, notadamente estrangeira, e como são regulados noutros países.

A importância geral desta diferenciação reside na necessidade de não confundir conceitos que sejam de natureza diversa, qualificando como lógico-jurídicos e, portanto, com validade geral, conceitos que são, na verdade, jurídico-positivos e que, por isso mesmo, têm os seus contornos delineados pelo direito positivo.

A relevância específica desta distinção preambular está na constatação, até certo ponto trivial, de que os conceitos de incorporação de ações, de alienação e de sub-rogação dependem do modo como o direito positivo brasileiro regulou estes institutos do ponto de vista societário e tributário. Se o legislador os diferenciou, não pode o intérprete equipará-los; se o legislador os equiparou, não pode o intérprete diferenciá-los. Sendo institutos de direito positivo, cabe ao intérprete verificar como eles foram tratados pelo ordenamento jurídico aplicável e, não, como determinados autores eventualmente os tenham definido.

Desse modo, antes de adentrar em conceitos doutrinários, é preciso verificar como o direito positivo brasileiro regulou a incorporação de ações, a alienação e a sub-rogação do ponto de vista societário e tributário. É o que se passa a fazer.

2.1.2 Autonomia conceitual da incorporação de ações

A incorporação de ações é um instituto societário, regulado de forma específica pela Lei das S/As (Lei n. 6.404/76). Ela permite a transferência de todas as ações do capital social de uma companhia para outra, a fim de convertê-la em uma subsidiária integral. Esta operação está prevista expressamente pelo art. 252 da referida Lei, nos seguintes termos:

> Art. 252. A incorporação de todas as ações do capital social ao patrimônio de outra companhia brasileira, para convertê-la em subsidiária integral, será submetida à deliberação da assembleia-geral das duas companhias mediante protocolo e justificação, nos termos dos artigos 224 e 225.
>
> § 1º. A assembleia-geral da companhia incorporadora, se aprovar a operação, deverá autorizar o aumento do capital, a ser realizado com as ações a serem incorporadas e nomear os peritos que as avaliarão; os acionistas não terão direito de preferência para subscrever o aumento de capital, mas os dissidentes poderão retirar-se da companhia, observado o disposto no art. 137, II, mediante o reembolso do valor de suas ações, nos termos do art. 230. [*Redação dada pela Lei n. 9.457, de 1997*]
>
> § 2º. A assembleia-geral da companhia cujas ações houverem de ser incorporadas somente poderá aprovar a operação pelo voto de metade, no mínimo, das ações com direito a voto, e se a aprovar, autorizará a diretoria a subscrever o aumento do capital da incorporadora, por conta dos seus acionistas; os dissidentes da deliberação terão direito de retirar-se da companhia, observado o disposto no art. 137, II, mediante o reembolso do valor de suas ações, nos termos do art. 230. [*Redação dada pela Lei n. 9.457, de 1997*]
>
> § 3º. Aprovado o laudo de avaliação pela assembleia-geral da incorporadora, efetivar-se-á a incorporação e os titulares das ações incorporadas receberão diretamente da incorporadora as ações que lhes couberem.
>
> 4º. A Comissão de Valores Mobiliários estabelecerá normas especiais de avaliação e contabilização aplicáveis às operações de incorporação de ações que envolvam companhia aberta. [*Redação dada pela Lei n. 11.941, de 2009*]

A utilização do termo "incorporação" para descrever esta operação é bastante criticada na doutrina.[1] Isso porque tal denominação levaria

---

1. Xavier, Alberto, "Incorporação de ações: natureza jurídica e regime tributário", in Castro, Rodrigo R. Monteiro de; Aragão, Leandro Santos de (Coords.), *Sociedade Anônima – 30 anos da Lei 6.404/76*, São Paulo, Quartier Latin, p. 122; Schoueri, Luís Eduardo; Andrade Jr., Luiz Carlos de, "Incorporação de ações: natureza societária e efeitos tributários", in *Revista Dialética de Direito Tributário*, n. 200, São Paulo, Dialética, 2012, p. 45.

à equiparação da operação de incorporação de ações à incorporação de sociedades. Todavia, em que pese a existência de um mesmo termo em ambas as expressões, o fato é que *a própria lei societária* estabeleceu *expressamente* as diferenças entre estes institutos ao regulá-los de forma *separada* e com *características próprias*. A incorporação de sociedades foi regulada no art. 227 da Lei das S/As, do seguinte modo:

> Art. 227. A incorporação é a operação pela qual uma ou mais sociedades são absorvidas por outra, que lhes sucede em todos os direitos e obrigações.
>
> § 1º. A assembleia-geral da companhia incorporadora, se aprovar o protocolo da operação, deverá autorizar o aumento de capital a ser subscrito e realizado pela incorporada mediante versão do seu patrimônio líquido, e nomear os peritos que o avaliarão.
>
> § 2º. A sociedade que houver de ser incorporada, se aprovar o protocolo da operação, autorizará seus administradores a praticarem os atos necessários à incorporação, inclusive a subscrição do aumento de capital da incorporadora.
>
> § 3º. Aprovados pela assembleia-geral da incorporadora o laudo de avaliação e a incorporação, extingue-se a incorporada, competindo à primeira promover o arquivamento e a publicação dos atos da incorporação.

Como se percebe a partir da leitura dos dispositivos que respectivamente as regulam, as duas operações não podem ser confundidas. Existem diferenças não apenas quanto à *fonte normativa*, como também com relação ao *objeto*, aos *efeitos*, ao *modo de realização* e à *justificativa* de cada uma delas.

Com relação ao *objeto*, de um lado, a incorporação de ações refere-se à operação de transmissão de *todas as ações* da empresa incorporada à empresa incorporadora, sendo esta operação realizada com *bens alheios* – exatamente as ações dos sócios da companhia incorporada. De outro lado, a incorporação de sociedades tem como objeto a transmissão de *todo o patrimônio* da empresa incorporada à empresa incorporadora. Esta operação é realizada por meio da incorporação de *bens próprios*, ou seja, do patrimônio da própria sociedade incorporada.

No que tange aos *efeitos* destas operações, por um lado, no caso da incorporação de ações tem-se como efeito a *continuidade da sociedade incorporada*, convertendo-se a incorporada em uma subsidiária integral. Há, portanto, autonomia patrimonial entre as sociedades, incorporadora e incorporada, na medida em que ambas continuam coexistindo após a operação. Por outro lado, no caso da incorporação de sociedades, tem-se como efeito a *extinção da sociedade incorporada*, como expressamente definido na lei (art. 219, inciso II). Assim, o resultado desta operação é a integração patrimonial das companhias envolvidas, gerando um único patrimônio ao seu final.

Também há diferenças com relação ao *modo* como estas operações são realizadas. A incorporação de ações exige *o consentimento da maioria qualificada* dos sócios presentes em Assembleia Geral da sociedade, mas não a sua unanimidade (art. 252, § 2º). Além disso, o mesmo dispositivo afirma que, se aprovada a incorporação, a diretoria estará autorizada "a subscrever o aumento do capital da incorporadora, *por conta* dos seus acionistas" e não *em nome* dos acionistas.

Isso significa que esta operação é realizada por meio de um *mandato sem representação dos sócios*. Esta é a figura pela qual uma pessoa atua em nome próprio, mas por conta de outrem, ao contrário do que sucede no mandato com representação, em que o mandatário atua em nome e por conta do mandante.[2] Este instituto foi previsto no Código Civil, estabelecendo que o mandatário é pessoalmente obrigado de agir em seu próprio nome, ainda que o negócio seja por conta do mandante (art. 663, CC/02). É exatamente o que ocorre na incorporação de ações: a operação é feita pela própria sociedade, ainda que esta o faça com ações dos sócios. A sociedade age por conta destes, que não atuam como partes desta operação, mesmo que sofram os efeitos da operação.

Na incorporação de sociedades tem-se exatamente o oposto, na medida em que há um *mandato com representação dos sócios*, porque a operação ocorre exatamente entre as companhias e com patrimônio próprio. Para esta operação, exige-se o quórum mínimo de três quartos do capital social (art. 1.076, inciso I, CC/02); há possibilidade, no entanto, de que o próprio Estatuto Social preveja um quórum maior para a alteração do respectivo estatuto social (art. 223, Lei das S/As).

Por fim, as *justificativas* para estas operações também não se confundem. De um lado, a incorporação de ações tem como objetivo manter a sociedade incorporada, ainda que em forma de subsidiária integral e, por isso, o modo de realização é facilitado do ponto de vista procedimental. De outro lado, a incorporação da sociedade é uma das hipóteses de

---

2. Xavier, Alberto, "Incorporação de ações: natureza jurídica e regime tributário", in Castro, Rodrigo R. Monteiro de; Aragão, Leandro Santos de (Coords.), *Sociedade Anônima – 30 anos da Lei 6.404/76*, São Paulo, Quartier Latin, p. 130.

extinção da sociedade, e a gravidade desta consequência explica a maior dificuldade no seu modo de realização.

As considerações feitas até aqui demonstram que a incorporação de ações não pode ser confundida, do ponto de vista normativo, com a incorporação de sociedades, na medida em que as normas vigentes estabelecem distinções claras entre estas operações no que se refere à sua fonte, ao seu objeto, aos seus efeitos, ao seu modo de realização e à sua justificativa. Segue daí que, tendo o legislador diferenciado a incorporação de ações da incorporação de sociedades, não pode o intérprete equipará-las do ponto de vista societário e tributário.

Da mesma forma, a operação de incorporação de ações, mesmo que exija o aumento de capital, não pode ser confundida com a operação de aumento de capital *com subscrição em bens*, regulada expressamente pelos arts. 7º a 10 da Lei das S/As. Basta a análise de três critérios para diferenciar estas operações.

Inicialmente, *as partes* são distintas: enquanto na incorporação de ações existe uma relação contratual entre duas sociedades, no aumento de capital há uma relação contratual entre o acionista e a sociedade. Trata-se, assim, de um contrato entre o acionista e a sociedade, através do qual se transfere a propriedade de um bem para o patrimônio da sociedade, emitindo-se ações no valor correspondente. A própria Lei das S/As aproxima esta operação de uma alienação, ao dispor que "na falta de declaração expressa em contrário, os bens transferem-se à companhia a título de propriedade" (art. 9º).

Exatamente porque a relação, no caso da subscrição do capital com bens, é entre o acionista e a sociedade, é que a sua *aprovação* se faz necessária. O acionista subscritor precisa necessariamente aceitar e aprovar o valor indicado pela assembleia para que a operação se perfectibilize e para que a sociedade emita as correspondentes ações em seu nome (art. 8º, §§ 2º e 3º, Lei das S/As). Por outro lado, no caso da incorporação de ações, como a relação se dá entre as companhias, incorporadora e incorporada, basta a aprovação pela maioria dos sócios. A vontade que interessa é a da *sociedade*, sendo, por isso, irrelevante que parte dos acionistas desaprove esta operação, porque estes, individualmente, não são parte da operação.

Como decorrência disso, existe uma participação *ativa* dos acionistas no caso do aumento de capital pela subscrição de bens, enquanto na incorporação de ações há tão somente uma – com a permissão para o oximoro – atuação *passiva* dos acionistas.

Em face destas últimas ponderações, também não resta dúvida de que as operações de incorporação de ações e de aumento de capital através da subscrição em bens não se confundem, apresentando características absolutamente distintas.

Todas as considerações anteriores servem para demonstrar que a incorporação de ações é uma *operação única*, regulada de forma *expressa* e *distinta* pela Lei das S/As, razão pela qual não pode ser confundida com outras operações societárias. Tal constatação é fundamental para que se possa perceber que a incorporação de ações, ainda que se aproxime em determinados pontos de outras operações societárias, tem uma *natureza jurídica própria* e uma *autonomia conceitual* que lhe foram concedidas pelo próprio legislador.

Com efeito, se o legislador utilizou termos diferentes, é evidente que são institutos diferentes, com consequências e efeitos próprios, que não podem ser simplesmente ignorados pelo intérprete. Aplica-se ao caso o critério interpretativo da *não redundância*, segundo o qual o intérprete não pode atribuir a dois dispositivos diferentes, pertencentes à mesma fonte, significados que sejam no todo ou em parte idênticos.[3]

Tal diretriz, também fundada no postulado hermenêutico da razão suficiente (*nihil sine ratione*), procura demonstrar que o legislador persegue algum objetivo quando usa termos iguais ou diferentes. Com isso, obriga-se o intérprete a atribuir o mesmo sentido aos mesmos termos (presunção de constância terminológica) e impede-se que este atribua o mesmo sentido a dispositivos diferentes ou sentidos diferentes a dispositivos iguais (presunção de não sinonímia).

Não fossem essas considerações suficientes, a própria análise sistemática da Lei das S/As afasta a possibilidade de tratamento igualitário destas operações. Isso porque prevalece aqui o *critério da especialidade*, no sentido de que a regra especial derroga a regra geral sobre a incorporação de sociedades. Noutro dizer, não é permitido aplicar a sistemática atinente às incorporações em geral, como alienações (regra geral), à incorporação de ações, tendo em vista que esta operação recebeu uma regra específica (regra especial), estabelecendo um conceito diferente e uma regulação própria.

Por essa razão, é evidente que as operações de incorporação de ações não podem receber o mesmo tratamento jurídico que as operações de incorporação de sociedades e de aumento de capital com subscrição

---

3. Chiassoni, Pierluigi, *Tecnica dell'interpretazione giuridica*, Bologna, Il Mulino, 2007, p. 110.

em bens. São institutos diferentes, regulados por dispositivos próprios e com termos distintos, motivo pelo qual a constância terminológica e o princípio da não sinonímia impõem um tratamento jurídico diferenciado. Entender em sentido contrário significa, na prática, considerar o legislador como um ser irracional, que utiliza termos diferentes para dizer a mesma coisa, ou seja, diferencia, querendo na verdade igualar.

Em resumo, portanto, a incorporação de ações tem como justificativa facilitar a viabilidade desta operação peculiar que permite a criação de uma subsidiária integral, mantendo a personalidade jurídica de ambas as companhias e permitindo a livre negociação das ações no mercado. Esta operação viabilizou os processos de integração pelos quais passaram as bolsas de valores. "Desmutualização", nesse sentido, é a operação que extingue o vínculo de mutualidade que existe entre os associados em uma associação sem fins lucrativos (como era a antiga Bovespa), criando, em seu lugar, um vínculo de natureza empresarial. A justificativa para esta operação é exatamente o ganho de eficiência que a possibilidade de livre comercialização das ações proporciona, abolindo, com isso, aspectos de ineficiência inerentes às organizações com vínculos de mútuo.[4]

Estas observações mostram-se essenciais para a definição da natureza jurídica da operação de incorporação de ações, porque demonstram, primeiro, que qualquer equiparação doutrinária desta operação com outras operações societárias fica prejudicada, na medida em que se trata de instituto específico, cujo conceito foi delimitado pelo próprio legislador societário. E, segundo, afastam a possibilidade de que simplesmente sejam utilizadas as consequências existentes nestas outras operações para a incorporação de ações. Em outras palavras, diante da natureza própria e peculiar desta operação, não se pode simplesmente transpor a natureza e as consequências existentes em outras operações para o caso da incorporação de ações.

2.1.3 A natureza sub-rogatória da incorporação de ações na perspectiva do acionista

A análise anterior conduz à conclusão de que não há qualquer alienação na perspectiva do acionista em uma operação de incorporação de ações. Ao contrário, a natureza jurídica da incorporação de ações corresponde, na perspectiva do sócio a quem os efeitos são impostos por

---

4. Treptow, Felix, *The economics of demutualization: an empirical analysis of the securities exchange industry*, Wiesbaden, Gabler Edition Wissenschat, 2006, p. 106.

força de lei, a uma *sub-rogação real*, cuja definição pode ser resumida à substituição de um componente patrimonial, sem modificação do titular deste direito, ao contrário do que ocorre na sub-rogação pessoal.[5]

Sub-rogação é uma expressão de origem latina, ligada às ideias de permuta, troca, sucessão e, especialmente, substituição. Trata-se de um conceito econômico, muitas vezes mal compreendido pelo Direito.[6] Nas palavras de Pontes de Miranda, a sub-rogação real ocorre quando há substituição de um bem por outro, de mesma ou de outra natureza, que passa a estar submetido ao mesmo regime jurídico do bem substituído. O referido autor ainda refuta a tese de que a sub-rogação seria uma ficção legal, segunda a doutrina francesa. Isso porque a substituição do bem não é uma ficção. Ela é, na verdade, produto de uma regulação legal, para a qual o que importa não é o bem, mas a sua substituição por outro de valor equivalente. É a noção de *equivalente* ou de *valor* que tem relevância na sub-rogação real: o *valor* toma outra *forma*, que é a do objeto novo ("as formas passam, sucedem; o valor subsiste"[7]).

De fato, este conceito demonstra que, para que exista sub-rogação real, é necessária a existência de uma substituição de um bem por outro de valor equivalente, como consequência de um dispositivo legal. Isto é exatamente aquilo que ocorre por força da incorporação de ações para o acionista, conforme demonstrado acima. É a própria lei que impõe, como consequência do contrato firmado entre a companhia incorporadora e a companhia incorporada, a *substituição das ações* do acionista da incorporada, por outras, de valor equivalente, da incorporadora.

Sobre o ponto, é importante esclarecer que o valor nominal das ações não era exatamente o mesmo porque a operação teve um ágio, responsável pelo aumento nominal do valor de cotação das ações no momento da incorporação. Não houve, no entanto, mutação patrimonial para o acionista, na medida em que as ações recebidas foram registradas, por força de lei, como substitutas de valor equivalente às ações anteriores. Ou seja, o que houve foi a mera substituição, no patrimônio dos acionistas, das ações da incorporada pelas ações da incorporadora. As novas ações refletem idêntico patrimônio para os acionistas.

---

5. Hawellek, Jeronimo, *Die persönliche Surrogation*, Tübingen, Mohr Siebeck, 2010, p. 9.

6. Strauch, Dieter, *Mehrheitlicher Rechtsersatz: ein Beitrag zur dingliches Surrogation im Privatrecht*, Bielefeld, Verlag Ernst und Werner Gieseking, 1972, pp. 17-18.

7. Pontes de Miranda, *Tratado de Direito Privado, Parte Especial*, T. LVII, Rio de Janeiro, Borsoi, 1962, pp. 94-95.

É por essas razões que se fala em uma *eficácia externa* do contrato de incorporação de ações, já que um dos efeitos típicos deste contrato consiste, precisamente, na substituição das ações dos acionistas por novas ações, de valor equivalente, da empresa incorporadora, sem que, com isso, haja alteração em termos de valor em seu patrimônio.[8] Por isso, a conclusão doutrinária, baseada no regramento legal, no sentido de que este é um fenômeno meramente substitutivo, como se verifica na posição de XAVIER, baseada especialmente na falta de elemento volitivo do acionista nesta operação:

> (...) o titular das ações a serem objeto de incorporação nada faz, nada transmite, nada permuta: limita-se passivamente a receber da sociedade incorporadora ações substitutivas das originariamente detidas e que ocupam, no seu patrimônio, lugar equivalente ao das ações substituídas por um fenômeno de *sub-rogação real*.[9]

A falta de elemento volitivo é sintomática para a configuração da incorporação de ações como uma sub-rogação real para o acionista, na medida em que a sub-rogação é exatamente uma operação de substituição de bens independente da vontade do seu proprietário. É neste sentido o posicionamento de WELLE em trabalho cujo título assim já destaca: "*Res succedit loco pretii in universalibus*", expressão latina que poderia ser livremente traduzida como "a coisa sucede em lugar do preço, na universalidade do direito".[10] Isto é, a sub-rogação real é precisamente a operação por meio da qual se substitui uma coisa (um bem) na universalidade do patrimônio de uma pessoa, cuja manifestação de vontade é irrelevante para tanto.

Nesse ponto, vale destacar que o próprio legislador foi explícito neste sentido ao afirmar que, se aprovada a operação, esta "autorizará a diretoria a subscrever o aumento do capital da incorporadora, *por conta* dos seus acionistas" (art. 252, § 2º, Lei das S/As). O termo escolhido é outro indicativo de que a relação contratual ali regulada se dá entre as companhias, sendo ao acionista imposta a substituição de suas ações. Tudo isto é feito pela própria sociedade, independente da vontade individual do sócio.

---

8. Xavier, Alberto, "Incorporação de ações: natureza jurídica e regime tributário", in Castro, Rodrigo R. Monteiro de; Aragão, Leandro Santos de (Coords.), *Sociedade Anônima – 30 anos da Lei 6.404/76*, São Paulo, Quartier Latin, p. 129.

9. Ibidem, p. 133.

10. Welle, Arno, *In universalibus pretium succedit in locum rei, res in locum pretii: eine Untersuchung zur Entwicklungsgeschichte der dinglichen Surrogation bei Sondervermögen*, Berlin, Duncker & Humblot, p. 15.

O problema é que a vontade é elemento essencial para a caracterização de uma alienação, já que seu conceito, baseado na própria legislação, é de um negócio jurídico bilateral, que nasce de manifestações de vontade das partes que acordam: o vendedor e o comprador.[11] Ora, é evidente que há, na situação, uma manifestação de vontade da sociedade, através de seu órgão majoritário. A manifestação de vontade da sociedade, todavia, não pode ser confundida com a vontade do acionista, enquanto pessoa – física ou jurídica – individual, dotada de personalidade própria e para quem os efeitos tributários são agora investigados.

E não se argumente que a existência de uma assembleia geral, em que a maioria qualificada dos acionistas deu a sua anuência para a operação, alteraria a conclusão acima referida. A realização da assembleia serve para a formação da vontade da sociedade, que, repita-se, não se confunde com a vontade individual dos sócios. O fato de os acionistas participarem da assembleia geral, portanto, não os torna parte na operação que é realizada entre as sociedades incorporada e incorporadora. Tanto é assim que a existência de votos em sentido contrário, por parte de alguns sócios, é incapaz de alterar o resultado final ou de obstar a produção de efeitos desta operação, ainda que individualmente o sócio não tenha anuído com ela. Além disso, depois da aprovação da operação em assembleia, são os próprios diretores da sociedade que realizam a subscrição das ações, por conta dos acionistas e independente de sua vontade individual.

Em outras palavras, a manifestação de vontade da sociedade não supre a necessidade de manifestação de vontade do acionista, para que este venha a ser caracterizado como alienante. São personalidades distintas, as quais exigem manifestações de vontade também distintas. O próprio Conselho Administrativo de Recursos Fiscais-CARF reconhece a natureza sub-rogatória das incorporações de ações no âmbito da desmutualização da Bovespa. Assim, decisão recente deste E. Conselho sobre esta matéria:

> OPERAÇÃO DE INCORPORAÇÃO DE AÇÕES. DELIBERAÇÃO POR CONTA DAS PESSOAS JURÍDICAS ENVOLVIDAS NA OPERAÇÃO. INEXISTÊNCIA DE FATO GERADOR DE GANHO DE CAPITAL NA PESSOA FÍSICA DOS SÓCIOS. A figura da incorporação de ações, prevista no artigo 252 da Lei n. 6.404, de 1976, difere da incorporação de sociedades e da subscrição de capital em bens. *Com a incorporação de ações, ocorre a transmissão da totalidade das ações (e não do patrimônio) e a incorporada passa a ser subsidiária integral da incorporadora, sem*

---

11. Pontes de Miranda, *Tratado de Direito Privado, Parte Especial*, T. XXXIX, Rio de Janeiro, Borsoi, 1962, pp. 8-9.

ser extinta, ou seja, permanecendo com direitos e obrigações. Neste caso, se dá a substituição no patrimônio do sócio, por idêntico valor, das ações da empresa incorporada pelas ações da empresa incorporadora, sem sua participação, pois quem delibera são as pessoas jurídicas envolvidas na operação. (...) (CARF, Processo 10680.726772/2011-88, Acórdão 2202-002.187, Rel. Conselheiro Newton Mallmann, *DJU* 26.2.2013). [*Grifo meu*]

O voto do i. Conselheiro Relator Newton Mallmann expõe com clareza o entendimento que foi adotado pela E. Segunda Câmara da Segunda Seção de Julgamento ao afastar a caracterização de alienação e adotar a natureza sub-rogatória da operação:

> Ora, na incorporação de ações não há a alienação de ações ou mesmo uma incorporação ficta, mas sim a sub-rogação legal dos acionistas da sociedade cujas ações houveram de ser incorporadas, nas ações da incorporadora. (...)
>
> Como efeito, as ações incorporadas são substituídas no patrimônio dos acionistas por novas ações a serem emitidas pela companhia incorporadora, operando uma sub-rogação real derivada de lei. Com base em Pontes de Miranda, tem-se que na sub-rogação real opera-se a substituição de um bem por outro, sendo que o bem adveniente não apenas toma o lugar do bem substituído, mas também reveste a mesma natureza e se submete ao mesmo regime jurídico do bem substituído. *Ademais, alienação é ato de disposição; de transferência de domínio. A alienação importa na renúncia de um direito e é, portanto, voluntária. Tendo em vista que na sub-rogação real derivada de lei há a substituição de uma coisa por outra em razão de expressa previsão legal, não há que se confundir alienação com sub--rogação real.* [*Grifo meu*]

Vale referir que este não é um posicionamento isolado do Conselho, que já tem outras decisões no mesmo sentido, para reconhecer a existência de verdadeira substituição de ações no caso da incorporação de ações da Bovespa. O Conselho reconhece que as novas ações representam a mesma fração de um patrimônio existente, sendo equivalentes, inclusive, quanto à magnitude dos valores, fato que justificava a sua manutenção no mesmo local em que foram originalmente contabilizadas, ou seja, no ativo permanente dos acionistas.[12] Assim, a manifestação do i. Conselheiro Relator Ivan Allegretti, em processo também julgado em 2013:

12. Voto do Conselheiro Antônio Carlos Atulim no julgamento do Processo 16327.000334/2010-11, Acórdão 3403-001.829, *DJU* 12.4.2013.

Frise-se que a situação aqui tratada é bastante peculiar, pois não se está tratando de uma troca genérica de ativos diferentes, mas da troca de um título de uma participação societária que deixou de existir, por um título de participação societária de uma sociedade anônima que passou a existir, sucedendo e representando o mesmo conteúdo patrimonial. *Na perspectiva da contribuinte, portanto, legitima-se dizer que onde antes havia os títulos patrimoniais – que deixaram de existir – passou a haver as ações – que tomaram o lugar dos títulos extintos –, uma substituindo o lugar da outra na mesma conta de ativo permanente.*[13] [*Grifo meu*]

A existência de mera substituição da ação anterior, por outra de valor equivalente é, portanto, reconhecida pela jurisprudência do E. CARF. A incorporação de ações, *tal como regulada em lei*, impõe a substituição das ações do acionista da incorporada por outras de valor equivalente da incorporadora. Com isso, não resta dúvida de que esta operação consiste numa *hipótese legal de sub-rogação real*, para a qual a vontade individual do acionista é absolutamente irrelevante.

2.2 Os efeitos tributários da incorporação de ações

Vencida a premissa fundamental com relação à natureza jurídica da operação societária de incorporação de ações, com base na legislação vigente e aplicável, pode-se adentrar na análise específica dos efeitos tributários decorrentes desta operação. Em que pese a análise já realizada, as autuações recentes da Receita Federal têm expressado o entendimento de que a incorporação de ações da Bovespa Holding S/A pela Nova Bolsa S/A caracteriza-se como uma alienação, sujeita à incidência do IRPJ e da CSLL, no caso das corretoras.

A fundamentação legal desta cobrança residiria, segundo o Fisco, nos §§ 2º e 3º do artigo 3º da Lei n. 7.713/88, que define a base de cálculo do Imposto de Renda da Pessoa Física-IRPF, nos seguintes termos:

> Art. 1º. Os rendimentos e ganhos de capital percebidos a partir de 1º de janeiro de 1989, por *pessoas físicas* residentes ou domiciliados no Brasil, serão tributados pelo imposto de renda na forma da legislação vigente, com as modificações introduzidas por esta Lei. [*Grifo meu*] (...)
>
> Art. 3º. O imposto incidirá sobre o rendimento bruto, sem qualquer dedução, ressalvado o disposto nos arts. 9º a 14 desta Lei. (...)

13. Idem, ibidem.

§ 2º. Integrará o rendimento bruto, como ganho de capital, o resultado da soma dos ganhos auferidos no mês, decorrentes de alienação de bens ou direitos de qualquer natureza, considerando-se como ganho a diferença positiva entre o valor de transmissão do bem ou direito e o respectivo custo de aquisição corrigido monetariamente, observado o disposto nos arts. 15 a 22 desta Lei.

§ 3º. Na apuração do ganho de capital serão consideradas as operações que importem alienação, a qualquer título, de bens ou direitos ou cessão ou promessa de cessão de direitos à sua aquisição, tais como as realizadas por compra e venda, permuta, adjudicação, desapropriação, dação em pagamento, doação, procuração em causa própria, promessa de compra e venda, cessão de direitos ou promessa de cessão de direitos e contratos afins.

Segundo a Receita Federal, as regras atinentes à tributação do ganho de capital da *pessoa física* em operações de *alienação*, a qualquer título, servem como fundamento para a incidência do imposto de renda da *pessoa jurídica* em operações de *incorporação de ações*. Com isto, o Fisco nada mais faz do que defender a aplicação dos efeitos tributários atinentes às operações de incorporação em geral às operações de incorporação de ações. Noutro dizer, procura aplicar à operação de incorporação de ações o regramento existente especificamente para as operações de incorporação, no sentido de que esta seria uma *alienação* a qualquer título, entre *pessoa física* e sociedade.

O problema é que, conforme anteriormente analisado, a incorporação de ações é uma operação típica do direito societário, expressamente regulada por dispositivo específico (art. 252, Lei das S/As). Suas características levam a uma operação de sub-rogação real (regra especial), que afasta a possibilidade de aplicação do regramento próprio às incorporações em geral (regra geral). Mas a situação é ainda mais grave, porquanto, no caso das corretoras, não se trata sequer de pessoa física. São pessoas jurídicas sendo autuadas com base em um fundamento legal expressamente aplicável tão somente às pessoas físicas.

Ora, novamente o postulado do legislador racional se aplica ao caso, na medida em que o Fisco desconsidera os termos escolhidos pelo próprio legislador e pretende ler *jurídica*, onde o legislador escreveu *física*. Com efeito, o legislador poderia ter regulado este tipo de situação também para a pessoa jurídica e igualmente para o caso de incorporação de ações. Mas não o fez. E, não o tendo feito, não pode o Fisco, por vontade própria, impor uma leitura análoga de lei instituidora de encargo tributário. A analogia é expressamente vedada para fins tributários, por determinação clara do próprio Código Tributário Nacional: "o emprego da analogia não poderá resultar na exigência de tributo não previsto em lei" (art. 108, § 1º). Mais que isso nem precisa ser dito.

Não obstante o descabimento da aplicação destes dispositivos legais por analogia, a situação ainda viola o princípio da igualdade, expressamente previsto no *caput* do artigo 5º da Constituição. O princípio da igualdade pressupõe a relação entre dois sujeitos (A e B) com base em uma medida de comparação (X) que serve a determinado fim (α). Isso significa que a norma de isonomia pressupõe a *relação entre dois sujeitos* com base em uma *medida de comparação* que mantenha *relação de razoabilidade* com a finalidade que justifica a sua utilização.[14]

Por essa razão, situações jurídicas idênticas com relação a determinado critério, devem receber o mesmo tratamento jurídico. E, também por isso, situações jurídicas distintas com relação a determinado critério, devem necessariamente obter tratamento jurídico diferente. É o que impõe o princípio da igualdade.

A situação ora analisada, no entanto, desconsidera este mandamento constitucional. De um lado, aplica à incorporação de ações o efeito tributário da incorporação geral. Ao fazê-lo, porém, ignora as diferenças definidas e reconhecidas pelo próprio texto legal regulador destas operações societárias, e considera, para fins tributários, uma operação de *sub-rogação real* como uma simples *alienação*. De outro lado, aplica à *pessoa jurídica* as consequências tributárias definidas para a *pessoa física*, independente da diferença óbvia de natureza entre estas duas pessoas e da proibição explícita de tributação por analogia.

2.3 Inexistência de acréscimo patrimonial e de disponibilidade econômica ou jurídica da renda

Independente de tudo o que foi dito até aqui com relação à natureza jurídica da incorporação de ações e à ausência de fundamento legal para a tributação, ainda assim não se poderia falar em incidência do imposto sobre a renda ao caso. Isso porque, mesmo que existisse uma alienação de ações – o que se admite apenas por amor à argumentação –, a tributação deste suposto ganho de capital encontraria óbice na falta de disponibilidade jurídica ou econômica desta renda, conforme requerido pelo artigo 43 do Código Tributário Nacional:

---

14. Ávila, Humberto, *Teoria da igualdade tributária*, 3ª ed., São Paulo, Malheiros Editores, 2015, p. 198.

Art. 43. O imposto, de competência da União, sobre a renda e proventos de qualquer natureza tem como fato gerador a aquisição da disponibilidade econômica ou jurídica:

I – de renda, assim entendido o produto do capital, do trabalho ou da combinação de ambos;

II – de proventos de qualquer natureza, assim entendidos os acréscimos patrimoniais não compreendidos no inciso anterior.

Da leitura deste dispositivo pode-se concluir que o fato gerador do imposto sobre a renda ocorre quando há disponibilidade econômica ou jurídica sobre um acréscimo patrimonial.

Por um lado, a disponibilidade econômica é o acesso atual e direto aos valores. Fala-se, nesse sentido, em realização da renda, entendida esta como o alcance pela tributação de "situações concretizadas, concluídas e definitivas na órbita do Direito".[15] Por outro lado, a disponibilidade jurídica depende da existência e do exercício de um poder de decisão sobre a renda. Isso significa que não basta o poder de controle sobre os valores auferidos; é necessário também o seu exercício, de modo a concretizar a aquisição de disponibilidade sobre a renda, ainda que não haja acesso atual e direto sobre ela.[16]

No caso das operações de incorporação de ações da Bovespa, no entanto, não existia, na data da disponibilização das ações, nem disponibilidade econômica, nem disponibilidade jurídica sobre o alegado acréscimo patrimonial. Isso porque estas operações tinham cláusulas de "lock up", ou seja, períodos de restrição (total e parcial) à venda das respectivas ações da companhia.

Assim, os acionistas receberam suas novas ações com uma restrição total de venda por um período de 180 dias, compreendido entre os dias 30.11.2007 até 30.5.2008. Depois deste período, ainda permaneceu por mais 180 dias a proibição de venda de 60% das ações. Ou seja, a possibilidade de negociação plena do papel da Nova Bolsa só passou a vigorar a partir do dia 20.10.2008.

Durante este período de "lock up", os acionistas e administradores não poderiam vender e/ou ofertar à venda suas ações ou parte delas. Este

---

15. Polizelli, Vitor, *O Princípio da realização da renda: reconhecimento de receitas e despesas para fins do IRPJ*, Série Doutrina Tributária, vol. VII, São Paulo, Quartier Latin, 2012, p. 357.

16. Ávila, Humberto, "Indisponibilidade jurídica da renda por poder de decisão ou por reflexo patrimonial", *Revista Fórum de Direito Tributário*, set./out. 2011, Belo Horizonte, Editora Fórum, p. 10.

mecanismo tinha como objetivo transmitir maior segurança aos investidores no sentido de que os empreendedores, ao realizarem uma oferta de ações, não pretendiam desfazer-se das ações da companhia, mas, em vez disso, buscar sócios para financiar a expansão de suas atividades. O importante, para o ponto ora analisado, é que a existência de um "período de trava" revela a *falta de disponibilidade econômica e jurídica* da renda eventualmente auferida no processo de incorporação de ações, pelos seguintes motivos:

Em primeiro lugar, não havia disponibilidade econômica da renda porque não havia acesso atual e direto a ela. O acionista possuía uma renda *em potencial*, mas ainda não realizada. Em segundo lugar, não havia disponibilidade jurídica da renda porque não havia nem poder, muito menos possibilidade de exercício deste poder de controle e disponibilização destes valores. Ora, conforme definição do próprio Supremo Tribunal Federal, "renda é sempre um ganho ou um acréscimo de patrimônio".[17] E este acréscimo patrimonial deverá ser realizado, o que não ocorre se o acionista não tem nem ao menos poder de decisão sobre suas ações.

Por estas razões, pode-se afirmar que, neste caso, havia um "acréscimo patrimonial latente", não realizado, que, para se tornar efetivo, dependia da ocorrência de um novo negócio em que haveria a realização daquele ganho até então potencial.[18] Para se tornar efetivo, portanto, este acréscimo patrimonial dependeria de uma alienação futura em que o valor praticado (de mercado) fosse superior ao de aquisição. Somente nesta futura alienação, se houvesse diferença de valores, é que se poderia falar em acréscimo patrimonial disponível e, por esta razão, tributável.

Este entendimento, aliás, foi corroborado pelo próprio Conselho Administrativo de Recursos Fiscais-CARF ao julgar caso análogo, como se verifica no posicionamento adotado pelo voto vencedor do i. Conselheiro Relator Newton Mallmann:

> *Ora, na incorporação de ações, só se realiza ganho de capital quando o proprietário vende as ações. Isso porque quando a operação é fechada, só papel entra na sociedade, não há embolso de capital. (...) Não tenho dúvidas, que a tributação sobre eventual ganho de capital apenas ocorrerá em caso de alienação futura das ações da companhia incorporadora, sendo então tal ganho computado pela diferença entre o preço de alienação e o*

---

17. STF, RE 89791, Primeira Turma, rel. Min. Cunha Peixoto, j. 3.10.1978, *DJU* 20.10.1978.

18. Oliveira, Ricardo Mariz de, *Fundamentos do imposto de renda*, São Paulo, Quartier Latin, 2008, p. 374.

custo originário destas ações. Pela não ocorrência de alienação, mas de mera substituição, de participação societária, entendo que não pode dar sustentação à exigência o artigo 3º, § 3º, da Lei n. 7.713, de 1988.[19] [*Grifo meu*]

As observações anteriores também demonstram que a existência da cláusula de "lock up" interfere na quantificação do valor unitário da ação para fins de incidência do imposto sobre a renda. Ainda que se admita a existência de alienação nesta operação, o que igualmente se admite apenas para efeito argumentativo, ela jamais poderia tomar como base o valor das ações na data da distribuição, uma vez que as Corretoras estavam impedidas de negociar estas ações em bolsa naquele momento. Não suficiente, mesmo que se desconsiderasse o período de "lock up", as ações da Nova Bolsa S/A só passaram a ser negociáveis a partir de 20.8.2008, data na qual foi obtido junto à CVM o seu registro de companhia aberta. Ou seja, no mínimo até este momento, havia uma *vedação jurídica*, estabelecida pelos próprios termos nos quais foram firmados estes contratos e, portanto, imposta aos acionistas, independente de sua concordância individual.

Assim, resta absolutamente evidente que estes elementos influenciam diretamente na aferição de eventual renda tributável. A desconsideração dos efeitos jurídicos da existência da cláusula de "lock up" em autuações fiscais implica duas consequências. Primeiro, a inadequada descrição do fato gerador da obrigação tributária, em virtude da equivocada indicação da data de ocorrência do fato gerador como 8.5.2008, quando, na verdade, só se poderia falar em disponibilidade após o dia 20.10.2008, se considerar o fim do período de "lock up", ou no dia 20.8.2008, considerando-se a data do registro da Nova Bolsa S/A.

E, segundo, a inadequada quantificação do montante tributável, eis que o ganho de capital supostamente verificado a partir do valor de referência da ação deveria ter sido apurado nas respectivas datas conforme ao critério a ser adotado, assim como a quantificação dos juros de mora. Com efeito, o valor de mercado das ações no ato de incorporação em 8.5.2008 era de R$ 24,82, em virtude da existência de ágio na operação, conforme já referido. Na data em que se tornaram plenamente negociáveis, porém, a partir do fim do período de "lock up" em 20.10/2008, a cotação das mesmas ações era de R$ 4,01. Por essa razão, qualquer autuação fiscal que desconsidere os elementos acima expostos, é nula por direta violação ao artigo 142 do Código Tributário Nacional.

19. Voto do Conselheiro Relator Newton Mallmann no julgamento do Processo 10680.726772/2011-88, Acórdão 2202-002.187, *DJU* 26.2.2013.

As considerações anteriores demonstram as especificidades da operação de incorporação de ações realizada no âmbito da Nova Bolsa, não reproduzíveis nos casos ordinários de incorporação de ações. Noutro dizer, ainda que se possa argumentar que a incorporação de ações, em outro contexto, tenha o condão de eventualmente levar à configuração de uma alienação e da consequente existência de ganho de capital tributável, no caso das operações realizadas no âmbito da Bovespa, isso certamente não ocorre. Primeiro, porque não houve alteração no patrimônio dos acionistas, em virtude da ocorrência de uma situação muito específica de sub-rogação real; e, segundo, porque, mesmo que se considerasse a existência de alteração, estas novas ações não possuíam disponibilidade econômica ou jurídica em decorrência de cláusulas expressas do contrato, o que impediria a incidência tributária nos termos definidos pelo art. 43 do Código Tributário Nacional.

3. Conclusões

As considerações precedentes permitem chegar às seguintes conclusões, que permitem responder especificamente aos quesitos formulados pelo Consulente:

1) o evento da incorporação de ações da Bovespa Holding S/A na Nova Bolsa S/A não pode ser considerado como uma hipótese de alienação de tais ações por parte dos seus respectivos titulares, já que em razão da sua autonomia conceitual e por suas características particulares, a operação societária de incorporação de ações apresenta natureza meramente substitutiva das ações, caracterizando-se, do ponto de vista legal, como uma sub-rogação real;

2) na data do dia 8.5.2008, quando se deu a operação de incorporação de ações pela Nova Bolsa S/A, não houve acréscimo patrimonial suscetível de incidência do imposto sobre a renda, uma vez que o patrimônio dos acionistas permaneceu inalterado quantitativamente, haja vista a substituição das ações por outras de valor patrimonial equivalente;

3) no momento da incorporação de ações, não havia disponibilidade nem econômica, nem jurídica dessa suposta renda tributável, porque não havia nem acesso direto e atual à renda (disponibilidade econômica), nem poder de controle e muito menos possibilidade de exercício desse poder sobre a renda (disponibilidade jurídica);

4) considerando que as corretoras são obrigadas a possuir ações para atuar perante a Bovespa e que a desmutualização, por sua natureza,

foi um acordo entre sociedades, independente da vontade individual dos acionistas, não era possível se opor às operações realizadas;

5) ainda que se assumisse a existência de alienação no caso, a tributação dependeria da existência de uma norma tributária específica para a incidência do imposto de renda sobre o ganho de capital obtido por pessoas jurídicas neste tipo de operação, tendo em vista a proibição de aplicação de lei tributária por analogia;

6) o próprio Conselho Administrativo de Recursos Fiscais-CARF reconhece a existência de mera substituição de ações na incorporação de ações, ao reconhecer a regularidade da contabilização destas ações no ativo permanente das sociedades, tendo em vista o entendimento de que o elemento volitivo e a alteração patrimonial são fundamentais para a caracterização de uma alienação e de ganho de capital tributável;

7) a existência das cláusulas de "lock up" na operação de integralização de ações é elemento fundamental para fins de aferição do suposto ganho de capital, na medida em que interfere na quantificação do valor unitário da ação para fins de incidência do imposto sobre a renda: o Fisco jamais poderia tomar como base o valor das ações na data da distribuição, uma vez que as Corretoras estavam impedidas de negociar estas ações em bolsa naquele momento;

8) a desconsideração dos efeitos jurídicos da existência da cláusula de "lock up" em autuações fiscais implica duas consequências: uma, a inadequada descrição do fato gerador da obrigação tributária, em virtude da equivocada indicação da data de ocorrência do fato gerador; e, duas, a inadequada quantificação do montante tributável, eis que o valor de referência da ação deveria ter sido apurado apenas a partir da data em que se tornou disponível para negociação;

9) considerando que parte das corretoras já havia vendido uma parcela das novas ações com a devida incidência do imposto sobre a renda sobre a valorização existente, o Fisco encontrava-se obrigado a considerar o pagamento ao menos parcial do ganho de capital agora cobrado, na medida em que a cobrança do valor integral neste momento leva ao equívoco na quantificação do valor devido, gerando a nulidade do lançamento;

10) por todas estas razões, conclui-se inequivocamente no sentido de que a operação de incorporação de ações possui autonomia conceitual definida por lei, que a caracteriza como uma sub-rogação real, em que inexiste acréscimo patrimonial tributável pelo imposto sobre a renda, não apenas por ausência de expresso fundamento legal para tanto, como

também por manifesta falta de disponibilidade econômica e jurídica do suposto ganho de capital.

BIBLIOGRAFIA

ÁVILA, Humberto. *Teoria da igualdade tributária.* 3ª ed. São Paulo, Malheiros Editores, 2015.

_____. "Indisponibilidade jurídica da renda por poder de decisão ou por reflexo patrimonial", *Revista Fórum de Direito Tributário,* set./out. 2011, Belo Horizonte, Editora Fórum, pp. 9-23.

CHIASSONI, Pierluigi. *Tecnica dell'interpretazione giuridica.* Bologna, Il Mulino, 2007.

HAWELLEK, Jeronimo. *Die persönliche Surrogation.* Tübingen, Mohr Siebeck, 2010.

PONTES DE MIRANDA, Francisco Cavalcanti. *Tratado de Direito Privado. Parte Especial,* T. LVII. Rio de Janeiro, Editor Borsoi, 1962.

_____. *Tratado de Direito Privado.* Parte Especial, Tomo XXXIX. Rio de Janeiro, Editor Borsoi, 1962.

OLIVEIRA, Ricardo Mariz de. *Fundamentos do imposto de renda.* São Paulo, Quartier Latin, 2008.

POLIZELLI, Vitor. *O Princípio da realização da renda: reconhecimento de receitas e despesas para fins do IRPJ.* Série Doutrina Tributária, vol. VII. São Paulo, Quartier Latin, 2012.

SCHOUERI, Luís Eduardo; ANDRADE JR., Luiz Carlos de. "Incorporação de ações: natureza societária e efeitos tributários". *Revista Dialética de Direito Tributário,* n. 200, São Paulo, Dialética, 2012, pp. 44-72.

STRAUCH, Dieter. *Mehrheitlicher Rechtsersatz: ein Beitrag zur dingliches Surrogation im Privatrecht.* Bielefeld, Verlag Ernst und Werner Gieseking, 1972.

TREPTOW, Felix. *The economics of demutualization: an empirical analysis of the securities exchange industry.* Wiesbaden, Gabler Edition Wissenschat, 2006.

XAVIER, Alberto. "Incorporação de ações: natureza jurídica e regime tributário". In CASTRO, Rodrigo R. Monteiro de; ARAGÃO, Leandro Santos de (Coords.). *Sociedade Anônima – 30 anos da Lei 6.404/76.* São Paulo, Quartier Latin, p. 119-143.

WELLE, Arno. *In universalibus pretium succedit in locum rei, res in locum pretii: eine Untersuchung zur Entwicklungsgeschichte der dinglichen Surrogation bei Sondervermögen.* Berlin, Duncker & Humblot.